Peter Merten

Das Feuer von Siai

Selbsthilfe
und Entwicklungshilfe in Tansania

Dietrich Reimer Verlag Berlin

Gedruckt mit Unterstützung
der Deutschen Forschungsgemeinschaft

Die Deutsche Bibliothek – CIP-Einheitsaufnahme

Ein Titeldatensatz für diese Publikation
ist bei Der Deutschen Bibliothek erhältlich

© 2002 by Dietrich Reimer Verlag GmbH
Zimmerstraße 26–27
D-10969 Berlin

Umschlaggestaltung von Nicola Willam, Berlin
unter Verwendung der Abbildung
Crossover Communication, eine Zeichnung von Kambi (1996)

ISBN 3-496-02726-6

Inhalt

Vorwort

In diesem Buch geht es um „Utamaduni wa Mzigua" von Ibrahim Athumani, um Kultur und Entwicklung der Sigua-Gesellschaft in Tansania, um den „Dialog von Gleich zu Gleich".

Wir berühren gleichermaßen die „Soziologie gesellschaftlicher Entwicklungen", die „Soziologie der Entwicklungspolitik" und die „Soziologie der Entwicklungsländer", also sämtliche Komponenten der Entwicklungs-Soziologie (vgl. Neubert 2001:48), und auch die Entwicklungs-Ethnologie.

Dabei sind analytisch-theoretische und praktisch-politische Absichten miteinander verbunden, denn: „Wissenschaftliche Analysen haben nur dann einen Sinn, wenn sie verwertet werden (können)" (Merten 1981:8). Soziologie berät – zunächst einmal den Wissenschaftler, den Soziologen selbst in seinem eigenen Handeln. Deshalb versuchte ich, zunächst einmal mich selbst zu beraten: das heißt zu lernen. Und damit bin ich, wie jeder Soziologe der seine Profession ernst nimmt, „politisch" – auch als Wissenschaftler.

Das Feld, aus dem heraus dieses Buch entstand, ist *Selbsthilfe und Selbsthilfeförderung im ländlichen Afrika*. Ich arbeite nur „nebenberuflich" im Wissenschaftsbetrieb – hauptberuflich bin ich in der Entwicklungsbranche tätig, speziell in den Bereichen Ländliche Entwicklung und Soziale Entwicklung in Afrika. Ich berate verschiedene Selbsthilfegruppen im Süden und Hilfsorganisationen im Norden.

Von Mitte 1988 bis Dezember 1990 war ich für die (bundeseigene) Deutsche Gesellschaft für Technische Zusammenarbeit (GTZ) in Tansania tätig: als „Fachkraft für Selbsthilfeförderung und Planung" im Handeni-Distrikt in Sigualand. Es war mein erster Einsatz für die GTZ; ich kam im Lande herum, sah mir andere Hilfsprojekte an, und fand dabei, mancherorts, eine konzeptionslose Praxis und, schlimmer noch, ethisch haltlosen Experten-Professionalismus. Damals, 1989, entschloss ich mich, nach meiner Rückkehr nach Deutschland eine Habilitation über „Selbsthilfe und Selbsthilfeförderung im ländlichen Afrika" in Angriff zu nehmen. Arno Klönne und Hanns Wienold, die bereits meine Doktorarbeit betreut hatten, ermutigten mich dazu.

Das Thema lag *damals* sozusagen „auf der Hand"; aber *auch heute noch* bin ich sicher, dass ein erheblicher Klärungsbedarf besteht. Entwicklungs-Experten fehlinterpretieren „Selbsthilfe der Betroffenen" allzu oft als Beitrag der

1

„Zielgruppen" zum Erreichen von vorab, ohne direkte Beteiligung der Betroffenen festgelegten Projektergebnissen:
Selbsthilfe wird so nicht *gefördert* sondern *gefordert*.
Außerdem: nicht jeder „Entwicklungsexperte" ist bereit, sich das notwendige Wissen über den konkreten soziokulturellen Kontext des betreffenden Projekts zu beschaffen und seine Expertenrolle und sonstige ideologische „Weisheit" so weit abzulegen, dass eine echte Kommunikation mit den Menschen vor Ort, ein Erkennen ihrer Werte und Zielvorstellungen, ihrer eigenen Entwicklungsvorstellungen, überhaupt erst möglich wird. Ein „Dialog von Gleich zu Gleich" – in den nicht nur die *very important persons* des „Partnerlandes" integriert sind sondern auch die *common people* – kann so nicht zustande kommen. Ein solcher Dialog ist aber die Basis von Solidarität, ist Voraussetzung jeder solidarischen Selbsthilfeförderung.

Als ich Anfang 1991 nach Deutschland zurückkehrte, verfiel ich zunächst in den Fehler, mich auf eine analytisch-theoretische Auseinandersetzung mit Konzepten und Praxis der Selbsthilfeförderung verschiedener internationaler Geber einzulassen. Die Geber änderten ihre Konzepte schneller als ich sie analysieren konnte. Ich konnte zwar punktuell eingreifen und mich an Diskussionen zur Strategieentwicklung beteiligen, aber ich verlor dabei fast mein formales Ziel aus den Augen: die Habilitation, um die ich mich nur neben meinem Beruf und meinem Familienleben kümmern konnte. Ich verdiente den Lebensunterhalt als Fachmann für Selbsthilfeförderung und Bildung, Organisation und Kommunikation speziell in Afrika und war (oft) für die GTZ tätig und (seltener) direkt für das Ministerium für wirtschaftliche Zusammenarbeit und Entwicklung (BMZ).
Einem Habilitationsstipendium der Deutschen Forschungsgemeinschaft (DFG) verdanke ich, dass ich ab 1993 erneut Sigualand besuchen konnte. In der Zeit meines ersten Einsatzes für die GTZ dort hatte ich mit Ibrahim Athumani zusammengearbeitet. Er zeigte mir nun stolz ein Manuskript, „Utamaduni wa Mzigua". Er hatte es gemeinsam mit anderen Mitgliedern der Sigua öffentlich in der Dorfschule von Sindeni geschrieben und stellt darin ein alternatives Entwicklungsmodell für seine Gesellschaft vor: ein Modell, eine Anregung – eine Anregung hin zu einem anderen Umgang mit Zeit, mit Geld, mit sozialer Verantwortung, mit der Schöpfung, mit Alten und Kranken, mit den Nachbarn, den Verwandten, den Fremden und unseren Gästen; mit den Ahnen und mit Gott; mit Eigenem, mit Selbstgeschaffenem und Selbsterdachtem, mit uns selbst und unseren Mitmenschen. Das Modell, das Ibrahim zur Diskussion stellt, basiert auf traditionellen Werten und Utopien seiner Gesellschaft. Er hoffte nun dass ich ihm helfen würde, aus den 170 handschriftlichen Seiten ein Buch zu machen. Ich tat dies, und 1997 endlich

konnten wir „Utamaduni wa Mzigua" bei Professor Christian Sigrist am Institut für Soziologie meiner Heimatstadt Münster veröffentlichen – im Original, auf Kiswahili.

Ich entschloss mich, dieses „Utamaduni wa Mzigua" ins Zentrum meiner Habilitationsschrift zu stellen und Selbsthilfe und Selbsthilfeförderung als Entwicklungsstrategien aus der Perspektive einer konkreten afrikanischen Gesellschaft heraus zu begreifen – aus der Perspektive der Betroffenen, im vorliegenden Fall der Sigua, als Beispiel, Modell, einer der akephalen Bantu-Gesellschaften Ostafrikas – statt in einer akademischen Auseinandersetzung mit Selbsthilfe und ihrer Förderung die soziale Wirklichkeit in einen womöglich endlosen entwicklungssoziologischen Text aufzulösen und den vielen Studien zur in sich widersprüchlichen Praxis der Selbsthilfeförderung speziell in Afrika eine weitere solche Studie, welcher Fachrichtung auch immer, hinzuzufügen. Professor Christian Sigrist half mir dabei.

Bei Christian Sigrist habe ich zur Entwicklungssoziologie gearbeitet und zur *Politischen Anthropologie*. Meine eigene fachliche Zuordnung fällt mir schwer, ich bin wohl allzu gern „undiszipliniert". Während des Studiums war mein Hauptfach zunächst Ökonomie, dann Geschichte, dann Soziologe. Ich beschäftige mich viel auch mit fremden Kulturen und Gesellschaften und nutze deshalb auch Methoden der Ethnologie. Vom Selbstverständnis her bin ich Entwicklungswissenschaftler.

Zur Darstellung des Entstehungszusammenhangs und des Inhalts von *Utamaduni wa Mzigua* habe ich die Form einer *entwicklungswissenschaftlichen* Monographie gewählt. In dieser Monographie, mit der ich nun in Münster als „Entwicklungssoziologe" habilitierte, steht das Dorf Kilindi im Blickpunkt. In diesem Dorf, das in den Mythen und Legenden der Sigua und anderer Bevölkerungsgruppen in Nordost-Tansania eine ganz herausragende Rolle spielt, habe ich 1988 Ibrahim Athumani kennen gelernt.

Die Sigua, um die es in *Utamaduni wa Mzigua* geht, bilden eine *segmentäre* Gesellschaft. Ein solches, umfassend und nachhaltig wirksames Beziehungs- und Verantwortungsgeflecht kann ich mir gar nicht anders vorstellen als auf einem soliden Zusammengehörigkeitsgefühl basierend. Erst ein solches Gefühl hält tatsächlich die jeweilige Gesellschaft zusammen. Dies Gefühl, „eng zusammenzugehören", und zwar schon seit Langem, das ist für mich keineswegs Ausdruck eines biologistischen Weltbilds. Zwar schließt dieses Zusammengehörigkeitsgefühl – auf der Makro-Ebene deutlicher ausgeprägt als auf der Mikro-Ebene – gemeinsame Sitten und Gebräuche, ein gemeinsames Geschichtsbild und, ja, auch einen gemeinsamen Abstammungsglauben (der Gesellschaft als Ganzer) ein. Individuell aber bleibt es jedem Einzelnen überlassen, was er glaubt und wie er seinen Glauben umsetzt, ob er sich als *Mitglied (member)* in die Sigua-Gesellschaft eingliedert, mit allen

3

sozialen Konsequenzen, oder nicht. Eine „Volkszugehörigkeit", eine „biologische" Gemeinsamkeit als „Ethnie", spielt in der emischen Sicht der Sigua *keine* Rolle. Als *Sigua,* als *Mitglied der Sigua-Gesellschaft,* gilt, wer in Sigualand lebt und sich dort der sozialen Gemeinschaft anschließt. Die Sigua sind also eine Sozialgemeinschaft, eine „Gesellschaft".

Eine besondere Stellung in der wissenschaftlichen Literatur zur Sigua-Gesellschaft nimmt die Arbeit von Martin Mluanda ein: „Lebensbrauchtum bei den Sigua Ostafrikas". Mluanda ist gebürtiger Sigua, hat seine Heimat allerdings schon als Kind verlassen und sich damit aus der Sigua-Gesellschaft herausgelöst. Er besuchte vom fünften Schuljahr an Missionsschulen außerhalb Sigualands, und nach entsprechender Ausbildung wurde er in Mandera zum katholischen Priester geweiht. 1970 schloss er ein Studium am Bischöflich-Liturgischen Institut in Trier mit dem Diplom ab. Seine Arbeit zum „Lebensbrauchtum bei den Sigua" schrieb er 1975 als ethnologische Dissertation in Wien. Mluandas Arbeit ist also kein „Originaltext", in dem ein Sigua die Gesellschaft beschreibt, der er angehört, sondern der Versuch eines gebürtigen Sigua, studierten Theologen und Ethnologen, seine eigene Herkunft zu ergründen, und das in Form einer ethnologischen Dissertation in Europa. Als solche hat sie formale Regeln zu respektieren, die nicht Sigua-Tradition sind. Die Schrift enthält einige sehr interessante Texte: Legenden zur Dorfgründung, einen ausführlichen Bericht zum Lagerleben während der Seklusion usw. Auch eigene Überlegungen des Autors sind als Quellentexte zur Gesellschafskritik, zur Soziologie Afrikas, relevant und werden in meiner Arbeit als solche berücksichtigt. Weil die Dissertation von Mluanda nicht veröffentlicht ist, zitiere ich hier in meinem Buch zum Teil längere Textpassagen. Um das flüssige Lesen zu vereinfachen, habe ich den Text von Mluanda meist sprachlich geglättet. Weil ich die Zitate also nicht immer wort-wörtlich wiedergegeben habe, habe ich sie *kursiv* gesetzt.

Übrigens: Mluanda hat in seiner Dissertation die Existenz ganz konkreter schriftlicher Texte erwähnt, die in Sigualand entstanden, aber nach Europa „entschwunden" seien. Einige Alte hätten sogar etwas über die Geschichte und Bräuche, wie sie ihnen von ihren Großeltern überliefert wurden, in Heften niedergeschrieben. Während seiner Forschung hat keiner der Alten mehr die Hefte gehabt, da einige europäische Forscher, die vor ihm dort gewesen seien, die Hefte ausgeliehen und nie wieder zurückgegeben hätten. Ein Alter sei wieder am Schreiben gewesen, als er dort war. (a.a.O.:14)

Das entwicklungstheoretische Rüstzeug, mit dem ich mich um 1989, nach einigen Jahren Praxis, auch an die „wissenschaftliche" Arbeit machte zum Thema „Selbsthilfe und Selbsthilfeförderung im ländlichen Afrika", war unzureichend. Inzwischen ist ein Jahrzehnt vergangen, in dem viel über

Entwicklung nach-gedacht wurde, und selbst viel zu lange verkannte Phänomene wie die *Erosion des Staates* oder die *Krise des Bildungssektors* sind inzwischen im Bewusstsein der Mainstream-Entwicklungswissenschaften verankert. Aber jeder Mainstream hinkt den realen Veränderungen und den innovativen Ansätzen, die zum Teil längst in der Praxis getestet und immer wieder neu modifiziert werden, hinterher. Aber das Wichtigste (meine „These", wenn man so will,) ist das Folgende: Notwendig ist, und es spricht sich herum, ein echter Dialog von Gleich zu Gleich, zwischen Nord und Süd, zwischen „very important persons" und common people, zwischen Science und Uganga, zwischen traditionellen *African beliefs* und modernen *Western beliefs*.

Die Menschen in Sigualand und generell in Afrika sehen sich heute mit dem namenlosen, „post-modernen" Gesellschaftssystem des Nordens konfrontiert, das sich seit dem 19. Jahrhundert im Stadium akzellerierter Globalisierung befindet und sich dabei auch in Afrika immer häufiger und deutlicher spürbar macht. Die rezente Sigua-Gesellschaft in Tansania befindet sich in einem Zustand der „Anomie" (nach Peter Waldmann 1998), einem Zustand, der sich durch einen Mangel an konsistenten, unzweideutigen, durchsetzungsfähigen und sozial akzeptierten sozialen Regeln auszeichnet und der sich in Sigualand, wie in vielen Regionen industriell unterentwickelter Länder, in einem Übereinander bzw. widersprüchlichen Nebeneinander sehr unterschiedlicher Normen und Werte ausdrückt. Die Sigua-Gesellschaft von heute ist nicht mehr akephal, sondern sie ist „traditionell akephal". In Sigualand stehen das „moderne" fremde Normen- und Regelsystem (am Norden orientiert) und das „traditionelle" eigene System, die Regulierte Anarchie (nach Christian Sigrist 1967) widersprüchlich nebeneinander, bzw. sie überlagern sich risiko- und konfliktreich.

Richtungweisend in einigen mehr theoretischen Fragen sind für mich Anregungen, die Trutz von Trotha zum Komplex „Zerfall des Staates, Vorherrschaft der konzentrischen Ordnung und Aufstieg der Parastaatlichkeit" gibt. Er benennt als Grund des Zerfalls des Staates den *Verlust der Basislegitimität* staatlicher Herrschaft: „Die koloniale und postkoloniale Herrschaftsordnung blieb im Verwaltungsdespotismus stecken... Zu diesem Verwaltungsdespotismus gehört eine Ordnung, die in den Beziehungen zwischen Herrschenden und Beherrschten kein Basisvertrauen kennen" (Trotha 2000:256) Für diese These, die ich erst nach Fertigstellung meines Manuskripts kennen lernte, und auch für die „Vorherrschaft der konzentrischen sozialen Welt" (a.a.O.: 263ff.), finden sich hier im Buch viele Hinweise. Zum Aufstieg von Parastaatlichkeit und Parasouveränität schreibt von Trotha: „Die Enteignung (des Staates von Souveränitätsrechten und Verwaltungsaufgaben) wird typischerweise von Gruppen und Einrichtungen vorangetrieben, die um Souveränitätsrechte und Verwaltungsaufgaben mit dem Staat konkurrieren. Im Kern dieses Vorgangs finden wir Machtgruppen der 'kolonialen und nachkolonialen Intermediarität'. Zu ihnen gehören einerseits die lokalen Träger des administrativen Häuptlingswesens (bzw. in akephalen Gesellschaften die *organisers* und die *village intellectuals*, PM), andererseits Entwicklungshilfeorganisaionen, darunter insbesondere die so genannten Nichtregierungsorganisationen." (a.a.O.:270)

Ende 2000 erhielt ich von der Deutschen Welthungerhilfe den Auftrag zur Begutachtung des *DogoDogo Street Children Trust,* der Arbeit mit Straßenkindern in Tansanias Hauptstadt Dar-es-Salaam. Am 19. November 2000 setzte ich mich in Amsterdam ins Flugzeug nach Dar-es-Salaam, mit druckreifem Manuskript für dieses Buch im Gepäck. Im DogoDogo Centre lernte ich interessante Menschen kennen. Der Projekt-Koodinator, Nicholas Shemsanga, ist Nachkomme der Kilindi, ist also ein „Kilindi", und übers Wochenende besuchten wir gemeinsam sein Heimatdorf Lutindi, hoch oben in den Steilhängen der Usambara-Berge, – dort, wo die mythologische Gestalt Mbegha aus Sigualand einst das „Feuer von Siai" entzündete. Damals, so um 1740, löste er damit einen plötzlichen radikalen Wandel der sozialen Verhältnisse in Usambara aus, einen *evolutionären Sprung*.

Auf dem Rückweg von Lutindi nach Dar-es-Salaam fuhr ich mit Nicholas quer durch Sigualand. Im Dorf Sindeni, an seinem Wohnort, trafen wir Ibrahim Athumani. Er besuchte mich einige Tage später in Dar-es-Salaam und erzählte mir mehr über neueste Entwicklungen in seiner Familie und in seinem Dorf, über das von ihm geleitete Sindeni Area Development Committee und auch über seine Hoffnung, die einen Namen hat: „Mangube, Mizimu na Mnungu". „Mangube", so die Kurzform des Namens, ist eine überregional aktive Organisation von traditionellen Heilern im Nordosten von Tansania. Das Jahrestreffen der Gruppe anno 2000 wurde von den traditionellen Heilern in Sindeni ausgerichtet, und gefeiert wurde bei einem *echten* „Feuer von Siai".

Das vorliegende Buch und die dazugehörige Schrift „Utamaduni wa Mzigua" von Ibrahim Athumani sind Ergebnis interkultureller Kommunikation und solidarischer Zusammenarbeit zwischen einem europäischen Selbsthilfe-Experten, mir, und einem afrikanischen Lehrer und Heiler, Ibrahim Athumani. Ibrahim ist Selbsthilfe-Akteur, Dorfschullehrer, *Organiser* im traditionellen Sektor und (heute) zugleich Präsident des „modernen" Bezirks-Entwicklungskomitees seiner Heimat. Er hat mich an Uganga herangeführt. Uganga ist die Bezeichnung des endogenen Wissenssystems der Bantu-Gesellschaften Ostafrikas. Uganga ist Wissen vereint mit Weisheit. Dieses

6

„Heranführen" an Uganga war ein mehrjähriger *Prozess der Einführung* in ein *Etwas* – das mir zunächst kommunikatives Neuland war – den ich als *Crossover Communication* bezeichnen möchte.

Das alternative Entwicklungsmodell *Utamaduni wa Mzigua*, das Ibrahim Athumani beschreibt, ist keine verklärende Schilderung der Akephalie so wie sie früher einmal war; es ist vielmehr eine a-historische Utopie, mischt Beschreibungen von Vergangenem und Gegenwärtigem mit kritischen Fragen und mit konkreten Perspektiven für die Gestaltung der Zukunft der Sigua. Den von Ibrahim Athumani so vehement befürworteten *anderen* Umgang mit Eigenem, mit Umwelt und Natur, mit Fremden und mit dem Alter, mit Geld und mit Herrschaft, mit Zeit usw., diesen anderen Umgang befürworte auch ich, und gemeinsam mit Ibrahim Athumani versuche ich zu zeigen, dass sich, wie Christian Sigrist (1994: XVIII) es einmal ausdrückte, in dieser *Utopie* nicht politisches Unvermögen manifestiert, sondern bewusste politische Option, kollektive Willensbildung und individuelle Hoffnung).

Es ging mir in dieser Arbeit, wie immer im Leben, um die Verbindung von Theorie und Praxis. Ibrahim Athumani und einige seiner Freunde in Sigualand haben eigene Vorstellungen für die zukünftige Entwicklung der Sigua-Gesellschaft entwickelt – in einem Buch, das den Titel *Utamaduni wa Mzigua* trägt und auf das wir stolz sind. Das Schreiben jenes Buches und seine Veröffentlichung sehe ich als Selbsthilfe (und Selbsthilfeförderung) in Theorie und Praxis: ein Essay.

Peter Merten
Havixbeck bei Münster in Westfalen

Aim

This book has been intended to bring into and to keep in memory all Zigua traditional ways of organising things that make a good life. It also attempts to exhaust self-degradations among many tribes where so many people, whether voluntarily or by being conditioned by foreigners, continuously disperse their natural basements for own typical life programmes.

There is a Kiswahili saying which comments that whoever takes his own values to be the least and who instead values his neighbours properties and belongings more, is a slave, liable to approve slavery as the best condition ever to exercise in life:

> "Akutonge la mkala hanachinjize na asangule!"

Thirdly, the book cautions people about the effects of copying everything in life from neighbouring people. He who gives up his own tradition and culture shall never ever be regarded as being courageous.

That is what our men of wisdom said.

The natural customary way of living bases on traditional voluntary organisations and was usefull for generations of Zigua people. How could it change to be useless now and tomorrow?

Ibrahim Athumani
in Utamaduni wa Mzigua

1 Einleitung

Aktionsforschung zur Selbsthilfeförderung in Sigualand

Ich habe die gesellschaftliche Gegenwart Sigualands zunächst als Experte in der Praxis der Entwicklungszusammenarbeit kennengelernt. 1988 bis 1990 führte ich dort ein Aktionsforschungsprogramm durch. Dabei analysierte ich im Auftrag der GTZ im Handeni-Distrikt im Zentrum Sigualands die Rahmenbedingungen für Selbsthilfe, um so ein neues Entwicklungsprojekt im Westen des Distrikts mit vorzubereiten. Zum Ziel und zur Methode des Einsatzes hieß es in meinem damaligen Arbeitsauftrag:

> *Das Potential des Projektgebietes (West-Handeni) wird von der Bevölkerung und insbesondere den Zielgruppen Frauen, Schulabgänger/innen und Neusiedlerfamilien besser genutzt. Als Beitrag zur Erreichung dieses Ziels übernimmt der Stelleninhaber (Dr. Peter Merten) folgende Aufgabe: Zielgruppenspezifische Bestandsaufnahme der sozioökonomischen Situation im Projektgebiet. Hier soll ein neuartiger Forschungsansatz angewendet werden, der in einem iterativen Prozess Analyse und Programmplanung mit Nachfrageorientierung der Zielgruppen verbindet.*

Institutionell war ich mit meinem Forschungsprogramm in die Strukturen des *Integrierten Regionalentwicklungsprojekts von Tanga* (TIRDEP) eingebunden. Ich war Mitarbeiter des *Dorfentwicklungs-Programms* (VDP). TIRDEP, über zwei Jahrzehnte hinweg eines der größten Projekte der deutschen Entwicklungshilfe weltweit, basierte auf dem Konzept der „Ländlichen Regionalentwicklung". Dabei standen Schlagworte wie „Zielgruppenbeteiligung", „Selbsthilfeförderung" und „Partizipation" im Zentrum der Diskussion, lange bevor diese Begriffe zu viel benutzten Schlagworten im entwicklungspolitischen Diskurs wurden. TIRDEP konzentrierte seine Aktivitäten auf die Stadt Tanga und auf die ländlichen Distrikte Muheza, Pangani, Korogwe und Lushoto. Der weitläufige und abgelegene Handeni-Distrikt, der ebenfalls zur Region Tanga gehört, wurde von den TIRDEP-

Maßnahmen vergleichsweise wenig berührt. Mit meinem Forschungsprogramm wurde ein neues, ab 1991 eigenständiges Entwicklungsprojekt in dieser Region vorbereitet: das Integrierte Agroforstprojekt von Handeni (HIAP).

Während des Einsatzes in Sigualand, Oktober 1988 bis Dezember 1990, stand mir im aus der deutschen Kolonialzeit stammenden Gebäudekomplex der Distrikt-Verwaltung von Handeni, der immer noch symbolträchtig mit deutschem Maschinengewehr am Haupteingang geschützten *Boma*, ein geräumiges Büro zur Verfügung, Tür an Tür mit dem Verwaltungschef Mr. Tessua. Wir besuchten uns oft auch privat.

Ich wohnte mit meiner Familie am Rande Handenis, am Fuß des Handeni-Bergs. Im weitläufigen Garten hatte ich mir ein einfaches, kleines Bürogebäude errichten lassen, das einladend auf Besucher wirkte und in dem ich mich häufiger aufhielt als in der *Boma*. Vormittags von 9 bis 11 Uhr unterrichtete hier meine Frau auch unsere beiden ältesten Kinder. In der Nachbarschaft wird der kleine Bau mit sechseckigem Grundriss noch heute *Schule* genannt.

Geographisch standen die Dörfer Kimbe und Kilindi im Zentrum des Forschungsprogramms von 1988–90. Kilindi liegt am Fuß eines gleichnamigen, nach Baumann (1891) „eberzahnartigen" Berges, und spielt in der Geschichte der Sigua eine herausragende Rolle. Das Dorf ist der Herkunftsort der Kilindi-Dynastie, deren mythologischer Stammvater Mbegha um 1740 das Dorf verließ und dessen Nachfahren etwa 200 Jahre lang die Bevölkerung der benachbarten Usambara-Berge beherrschten. Jetzt war Kilindi und mit ihm sein Nachbardorf Kimbe als Fokus des Forschungsprogramms der GTZ ausgewählt worden, weil laut Planung der zuständigen Regionalverwaltung von Tanga (und, so sagte man in Kilindi, des „Ministry of Development and Land Planning",) dort etwa 60–100.000 Menschen aus den übervölkerten Usambara-Bergen angesiedelt werden sollten. Besonders geeignet für die Umsiedlung galt, den Planungsunterlagen der Regionalverwaltung zufolge, die in Usambara lebende Bevölkerungsgruppe der Kilindi. Soziokulturelle Aspekte, die das besondere Verhältnis zwischen den beiden Kilindi-Gruppen betreffen, – einerseits den Kilindi der Sambara, andererseits den noch heute im gleichnamigen Dorf lebenden Kilindi –, haben in diesen Planungen keinerlei ernsthafte Berücksichtigung gefunden. Aber erst bei Kenntnis zumindest der konstituierenden Elemente des Verhältnisses der beiden Gruppen zueinander könnten die mit einer sozialen Zwangsintegration durch ein staatliches Umsiedlungsprogramm verbundenen Risiken überhaupt erkannt werden. Glücklicherweise wurden die damals geplanten Umsiedlungen (zumindest bisher) nicht realisiert.

Bei der Ausgestaltung meines von der zuständigen Fachabteilung in der GTZ nur vage skizzierten „neuartigen Forschungsansatzes" in Sigualand war ich an die Weisungen meiner Vorgesetzten vor Ort gebunden. Unsere Auffassungen darüber, wie ein entwicklungswissenschaftlicher, praxisbezogener Forschungsansatz zu gestalten sei, differierten erheblich. Sozialforschung, insbesondere im interkulturellen Kontext, lässt sich oft nicht exakt vorplanen. Günstige Gelegenheiten für vertiefende Einblicke in bestimmte Gesellschaftsbereiche oder für den Aufbau von Vertrauensbeziehungen müssen genutzt werden, wo und wann sie sich bieten. Als ich zum Beispiel einmal samt Auto und Familie in der Nähe des kleinen Sigua-Dorfes Mziha 70–80 km südlich von Handeni im Hochwasser versank, war dies aus Sicht des Forschers ein Glücksfall. Wir blieben einige Tage vor Ort und lernten die Menschen und ihr Leben ein klein wenig schneller und vor allem besser kennen als dies unter normalen Umständen möglich gewesen wäre. Mir wurden die Tage in Mziha jedoch vom Urlaubsanspruch abgezogen.

Oft stieß ich auch an die Grenze der Erzählfreude meiner Dialogpartner und an die Grenze der Intimität, bis zu der die Dorfbewohner und -bewohnerinnen meine Beobachtung ihrer Tätigkeiten zuließen. Es gibt Bereiche im Leben einer Gesellschaft, wo es einer Frau oder auch Kindern wesentlich einfacher fällt, zu beobachten, zu fragen, weiter zu beobachten, nach zu fragen, als mir. Um aber meine Frau und meine Kinder zu Feldaufenthalten in die Dörfer mitzunehmen, um hiervon zu profitieren, habe ich leider stetig gegen die Anweisungen meiner Vorgesetzten verstoßen müssen, die mir die „Mitnahme der Familie zur Arbeit" untersagt hatten. Bei meiner Arbeit als GTZ-Experte lernte ich Ibrahim Athumani kennen. Er arbeitete als staatlicher Schulinspektor in der abgelegenen Großgemeinde Kilindi an der Grenze zwischen der Sigua-Ebene und den Ngulu-Bergen. Er hatte sich, nach einigen Jahren Karriere in der Schulbürokratie, nach Kilindi versetzen lassen, um wieder in seinem Heimatland Sigualand zu arbeiten. Dass er ein *Mganga* war, fiel mir nicht sofort auf. Was mir aber sofort auffiel, waren sein kognitives Interesse und sein moralisches Engagement.

Mein GTZ-Forschungsprogramm in Sigualand endete zum 31. Dezember 1990. Ob ich je nach Sigualand zurückkehren würde, war bei meinem Abschied unklar. Das neue, von Ibrahim Athumani und mir mit vorbereitete Entwicklungshilfeprojekt, das Integrierte Agroforstprojekt von Handeni (HIAP), legte keinen Wert auf seine weitere Mitarbeit: „Aussteiger", wie ich ihn einmal charakterisiert hatte, seien nicht gerade der Menschenschlag, mit denen man bei der Entwicklung des Handeni-Distrikts zusammenarbeiten wolle. So schlug ich Ibrahim damals vor, den Versuch zu machen, selbst etwas zu schreiben, zum Beispiel zum Thema „Selbsthilfe und Selbsthilfeförderung in Sigualand". Er schien nicht auf diesen Vorschlag einzugehen.

Allerdings erinnere ich mich noch an dieses Gespräch in Handeni, in unserem Haus unmittelbar am Fuß des Handeni-Bergs. Es ging dabei um Entwicklung und um Sigualand, und um die Frage, welches gesellschaftliche Problem das gravierendste sei. Ibrahim sagte damals: „Was das wirklich entscheidende Hemmnis gesellschaftlicher Entwicklung und sozialen Wandels in Sigualand ist? Dass die Menschen gar nicht wissen, was sie wirklich wollen: *ujinga*, ignorance!" Er schenkte mir damals eine kleine, von seinem Sohn selbst geschnitzte Holzfigur. Auf den ersten Blick stellt sie einen Hasen mit erregt aufgestellten Lauschern dar, auf den zweiten Blick, aus anderer Perspektive, den Obelix. Meine Kinder Florian, Till und Kaspar Tobias, die mit mir in Sigualand waren, hatten öfters Asterix-und-Obelix-Hefte an ihre Freunde in Kilindi ausgeliehen. Ich nutze die Holzfigur heute gelegentlich als *luzi lwa mti* – als *Traditionelles Telefon*, wie man in Sigualand sagt. Sie ist aus einer Art Membranholz und erleichtert, ans Ohr gehalten, meine Kommunikation mit dem Geist und der Seele Verstorbener – besonders dann, wenn die *Ngoma* tönt, die traditionelle Trommel. Manche Sigua glauben, dass es die Kraft der Magie sei, die diese gute Kommunikation bewirkt.

Die Sigua-Gesellschaft

In diesem Buch geht es hauptsächlich um die Sigua[1] in Tansania. Ihre Heimat Sigualand ist eine weitläufige Ebene, die sich nach Norden hin bis an die Steilhänge der Usambara-Berge erstreckt und nach Süden und Südwesten hin bis in die Ausläufer der Ngulu-Berge[2]. Weiter nach Westen und Nordwesten hin geht die Sigua-Ebene in die weite Massai-Ebene über. Sigualand liegt im Nordosten Tanganyikas, im Hinterland der Hafenstadt Tanga. Aus der zum großen Teil um die 600 m hoch gelegenen Ebene Sigualands erheben sich einzig zwei isolierte Inselberge, und so können die Menschen hier meist schon von kleineren topographischen Erhöhungen aus ihre Heimat gut überschauen. Markante Punkte am Horizont werden von den meisten Einheimischen „korrekt benannt" – die einzelnen Berge sind ihnen bekannt,

---

1 Die Sigua: Kiswahili „Wazigua", sprich *Uásigúa*. Singular: *„Mzigua"*. Die wichtigsten Regeln zur Aussprache des Kiswahili entsprechen denen der englischen Sprache; die Betonung liegt auf der vorletzten Silbe eines Wortes, wobei die Buchstaben „m" und „n" als Vokale gelten und auch allein stehend eine Silbe bilden können.

2 Ngulu, sprich *Ngúlu*, regional auch *Ngúru* bzw. *Ngúu*

zumindest vom Namen her, und sie werden von ihnen zur räumlichen Orientierung genutzt. Schriftliche Landkarten sind hier nicht in Gebrauch, sie werden von den meisten Menschen hier nicht verstanden. Die Sigua denken, wie so viele Afrikaner, seit Alters her drei-, nicht zweidimensional.

Einer der wichtigsten endogenen Orientierungspunkte, vielleicht der wichtigste von allen, ist der *Kilindi*-Berg. Er liegt von der Stadt Handeni aus etwa 60 km nach Südwesten, exakt an der Grenze zwischen der Sigua-Ebene und den Ngulu-Bergen. Er spielt, wie wir sehen werden, eine wichtige Rolle in der *Oral History,* in der Mythologie der Sigua zur Geschichte, Gegenwart und Zukunft ihrer Gesellschaft, deren Heimat „Sigualand" in ihrer eigenen Sprache, *Kisigua, Uzigua*[3] heißt. In der Mitte des Landes, im geografischen Zentrum von Uzigua, liegt Handeni. Der erste Europäer, der diesen Ort Handeni betrat, war vermutlich der deutsche Missionar Ludwig Krapf. Er war im Auftrag der englischen *Church Mission Society* unterwegs und suchte im Hinterland der Hafenstädte Tanga und Mvita (das in den Sprachen der Fremden, in Fremdsprachen, „Mombasa" heißt) nach einem geeigneten Standort für eine christliche Missionsstation in dieser Region. Seine ersten Eindrücke in Handeni, am 22. März 1852, hielt er in folgender Tagebuchnotiz fest: „Ganz durchnässt kamen wir in das Dorf Handeni, wo wir eine Zuflucht vor Regen und Kälte zu finden hofften. Aber der Schulze befahl uns, zum nächsten Dorf zu gehen. Wir ließen uns aber nicht irre machen, sondern gingen in die nächste offene Hütte hinein und machten darin unser Nachtlager zurecht. Der Schulze erlaubte uns dies endlich, aber ließ uns für unsere Nahrung selbst sorgen. Wir kauften für weiße Glasperlen eine Anzahl Bananen, welche wir rösteten und mit gutem Appetit verzehrten." (Krapf 1852: 113) Diese Notizen regen Vermutungen *unsererseits* über die Eindrücke an, die der erste bekannte Besucher aus Europa bei den Bewohnern Sigualands hinterlassen hat – sicherlich nachhaltige, mündlich tradierte Eindrücke. Solche und andere historische Eindrücke werden bisher, besser *wurden* bisher, konkret bis zur Veröffentlichung von *Utamaduni wa Mzigua* durch Ibrahim Athumani, in Sigualand ausschließlich mündlich weitergegeben, wurden Teil der *Oral History.*

Das Reisetagebuch von Krapf, aus dem ich oben zitiert habe, enthält übrigens eine Fülle interessanter Beobachtungen und Informationen über die damalige Lebenswelt der Menschen in Sigualand und im benachbarten Usambara. Es enthält aber auch eine Fülle von Aussagen, die die Enge des Wahrnehmungshorizonts des Schreibers verdeutlichen und den Wert seiner Texte als Quellentexte bezüglich der Geschichte der Sigua und auch der Sambara, der Bewohner der Usambara-Berge, stark relativieren. Seine

---

3 Uzigua, sprich *Usigúa* mit stimmhaftem „s"

Befangenheit wird beispielsweise dort besonders deutlich, wo er fragt: „Wie kann durch die Schönheit der Natur ein Verkünder des Evangeliums entzückt werden, solange Jesus Christus, der Sohn Gottes, der Schönste unter den Menschenkindern, den Leuten noch unbekannt ist?" (nach von Stieglitz 1965:70)

Wenn die Menschen in den Dörfern Sigualands über die große Stadt im Zentrum ihrer Heimat sprechen, dann fällt auf, dass sie diese zwar häufig als *Handeni* bezeichnen, oft aber auch als *Chanika*. In der offiziellen Sprachregelung der Verwaltung ist der Name *Chanika* noch um 1990 „unbekannt" gewesen. In der Umgangssprache der Sigua dagegen wurde schon damals (und wird weiterhin) funktional unterschieden: in seiner Funktion als moderne „Gemeinde", d.h. als Verwaltungssitz und als Distrikt-Hauptstadt, heißt der Ort *Handeni*; in seiner Funktion als Lokaleinheit der Sigua-Gesellschaft, also als *Stadt*gemeinschaft analog zur *Dorf*gemeinschaft, aber auch als Markt und Wirtschaftszentrum, heißt er *Chanika*. Inzwischen, im Jahr 2000, steht an der größten Grundschule vor Ort ein Hinweisschild: *Primary School, Chanika*.

Handeni, oder *Chanika*, ist ein gastfreundlicher Ort am Fuß eines isolierten, wohl 1.034 m hohen Berges. Dieser Handeni-Berg ist von Menschen unbewohnt, und wenn ein Fremder ihn besteigt, dann muss er mit argwöhnischen Blicken und mit andeutungsvollen Bemerkungen der Einheimischen rechnen. In der Volksmythologie gilt der Handeni-Berg zwar nicht unbedingt als bewohnt, aber doch zumindest als „beseelt"... Tatsächlich könnte das topographische Profil des Handeni-Berges bei dem einen oder anderen Betrachter Assoziationen an einen überdimensionierten Venus-Hügel hervorrufen – ganz im Gegensatz zum eher „majestätischen" Kilindi-Berg. In einem in Sigualand weithin bekannten Lied, *Chumba Gulu*, das oft von Mädchen und Frauen gesungen wird, heißt es über diesen Handeni-Berg:

Chumba gulu, chumba gulu,
Chumbiye ndani!
Hanowila nchumbiye ndani!
Kagulu Mkonje nami sikaumba,
Kagulu Handeni nami nakaumba!

Wer den Berg erschuf, wer den Berg erschuf,
Der erschuf auch das Inn're des Berges!
Lust gibt's im Inn'ren des Berges!
Den Mkonje-Berg, den erschuf ich nicht;
Doch den Handeni-Berg, den erschuf ich.

Handeni ist heute mit etwa 15.ooo Einwohnern der mit Abstand größte Ort, ist die einzige *Stadt* in Sigualand, und ist seit der Kolonialzeit Verwaltungssitz des Handeni-Distrikts. Gemeinsam mit den Distrikten Korogwe, Lushoto, Muheza und Pangani, und mit der Stadt Tanga, bildet der Handeni-Distrikt die Region Tanga, die 27.ooo km² umfasst und rund 1,5 Millionen Einwohner zählt. Der Hafen von Tanga ist, was den Umschlag betrifft, nach Mombasa und Dar-es-Salaam der drittgrößte in Ostafrika.

Handeni ist nicht etwa die Hauptstadt Sigualands. Die Sigua-Gesellschaft, als traditionell segmentäre, akephale Gesellschaft, besitzt keine Zentralinstanzen und folglich auch keine „Hauptstadt". Handeni ist aber ein wichtiger Verkehrsknotenpunkt, schon *immer*, schon zu den Zeiten der Aufenthalte von Ernst Hemingway dort[4] und weit davor. Weiter davor, als die *Oral History* der Sigua zurück reicht. Trotz ihrer zentralen Lage und ihrer Funktion als regionaler und interregionaler Verkehrsknoten ist sie bis heute allerdings nur auf unsicheren Überlandpisten erreichbar.

Die Stadt beheimatet heute ein zwar nur bescheidenes Maß an moderner Infrastruktur, aber immerhin: zwei Sekundarschulen, ein Krankenhaus, einen modernen Markt, und auch eine Post. Das Postamt von Handeni (das einzige in einem Distrikt, der weit größer ist als halb Hessen) besaß bis Anfang der 90er Jahre einen Schalterraum von vielleicht 6 m². Inzwischen ist die Post in ein etwas größeres Gebäude umgezogen. Jeder Adressat im Distrikt (der irgendwie irgendwann erfährt, dass *etwas* für ihn in Handeni angekommen ist) muss seinen Brief oder sein Päckchen persönlich hier in der Stadt abholen, oder er schickt einen Bevollmächtigten. Dieser muss allerdings eine schriftiche Vollmacht vorlegen, und diese Vollmacht muss anerkannt werden: bei Briefen von den Postangestellten, bei Päckchen und Paketen vom Vorsteher der Post. Oder der Klient erkennt die besondere Leistung des Postpersonals , die darin besteht, das vorgelegte Dokument als „Vollmacht" anzuerkennen, förmlich an – vielleicht durch einen „chai", d.h. eine Einladung „zum Tee", wie das „Trinkgeld" hier genannt wird.

Hier in Handeni wohnte ich 1988–90 mit meiner Familie. Wir hatten damals drei Kinder, einen großen Garten, 0,5 ha, und viele Hühner. Dorothy Bikurakule, damals Soziologische Assistentin an der Universität in Dar-es-Salaam, sagte einmal in Handeni (1993): „Es fällt auf, dass die *locals* bei den Fremden (den Zugezogenen, den Entwicklungsexperten, den Missionaren usw.) unterscheiden zwischen erstens den *wageni* (das heißt den „Fremden" bzw. „Gästen") *na mtoto,* das heißt „Fremde (Gäste) mit Kind", und zweitens

---

4   Die Geschichte des Buchs „Die grünen Hügel Afrikas" spielt zum Teil in Handeni.

den sozial als fast gleichrangig mit diesen „Fremden mit Kind" geltenden wa*geni na kuku,* den „Fremden mit Huhn". Diese beiden Typen von Fremden kennen die Probleme, die man als Sigua heutzutage hat (sei es mit den Kindern oder wenigstens mit den Hühnern), gelten daher als ansatzweise ins soziale Leben des Landes integriert. Daneben existieren noch zwei weitere Typen von Fremden: zum einen die *wageni na watoto na wakuku,* die „Fremden mit Kindern und mit Hühnern"; und zum anderen die *wageni mbila mtoto na mbila kuku,* die „Fremden ohne Kind und ohne Huhn". Die letzte Kategorie von Fremden lebe weitgehend abgehoben, verstehe die Probleme der *common people* nicht – sagt man. Wohl jeder hier in Handeni, bemerkte Dorothy Bikurakule, kenne diese offenbar feststehenden Begriffe, wisse, was damit ausgedrückt wird.

Obwohl der Handeni-Distrikt gut die Hälfte der Fläche der Region Tanga umfasst, lebt dort nur rund ein Fünftel seiner Bevölkerung – heute etwa dreihunderttausend Menschen. Die in dieser Schrift angegebenen Bevölkerungszahlen beziehen sich auf das Jahr 1998. Es sind eigene Berechnungen. Sie basieren auf den offiziellen Ergebnissen des staatlichen Zensus von 1988 und einer angenommenen Wachstumsrate von 2,1 Prozent pro Jahr (wie im Jahrzehnt davor, *offiziell*). Mit 22 Menschen pro Quadratkilometer ist der Handeni-Distrikt relativ dünn besiedelt. Wichtigste Ursache der geringen Bevölkerungsdichte ist vermutlich die unzureichende Verfügbarkeit nutzbaren Wassers. Die Regenfälle konzentrieren sich auf wenige Monate im Jahr, und aufgrund der regionalspezifischen Bodenbeschaffenheit ist das Grundwasser an den meisten Orten stark mineralhaltig, gilt als ausgesprochen schlecht schmeckend und als untauglich für die moderne, marktorientierte Landwirtschaft. Viehhaltung außerhalb menschlicher Ansiedlungen wird in großen Teilen Sigualands außerdem durch Tse-Tse-Fliegen behindert.

Die internen Verwaltungsgrenzen Tansanias haben mit den „Grenzen" derjenigen realen Netze sozialer Solidarität, die auf territorialer Basis stehen, wenig gemein. Sie orientieren sich an vielem, zum Beispiel an der logistischen Erreichbarkeit des Terrains für moderne Kraftfahrzeuge. Sie stimmen nicht mit den Grenzen der wirklichen, althergebrachten Solidarnetze überein. Das beginnt schon auf der dörflichen Ebene. Im Gegensatz zum Selbstverständnis der Sigua, die als akephale Gesellschaft ihre Dörfer als unpolitische Lebensgemeinschaft betrachten, versucht der tansanische Staat, die Sigua-Dörfer als politisch-administrative Siedlungsgemeinschaften zu organisieren. Dies führt zu fortwährenden und zum Teil schwerwiegenden Konflikten zwischen Verwaltungsangestellten und anderen staatlichen Mittlern auf der einen und den Sigua, die sich ihre Autonomie zu erhalten versuchen, auf der anderen Seite. Der Kern dieses Konflikts liegt in den unterschiedlichen Interpretationen von „Gemeinschaft". Der Staat fasst oft mehrere traditionelle Dorfgemeinschaften zu einer einzigen administrativen Gemeinde zusammen, was dann in der Praxis dazu führt, dass manche Dorfgemeinschaften formell einem fremden Dorf unterstellt sind. Der staatliche „Dorfvorsteher" wird so, in einer akephalen Gesellschaft, zum dorffremden „Herrscher". Auf den übergeordneten Verwaltungs-Ebenen verhält es sich ganz ähnlich. Die Grenzen der Distrikte und Regionen berücksichtigen nicht die Besonderheiten der zahlreichen, geografisch meist separat lebenden Bevölkerungsgruppen und Ethnien des Landes. So reicht einerseits das Siedlungsgebiet benachbarter Gesellschaften, zum Beispiel das Massailand, bis weit in den Handeni-Distrikt hinein; andrerseits umfasst das geschlossene Siedlungsgebiet der einander benachbart lebenden Sigua (im engeren Sinn), Luvu und Ngulu auch größere Gebiete von Distrikten und Regionen außerhalb Handenis. Von den rund 3oo.ooo Einwohnern des Handeni-Distrikts werden etwa 2oo.ooo den Sigua im engeren Sinn zugerechnet, weitere 55.ooo den Ngulu und einige wenige Tausend den Luvu. Die Grenze der Siedlungsgebiete dieser drei Bevölkerungsgruppen ist deutlich definiert: die Sigua im engeren Sinn leben in der gleichnamigen Ebene, die Ngulu in den gleichnamigen Bergen, und die Luvu am „gleichnamigen" bzw. „namenlosen" Fluss, dem *Luvu*, der auf Englisch *Pangani* heißt.

Sigua und Ngulu sind der ethnologischen Literatur bekannt und wurden bisher als separate Ethnien begriffen. Über die kleine Gruppe der Luvu liegen keine verlässlichen Angaben vor. Bei der Berechnung der nun folgenden Angaben über Sigua und Ngulu greife ich, weil neuere Zahlen fehlen, auf den Zensus von 1967 zurück, dem letzten, der auch die ethnischen Zugehörigkeiten ermittelte. Bei den Volkszählungen von 1978 und 1988 wurde in Tansania, ähnlich wie auch in vielen anderen Staaten Afrikas in dieser Periode, die ethnische Zugehörigkeit der Staatsbürger nicht mehr erfasst. Es ging den Regierungen um *nation building*, um die Festigung des nationalstaatlichen Gemeinschaftsgefühls der Bürger, und dabei wurde die Bedeutung der sozio-kulturellen Heterogenität der Bevölkerung oft unterschätzt, heruntergespielt, bewusst ignoriert. Vielerorts in Afrika trug dieses staatliche Konzept zu einem soziokulturellen Identitätsverlust der Menschen bei.

Eine solche Hochrechnung, die auf Ergebnissen eines mehr als drei Jahrzehnte zurückliegenden Bevölkerungszensus basiert, ist sicherlich mit dem Risiko zahlreicher Fehlerquellen behaftet. Selbst die Grenzen einzelner Distrikte wurden seither leicht verändert. Die folgenden, möglicherweise exakt erscheinenden Zahlenangaben können aber als grobe Anhaltspunkte dienen. Nach diesen Hochrechnungen leben 1998 etwa 435.ooo Sigua im engeren Sinn, etwa 155.ooo Ngulu und einige zehntausend Luvu in einem geschlossenen Siedlungsgebiet im Nordosten Tanganyikas. Zur Sigua-

Gesellschaft im weiteren Sinn, mit den Territorialeinheiten Sigua, Luvu und Ngulu, zählen also knapp 7oo.ooo Menschen.

Verteilung der Sigua (im engeren Sinn) auf aktuelle Verwaltungseinheiten:

Handeni-Distrikt	2oo.ooo
Korogwe-Distrikt	57.ooo
Rest-Region Tanga	57.ooo
Region Bagamoyo	47.ooo
Region Morogoro	42.ooo

Verteilung der ebenfalls in einem geschlossenen Siedlungsgebiet lebenden Ngulu auf aktuelle Verwaltungseinheiten:

Handeni-Distrikt	55.ooo
Morogoro-Distrikt	64.ooo
Region Dodoma	13.ooo
Region Arusha	13.ooo
Kilosa-Distrikt	7.ooo

Verwandte, Nachbarn und mythologische Ahnen der Sigua

Aus emischer Sicht bilden die Sigua keine *biologische* Einheit, sondern eine *soziale* Gemeinschaft. Die Angehörigen dieser Sozialgemeinschaft werden als *members* bezeichnet, die Mitgliedschaft ist „freiwillig". Zur Sigua-Gesellschaft (im *weiteren* Sinn) gehört jeder, der in Sigualand lebt und „Mitglied" der Solidargemeinschaft der Sigua ist. Die Sigua-Gesellschaft ist alt, hat eine eigene Kultur entwickelt, und ihre mündlich überlieferten Sagen, Mythen und Legenden fördern diese Tradition kulturellen Selbstbewusstseins.

Wir unterscheiden zwischen den *Sigua im weiteren Sinn* und den *Sigua im engeren Sinn*. Im weiteren Sinn bezeichnet der Begriff Sigua *sämtliche Angehörige* der Sigua-Gesellschaft; im engeren Sinn bezeichnet er *die Angehörigen der ansonsten „namenlosen" der drei Territorialeinheiten* der Sigua-Gesellschaft. Die Sigua-Gesellschaft *im weiteren Sinn* besteht aus den drei Territorialeinheiten Sigua (im *engeren* Sinn), Luvu und Ngulu.

Während die nicht sehr zahlreichen Luvu am Fluss Pangani leben, gehören fast alle Bewohner der Sigua-Ebene zur Territorialeinheit Sigua (im engeren Sinn), und fast alle Bewohner der benachbarten Ngulu-Berge zur Territorialeinheit Ngulu. Ausnahmen sind: einige Dutzend zumeist islamischer indischer Familien, fast alle in Handeni-Stadt ansässig, die den Zwischenhandel beherrschen und gemeinsam bzw. konkurrierend mit einigen in Tanga ansässigen Arabern auch den Transport; einige Dutzend Chagga (aus der Region Kilimanjaro), die zumeist als Kleinhändler in den Dörfern aktiv sind; einige wenige Tausend Wasi (oder Ndorobo, oder Okiek), die hier meist als Musikanten und Schausteller tätig sind und auch als Schmiede arbeiten; einige Tausend Menschen unterschiedlicher Herkunft, die sich entlang der Überlandstraße angesiedelt haben, die Tanga mit Dar-es-Salaam verbindet und dabei Sigualand durchquert – sie gehören nicht zur Sigua-Gesellschaft. Außerdem die aus verschiedenen anderen Teilen Tansanias stammenden Verwaltungsangestellten mit ihren unmittelbaren Angehörigen – die Sigua selbst sind kaum in der Verwaltung vertreten. Und schließlich die ganz wenigen christlichen Missionare, die sich hier in Sigualand niedergelassen haben, sowie die Entwicklungshelfer mit ihren Familien – gegenwärtig zumeist Holländer und Deutsche.

Die Sprache der Sigua, *Kisigua*, ist dem Kiswahili nahe verwandt und ist bis heute nicht verschriftlicht. In den ersten Jahrgängen der staatlichen Schulen wird neben Kisigua meist Kiswahili gesprochen, in höheren Klassen auch ein simplifiziertes Englisch, vor Ort oft „Kizungu" genannt, d.h. *Sprache der Weißen*. Obwohl die meisten Kinder in Sigualand noch heute mit der Muttersprache Kisigua aufwachsen, ist Kiswahili als *lingua franca* weit verbreitet. Schon 1891 hat der österreichische Reisende Oscar Baumann bemerkt, dass in einem Dorf wie Mgera in Uzigua „nahezu jedes Kind" als Zweitsprache Kiswahili spreche. Mgera liegt an der Überlandpiste, die heute Handeni mit Kondoa im Landesinneren verbindet und dabei die Massai-Steppe durchquert. Diese Route war zur Zeit Baumanns eine wichtige Karawanenstraße. Englisch ist heute Drittsprache und wird nur von wenigen Menschen in Sigualand benutzt oder gar beherrscht.

Die ethnologische Literatur begreift die Sigua und die Ngulu bislang als separate Ethnien. Allerdings finden sich viele Hinweise auf eine enge Verwandtschaft von Sigua, Ngulu und auch Luvu. Sie können einander sprachlich ohne Schwierigkeiten verstehen, ihre Umgangssprachen unterscheiden sich wie Dialekte. Elisabeth Grohs (1980:14) bemerkte zudem in ihrer interessanten Studie über weiblichen Riten, dass diese bei Ngulu und Sigua „als Einheit" betrachtet werden können. Tatsächlich erscheinen die kulturellen, sprachlichen und politischen Verwandtschaften zwischen Sigua, Ngulu und den in der Literatur kaum je erwähnten Luvu schon bei einer

Betrachtung vom Rande aus derart intensiv, dass Steven Feierman (1974:72) in einer seiner Arbeiten über die benachbarte Sambara-Gesellschaft eher beiläufig den Begriff *Zigua complex* prägte. Dieser *Zigua complex*, dem Feierman neben den Sigua im engeren Sinne auch die Luvu und die Ngulu zurechnet, ist die Sigua-Gesellschaft, so wie wir sie verstehen und wie sie von den Sigua selbst verstanden wird. In ihrer eigenen Sprache heißt dieser „*Zigua complex*" *Waseuta nogone,* was man mit „die Gemeinschaft der Nachfahren Seutas" übersetzen könnte.

Auch die in unmittelbarer Nachbarschaft und in engem Kontakt mit den Sigua lebenden Sambara und Bondei[5] gelten gemeinhin als eigenständige Ethnien. Die sprachliche und kulturelle Nähe zur Sigua-Gesellschaft ist aber auch hier überaus auffällig. So sah schon Krapf (1852:388) die Sprache der Bondei, das Kibondei, als einen bloßen Dialekt in „nächster Verwandtschaft" zu Kisigua an, und auch Baumann (1891:270) ordnete Kisigua (mit Kingulu), Kibondei und zusätzlich Kisambara einem gemeinsamen „linguistischen Stamm" zu. Martin Mluanda schließlich, selber gebürtiger Sigua, bestätigt zumindest die *sprachliche* Verwandtschaft: „Sigua, Bondei, Ngulu und Sambara können einander ohne Schwierigkeiten verstehen." (1975:26) Außerdem wies Baumann (S.124f.) darauf hin, dass auch die Siedlungs- und Wohnverhältnisse der Bondei denen der Sigua entsprechen.

Ibrahim Athumani geht zudem von einer gemeinsamen Geschichte der genannten Gemeinschaften der Bondei (um Muheza), der Sigua (um Handeni) und der Sambara (um Lushoto) aus. Auch diese Zusammengehörigkeit drückt sich in einem gemeinsamen Namen aus. Er erläutert: „The Bondei people of the Bonde Valleys of Muheza would never forget their blood brothers and sisters of Handeni and Lushoto. The three tribes *don't form a real unity,* but they show *common origin* through a title which is pointing out their one-ness: *Wagosi,* or *Wagosingwa,* meaning *Respectful Men.* Hence, Wagosingwa occupy a large area from Ngulu Mountains to Sambara Mountains down to the deep valleys of Muheza. Wagosingwa are *Wagosi wa Kaya, Men of the Homeland.*"[6]

Im Vorwort zur englischsprachigen Fassung von *Utamaduni wa Mzigua,* das sich an kulturfremde Leser wie uns wendet, beschreibt Athumani die linguistische und kulturelle Verwandtschaft der Wagosingwa-Gruppen folgendermaßen: „The Zigua tradition and culture have occupied almost all day-to-day activities performed among them, and among the partner tribes of the

---

5 Bondei, sprich *Bonndé-i*

6 Wo ich im vorliegenden Text keine weiteren Hinweise auf die Herkunft eines Zitats von Ibrahim Athumani gebe, beziehe ich mich auf sein Manuskript zu „Tradition and Culture of the Zigua" (1999) als Quelle.

Ngulu and Luvu in copyright forms, and among the neighbouring tribes of the Sambara and Bondei with slight differences. Historically, all the above mentioned tribes share the same original background. They merged out of one ancestral history. Therefore, they still share the same tradition and cultures, with slight differences due to life changes and mixing with other tribes. Their natural differences are based on vowel intonations and in word pronunciations. One could note syllable changes, high pitches and stresses. For example the word „to say" . The Zigua people would say *'longa'*, and also the Luvu people would say *'longa'*. But the Sambara people would turn to *'onga'* instead. The *'L'* has disappeared. Such are the main differences. Their common general tradition and culture bases and insists on hard working conditions, good communication, relationship and appreciation to any community affecting emergency or common gradual agreeable conduction on publicly advertised traditional organisation."

Auch in anderen Teilen seines Buches *Utamaduni wa Mzigua*, etwa im Kapitel zur Begrüßung (*Salaamu ya asili*), erwähnt Ibrahim Athumani in beiläufigen Kommentaren die gemeinsame Geschichte der Wagosingwa. Es ist dies die Sicht der *Oral History*, auf die ich in der ethnologischen Literatur keinen Hinweis finde: „We all share one language and resembling tradition and cultures with slight differences, influenced by the environment... We are all still remembering our brotherhood and our same ancestral background. We had once been in the same hot pan. When it got too hot to resist burning, then everybody jumped out to his direction to search for cool breezes[7]. All tribal escapes were due to either past famines or tribal wars for cows and farming lands."

Ethnischer Gemeinschaftsglaube im Sinne etwa Max Webers kann sich auf sprachliche Einheit, auf Abstammungsglaube, auf gemeinsame Wanderungsgeschichte oder auf die bloße Gebietsgemeinschaft berufen. Sprachliche Einheit und geographische Nachbarschaft sind offensichtlich; die gemeinsame Wanderungsbewegung erläutere ich in Kapitel 4; der gemeinsame Abstammungsglaube von Sigua, Ngulu, Luvu, Bondei und Sambara wurzelt im Seuta-Mythos[8].

Sigua, Sambara und Bondei – also die „Wagosingwa" – haben einen gemeinsamen Abstammungsmythos: Seuta, regional auch Sheuta. Seuta gilt als männlicher Urahn all dieser Gesellschaften und wird als erfolgreicher Jäger mit besonders auffälliger maskuliner Potenz beschrieben. Schon Steven Feierman hat die Verbreitung des gemeinsamen Mythos 'Seuta' bei den

---

7   *Cool breezes.* Der Europäer genießt die Sonne, der Sigua die *cool breezes.*
8   Seuta, sprich *See-úta*

Sigua, den Bondei und den Sambara konstatiert, und auch Elisabeth Grohs (1980:27) begegnete ihm. Ibrahim Athumani weist auf seine aktuelle Bedeutung für die Stärkung des Zusammengehörigkeitsgefühles der Sigua hin:

„All three blood-brothers had been living in an area called Zigualand. Their unforgettable triple unity was formed under a chief called Seuta, and their unity is today known as "Moyo wa Zigua na Ngulu", *The Heart of Zigua and Ngulu (and Luvu)*. In a traditional festivity a *tambiko* leader might say, 'God Bless Union Under Seuta', or *WASEUTA NOGONE!* Confirming this people would say *'Pepa!'* in approval. Any person who intends to interfere with the unity is charged for it. Surely he is an enemy of the united people of Seuta."

Aus Usambara hat Feierman (1974:67ff.) eine Version der SeutaLegende vorgestellt, die er 1970 von einem oder einer „sehr alten Sambara" hörte, die im Grenzgebiet zu Sigualand lebte. Seuta, bei Feierman „Sheuta", wird hierbei als Jäger beschrieben, der in einer Höhle in der Wildnis lebte und dank eines Abenteuers mit einem Elefantenmenschen über erstaunliche Potenz verfügt. Ich fasse die Erzählung hier kurz zusammen:

Vor langer, langer Zeit lebte ein Mann namens Seuta in Sigualand. Seuta war mit einem Löwen befreundet. Sie teilten ihre Beute miteinander.

Eines Tages war Seuta mit seinen Hunden auf der Jagd. Da begegnete er einer großen Elefantenfrau. Sie ergriff Seuta mit ihrem Rüssel am Penis und zog so lange und so kräftig daran, dass der immer größer wurde – schließlich so groß, dass Seuta mit ihr schlafen konnte. Anschließend gab sie ihm die magische Kraft, seinen Penis nach eigenem Belieben jederzeit so groß und lang werden zu lassen, wie er es wünschte.

Zur selben Zeit lebte eine Frau namens Bangwe in Usambara, eine Frau, die wenn sie nur wollte jeden Mann verführen konnte; und die jeden Mann, den sie verführte, anschließend umbrachte. Viele Männer aus ganz Usambara hatten so schon ihr Leben verloren, bis schließlich Seuta kam und seinerseits Bangwe tötete, indem er während des Beischlafs mit ihr seinen Penis auf Elefantenformat vergrößerte.

Über die Befreiung ihres Landes von der Geißel Bangwe waren die Männer der Sambara so glücklich, dass sie Seuta zu ihrem Häuptling machten.

Eine andere Version der Seuta-Legende wurde zuerst 1911 von einem in den Usambara-Bergen lebenden deutschen Pflanzer in einer Missions-Broschüre veröffentlicht. Auch hier besticht Seuta durch seine Manneskraft. Diese Version (hier nach Feierman, gekürzt) ist offenbar bei den Luvu weit verbreitet:

> Seuta kam aus der Wildnis im Süden, aus Sigualand, auf eine Insel im Fluss im Land der Frauen. Selbst der Häuptling dort war eine Frau. Seuta hielt sich versteckt, denn er war nackt. Er hatte Pfeil und Bogen bei sich, dazu geröstetes Fleisch und Honig.
>
> Eines Tages wurde er von den Frauen entdeckt. Da tauchte er seinen Finger in den Honig und ließ anschließend jede der Frauen davon kosten. Des Nachts schlief er gemeinsam mit der Anführerin der Frauen in dem *einen* Teil ihres großen Hauses, während die Dienerinnen im *anderen* Teil des Gebäudes schliefen.
>
> In dieser Nacht lernte die Anführerin der Frauen das Fleisch Seutas kennen, und als sie am nächsten Morgen den anderen Frauen erzählte, was sie gesehen, gehört und gefühlt hatte, da wollten alle Frauen Seuta zum Mann haben. Die Chefin aber lehnte dies ab. Daraufhin machten die gemeinen Frauen Seuta zu ihrem Häuptling, und ihre bisherige Anführerin wurde seine Ehefrau.

Karasek (1911:208) erwähnt zudem einen Fall, wo der Seuta-Mythos mit einem anderen Mythos kombiniert ist – mit dem um Mbegha, den wir noch kennenlernen werden. Diese Kombination ist ungewöhnlich, ist aber nun seit fast 100 Jahren verschriftlicht und somit für lange Zeit festgehalten: In dieser Version war Seuta ein Jäger aus dem Dorf Kilindi, der nach Usambara zog – allein. Nach dem ersten Erlebnis dort kehrte er jedoch in seine Heimat in den Ngulu-Bergen zurück, um dort seinem Freund Mbegha zu berichten. Im Land der Sambara gebe es viele Frauen, die sich nach starken Männern sehnten. Erst daraufhin machte sich auch Mbegha auf den Weg nach Usambara.

Die traditionelle Wirtschafts- und Sozialorganisation der Sigua

In der Lebenswelt der Sigua existieren zwei gesellschaftliche Systeme zugleich: zum einen die „althergebrachte Lebensweise" der Sigua-Gesellschaft, zum anderen die sich gegenwärtig weiter globalisierende „Moderne". Die Existenz von zwei Systemen, die nicht miteinander kompatibel sind, ja die im Konflikt miteinander stehen, schafft einen sozialen Zustand, den ich – nach Peter Waldmann (1998) – als *Anomie* begreife. Das eine der beiden Systeme, das „althergebrachte", ist seit Alters her ein *akephales* System, kopflos, herrschaftsfrei, egalitär, das ich – nach Christian Sigrist (1967) – als *Regulierte Anarchie* begreife. Der Stand unserer wissenschaftlichen Forschung und die *Oral History* der Sigua lassen diesbezüglich keinen ernsten Zweifel zu. Aber im Laufe der Zeit hat dieses System sich verändert, sich entwickelt: konkret in der Auseinandersetzung auch mit dem konkurrierenden System der „Moderne". Die althergebrachte Lebensweise der Sigua, wenn wir sie denn analytisch aus der Anomie, aus der Verwirrung und Vermengung mit den Strukturen der Moderne lösen, diese althergebrachte Lebensweise der Sigua in der Art, wie wir sie heute in der (analytischen) Realität vorfinden, ist heute nicht mehr (oder noch nicht wieder) *akephal* im wirklichen Sinne des Wortes. Sie ist vielmehr „bloß" *traditionell akephal*. Aber immerhin: die ursprüngliche Akephalie schimmert noch durch, viele Rudimente sind deutlich wahrnehmbar. Und manches in der verworrenen und uns vielleicht zunächst verwirrenden Anomie des Jetzt-Zustands der Sigua-Gesellschaft erklärt sich, wenn wir den Schleier der herrschenden Anomie lüften, der nicht nur die Lebenswelt der Sigua sondern das historische Jetzt so vieler Gesellschaften Afrikas oft als weitgehend ungeordnetes Chaos erscheinen lässt. Die erwähnten Rudimente passen nämlich, wenn wir beginnen sie in ihrer Gesamtheit zu erfassen, sehr gut zusammen, und sie ergänzen sich zu eben diesem System traditioneller Akephalie.

Das traditionelle, akephale Wirtschafts- und Sozialsystem der Sigua basiert einerseits auf verwandtschaftlich begründeten, andrerseits auf nachbarschaftlich bzw. territorial begründeten Netzen von Solidarität und Kooperation. Wichtigste territoriale Einheiten sind die Nachbarschaft und die traditionelle *Dorfgemeinschaft*, wichtigste verwandtschaftliche Einheiten sind die *nyumba*, die Verwandtschaft im Dorf, und der *lukolo*. Ein Lukolo, von Athumani im Englischen als „Clan" bezeichnet, entsteht durch eine Dorf-gründung und die damit verbundene Inbesitznahme des umliegenden Landes durch den „Gründer" des Dorfes.

Die Sigua-Gesellschaft ist *matriarchalisch*: Neugeborene Kinder werden Mitglied des Lukolo der Mutter. Weil Exogamie die Regel ist, leben die An-gehörigen eines Lukolo nicht alle im selben Dorf, sondern oft über ganz Sigualand verstreut. Als „Nyumba", von Mluanda im Deutschen als „Groß-familie" bezeichnet, begreifen die meisten Sigua den im selben Dorf leben-den Teil eines Lukolo.

Als kleinste Solidareinheit, häusliche Einheit und zugleich ökonomische Einheit, hat sich in den letzten Jahrzehnten auch in Sigualand der Familienhaushalt europäischen Typs weitgehend durchgesetzt. Die Kleinfamilie bebaut das Land, das ihr vom Dorf-Ältesten zur Nutzung zugeteilt ist. Luft, Wald und Wasser sind traditionell Gemeineigentum. Als Dorf-Ältester agiert in diesem Zusammenhang der *Vertreter*, der „Älteste" derjenigen Familie, die als Gründer des Dorfes und damit als Eigentümer des umliegenden Landes gilt.

Gemeinschaftliche Arbeit im Rahmen der Nachbarschaft bzw. des Dorfes ist traditionell weit verbreitet und wird als *chiwili*[9] bezeichnet. Die Chiwili-Gruppen werden für jeden Arbeitseinsatz neu zusammengestellt, und jedes Mal wird ein *chivyele* bestimmt. Der oder die Chivyele gilt als Repräsentant bzw. Repräsentantin der Gruppe und bestimmt den Umfang der zu leistenden Arbeit. Chiwili kann bei der Feldarbeit eingesetzt werden, beim Hausbau, beim Graben nach Wasser und bei vielen anderen Gelegenheiten.

Traditionell wird in den Sigua-Dörfern das Abendessen gemeinsam eingenommen. Dieses Gemeinschafts-Mahl wird *ndala* genannt. Männer und Frauen sitzen dabei allerdings getrennt beieinander. Während des Ndala organisieren die Ältesten das Dorfleben: die Chiwili-Arbeit des nächsten Tages, die Hütung und Weidung des Viehs der Dorfgemeinschaft, das zur-Tränke-Führen der privaten Haustiere am Abend. Und vieles andere muss geregelt werden: wer hilft bei Brunnenbau, beim Hausbau, bei gemeinsamer Feldarbeit, bei der Krankenversorgung?

Viele der Dörfer Sigualands, besonders in den abgelegenen Gebieten, sind agrarisch weitgehend autark. In Bezug auf ihr landwirtschaftliches Produktionspotential sind die Ngulu-Berge der trockeneren Sigua-Ebene gegenüber deutlich im Vorteil. Mais, Hirse und Bohnen (im Wechsel) sind die wichtigsten Anbauprodukte und Nahrungsmittel, und günstige mikroklimatische Verhältnisse in Teilen der Ngulu-Berge ermutigen manchen Produzenten, drei jährliche Aussaaten statt der üblichen zwei zu riskieren. Problematisch ist allerdings die oft zu kurze Dauer der ineinander greifenden Regenzeiten, *Vuli* (ab Oktober) und *Masika* (bis Mai), und ihr variables Einsetzen. In den Bergen regnet es häufiger als im Flachland, und viele Täler der Ngulu-Berge verfügen ganzjährig über leicht zugängliches Grundwasser.

Das landwirtschaftliche Produkt (Mais, Hirse, Bohnen) wird individuell erzeugt und dient primär der Eigenversorgung der Familie. Überschüssige Produkte werden in kleinräumigen, im Wesentlichen dörflichen Kreisläufen getauscht: geldlos, ohne kleinliche Aufrechnungen beim Tausch. Das monetäre Einkommen beläuft sich in vielen Familien auf weniger als 10 oder viel-

---

9 *Chiwili*, regional auch *kiwili*.

leicht 30 DM pro Jahr. Etliche Familien benötigen und benutzen Geld fast ausschließlich zur Zahlung der jährlichen Kopfsteuer und des Schulgelds für die Kinder, sowie zum Kauf von Salz und Seife. Neben den im Wesentlichen dörflichen Kreisläufen wird oft auch innerhalb einer der genealogischen Gruppe (dem Lukolo) getauscht bzw. zwischen Angehörigen solcher Gruppen, die durch *Utani*-Beziehungen miteinander in Verbindung stehen.

Bei einer Bevölkerungsdichte von kaum mehr als 10 Einwohnern pro km² besteht insbesondere im westlichen Teil des Handeni-Distrikts, um Kimbe und Kilindi, keine allgemeine Landknappheit. Der limitierende Faktor in der Landwirtschaft ist nicht *land*, sondern *labour*. Nur knapp 10 Prozent der Fläche des Handeni-Distrikts gelten als agrarisch kultiviert, und National-ökonomen sorgen sich, weil der Anbau von Mais und Hirse aus ihrer Sicht nur unzureichend produktiv ist: Die gute Bodenqualität ließe vielerorts den Anbau möglicherweise weitaus teurer zu verkaufender Produkte zu. Die Hemmnisse, die einer Umstellung oder Steigerung der Produktion entgegen-stehen, sind aber offensichtlich: erheblicher Arbeitskräftemangel in den Zeiten erhöhten Bedarfs, Gefahr der Bodenerosion in Hanglagen der Ngulu-Berge, niedriger Stand der Produktionstechnik (z.B. praktisch kein Einsatz von Pflug oder tierischer Anspannung, keine biologische Düngung), und nur wenig Vermarktungsmöglichkeiten.

Obwohl ausreichend Land zur Verfügung steht, wird in den meisten Fällen ein Feld solange bestellt, bis der Boden ausgezehrt ist und die Erträge deut-lich sinken. Erst dann wird ein neues Feld gerodet, so dass sich das bisher genutzte Land regenerieren kann. Oscar Baumann berichtete um 1890 aus Sigualand, dass ein Feld dreimal bebaut werde und anschließend für drei Jahre brachliege (a.a.O. S.278). In West-Handeni ist es dagegen zur Zeit so, dass einzelne Felder selbst nach fünfzehn Jahren noch bestellt wurden. Die Dauer der Brache beträgt heute im Schnitt etwa Zweidrittel der Dauer der aktiven Nutzung der Felder, so dass jeweils etwa 60 Prozent des kultivierten Landes unter Produktion stehen.

Hauswirtschaftliche Arbeiten einschließlich der Beschaffung von Brenn-holz und Wasser fallen fast vollständig in den Aufgabenbereich der Frauen. Die Hauswirtschaft ist enorm arbeitsaufwendig. Mais, der wichtigste Be-standteil der täglichen Ernährung, wird, wie auch Hirse, von den Frauen meist selbst gemörsert oder, seltener, zwischen Steinen zu Mehl gerieben. In der Landwirtschaft werden die Aufgaben zwischen Männern und Frauen etwas ausgeglichener aufgeteilt. Das Roden ist alleinige Aufgabe der Män-ner. Außerdem betonen die Männer, dass sie die Verantwortung trügen.

Bezüglich der durchschnittlichen Arbeitsbelastung von Männern auf der einen und Frauen auf der anderen Seite ist eine objektive, exakte Bestands-aufnahme kaum denkbar. Ich habe in Sigualand die Ergebnisse einer „empi-rischen Studie" aus der Provinz Kivu im östlichen Zaire zur Diskussion gestellt. Sie besagt, dass die Arbeitsbelastung der Frauen zu der der Männer dort im Verhältnis 100:35 stehe. Ich stieß mit dieser Aussage auch in Sigua-land auf keinerlei Erstaunen, weder bei den Frauen noch bei den Männern. In Sigualand dürfte die Relation also ähnlich sein, nämlich 100:35. Elisabeth Grohs hat in den 70er Jahren Schulkinder in Sigualand gefragt, wessen Arbeitsbelastung größer sei – die der Väter oder die der Mütter. 57 Prozent der Schulkinder in Sindeni antworteten, „Mutter arbeitet mehr", und 17 Pro-zent antworteten, „Vater arbeitet mehr". 18 Prozent der Schüler gaben keine Antwort, der Rest entschied sich für „Beide arbeiten gleichviel". Grohs hat dies folgendermaßen kommentiert: „Die Beurteilung der Kinder über die größere Belastung der Mutter entspricht den eigenen Beobachtungen. Von den Frauen selbst wurde nur in sehr wenigen Fällen Kritik an der Situation geübt. Eine vom Lehrerkollegium der Schule mit den Schülern der 7. Klasse durchgeführte Diskussion zum Thema Arbeitsteilung zeigt, dass die größere Bürde der Frau eher von den Jungen erkannt und diskutiert wurde. Gleich-zeitig wurde deutlich, dass es bei der vorherrschenden Arbeitsteilung sehr schwierig ist, die Frauen von bestimmten Arbeiten zu befreien. Holz herbei-schaffen oder Wasser holen gehen gelten zum Beispiel als weibliche Tätig-keiten, mit denen sich ein Mann lächerlich machen würde." (Grohs 1980:47) Tatsächlich ist es selbst in der Stadt Handeni auch heute noch so, dass allein-stehende Männer, zum Beispiel die meist nur für einige wenige Jahre hier lebenden Funktionäre, die oft ihre Familien „zuhause" gelassen haben, sich schämen, Wasser für den eigenen Gebrauch von einer der öffentlichen Zapf-stellen zu holen. Stattdessen lassen sie sich, wenn keine Frau zum Wasser-holen verpflichtet bzw. berechtigt ist, Wasser gegen Entgelt besorgen. Das ist die Regel. Vielen Frauen in Sigualand ist dieser Zustand ganz recht, schöpfen sie doch aus ihrer alleinigen Verantwortung, d.h. ja auch Verfügungsgewalt über Wasser und Brennholz, einen Teil der notwendigen Kraft, patriarcha-lischen Machtansprüchen zu trotzen, auch im familiären Bereich. Für den Mann gibt es in der traditionellen Sigua-Kultur keinen anderen Zugang zum täglich notwendigen Wasser und zum warmen Essen als den über die Frau.

In den meisten Familien werden Hühner gehalten, weit seltener auch Ziegen. In Kilindi werden Eier meist vor Ort verzehrt, während viele der Hühner und ein Großteil der Ziegen in die urbanen Zentren auch außerhalb des Distrikts verkauft werden. Die Kleintierhaltung gehört zum Aufgaben-bereich der Frauen. In der von Grohs durchgeführten Befragung an drei Schulen in Sigualand wurden die Schülers auch gebeten, die wichtigsten

Aufgaben der Mutter zu nennen. Das Ergebnis war folgendes (Grohs 1980:45):

Kochen	89 %
Versorgung der Kinder	84 %
Sauberhaltung des Hauses	76 %
Holz- und Wasserbeschaffung	65 %
Feldarbeit	45 %
Anbau bzw. Sammeln von Gemüse	20 %
Viehwirtschaft (d.h. Kleintierhaltung)	9 %

Beim Kochen, bei der Sauberhaltung des Hauses und bei der Holz- und Wasserbeschaffung ist die Mutter auf die Hilfe ihrer Töchter angewiesen, so dass die kumulierten Werte von Mutter und Tochter sich der 100%-Marke nähern.

Unter den „handwerklichen" Tätigkeiten ist bei den Frauen das Töpfern und Flechten weit verbreitet und bei den Männern, neben der Jagd, das Schnitzen und das Schreinern. Elisabeth Grohs hat in Kwediboma, Kideleko und Sindeni Schüler der jeweiligen siebenten Klasse nach handwerklichen Tätigkeiten ihrer Eltern gefragt. Die Antwort:

Töpfern	26 %
Jagen	21 %,
Flechten	12 %
Schnitzen und Schreinern	9 %

Praktisch in jeder Sigua-Familie gibt es auch jemanden, der *togwa* zu brauen versteht: Bier. Als Basis dient mal Hirse, mal Mais, dann wieder Honig oder auch Zucker. In vielen Dörfern gibt es heute eine manuelle Zuckerrohrpresse, die gegen Entgelt, meist in Naturalien, allen Dorfbewohnern zur Verfügung steht. In Kilindi konnte ich beobachten, dass ein alleinstehender Greis seinen Lebensunterhalt mit einer derartigen selbstgefertigten Zuckerrohrpresse verdiente.

Einige Männer knüpfen Stricke und Seile, gelegentlich auch Netze für die Jagd. Andere Handfertigkeiten werden heranwachsenden männlichen Jugendlichen während der Seklusion vermittelt: die Herstellung von Hacken, Messern, Beilen, Buschmessern, Bogen, Pfeilen, Speeren und Schwertern.

Baumann berichtete (1891:275): „Die wenigen Hausgeräte der Sigua sind nett und sorgfältig gearbeitet, im Charakter völlig denen der Sambara gleichend. Sie besitzen große Tontöpfe, Stühlchen, die sehr zierlich und fest aus einem Stück geschnitzt sind, Hühnerkörbe und besonders nette Bastkörbchen." Grob aber sehr sorgfältig geflochtene, tellergroße und flach gewölbten Körbchen, mittels eines bestimmten rötlichbraun trocknenden Baumharzes wasserfest und haltbar gemacht, heißen *Vihungu* (sing. *Chihungu*). Sie dienen als tiefe Teller oder kleine Schalen, für Obst und ähnliches. Ich erhielt zwei davon als Geschenk: „They were used for domestic purposes – before iron plates. They are always made by women, and are not commonly used nowadays." (Athumani, Brief vom 6.12.1990). Die liebevolle und künstlerische Gestaltung vieler Gebrauchsgegenstände der Sigua, früher weiter verbreitet als heute, beschreibt Athumani ausführlich im fünten Kapitel von *Utamaduni wa Mzigua*. Für die Verschönerung der Gegenstände benutzen die Sigua Farben meist pflanzlichen Ursprungs: „We make different decorations by using colours from different tree leaves and stems. We get green colour from tomato leaves, and red brown colours from a tree stem called *sapo*, whereas dark red colours are obtained from *mzundu* tree leaves. All these trees are plenty at Mzeri. One can make the best use of them, free of charge!"

Das traditionelle ökonomische System der Sigua lässt die Herausbildung von Kapital nicht zu. Trotzdem hat das Kapital längst seinen Einzug auch in Sigualand gehalten – überall dort, wo es den höchsten Profit verspricht. Das sind deutlich die Bereiche Transport und Handel. Das Verhalten der wenigen Kapitaleigner zu ihren Lohnarbeitern ist brutal, der Preis der Arbeitskraft in Sigualand tendiert gegen Null, Kinderarbeit ist oft billiger als zum Beispiel der Einsatz von Eseln.

Das rezente Leben der Sigua ist durch Anomie und strukturelle Heterogenität gekennzeichnet, sowohl im Bereich der Werte und Normen als auch in der Ökonomie. Bezüglich des Wirtschafts- und Sozialsystems gehe ich weitgehend mit dem viel gescholtenen „Ethnoökonomen" Göran Hydén davon aus, dass auch in Sigualand heute zwei Produktionsweisen zugleich existieren. Sie überlagern sich konfliktuell. Wie Hydén sehe ich eine deutliche Dichothomie in der rezenten gesellschaftlichen Realität in Sigualand: ein Netz „traditioneller Strukturen" einerseits und ein Netz „moderner Strukturen" andererseits, teils miteinander *verknüpft*, etwa so wie Georg Elwert es aus Westafrika beschreibt, aber nicht immer und nicht in allen Bereichen, sondern oft sich konfliktreich überlagernd bzw. miteinander *verworren*. Im Gegensatz zu Hydén verneine ich allerdings die Existenz einer singulären panafrikanischen *peasant mode of production* und gehe stattdessen von der Existenz einer Mehrzahl jeweils regional bzw. gesellschaftsspezifischer *modes of production* in Afrika aus. In Sigualand ist dies die *natürliche, althergebrachte Lebensweise* der Sigua (n. Athumani), mit ihrer spezifischen Ökonomie, mit Geldlosigkeit und Herrschaftslosigkeit, mit spezifischen Formen der Solidarität und Kooperation, mit Chiwili und Ndala, mit größtem Respekt vor dem Alter, und mit einem ihrer akephalen Sozialorganisation entsprechendem religiösen Glauben, und einem diesem Glauben entsprechenden intertemporalen Verantwortungsbewusstsein.

Nun sind sowohl die jeweils weitgehend „geschlossenen" gesellschaftlichen Systeme als auch das Beziehungsgeflecht verschiedener solcher Systeme miteinander permanent im Wandel: Die aktuell viel diskutierte „Globalisierung" mit zunehmender Intensivierung interkultureller Kontakte führt gegenwärtig vielerorts zu einer Annäherung divergenter Systeme; anderenorts stehen sie sich antagonistisch gegenüber, vielleicht nicht immer aus objektiver Warte so wahrnehmbar, aber subjektiv, im Bewusstsein der dort Lebenden. Sicherlich, „Tradition" lässt sich modernisieren und „Modernität" lässt sich traditionalisieren; aber die rezente Existenz eines strukturellen Pluralismus in Bereichen wie Ökonomie und Sozialorganisation und auch im Bereich der gesellschaftlichen Werte, Ziele und Normen, das heißt die Existenz einer normativen „Anomie" (nach Peter Waldmann 1998), ist in Sigualand überdeutlich, mit ganz erheblichen, oft verwirrenden Konsequenzen die unmittelbar betroffenen Menschen. Die sich in Sigualand gegenüberstehenden Systeme, manchmal als „Tradition" auf der einen, als „Moderne" auf der anderen Seite bezeichnet, besitzen jeweils eine eigene innere Logik. Das traditionelle System der Sigua steht im offensichtlichen Widerspruch zur Geldwirtschaft, zum Kapital, zur Herrschaftsideologie. Die beiden Systeme und die ihnen zugehörigen Ideologien befinden sich in einem „Wettstreit", der noch längst nicht endgültig entschieden ist. Das traditionelle System, die Traditionelle Akephalie, ist geschwächt, umfasst nicht mehr alle Bereiche des öffentlichen und privaten Lebens so umfassend wie früher; andrerseits scheint das Netz des modernen Systems dort, wo es spürbar ist, oft nur als oberflächlich wirksam und als vom tragfähigeren Netz des traditionellen Systems unterlegt:

– obwohl Lohnarbeit und Marktwirtschaft in Sigualand bekannt sind, ist die Subsistenzwirtschaft mit Tausch in Naturalien der Grundpfeiler familiärer Existenzsicherung geblieben;

– obwohl der tansanische Staat auch Sigualand flächendeckend mit einem administrativen Netz überzogen hat, sind, vielleicht weil traditionelle Strukturen nicht mit einem dezentralen Staatsaufbau verknüpft worden sind, die traditionellen Strukturen des *Undugu*-Systems und der Territorialgemeinschaften der Sigua noch weitgehend intakt; ähnliches gilt für Recht, Erziehung, Religion, Gesundheitswesen und andere Bereiche.

In dieser strukturellen Heterogenität dominiert im Leben der meisten Sigua das Geflecht traditioneller Strukturen, Werte, Institutionen. Diese traditionelle Gesellschaft ist hier, allen neuzeitlichen Schädigungen zum Trotz, ein weitgehend konsistentes System geblieben, das sämtliche Bereiche der Sozialorganisation umfasst: Ökonomie, Solidarität und Kooperation, Erziehung und Sozialisation, Heilkunde, Macht und Herrschaft bzw. Herrschaftslosigkeit, Gottes- und Weltanschauungen. Das moderne industriell-kapitalistische System und auch der Staat Tansania berühren das Leben der meisten Sigua zwar mehr oder weniger deutlich, aber dennoch nur oberflächlich bzw. marginal. Das moderne politische System erscheint als aufgesetzt, und die kulturellen Einflüsse der Modernisierung in Sigualand sind diffus und verwirrend.

Dem Individuum in der rezenten Sigua-Gesellschaft steht es in vielen Lebenssituationen grundsätzlich frei, sich alternativ für das eine oder das andere Bezugssystem zu entscheiden. Weil für viele Menschen hier nicht eindeutig geklärt ist, welches System ihnen und ihrer Gemeinschaft mehr Vorteile bringt, und weil von den aktuellen Globalisierungstendenzen der „Moderne" in Sigualand wenig Positives spürbar ist, bleibt es beim existierenden Dualismus der Systeme. Die reale Alternative, die sich dem *peasant* in Afrika als Alternative zur Ökonomie des „Weltmarktes" und zum politisch-sozialen System des „Nationalstaates" stellt, ist kein flächendeckendes „afrikanisches System" mit einheitlicher Produktionsweise und einheitlichen Mechanismen sozialer Kontrolle und Macht, wie Hydén vermutet, sondern ist jeweils das konkrete lokale traditionelle Bezugssystem. Für die Maka in Kamerun ist es ein völlig anderes als für die Sigua in Tansania, selbstverständlich. Weit mehr konkrete Hinweise zum Verständnis des traditionellen ökonomischen, sozialen, politischen Systems der Sigua-Gesellschaft als Göran Hydén sie mit seinem oberflächlichen Konstrukt einer flächendeckenden afrikanischen *peasant mode of production* liefern kann, finden sich im Vergleich mit Gesellschaften des selben Typus, das heißt hier, für die Sigua-Gesellschaft, im Vergleich mit akephal-segmentären Gesellschaften Afrikas, wie Christian Sigrist (1967) sie als *Regulierte Anarchie* beschrieben hat.

Traditioneller Glaube, Wissen und Magie

Politisch ist die Sigua-Gesellschaft traditionell durch keine Zentralinstanz organisiert, sie ist eine *segmentäre* Gesellschaft, also eine „akephale (d.h. politisch nicht durch eine Zentralinstanz organisierte) Gesellschaft, deren politische Organisation durch politisch gleichrangige und gleichartig unterteilte mehr- oder vielstufige Gruppen vermittelt ist" (Sigrist). Im Gegensatz zu den von Sigrist ausführlich beschriebenen segmentären Gesellschaften, allesamt *patrilineal*, ist die Sigua-Gesellschaft *matrilineal* – wenn auch mit deutlichen „patriarchalischen Tendenzen", wie Mluanda (1975: 23) ergänzt.

Die Sigua-Gesellschaft ist traditionell *egalitär*, das Individuum wie auch die Gemeinschaft streben nicht Reichtum an, sondern Prestige. Prestige erlangen bei den Sigua traditionell diejenigen Männer und Frauen, die besonders eifrig am Chiwili teilnehmen, und diejenigen Familien, die in besonderem Maße zur Reichhaltigkeit des Nahrungsangebots beim Ndala beitragen. Sparen oder gar das Horten von Reichtum, Voraussetzung von Kapitalakkumulation, gilt in der Sigua-Gesellschaft traditionell als unsolidarisches Verhalten ärmeren Gesellschaftsmitgliedern gegenüber. Ibrahim Athumani:

> „The system in it's nature was real socialism,
> it was simply to agree to share yours with them and theirs with you".

Der traditionelle religiöse Glaube der Sigua ist schriftlich bisher kaum erfasst. „Über die religiösen Gebräuche der Sigua ist nur wenig bekannt", hat Baumann (1891:275) festgestellt, und auch Mluanda (1975:82) klammerte das Thema weitgehend aus: Es sei ihm nicht gelungen, die Gottesanschauungen der Sigua zu analysieren, da sie über Gott nicht gerne reden und da ein direkter „Kult an Gott" in der Öffentlichkeit nicht zu finden sei – schreibt er, selbst gebürtiger Sigua und immerhin christlicher Theologe. Eine recht ausführliche Darstellung des Verhältnisses der Sigua zum Geist und zu den Seelen der Verstorbenen und zu Gott findet sich dagegen in Ibrahim Athumanis Buch *Utamaduni wa Mzigua*, Kapitel 10, *Tambiko*. Es ist das erste verschriftlichte „traditionelle Glaubensbekenntnis" eines Sigua.

Der traditionelle Glaube der Sigua kennt keine Dogmen und entspricht den wichtigsten Grundsätzen der Akephalie. Jedes Individuum hat seinen eigenen Glauben, es gibt keine „Priester" oder ähnliche Instanzen, die sich im Besitz der Wahrheit fühlen oder die die *Religion* bzw. die *Glaubensgemeinschaft* der Sigua nach Außen hin vertreten könnten. Der traditionelle Glaube der Sigua hat keinen „Sprecher", keinen „Kopf". Gott als höchstes Wesen überragt alle anderen Kräfte. Gott (Mnungu) gilt als „so groß und ehrfurchtgebietend, dass der Mensch nicht würdig ist, vor ihm zu stehen und mit ihm in direkte Beziehung zu treten" – so Mluanda (1975:83). Der Mensch kann aber durch *Mittler* Gott erreichen. Als Mittler zwischen den Menschen und Gott gilt *mzimu* (pl. *mizimu*), Geist und Seele[10] der Ahnen.

Geist und Seele der Verstorbenen leben, körperlos, irgendwo „in heaven" weiter. Mluanda erläutert, *von den Ahnen werde geglaubt, dass sie über das Benehmen ihrer Nachkommen wachen und sie begünstigen und beschenken. Sie zeigen ihre Gunst durch das Wohlergehen der Familie, durch Segen und Erfolg im Leben. Da sie selbst Menschen auf Erden waren, sind sie die besten Vermittler zwischen Gott und den Menschen. Sie kennen die Bedürfnisse der Menschen aus eigener Erfahrung, gleichzeitig haben sie möglicherweise direkten Zugang zu Gott: Deswegen wenden sich die Menschen des öfteren mit kleineren oder größeren Bedürfnissen an diese mizimu. Obwohl sie keine Wunder tun können,... erleben die Menschen psychologische oder seelische Erleichterung, wenn sie ihre Sorgen vor ihren Eltern und Ahnen ausschütten können* (n. Mluanda 1975:91)[11]. Andrerseits kann, dem traditionellen Glauben der Sigua zufolge, ein Verstoß gegen den Willen und gegen das Wort der Verstorbenen (wissenschaftlich) unerklärbare Konsequenzen haben. Zum Beispiel kann derjenige, der sich dem Geist und der Seele der Ahnen gegenüber schuldig macht, Übles erleiden, kann erkranken.

Viele Sigua sind sich sicher, mit Geist und Seele der ihnen nahestehenden Verstorbenen in einen Dialog treten zu können. Nach meinen Beobachtungen wird davon recht häufig Gebrauch gemacht, und nicht immer sind nur sakrale Vorstellungen damit verbunden. Manchmal fragt sich ein Mensch heute ganz einfach, was wohl ein bestimmter der von ihm geachteten und geschätzten Ahnen zu einem aktuell aufgetretenen Problem gesagt hätte, bzw. sagen würde, bzw. wie er in dieser Situation heute reagieren würde, was er raten würde. Allerdings besagt eine wichtige Regel, *„mizimu naagone!"*, d. h. „mögen Geist und Seele der Ahnen in Frieden ruhen". Oft „weckt" man deshalb die *mizimu* gar nicht. Man versucht statt dessen, selbst eine Lösung des Problems zu finden, oder man fragt einen *Mganga*. Wenn aber wirklich Geist und Seele von Verstorbenen geweckt werden sollen, dann findet ein *Tambiko* statt.

---

10 Selbstverständlich haben auch die Schwarzen in Afrika eine *Seele*, ein „unsterbliches Ich", auch wenn das in der Ethnologie heute noch umstritten ist. Joseph Fräßle erbrachte 1926 (insb. im Kapitel „Seelenbegriff") den entsprechenden *Erweis*, der übrigens noch heute in einigen Kreisen Beachtung findet. Es war nämlich nicht erst der Weiße, der den Afrikanern eine Seele mitbrachte.

11 Einige meiner Zitate aus der Arbeit von Martin Mluanda, einer ethnologischen Dissertation in Wien 1975, habe ich, der einfacheren Lesbarkeit zuliebe, z.T. sprachlich leicht überarbeitet.

Im Vergleich zu ihren tansanischen Nachbarn gelten die Sigua als auffällig traditionsbewusst, und der Rekurs auf endogenes, „geheimes" Wissen nimmt in Sigualand zuweilen Formen an, die Assoziationen an böse „Hexerei" hervorrufen. Zugleich gelten die Sigua in Tansania gemeinhin als „entwicklungsfeindlich". Auf die irrige Tendenz, die Fähigkeit bestimmter peripherer gesellschaftlicher Gruppen, „trotz ethnozidischer Einflüsse ihre Lebensform selbst zu gestalten und entgegen dem staatlichen Druck eine eigene Identität zu bewahren, .. mit sozio-kultureller 'Statik' gleichzusetzen", hat schon Ingrid Kummels (1988:29) in ihrer Arbeit über die Rarámuri in Mexiko hingewiesen. Auch die Sigua sind nicht entwicklungsfeindlich, wie oft behauptet wird, sondern viele Mitglieder dieser Gesellschaft stehen den von den reichen Ländern des Nordens ausgehenden Modernisierungsbestrebungen und Globalisierungstendenzen sehr kritisch gegenüber.

Weit verbreitet, stärker als in den meisten anderen Regionen Ostafrikas, sind *Uganga* und *Uchawi*. „*Uganga*"[12] bezeichnet die Anwendung besonderen Wissens und besonderer Fähigkeiten zum Wohle der Allgemeinheit oder zum Wohle einzelner Menschen, „*Uchawi*" bezeichnet die Anwendung des selben Wissens zum Schaden Anderer. Michaela von Freyhold bemerkte schon vor gut 20 Jahren (1979:66): „Experts in various rituals, spirit exorcists, herbalists and witch doctors were numerous and some Ujamaa villages (in Handeni) had become the headquarters of traditional religion and medicine for the whole surrounding area." Im selben Zusammenhang berichtete auch Elisabeth Grohs (1980:67) von einer „extremen Furcht vor Zauber, die das ganze Leben der Sigua und Ngulu zu beherrschen" scheine. Aber nicht nur die Angst vor *Uchawi* ist ein leicht festzustellendes Phänomen, sondern auch der Glaube an *Uganga*. Tatsächlich prägen mancherorts in Sigualand Angst vor *Uchawi* und Vertrauen in *Uganga* das Weltbild vieler Menschen. Das ist durchaus nicht untypisch für Ostafrika. Ähnliches wurde z.B. auch aus Kenia berichtet. Mutungi (1977:xviii) schreibt: „In some parts of Kenya, witchcraft seems to have acquired the status of a 'religion'. The beliefs in, and fears of, witchcraft are so strong that little is done before consulting a witch-doctor (fortune-teller) or performing one type of ritual or another associated with witchcraft and its practices. But unlike the other major religions (be-

---

12 Ich benutze hier die Begriffe des Kiswahili, der wichtigsten *lingua franca* Ostafrikas, in ihrer in Sigualand gebräuchlichen Fassung. Die anderen Bantu-Sprachen Ostafrikas unterscheiden sich im Basiswortschatz, der insbesondere den Bereich Wissen, Magie und Religion betrifft, oft nur unwesentlich. Bei den Shona in Simbabwe zum Beispiel heißt der *mganga* „*n'anga*". (Zur Aussprache: beim „n'g" im Kiswahili werden die Buchstaben n und g nicht einzeln gesprochen, wie etwa in „angeben", sondern als nasaler Diphtong, wie etwa in „Zange".

liefs), witchcraft does not appear to be susceptible to any easy definition. This is simply because it is not a coherent body of beliefs."

In obigen Zitaten wird neben anderem vielleicht das Problem begrifflicher Unschärfe interkultureller Übersetzungen deutlich. Da wird von „*experts in various rituals, spirit exorcists, herbalists, witchdoctors*" und „*fortunetellers*" gesprochen, und auch von „*Zauber*". Ich denke wir tun gut daran, zunächst einmal zwei Dinge ganz klar zu unterscheiden: *Uganga* auf der einen, *Uchawi* auf der anderen Seite. Uganga ist Expertise gepaart mit Weisheit, ist Respekt vor den Alten, Kranken und Schwachen der Gesellschaft, ist Respekt vor dem Geist und der Seele der Ahnen und vor Gott. Uganga ist Verantwortung gegenüber der Gemeinschaft und gegenüber dem Individuum, gegenüber den Generationen von Gestern, Heute und Morgen. Diese *Uganga* ist die Grundlage der Kultur der Sigua.

Wer Uganga praktiziert, heißt *Mganga*, Plural *Wang'anga*. Die meisten der Wang'anga der Sigua-Gesellschaft, auch der hochangesehenen, sind im medizinischen Bereich als traditionelle *Heiler* tätig. Allerdings umfassen die Arbeitsfelder der Wang'anga durchaus nicht nur die Medizin, sondern ziemlich alle Bereiche menschlichen Zusammenlebens. Aus Simbabwe erläutert Professor Chavunduka: „Thus, in addition to being medical practitioner, the traditional healer was a religious consultant, a legal and political adviser, a marriage councellor, a police detective and a social worker." (1994:1)

Uchawi ist ein „völlig anderes Phänomen", ist dabei allerdings mit Uganga „verwandt": Uchawi ist „das Gegenteil" von Uganga, auch wenn sie sich manchmal als Uganga verkleidet. Die meisten Menschen in Sigualand durchschauen, dass es nicht Geist und Seele der Ahnen sind, was da in Uchawi spricht oder sonst wie wirkt, sondern Geist und Seele des *Mashetani*, des Bösen. Im Gegensatz zu *Uganga*, der „weißen Magie", ist *Uchawi* so etwas wie „schwarze Magie", vor der man sich hüten sollte in Sigualand.

2   Der traditionell akephale Lebensweg eines Sigua

Einführung in die Sozialgemeinschaft

Wenn ein Kind geboren wird, was fast immer in der Wohnhütte der Mutter geschieht, dann assistieren Frauen aus der Nachbarschaft. In jedem Dorf gibt es „Dorfhebammen", die auch in Problemfällen Rat wissen.

Ist das Neugeborene gesund, dann laufen die Frauen kurz nach der Geburt laut „trillernd"[1] ins Freie hinaus und machen dabei den dort gespannt Wartenden deutlich, ob es sich um ein Mädchen oder um einen Jungen handelt. Mütter freuen sich meist mehr über die Geburt eines Mädchens als über die eines Jungen, weil sie so, in wenigen Jahren schon, eine tatkräftige Hilfe im Haushalt haben werden. Väter freuen sich in der Regel mehr über die Geburt eines Jungen.

Mutter und Kind bleiben in aller Regel bis zum späten Vormittag des achten Tages nach der Geburt im Haus. Dann findet eine kleine Feier statt, und die männlichen Verwandten dürfen erstmals das Neugeborene betrachten. Das Kind bekommt eine Perlenkette um den Hals gehängt, und eine an der Geburtshilfe beteiligten Frauen gibt dem Kind seinen Namen.

Ibrahim Athumani erläutert die traditionellen Regeln der Namensgebung und die darin ausgedrückten verwandtschaftlichen Einbindungen des Individuums:

"The Zigua people have so many different names. If one is born at Handeni, he might be called Mhandeni, born of Samhandeni (his father). This is the homeland original name. Then there is a cultural name, Mbelwa, or Mkombozi. Nowadays there is an addition: the

---

1   Das Trillern (*kigelegele*, pl. *vigelegele*), mit dem hier die Geburt gefeiert wird, ist eine regionaltypische Form der Äußerung großer Freude. Es erinnert an Jodeln in den Alpenländern und ist in Sigualand immer dann zu hören, wenn mehrere Frauen oder Kinder gemeinsam ihre große Freude ausdrücken.

religious name, John, or Athumani. In the detailed information[2] the visitor has to tell his homeland original name. The homeland original name can tell the host how he is related to the guest. For instance, my father is Sambwego. He was born at Mbwego a few kilometres west of Handeni. My name should be Mmbwego, the son of Sambwego. Whoever hears Mmbwego or Sambwego knows that my original home is Mbwego. Wherever I go and I meet any other Mmbwego or Sambwego, I know that he has the same origin. Our ancestors have been living at Mbwego, so we know immediately that we are relatives, either father and son or two brothers. That is if I go to Tanga Town and I meet Sambwego I meet my father who will do anything to solve all my problems. *How nice to have so many fathers and brothers.*

If my father Sambwego was born at Mbwego and my mother was born at Jaila, so my name should show both father's and mother's origin. My name would be Mmbwego Samwejaila. If any person visiting me is bearing the name Mmbwego, he is a home original brother. If his mother was born at Missima, then my visitor's real name is Mmbwego Samwemissima. Our fathers have the same original but our mothers are from different localities, one from Jaila and the other one from Missima. But we are real brothers to co-operate under all sorry or happy circumstances. Hence the Zigua people are relatives (*ndugu*) to each other through customary origins or tribal joint feelings."

Später, bei der Hochzeit, nimmt die Frau den Namen des Mannes an.

Zeigen sich bei einem Neugeborenen schon bei der Geburt erste Zähne, dann haben einige abergläubische Eltern in Sigualand Angst, denn „*plastic teeth*" gelten seit Alters her als schlechtes Omen. Das Kind gilt als *Kigego*, als verhext, und manche Eltern drängen drauf, dass diese Zähne umgehend entfernt werden. Die meisten seriösen traditionellen Ärzte weigern sich jedoch, diese Operation durchzuführen, weil sie unnötig und dabei mit dem großen Risiko verbunden ist, dass die Wunde des Kleinstkindes sich entzündet. Manche Eltern suchen dann die Hilfe eines der reisenden „Wunderheiler", die sich auf Kleinstkindoperationen „spezialisiert" haben. Eine beachtliche Zahl derart behandelter Säuglinge stirbt bald nach dem Eingriff an Infektionskrankheiten.

---

2   *Detailed information, kutambalisa,* ist die traditionelle Form der Begrüßung, wenn man sich nicht kennt oder wenn man sich lange Zeit nicht gesehen hat – wenn man sich also einander „vorstellt".

Früher, vor vielen Jahrzehnten, war es in Sigualand üblich, dass *Kigego*-Kinder umgebracht worden. Von den deutschen Kolonialherren wurde dies als Kindesmord gebrandmarkt, und weil das Töten der „verhexten Kinder" auch innerhalb der traditionellen Sigua-Gesellschaft heftig umstritten war, wurde diese Un-Sitte praktisch von einem Tag auf den anderen eingestellt, nachdem die Deutschen einen Dorfführer, der sich einer derartigen Tötung schuldig gemacht hatte, öffentlich hängten.

Erst durch die Hongera-Zeremonia wird das Kind in die Verwandtschaftsstruktur (*Undugu*) der Mutter aufgenommen. Wenn sich die ersten normalen Milchzähne zeigen, wird die dem Kind kurz nach seiner Geburt umgehängte Perlenkette entfernt, und mit den Worten „*Hongera mwanetu*", das heißt (nach Mluanda) in etwa, „Ich gratuliere, willkommen in unserer Sippe!", wird der Säugling vom Bruder der Mutter (seinem *Mtumba*) in der Verwandtschaft begrüßt.

Die Sigua bilden eine nach Durkheim (1893/1977) „segmentäre Gesellschaft". Evans-Pritchard und Fortes (1959) konkretisieren derartige Gesellschaften als soziale Einheiten, deren Mitglieder in genealogisch verbundenen *lineages* organisiert sind. Dabei sind unter *lineages* unilineare Deszendenz-(Abstammungs-)gruppen (UDG) zu verstehen. „Die Einheit segmentärer Gesellschaften wird dabei nicht durch eine Zentralinstanz und ihren Verwaltungsstab ... sondern durch die Orientierung der Mitglieder an den Modellen der Strukturen kontinuierlicher Gruppen (Sozialstruktur), an der 'lineage structure' als dem 'framework of the political system' und den daran kristallisierten Normen bewirkt" (Sigrist 1967:26).

Die Charakteristika des genealogischen Systems der Sigua-Gesellschaft beschreibt Martin Mluanda (1975:22f.) folgendermaßen: *Das Verwandtschaftssystem der Sigua (Undugu) gleicht einem riesigen Netzwerk, das sich horizontal und vertikal in allen Richtungen erstreckt und jedes Individuum jeder einzelnen lokalen Gruppe einschließt... Das heißt dass jeder mit jedem anderen verwandt ist, und es gibt viele Termini, die das Verwandtschaftsverhältnis genau beschreiben. Wenn zwei Fremde sich in einem Dorf treffen, versuchen sie zuallererst herauszufinden, wie sie miteinander verwandt sind; dann verhalten sie sich nach den Regeln, die die Sigua-Gesellschaft festgelegt hat. Wenn sie zum Beispiel herausfinden, dass sie 'Brüder' sind, dann benehmen sie sich wie Blutsbrüder usw... In diesem Sinne kann einer hundert Brüder, Schwestern, Väter, Mütter, Onkel, Tanten usw. haben. Die Sippen werden in Milango (Einz. Mlango) (Tore) geteilt, die in Nyumba (Häuser) unterteilt werden und anschließend in kleinere Einheiten der Familien (Kolwa). Lukolo, Mlango, Nyumba und Kolwa haben keine bestimmte Größe und können aus so vielen Generationen bestehen, wie die Lebenden sich erinnern können.*

Mluanda bezeichnet das Undugu-System der Sigua-Gesellschaft als „matrilineares Verwandtschaftssystem mit patriarchalischen Tendenzen". Er erläutert dies (S.23) führt aus: *Wenn ich sage, dass die Sigua matrilineal mit väterlichen Tendenzen sind, meine ich, dass die Nachkommen auf die mütterliche Seite gerechnet werden, da es immer sicher ist, wer die Mutter eines Kindes ist. Diese Weise des Rechnens gibt dem mütterlichen Onkel (Mtumba) das Recht, eine wichtige Rolle in einzelnen Familien seiner Schwestern zu spielen. Er führt seine Neffen und Nichten in die Sippe ein, er muss bei der Heirat seiner Neffen anwesend sein usw.*

Die oben beschriebene *genealogisch* begründete Identitätsprägung und Einbettung in die Gesellschaft geht einher mit einer in etwa gleichermaßen prägenden *territorialen* Zuordnung. Wie Christian Sigrist anmerkt, ist es ein universelles Phänomen, dass sich jemand in verschiedenen Situationen verschiedenen Gruppen zugehörig fühlt und auf Unterstützung durch verschiedene Gruppen rechnen darf. Christian Sigrist erläutert diese Zugehörigkeit eines Individuums zu verschiedenen Wir-Gruppen an einem Beispiel inklusiver sozialer Einheiten (S.45f.). Die Zugehörigkeit einerseits zu genealogisch, andrerseits territorial definierten Gruppen, wie wir sie in der Sigua-Gesellschaft antreffen, ist dagegen ein Fall sich teilweise überlagernder Wir-Gruppen, denn es besteht eine deutliche Divergenz von Territorial- und Verwandtschaftsgruppen. „Divergenz besteht", so Sigrist weiter (S.62), „wenn auch sehr kleine territoriale Einheiten verschiedene UDG einschließen, wenn die Struktur der UDG quer zur Territorialstruktur liegt." Dies ist in der Sigua-Gesellschaft der Fall.

Die Dörfer der Sigua sind also keine „Clan-Dörfer". Verwandtschafts- und Lokalbindungen sind bei den Sigua in aller Regel nicht identisch, überschneiden sich aber, da, wie generell in segmentären Gesellschaften, ein strenges Exogamiegebot herrscht (vgl. Sigrist a.a.O.:37) und jungen Paaren unter bestimmten Bedingungen die Wahl des Wohnortes grundsätzlich freisteht. In der Regel zieht die Kleinfamilie einige Jahre nach der Heirat ins Heimatdorf des Mannes, wobei die Frau ihre *Lukolo*-Zugehörigkeit, die sich von der des Mannes unterscheidet, beibehält. Deshalb haben die *Lukolo* der Sigua-Gesellschaft keine exakt bestimmbaren Siedlungsgebiete. Jeder *Lukolo* ist über viele Dörfer verstreut, und alle Sigua-Dörfer beheimaten Angehörige verschiedener *Lukolo* (vgl. Grohs 1980:41f.). Die Dörfer in Uzigua sind also, wiederum typisch für segmentäre Gesellschaften, clanübergreifende, überverwandtschaftliche Gemeinschaften: „Das Prinzip der Vergesellschaftung ist überverwandtschaftlich, aber ihre konstitutiven Einheiten, die

Elemente und Normen, an denen sich das Handeln der Mitglieder dieser Einheiten orientiert, sind verwandtschaftlich" (Sigrist a.a.O.:79). Wichtige Verwandtschaftseinheiten bei den Sigua sind Clan, Sippe und Großfamilie. Während der in Sigualand benutzte Begriff Lukolo in der deutsch- und englischsprachigen Literatur fast ausschließlich mit „Clan" wiedergegeben wird, so auch von Ibrahim Athumani, hat Martin Mluanda die Übersetzung „Sippe" vorgezogen.

Weil die Begründung eines Lukolo mit der Gründung eines Dorfes einhergeht, ist die Anzahl der Lukolo seit Langem relativ stabil. Insgesamt liegt die Zahl der Lukolo vermutlich knapp unter 150: 50 bis 80 Lukolo gehören zur Territorialeinheit (Kabila) der Sigua, 50 zu der der Ngulu, einige weitere zu der der Luvu.

Ein Lukolo entsteht durch Dorfgründung und damit verbundene Landnahme. Während sich der Landbesitz eines Lukolo auch heute noch territorial um eine bestimmte Dorfsiedlung herum konzentriert, leben seine Angehörigen, aufgrund der Exogamie, weit verstreut. Dennoch spielt ihre verwandtschaftliche Bindung auch heute noch eine wichtige Rolle. Der Lukolo unterstützt seine Mitglieder insbesondere im Bereich langfristiger sozialer Absicherung. Er regelt die wichtigsten sozialen Angelegenheiten in Sterbefällen und bei Hochzeiten; aber auch in Sonderfällen wie zum Beispiel bei Schwierigkeiten in der Nahrungsmittelversorgung im Ausnahmefall, in dem die Dorfgemeinschaft (z.B. auf Grund einer *lokalen* Missernte) überfordert ist.

Zweithöchste Einheit im Verwandtschaftssystem der Sigua ist die *mlango* (pl. *milango,* „Tür" bzw. „Tor",). Auch hier ist die Abgrenzung eindeutig festgelegt. Die Übersetzung *lineage* scheint passend. Als *„maximal lineage"* umfasst die Mlango die nachweislichen Nachkommen eines bestimmten Ahnen; die Mitglieder einer Mlango stehen in einem exakt definierten verwandtschaftlichen Verhältnis zueinander.

Die Ethnologie hat Recht, wenn sie konstatiert, dass der Begriff „*Mlango*" in Sigualand Unterschiedliches definiert. Konkret handelt es sich um zwei Definitionen, und beide sind recht exakt. Während das genealogische Mlango-Segment manchmal und mancherorts in Sigualand so verstanden wird, dass es sich auf eine unmittelbar nachgewiesene Ahnenkette bezieht, die in aller Regel maximal 4 Generationen umfasst, wird die Mlango anderenorts und vor allem in anderen Zusammenhängen so definiert, dass sie auch die sekundär verbürgte Ahnenkette umfasst, also bis allerhöchstens 6–7 Generationen. Im ersten Fall umfasst die Mlango die *lebenden* Verwandten, so ähnlich wie wir „Verwandtschaft" meist in Europa begreifen. Im zweiten Fall erfolgt eine „Rückbesinnung" auf die im Rahmen der *Oral History* zugänglichen 120 bis 140 Jahre. *Mlango* schließt in diesem Fall also die

Wazimu (Ahnen) mit ein. Das ist der Unterschied. In der zweiten Perspektive geht es also um die heute Lebenden und ihre Ahnen zugleich.

Wichtigste Autorität auf der Ebene der Mlango ist der Älteste unter den noch lebenden männlichen Nachkommen der matrilineal nachweislich miteinander verwandten Angehörigen einer Mlango.

Zum Ältesten einer *lineage* wird man nicht durch das faktische Alter; viele Menschen auf dem Land, nicht nur in Sigualand sondern fast überall in Afrika, zählen die Lebensjahre gar nicht. Prestige zählt, Weisheit, Ehrlichkeit und Glaubwürdigkeit. Wer diese Eigenschaften in sich vereinigt, kann von Fall zu Fall von seinen Verwandten zum Ältesten bestimmt werden, zum *Mwigazi*. In der Sigua-Gesellschaft wird also niemand durch Geburt bzw. durch sein Lebensalter zum Mwigazi; der Mwigazi wird vielmehr durch seine Verwandtschaft in diese Repräsentationsrolle eingesetzt, ist somit ein Chivyele (d.h. ein gewählter Repräsentant) seiner „Sippe". Die Zahl der Milango und damit ihrer „Ältesten" ist weit größer als die Zahl der Dörfer und damit als die Zahl der Dorfältesten in Sigualand. In fast allen Dörfern leben also mehr als nur ein einziger Mwigazi, so dass deren Einfluss sich streut bzw. überschneidet. Den eindeutig größten Einfluss in einer Dorfgemeinschaft hat der Mwigazi derjenigen Mlango, die in dem betreffenden Dorf beheimatet ist. Er gilt gemeinhin als Mzee des Dorfes, als „Gründer-Mzee" bzw. als „Dorfältester", obwohl er meist gar nicht der tatsächlich älteste Mann des Dorfes ist. Er ist vielmehr Chivyele, „der Älteste" der noch am Orte der Lukolo-Gründung, die mit der Dorfgründung und der Landnahme verbunden war, lebenden Mlango.

Kleinste Einheit im Verwandtschaftssystem der Sigua ist die *Kolwa*, die in etwa der europäischen Kleinfamilie oder einem „Haushalt" entspricht. In einer HIAP-Studie von 1992[3] werden Beobachtungen in Mafisa geschildert: *Households should not be seen as homogenous socio-economic units, but as relationships between husbands and their wives. Each woman with her children is to some extent a separate economic unit.* In der Sigua-Gesellschaft ist die Frau jedoch in der Regel weder ökonomisch „unabhängig" vom Ehemann, noch unterstehen die Kinder (ökonomisch) ihrer Verfügungsgewalt. Ganz im Gegenteil. Höchste häusliche Instanz ist jedenfalls, in aller

---

3 GTZ-Studien sind keine Veröffentlichungen. Es sind in der Regel auch keine „wissenschaftlichen Studien", allein schon wegen limitierter zeitlicher Ressourcen. Ich gebe Zitate aus diesen Studien deshalb kursiv wieder. Die Studien, auf die ich mich in der vorliegenden Arbeit im Wesentlichen beziehe, stammen von Elisabeth Grohs und von Achim von Oppen. Ich zitiere die Studien dort, wo ich sie als wichtige Bestätigung eigener Eindrücke sehe oder wo ich eine Bemerkung anbringen möchte.

Regel, die väterliche bzw. großväterliche Autorität. Hierzu trägt heute sicherlich auch der Einfluss des Islam bei.

Die Verwandtschaftseinheit oberhalb der Kolwa ist die *Nyumba,* das „Haus". „Nyumba" wird zumeist mit „Großfamilie" übersetzt. Laut Literatur ist die Abgrenzung nicht eindeutig festgelegt. Nach eigenen Beobachtungen ist Nyumba jedoch deutlich definiert, und zwar bezeichnet Nyumba den im selben Dorf wohnenden Teil eines Lukolo. Im Alltagsleben, aber auch im Solidarsystem der Sigua, ist die Nyumba sicherlich die wichtigste Verwandtschaftseinheit.

Als entscheidende Autorität dieser Gruppe gilt in der Sigua-Gesellschaft, wiederum „matrilinear mit patriarchalischer Tendenz", der älteste Bruder der Mutter, bzw., wenn er noch lebt, der Bruder der Großmutter mütterlicherseits, insbesondere wenn er am gleichen Ort lebt, also derselben Nyumba angehört.

Bis in die jüngere Vergangenheit hinein wohnten die Sigua fast ausschließlich in verstreuten Dörfern mit höchstens tausend Einwohnern. Einzelne „villages" im Siedlungsgebiet der Sigua, die in den staatlichen Statistiken mit bis um die 7.000 Einwohnern ausgewiesen sind, setzen sich in der Realität aus mehreren Dorfgemeinschaften zusammen, sind aber vom Staat offiziell zu einer einzigen Verwaltungseinheit zusammengefasst. Handeni, Distrikt-Hauptstadt mit knapp 15.000 Einwohnern, bildet eine Ausnahme und beherbergt viele Nicht-Sigua. Dass die Sigua-Gesellschaft keine Städte gebildet hat, ist typisch für segmentäre Gesellschaften. Aber auch für Gesamt-Tansania ist das dezentrale Siedlungsmuster der Sigua keineswegs untypisch. Bis Mitte der 60er Jahre, so wird geschätzt, haben etwa 85 Prozent der ländlichen Bevölkerung Tansanias zerstreut bzw. in Kleinsiedlungen mit ein oder zwei Großfamilien gewohnt (vgl. z.B. Raikes 1986:112).

Zwischen bestimmten einander nicht verwandten Menschen, die oft in verschiedenen Dörfern leben, existieren *utani*-Beziehungen. Die Begründung von Utani-Beziehungen konnte in der Literatur bisher nicht exakt erklärt worden. Wie Elisabeth Grohs jedoch feststellen konnte, besteht dieses Utani zwischen im wesentlichen *benachbart* lebenden Lukolo (Grohs 1980:40, Fn 26), und dass Utani auch heute noch relevant ist, wird in einer HIAP-Bodenrechts-Studie von 1992 betont: *Utani, which traditionally existed between certain neighbouring but unrelated groups, is still very much present in villagers' minds. Examples for its material relevance today mentioned to us included mainly assistance (gifts, credits) during burials and other financial difficulties...*

Als *Utani*-Beziehungen werden in Sigualand solche Beziehungen bezeichnet, die sich weder den unmittelbar genealogisch begründeten noch den Territorialbeziehungen zuordnen lassen. Da geht es zum Beispiel um den Schwager bzw. die Schwägerin und deren Verwandtschaften. Utani-Beziehung sind zum Beispiel die Beziehungen zwischen zwei Lukolo, deren Angehörige einander heiraten. Auch daraus entstehen wechselseitige Verpflichtungen. Und auch die Beziehung zwischen den Frauen, die in denselben Lukolo hineingeheiratet haben – deren Verhältnis zueinander ja aus der *lineage*-Solodarität herausfällt, weil sie aus unterschiedlichen Lukolo stammen bzw. ihnen angehören – ist eine Utani-Beziehung.

Mythen und Legenden

Über Mythen und Legenden wird den Jugendlichen historisches Wissen und zugleich ein kulturelle Wertesystem vermittelt. Nach traditionellem Recht der Sigua bedeutet eine Dorfgründung zugleich auch die Inbesitznahme des umliegenden Landes durch einen neu begründeten Lukolo. Da das traditionelle Bodenrecht auch heute noch greift, aber auch aus vielerlei anderen Gründen, spielt die Geschichte der Dorfgründung in der *Oral History* der Sigua eine sehr wichtige Rolle. Diese Legenden sind es, über die sich Besitzansprüche legitimieren. Es ist also kein Wunder, dass die Berichte über derartige Dorfgründungen von Generation zu Generation weitergegeben werden. Derartige Mythen und Legenden gehören, neben „Wahren Erzählungen" und Sprichwörtern, zu den wichtigsten Elementen des traditionellen Bildungsschatzes der Sigua-Gesellschaft. Martin Mluanda erzählt die Legende einer Dorfgründung der Sigua, konkret die der Mioni, die er in den 70er Jahren des vergangenen Jahrhunderts hörte und die ich hier zusammenfasse:

> Vor langer Zeit lebten in Manyoni in Sigualand zwölf Jäger.
> Der mutigste und stärkste unter ihnen hieß Mahimbo Mahimbo.
> Auch die Namen der anderen elf Jäger kenne ich.
> Die Ereignisse wurden mir im Jahre 1911 erzählt,
> von meinem Großvater Mhode Ding'oko.
> Eines Tages brachen die zwölf Jäger zur Elefantenjagd auf.
> Sie zogen durch Wälder und Savannen und gelangten schließlich
> über Kilosa in die Kinole-Berge nah bei Morogoro.
> Als sie dort ins Tal des Morogoro-Flusses gelangten,
> da stießen sie endlich auf eine Elefantenherde.

Eines der Tiere war ein großer, mächtiger Elefantenbüffel,
der gewaltige Stoßzähne besaß.
Mahimbo Mahimbo näherte sich vorsichtig dem gewaltigen Tier.
Als er sich bis auf wenige Meter herangepirscht hatte,
da schoss er einen giftigen Pfeil – Der Pfeil traf!
Während alle anderen Tiere der Herde davonliefen,
blieb der große Büffel eine Zeitlang ruhig stehen. Dann erst
lief auch er davon.
Die Jäger verfolgten ihn bis nach Kinongo am Ngerengere-Fluss.
Dort, im dichten Wald, verloren sie seine Spur.
Es war schon Abend, und so schlugen die Jäger ein Lager auf
und verbrachten hier die Nacht.
Am nächsten Tag verfolgten sie das verwundete Tier bis Msuwa,
wo sie wieder eine Nacht verbringen mussten.
Am darauf folgenden Tag gelangten sie nach Funta.
Dort fanden sie schließlich das schon sehr geschwächte Tier,
wie es sich an einen Mgama-Baum lehnte.
Der verletzte Elefant flüchtete jedoch noch einmal, durchquerte
den Wami-Fluss (in Bangalala, dort wo heute die Brücke steht),
gelangte nach Kivu,
und verschwand dort wieder im Wald.
Also mussten die zwölf Jäger ein weiteres Mal übernachten,
und erst als sie tags darauf auch noch den Kisongola-Wald
durchquert hatten, fanden sie schließlich das Tier,
in einem Tal namens Mabani.
Es war an den Folgen des Schusses von Mahimbo gestorben.

Die Jäger gingen daraufhin zurück nach Kivu,
um dort die Nacht zu verbringen,
und wollten am nächsten Tag mit ihren Waffen wiederkommen,
um die Zähne des Elefanten herauszuschneiden und mitzunehmen.
Als die Jäger am nächsten Tag wieder an der Stelle eintrafen, wo
der Elefant gelegen hatte,
da sahen sie, dass schon jemand die Stoßzähne entfernt hatte.
Die Jäger bemerkten nun, dass sich auf der anderen Seite des Tales
ein Dorf befand, und sie machten sich auf den Weg,
um sich nach dem Verbleib der Zähne zu erkundigen.
Unterwegs trafen sie eine Frau,
und als die Jäger sie fragten, wo die Zähne des Elefanten seien,
antwortete diese: „Die Zähne hat der Älteste des Dorfes, Gongodo,
herausgezogen. Sie liegen in seinem Hof."

Die Jäger fragten weiter, wie sie es anstellen sollten,
wieder in den Besitz ihrer Zähne zu gelangen,
denn sie waren es ja gewesen, die den Elefanten getötet hatten.
Da sagte die Frau: „Gehen Sie in Ihr Lager zurück,
und kommen Sie morgen wieder. Ich werde es mir überlegen."
Am nächsten Morgen blieben neun der Jäger im Lager zurück.
Die drei anderen trafen sich wieder mit der Frau,
und sie beschlossen, gemeinsam Gongodo aufzusuchen.
In Anwesenheit der Jäger sollte die Frau dem Ältesten den Wunsch
der Jäger nach den Stoßzähnen vortragen.
Als dies so geschehen war, sagte der Älteste zur Frau:
„Zuerst einmal sind die fremden Jäger unsere Gäste,
und sie sind selbstverständlich zum Essen eingeladen.
Nach der Mahlzeit sollen sie ihr Eigentum zurückerhalten!"
Die Frau aber sagte zu den Jägern: „Liebe Freunde, seid vorsichtig,
denn Gongodo will Euch töten und die Stoßzähne des Elefanten für
sich behalten!"
Tatsächlich, als die drei Jäger beisammen saßen
und das angebotene Mahl zu sich nahmen,
da stürmten mehrere bewaffnete Männer ins Zimmer,
um sie tot zu schlagen.
Zwei der Jäger wurden getötet, der dritte aber konnte
durch eine Hintertür flüchten und seine Freunde informieren.
Die sagten: „Lasst uns morgen früh zu der Frau gehen,
vielleicht erfahren wir von ihr Neues",
und so taten sie es.
Die Frau sagte, „Eure beiden ermordeten Freunde
sind im Hofe des Ältesten in ein Grab geworfen worden."
Also baten die Jäger die Frau, das Grab zu markieren,
und zogen zunächst einmal in ihre Heimat Manyoni zurück,
um Hilfe zu holen.
In das Grab der ermordeten Jäger hatte die Frau, als verabredetes
Zeichen, einen Rizinus-Samen gesteckt.
Wenige Tage später zog eine Gruppe bewaffneter Kämpfer aus
Manyoni los, besiegte Gongodo und eroberte das Gebiet von
Mabani.

Rizinus wird in dieser Gegend „Mnyonyo" genannt, und weil die neuen
Sigua-Siedler in Mabani sich nach dieser Pflanze benennen wollten, gaben
sie sich den Namen „Wamnyonyo", das heißt „Rizinus-Menschen". (nach

Mluanda: S.53–65). Noch heute heißen sie (Wa)Miono, und ihr *Clan* (*Lukolo*) gehört zu den größten in Sigualand. Sein Totem: Rizinus. Das Gefühl verwandtschaftlicher Zusammengehörigkeit, insbesondere auf „fremdem" Territorium, wird durch einen „Totemismus" gestützt. Die Lukolo der Sigua-Gesellschaft, so Mluanda (S.24), *sind totemistisch, das heißt, jede Sippe hat ein bestimmtes Tier oder eine Pflanze, welche als Totem betrachtet wird und welche von dieser Sippe weder gegessen noch berührt werden darf, sonst wird der Betreffende krank. Totem sind Miiko[4] und es heißt, dass wir bestimmte Speisen nicht essen dürfen...*

Ich habe Ibrahim Athumani und andere Menschen in Sigualand einmal gefragt, was die entscheidenden Kriterien bei der Suche nach einem Ort für die Gründung eines Dorfes gewesen sein mögen. Dahinter verbarg sich die Frage, „Was braucht der Mensch zum Ansiedeln, zum Leben?", zugleich aber auch meine unbedachte Vorstellung, dass ein neues Dorf normalerweise dort gegründet worden sei, wo noch kein anderes existierte. Die Ursprungslegenden von Lukolo, die ich damals noch nicht kannte, deuten aber eher darauf hin, dass unter einer Dorfgründung durchaus nicht immer eine gewaltfreie Aktion zu verstehen ist. Oft müssen ursprüngliche Bewohner vertrieben oder unterworfen werden. Dennoch sind die Antworten auf die Frage, was man denn zum Ansiedeln brauche, interessant. Die übereinstimmende Antwort, ohne Zögern: „Nahrung, Wasser und Brennholz."

Für eine Dorfgründung suchte der betreffende Gründer, vermutlich immer ein Mann, einen Ort aus, an dem auch eine größere Anzahl von Häusern von einer als „lebendem Zaun" kreisförmig gepflanzten Hecke geschützt werden konnte. Ibrahim Athumani (1990): „The reason was that during that time there were tribal fights with Massai cow raiders." Diese Begründung wird von Mluanda (1975:24) bestätigt: *Früher haben die Menschen die Dörfer mit Hecken umgeben, um sich vor den Massai zu schützen, die die Dörfer oft überfallen und den Viehbestand gestohlen haben.* Die Massai wurden demnach für gefährlicher gehalten als wilde Tiere. Die Dörfer brauchten diesen Schutz, der *Oral History* der Sigua zufolge, aber auch, um sich gegen den Raub junger Frauen durch Banden heranwachsender Männer aus Nachbardörfern zu schützen.

Die das Dorf umschließende Hecke hatte mehrere versteckte Nebeneingänge und einen Haupteingang, den *nchili*, der nachts durch *Mafingo*-Äste und durch dornige *Sasu*-Zweige verschlossen wurde. Diese Hecke, so beobachtete Baumann (1891:271) „ist für den Fremden vollkommen undurchdringlich, besitzt jedoch geheime Durchschlüpfe, die den Dorfbewohnern im

---

4 *Miiko* – Verbotenes.

Notfall das Entschlüpfen gestatten." Außerhalb des Dorfes war, zumeist in unmittelbarer Nähe zum Nchili, ein schattenspendender Baum, unter dem sich die Männer des Dorfes zum Beisammensein trafen. Dieser Platz heißt „Tanga". Bei diesem Beisammensein wurden oft auch verschiedene handwerkliche Arbeiten ausgeführt.

Nach den Beobachtungen Baumanns schwankte die Hüttenzahl in den Sigua-Dörfern Ende des 19. Jahrhunderts zwischen 10 und 200. Regel sei eine Zahl um die 30 gewesen. Die Hütten waren Rundhütten (*msonge*) mit einem Durchmesser von etwa sechs Metern, mit einem überdachten, etwa zwei Meter breiten Rundgang. Dieser diente als Stall für die Haustiere, meist Ziegen und Hühner, und war nach Außen hin meist durch Holzpfosten begrenzt, gelegentlich durch eine Mauer. Der Innenraum der Hütte diente als Schlafraum, der Dachboden (*gulu*) als Lagerraum. Manche Leute lebten aber auch in einfacheren Hütten ohne überdachten Rundgang, den sogenannten *tutu*-Hütten.

Im Dorf lebt der Gründer bzw. der als sein als Ältester geltende männlicher Nachkomme als *mzee* des Dorfes, als Dorfältester. Seine Macht äußert sich formal in der Kontrolle des *Kitala*, der *Versammlung der Ältesten* (aller in der Dorfgemeinschaft vertretenen Clans) als wohl wichtigste Instanz des *'traditional law'* der Sigua. Hier wurden Verfehlungen gegen die Gemeinschaft diskutiert und auch Strafen ausgesprochen, wenn jemand gegen traditionelle Verpflichtungen der Solidarität verstoßen hatte.

Die Machtausübung des Mzee und der Dorfältesten unterlag strenger sozialer Kontrolle, und jedem Dorfbewohner stand es grundsätzlich frei, das Dorf und damit den Einflussbereich des Mzee zu verlassen und sich einer anderen Dorfgemeinschaft anzuschließen: *Kein Herr entscheidet, wo ich lebe!* (Sprichwort der Sigua)

Innerhalb der einzelnen Dörfer bestand und besteht ein ausgeprägtes Zusammengehörigkeitsgefühl, zum einen innerhalb der unmittelbaren Nachbarschaft (*kaya*), zum anderen auf der Ebene der gesamten Siedlungseinheit. Entscheidungen, welche die Dorfgemeinschaft betrafen, wurden traditionell oft auf einer Dorfversammlung getroffen, einer demokratischen *baraza*, wie sie aus vielen Teilen Ostafrikas bekannt ist. In welchem Verhältnis traditionellen Regelungen zufolge Baraza und Kitala zueinander stehen, ist heute umstritten. Auf einer Baraza hatte traditionellen Regeln der Sigua entsprechend jede Stimme gleiches Gewicht. Nach meinen Beobachtungen kommt es heute kaum mehr zur Durchführung der traditionell „basisdemokratischen" Baraza in Sigualand. Wenn heute eine Dorfversammlung durchgeführt wird, geschieht das meist auf Initiative von Repräsentanten des modernen Staats, die zur Teilnahme an einer bereits von oben beschlossenen Aktion motivieren wollen.

Die Unterteilung der Sigua-Gesellschaft in die drei *Mabila* (Territorial-einheiten, sing. *Kabila*) Luvu, Ngulu und Sigua im engeren Sinn scheint nur Ausdruck der unterschiedlichen Lebensweise zu sein, die diese Gruppen angenommen haben, je nachdem ob sie am Flussufer, in der Ebene oder im Bergland leben. Mir sind keinerlei Organisationsstrukturen oder irgend-welche Besonderheiten auf Kabila-Ebene bekannt geworden, die nicht un-mittelbar aus der geographisch bedingten Unterschiedlichkeit der Lebens-weisen zu erklären wären. Die Sigua (im engeren Sinn) leben als Bauern in der Ebene, die Ngulu leben in den Bergen, die Luvu am Fluss – das ist der Unterschied zwischen den drei Gruppen.

Traditionelle Bildung und Erziehung

Erziehung gilt in der traditionellen Sigua-Gesellschaft nicht als Aufgabe der Eltern eines Kindes oder einer formellen Institution „Schule", sondern als Aufgabe der gesamten Lebensgemeinschaft eines heranwachsenden Men-schen, das heißt als Aufgabe der Verwandtschaft und der Dorfgemeinschaft. Warum diese Erziehungsmethode noch heute sehr viel Anklang findet, erklärt Martin Mluanda so: *Man glaubt, dass die moderne Schule nur für das Erlernen des Schreibens und Lesens gut ist. Gutes Benehmen und eine Auseinandersetzung mit der traditionellen Kultur der Sigua seien in den modernen Lehrplänen nicht enthalten* (Ml:98). Wichtigste Ziele der traditio-nellen Erziehung sind Fleiß und Ehrlichkeit, Solidarität des Einzelnen mit der Gemeinschaft und Respekt vor dem Alter, den Ahnen und Gott, und als besonders angesehen unter den Männern der Sigua-Gesellschaft gilt, nach Ibrahim Athumani, traditionell „the one who was fully participating in clanical work organisations and who showed the best mood towards hard working". Auf der anderen Seite hebt Athumani unter den besonderen Eigenschaften des Mädchens Pendo folgende hervor: „her honesty, her calm way of living, her love to every neighbour, and her hospitality to every passer-by" hervor. Mluanda nennt als Ziele traditioneller Sigua-Erziehung: Sauberkeit, verantwortliche Sexualität, Wissen über Folklore und Literatur, Großzügigkeit und Freigebigkeit, Ehrlichkeit und Vertrauenswürdigkeit, Mut als soziales Erfordernis, sowie Selbstwertgefühl und Stolz auf die Familie. Und er weist darauf hin (S.99), dass schon die Wiegenlieder der Sigua die Geschichte, Bräuche und Sitten der Familien und Sippen besingen.

Praktisch liegt die Erziehung des Kindes primär in den Händen der leib-lichen Eltern und des Bruders der Mutter. Die Kinder wachsen in der Kleinfamilie auf und werden von ihren älteren Geschwistern und Nachbarskindern beaufsichtigt. Sie werden *gelehrt, die Autorität ihrer Erwachsenen und Alten zu respektieren und sie mit überlieferten Worten der Höflichkeit zu begrüßen. Sie sollen nett und freundlich zu ihren Kameraden sein. Sie sollen ihren Körper sauberhalten, nicht gierig sein, nicht stehlen, schwören, lügen und die Erwachsenen beim Gespräch nicht unterbrechen.* (Mluanda 1975:105f.)

Manche Mädchen müssen schon sehr früh auf kleinere Geschwister auf-passen – manchmal schon im Alter von 4 Jahren stundenweise, später dann ganztags. Gleichzeitig müssen sie oft kleinere Arbeiten verrichten, z.B. Brennholz sammeln. Jungen müssen, auch wenn sie noch längst keine 7 Jahre alt sind, manchmal über mehrere Tage hinweg das Feld bewachen, die Aussaat gegen Tierfraß und die heranreifende Ernte auch gegen Diebstahl durch Menschen schützen. Dabei sind sie gelegentlich mehrere Tage und Nächte allein auf dem Feld, was der Entwicklung ihrer intellektuellen und kommunikativen Kompetenz sicherlich nicht förderlich ist. „Armut macht dumm", sagte dazu einer der Lehrer in Kilindi. Und viele Kinder haben auch *Angst*, wenn sie nachts allein auf dem Feld sind, wo es überall raschelt und raunt.

Wenn die Kinder dann das „Jugendalter" erreicht haben, etwa ab dem siebten Lebensjahr, nehmen sie an der Hausarbeit teil. Die Mädchen helfen dann der Mutter intensiv bei der Frauenarbeit, die Jungen ihrem Vater bei der Männerarbeit. In der Familie werden die allgemeinen Fertigkeiten gelehrt, derer es im Leben bedarf. Mluanda führt aus (S.100f.): *Wenn die Kinder das Jugendalter erreichen (ab 7. Lebensjahr), lehren die Mütter den Mädchen verschiedene Hausarbeiten. Sie gehen mit ihnen Brennholz sammeln, Wasser holen, sie mahlen das Getreide usw. Auf diese Weise ausgebildet, kann ein 12-jähriges Mädchen die gesamte Hausarbeit alleine leisten, wenn die Mutter einmal nicht da oder krank ist.* Und weiter: *Auf der anderen Seite übernehmen die Väter die Erziehung der Knaben. Sie lehren sie verschiedene Aufgaben, die den Männern zufallen, wie z.B. den Hausbau, die Feldarbeit, das Flechten von Betten. Wenn der Vater Bauer ist, nimmt er den Jungen zur Arbeit auf dem Feld mit. Er gibt ihm eine alte kleine Hacke zum Spielen, während er selbst rodet. Durch das Zuschauen lernen die Knaben langsam, wie man mit der Hacke umgeht.*

Die Literatur geht übereinstimmend davon aus, dass die Beschneidung in der Sigua-Gesellschaft weit verbreitet, dass sie sogar die Regel sei – und zwar sowohl bei Jungen wie bei Mädchen. Beobachtungen eines deutschen Ärzte-Ehepaares (Dr.es Hoppe, 1989–92) im Distrikt Handeni werfen dies-bezüglich aber ganz konkrete Fragen auf.

In der Literatur heißt es, die Beschneidung sei in eine größere Zeremonie eingebettet: *ngasu* (mit *kuvinila*) bei den Knaben und *mkinda* bei den Mädchen. Bei den Jungen finde die Zeremonie allgemein im Alter von 4 bis 10 Jahren statt, bei den Mädchen variiere das Alter nach jeweils örtlichen Gepflogenheiten noch stärker. Baxter gibt hier ein Alter von 5 bis 6 Jahren als Regel an, während in neuerer Literatur (z.B. E. Grohs) davon ausgegangen wird, dass die Beschneidung bei den Mädchen der Ngulu oft erst nach der ersten Menstruation und bei denen der Sigua meist erst nach der Geburt des ersten Kindes durchgeführt werde.

In der Arbeit von Martin Mluanda fällt auf, dass er zwar ausführlich über die Feiern und Zeremonien im Zusammenhang mit der Initiation berichtet, dass er sich zur tatsächlichen *Beschneidung* der Mädchen aber nicht selbst äußert, sondern sich hier ausschließlich auf die Literatur beruft: „Nach Baxters Bericht...", schreibt Martin Mluanda (1975:135), „besteht (der Ritus) aus einer Operation an den Genitalien der Mädchen (Labiadektomie) und Verteilung von Bier an die Erwachsenen. Das Biertrinken beginnt in der Nacht vorher (Vorabend) und geht weiter bis 7 Uhr früh. In der Früh wird die Operation geheim vorgenommen. Vor der Operation erscheinen die Mädchen in ihren besten Kleidern, salben sich mit Rizinusöl und schmücken sich mit Perlen." Auch bei den Knaben, so Mluanda ebenfalls unter Berufung auf Baxter, „darf kein naher Verwandter, männlich oder weiblich, anwesend sein. Die Operation wird in einem Lager außerhalb des Dorfes, aber nicht weit vom Dorf, gemacht." (Mluanda 1975:120f.)

Im Distrikt-Krankenhaus von Handeni hat von 1989 bis 1992 das mir persönlich bekannte Ärzte-Ehepaar Uwe und Susanne Hoppe (aus Hannover) gearbeitet. Susanne Hoppe war als Gynäkologin tätig, war die einzige „moderne" Ärztin im Distrikt, weiß, was eine Beschneidung ist und weiß auch, dass es verschiedene Arten der Beschneidung gibt. Sie und ihr Mann erklären, in ihrer mehrjährigen praktizierenden Tätigkeit im Handeni-Distrikt im Zentrum Sigualands keinerlei Anzeichen irgendeiner Beschneidung bei den Frauen der Sigua festgestellt zu haben – ganz anders als bei den Frauen der Massai, die ebenfalls zu den häufigen Besuchern des Distrikt-Krankenhauses gehören. Die Ärzte waren sich schon in Handeni bewusst, dass diese Beobachtung im Widerspruch zur in der Ethnologie und auch in Medizinerkreisen in Tansania verbreiteten Auffassung steht, bei den Sigua, insbesondere bei den Frauen der Sigua, sei Beschneidung die Regel.

Hierauf angesprochen erläutert Ibrahim Athumani: Früher war die Beschneidung der Sigua-Mädchen die Regel gewesen. Als die Deutschen allerdings während der Kolonialzeit einen Dorfältesten hängten, wegen Kindesmords (*Kigego*, wie im ersten Kapitel dieser Arbeit erwähnt), und anschließend auch die Beschneidung verboten, da wurde dieses Verbot sofort befolgt. Auch in diesem Fall hat es bereits Ahnen gegeben, die das Beschneiden der Mädchen für falsch hielten.

Was denn nun bei dieser „Beschneidungs-Zeremonie" geschehe, wenn gar nicht beschnitten wird, fragte ich. Ibrahim lachte. Das ist ein Geheimnis. Wir können also nur vermuten. Der Umstand, dass die jungen Mädchen unmittelbar nach der Prozedur vor den Augen der Alten erotische Tänze aufführen, erlaubt die kühne Vermutung: Der Mwigazi beschneidet die jungen Sigua-Mädchen nicht direkt an ihren Sexualorganen, sondern möglicherweise an ihren Schamhaaren. Nach der Reaktionen von Ibrahim zu urteilen sind war mit dieser Vermutung zumindest nicht weit von der Wirklichkeit entfernt. Als gesichert kann jedenfalls gelten, dass die Sigua schon seit Langem, seit der deutschen Kolonialzeit, nicht mehr die „Beschneidung" praktizieren. Beidelman (1967:70) scheint also auch hier zu irren, wenn er – allerdings unter Berufung auf Mochiwa, Cory, Picarda und Baxter für die männliche, und zusätzlich auf Stuhlmann für die weibliche Initiation – bezüglich der Sigua erklärt: „Boys are circumscised when they reach puberty. (...) When a girl reaches puberty, she is confined for a long time, sometimes many month to a year. She undergoes labiadectomy ..."

Lieder, die den Mädchen im Alter zwischen 7 und 14 Jahren beigebracht werden, hat Cory (1956:82–96) gesammelt. Mluanda (1975:137–140) hat sie übersetzt und kommentiert, unter anderem die folgenden:

Nkongoiko hituka utegeleze za walala!
–   Wenn Du von hier weggehst, bist Du wie ein Kind, das gehen lernt. Wenn Du unterwegs etwas findest, das Du nicht kennst, dann kehre zurück, frage erfahrene Frauen um Rat, und höre auf ihre Worte!
–   Nach dieser Lehrzeit („Zeremonie") weißt Du noch nicht alles. Schau zurück und denke an die Worte der erfahrenen Frauen!

Mchela nahone. Niani achaile mgongo?
–   Ich werde diesen Krüppel heilen. Wer hat schon gehört, dass jemand sich durch Arbeit seinen Rücken gebrochen hat?
–   Nur eine dumme Frau ist faul, und sie wird ganz schnell die Liebe ihres Mannes verlieren. Das ganze Dorf wird über ihre Faulheit reden. Du sollst also nie eine Ausrede suchen, um nicht zu arbeiten!

Kamuzeni yuno sembuni msinda kaya, kadegere ka mwanangu kadigwa na niyani?
– Eine gefräßige Frau bleibt zuhause im Dorf, während die anderen zur Arbeit auf das Feld gehen. Wenn sie zurückkommen, wird eine der Mütter unter ihnen fragen: Ich hatte etwas Speise für mein Kind zurückgelegt, wer hat es aufgegessen?
– Wenn alle das Dorf verlassen und zur Arbeit auf das Feld gehen, dann darfst Du nicht zu Hause bleiben. Wenn dann nämlich etwas im Dorf verschwindet, dann fragt man Dich!

Nyamala kwila mkaza mlunda, so nahe!
– Weine nicht, wenn Du von einer Biene gestochen wirst, denn das ist das Schicksal des Honigsammlers.
– Spioniere Deinen Mann nicht aus!

Über den Ablauf der Riten bei den Mädchen (insb. *kibwembwe*) und den jungen Frauen (*kisazi*) der Sigua hat Elisabeth Grohs (1980) nach eigenen Forschungen ausführlich berichtet, während Martin Mluanda sich auch hier auf ältere Literatur bezieht, insbesondere auf Hans Cory, der inzwischen doch sehr umstritten ist. Bei Ibrahim Athumani habe ich keine Hinweise zur Initiation der Mädchen gefunden, und ich selber habe dies Thema bei meinen Feldstudien in Sigualand bislang ausgeklammert. Im Folgenden beziehen wir unsere Informationen also ganz wesentlich von Elisabeth Grohs (1980). Danach soll das Mädchen vom Tag der ersten Menstruation an für einen mehr oder weniger langen Zeitraum von der Umwelt abgeschieden leben, möglichst im Haus der Großmutter: „Die Dauer der Periode dieser Abgeschiedenheit ist in neuerer Zeit sehr verkürzt worden. Sie betrug ursprünglich mehrere Jahre..." und endete mit der Vorbereitung der Hochzeit. „Im Allgemeinen werden drei Monate eingehalten." (Grohs S.53) In Kilindi und anderen Dörfern sind, nach eigenen Beobachtungen, allerdings noch heute selbst mehrere Jahre Seklusion keine Ausnahme. Und unter Berufung auf Franziska Hermani, einer Informantin aus Mandera (in Sigualand, 1972), schreibt Mluanda von einer Dauer „bis zu einem Jahr".
Grohs (S.49f.) berichtet über Kibwembwe: Der Tag der ersten Menstruation eines Mädchens wird von den Frauen des Dorfes mit lauten Vigelegele-Rufen gefeiert. Die Großmutter, oder wenn sie nicht erreichbar ist eine andere weibliche Verwandte, nimmt das Mädchen, das während der Initiationszeit „*Mwali*" genannt wird, zu sich ins Haus und klärt sie sexuell auf. Das Thema Sexualität wird in der traditionellen Erziehung der Mädchen im Allgemeinen nur während dieser Phase berührt (Mluanda 1975:148). Am

Abend wird von der weiblichen Verwandtschaft des Mädchens gefeiert und gesungen. Grohs zitiert die Texte von sieben Liedern; darunter das Kibwembwe-Lied:

> *Situlika kibwembwe,*
> *Homgunda niho naukaila,*
> *Msezigo na wabwanga siulawa,*
> *Niho nehaila!*

> Ich bin geborsten,
> Im Hof hab ich geweint,
> Ich darf nicht mehr mit Knaben spielen,
> Deshalb hab ich geweint!

In den ersten Tagen ihrer Isolation darf Mwali keine körperliche Arbeit verrichten. Dieser Abschnitt wird mit dem *kutwanga*-Ritus abgeschlossen, in dem das Mädchen mit einem Stößel, an dem kleine Metallrasseln befestigt sind, Mais stampft, während die Frauen ein Lied singen:

> *Hakuna mitwango kwetu kaya,*
> *Chatwangila mabolo ya mpunda!*

> Es gibt keine Stößel hier im Haus,
> Also stampfen wir mit dem Glied eines Esels.

Während der Seklusion erlernt Mwali hauswirtschaftliche und handwerk-lich-künstlerische Fertigkeiten. Ihr Leben unterliegt strengen traditionellen Regeln: so darf sie nur mit leiser Stimme sprechen, muss die Augen gesenkt halten, darf nicht lachen und darf das Haus nicht verlassen. Grohs (54f.): „Die wohl häufigste Antwort auf die Frage nach den Gründen für Mwalis Isolierung war, dass es eben so Sitte sei... Häufig wurde als Grund der Isolierung die Notwendigkeit, Mwali zu unterrichten, angegeben."

Martin Mluanda (1975:136f.) erläutert weiter: *Die Seklusionsperiode dauert zwischen 4 Monate und einem Jahr. Während dieser Zeit muss das Mädchen viele Regeln einhalten: Sie darf nicht laut sprechen, sich nicht waschen, ihre Nägel nicht schneiden. Sie darf nicht in die Sonne sehen. Wenn sie tagsüber das Haus verlässt, muss sie sich mit einem Tuch bedecken, und jeden Tag muss sie ihren ganzen Körper mit* Bobodo *einreiben, einem Gemisch aus Maiskleie und Wasser, so dass er ganz braun wird. Eine* Kungwi *(Lehrerin) wird bestimmt, die sie in Angelegenheiten der Haushaltsführung und ihres Frau-Seins unterrichtet. Die Lehre besteht aus drei Teilen... Im letzten Teil werden die jungen Mädchen durch Lieder unterrichtet. Gute Sängerinnen (bzw. traditionelle Lehrerinnen, PM) haben einen Schatz an Liedern, in denen sie die Lehrinhalte, die sie der (von Mluanda so genannten)* Novizin *vermitteln wollen, durch Gleichnisse und Sagen ausdrücken. Die Novizin braucht nicht mitzusingen und die Lieder auch nicht zu wiederholen oder auswendig zu lernen, aber es wird von ihr erwartet, dass sie die Bedeutung und die Symbolik versteht. Die Bedeutungen werden ihr von der Lehrerin (Kungwi) erklärt.*

Auch bezüglich der Kisazi-Riten, die erst nach der ersten Menstruation stattfinden, dann wenn Mwali sich in Seklusion befindet, liefert Elisabeth Groß interessantes Material (1980: 67–136). Sie beobachtete derartigen Riten und beschreibt:

Kisazi beginnt mit dem *Lukolongo*-Ritus, außerhalb der Seh- und Hörweite Außenstehender. Es wird vor Männern geheim gehalten, und es wird viel gesungen. Der dann folgende *Mgongo*-Ritus findet in der Öffentlichkeit statt, unter einem *Mgongo*-Baum am Rande des Dorfes. Auch alle Freundinnen des Mädchens sind dabei, und wieder wird gesungen.

Am Abend, kurz vor Einbruch der Dunkelheit, findet ein *Tambiko* statt, auf einem großen, freien Platz im Dorf. Geist und Seelen der Ahnen werden gebeten, die Fruchtbarkeit des Mädchens zu erhöhen. Anschließend folgt *Singile Mwanangu*, eine Zeremonie der Frauen vor dem Haus, in dem das Mädchen isoliert ist – also vor dem Haus der Großmutter. Auch hierbei werden viele traditionelle Lieder gesungen. Danach findet ein *Ndala* statt, ein gemeinsames Essen im Freien. Man sitzt im Kreis, nach Geschlechtern getrennt. Während des *Ndala* werden Sketche aufgeführt (*Njeje*-Ritus), in denen das Mädchen über ihre Rechte und Pflichten in der Ehe belehrt wird. Anschließend wird, nach Lust und Laune, geschlafen oder die ganze Nacht durch getanzt, und am Morgen wird die Trommel geschlagen.

Der zweite Teil von *Kisazi*, der *Mpambuzi*-Ritus, ist eine „geheime Zeremonie", die in den Ngulu-Bergen wohl meist am Tag nach dem *Lukolongo* (s.o.), bei den Sigua in der Ebene aber wohl erst nach nochmaliger Isolation des Mädchens stattfindet, in einem geschlossenen Haus. Nur Frauen nehmen teil. Wenn das Fest beendet ist, gehen sie ins Freie. Dort findet nun *Zagala* statt. Das Mädchen steckt dabei bestimmte Gegenstände in die Erde: ein Stück getrocknetes Fleisch, einen Maiskolben, zwei *Kweme*-Nüsse, eine

Bohnenschote, ein Messer, eine Axt, zwei Rizinussamen, zwei Kerne der Wassermelone und zwei Kürbiskerne. Das bringt Glück, sagt man.

Am Abend findet dann, im Kreis naher Verwandter, der *Ukala*-Ritus statt. Er warnt vor den Gefahren ausschweifender Sexualität. Zu den Liedern, die hierbei gesungen werden, gehörten „Mamba" und „Gango":

Gango

Dihambilwa kungwelo, Nkidimanyize.
Kona namanyize nankegala wazunga, Nkidimanyize.
Digango dihambilwa kungwelo.

Es ist aufgebaut hinterm Haus, ich wusste es nicht.
Hätte ich's gewusst, hätte ich Mehl geschickt; ich wusste es nicht.
Dieser Gango[5] ist hinterm Haus aufgebaut.

Mamba

Weyangu wasolwa ni mamba, miye nasolwa satu!

Meine Freundinnen sind mit einem Krokodil verheiratet,
Ich aber mit einer Pythonschlange.

Am Morgen des folgenden Tages wird von den Frauen, die abends am Ukala teilgenommen haben, der Nyungu-Ritus gefeiert. Sie sitzen beisammen und unterhalten sich, trinken Tee, und es werden Sketche inszeniert. Dann wird gemeinsam gekocht, und nach dem gemeinsamen Essen (Ndala) beobachtet man die Bewegungen eines schwarzen Huhns: diese Bewegungen sagen derjenigen, die diese Sprache versteht, etwas über Mwalis Fruchtbarkeit. Anschließend feiern die Frauen weiter, und wieder werden Lieder gesungen, darunter oft auch „Chumba Gulu", das Lied über den Handeni-Berg.

---

5   Selbstinterpretationen der Frauen, nach Grohs: „Gango kommt von Uganga." „Gango ist unser Geheimnis. Es gehört nur uns Frauen. Es ist wie Medizin." „Wir Frauen wissen, wie man Gango aufbaut. Kein Mann kennt dieses Geheimnis."

Unmittelbar vor dem Ende der Isolation werden der Twanga- und der Zumia-Ritus durchgeführt. Im Rahmen des Twanga-Ritus wird von den weiblichen Verwandten des Mädchens das Festessen vorbereitet. Anschließend versammeln sich die Frauen „zu dem ersten ihrer gemeinsamen Tänze, die voll erotischer Anspielungen sind und an einem von den Männern gut abgeschirmten Ort stattfinden" (Mluanda). Zu den Liedern, die im Laufe des Tages gesungen werden, gehört unter anderem „Heleka".

Heleka seleka bule, Haluse nafisa.

Als ich gebar, war ich nackt, jetzt verhülle ich mich.

Zur Interpretation sagen einige Sigua-Frauen, nach Grohs, jedoch: „Wir tanzten nackt, so wie wir nackt waren, als wir geboren wurden." Die im Lied besungene „Verhüllung" ist also wohl nicht umfassend.

Die Pubertäts- und Initiationsriten *der Jungen* bei den Sigua haben Martin Mluanda und Ibrahim Athumani ausführlich beschrieben. Betrachten wir zunächst die Schilderung von Mluanda (1975:108):
Die frühkindliche Erziehung wird in den Initiationsriten fortgesetzt. Den Jugendlichen in diesem Alter wird mit großer Sorgfalt und Deutlichkeit gezeigt, welche Verantwortung sie in der Gesellschaft zu übernehmen haben. Diese Jugendlichen werden dabei von der Gesellschaft getrennt und erhalten in einer Initiation eine formale Ausbildung.
Mädchen und Jungen erhalten denselben Unterricht über hygienische Lebensweise und Sexualerziehung, Folklore und Literatur. Sie werden zu Großzügigkeit und Freigebigkeit und zur Vertrauenswürdigkeit erzogen und lernen, Mut als soziales Erfordernis zu betrachten, Selbstgefühl zu entwickeln und stolz zu sein auf die eigene Familie. So will man den Jugendlichen das den kulturellen Normen entsprechende Rüstzeug mitgeben, das ihnen die Übernahme ihrer gesellschaftlichen Aufgaben ermöglichen soll. Dieser Gedanke ist nicht so abwegig, wie es zunächst scheinen mag, denn die Initiation ist nur die letzte Phase einer Erziehung, die schon in der Kindheit begonnen hat.
Die Sexualaufklärung der Knaben ist auf die Pubertäts-Zeremonie *ngasu* konzentriert. Ngasu findet immer für mehrere Kinder zugleich statt, außerhalb des Dorfes, und kein Verwandter darf dabei anwesend sein. Die Belehrungen werden von darauf spezialisierten Lehrern durchgeführt. Die traditionelle Sexuallehre der Sigua, wie sie den Jungen im Ngasu vermittelt wird,

schließt unter anderem das Verbot von Onanie, Sodomie und anderen „unnatürlichen Taten" ein (Mluanda 1975:120, auch Baxter). Außerhalb der Riten, insbesondere im Alltag, gilt das Thema Sexualität als tabu. Soweit bekannt ist, hat eine gezielte Anti-AIDS-Aufklärung bisher keinen Eingang in das Ngasu der Sigua gefunden.

Einige Jahre nach der Ngasu-Zeremonie, wenn sich bei ihnen erste Schamhaare zeigen, durchlaufen die Knaben die *mwaliko*-Zeremonie. Hierbei werden sie, in einer kleinen Gruppe, für etwa drei bis vier Monate aus dem Umkreis ihrer Nachbarn und Verwandten entfernt. Die Zeremonien finden meist zwischen Juni und September statt, vermutlich weil dann der Arbeitskräftebedarf in der Landwirtschaft am geringsten ist.

Noch heute ist es für fast alle Angehörige der Sigua-Gesellschaft kaum vorstellbar, auf die Teilnahme an diesem Initiationsritus völlig zu verzichten und dann zeitlebens als ein *mdongwe* zu gelten, als „Nicht-Ininitiierter".

Beim Mwaliko werden mehrere Jungen zusammengefasst, und die Gruppe bezieht ein verstecktes Lager im Busch, möglichst fernab von menschlichen Siedlungen und vor allem fernab der Angehörigen. Während dieser Seklusion werden die *walami*, die Schüler, von einem spezialisierten Lehrer, dem Msangi, unterrichtet. Für die Jungen ist es die wichtigste Phase der formalen traditionellen Erziehung.

Für einen Mdongwe wie mich ist es nicht einfach, Einblick in die Inhalte dieser Erziehung zu erlangen. Sie gelten als geheim. In seiner Arbeit über das Lebensbrauchtum der Sigua lässt Martin Mluanda einen der Walami, einen Informanten namens Robert Kasindigwe, über seine Eindrücke im Mwaliko-Lager berichten. Wegen der Bedeutung dieses Bereichs der traditionellen Bildung und Erziehung für alle Versuche der Bewusstseins- und Verhaltensänderung bei den Jugendlichen der Sigua, und weil es ist die einzige mir bekannte Beschreibung des Ritus ist, gebe ich die entsprechenden Passagen hier im Wesentlichen ungekürzt wieder:

Es war ein klarer, warmer Nachmittag. Wir saßen im Schatten eines großen Mkwazu-Baumes, der vor unserem Hause stand. Wir sprachen über das Leben im Allgemeinen. Plötzlich wurde unser Gespräch durch laute, frohe Rufe unterbrochen. Männer und Frauen hatten begonnen, in höchsten Tönen zu trillern. Ich war sehr überrascht und aufgeregt, aber mein Großvater und die anderen schienen sich bei dem Lärm überhaupt nichts zu denken. Vielleicht taten sie aber auch nur so. Jedenfalls unterhielten sie sich weiter, so als ob überhaupt nichts sei. Ich selbst hielt das Trillern für Hochzeits-Getriller. Fünf Minuten später sah ich viele Leute auf- und abspringen. Sie jauchzten und hielten grüne Zweige in den Händen. Tanzende Paare hatten Ketten aus Glasperlen über ihren Schultern. In der Mitte der Gruppe befanden sich etwa 40 Jungen in meinem Alter. Auch sie hatten Perlenketten über ihren Schultern. Sie bewegten sich mit gesenkten Köpfen im Gleichschritt. Als der imposante Zug etwa hundert Meter von unserer Hütte entfernt war, packte mich plötzlich mein Großvater am rechten, mein Onkel am linken Arm. Dann drängten sie mich hinaus. Da erinnerte ich mich an ein Gespräch über die ngoma (und über das mwaliko), das wir am Abend zuvor geführt hatten. Ich war nun mitten unter den anderen Jungen. Die meisten von ihnen kannte ich. Einige Frauen tanzten um mich herum und legten auch mir Glasperlen über die Schultern. Die Begeisterung beim Tanzen erreichte seinen Höhepunkt und wir zogen zum Tal, wo die Experten dann mit uns das mwaliko durchführen sollten. Es war ein ganz besonderes Erlebnis, von dem keiner reden sollte, der es nicht selbst mitgemacht hat.

Sie erzogen uns zu einem harten Leben. Während der ganzen Zeit schliefen wir auf bloßer Erde. Auch das Essen war schlecht. Später wurden wir in zwei Gruppen aufgeteilt und begannen zu singen. Wir haben sehr viele Lieder gelernt. Nach drei Monaten waren alle auf Draht. Wir verbrachten nun die meiste Zeit des Tages mit Arbeit, nur wenn einer krank war, war er davon befreit...

In diesem Lager war das Leben so hart, wie ich es nie zuvor oder nachher durchgemacht habe. Es war ein Leben, in dem man gehorchen und Befehle ausführen musste, ohne zu fragen, ohne zu murren, ohne Widerrede. Wer es trotzdem tat, wurde geschlagen. Die Leitung des Lagers war in den Händen von erfahrenen Männern. Hie und da behandelte uns der Lagerleiter wie Erwachsene. Dann erzählte er Geschichten über unseren Stamm und unsere Familien. Er belehrte uns über das Leben im Allgemeinen und betonte die Wichtigkeit der Sitten und Gebräuche des Stammes, und wie wichtig es sei, dies alles kommenden Geschlechtern weiterzugeben.

Wir sprachen über die Ehe. Nur durch Kinderzeugen, so sagte man uns, könnten wir unsere Familien und Stamm am Dasein erhalten. Wir lernten die Methoden des Ackerbaus und der Viehzucht, machten Hacken, Messer, Beile, Buschmesser, Bogen, Pfeile, Speere und Schwerter.

*Schließlich näherte sich das Ende unserer Prüfungszeit (*Majaribiyo*). Wir durften uns waschen und rieben uns mit Öl ein. Dann zogen wir frische Hemden an, auch weiße Tücher, und hängten uns schillernde Glasperlenketten über die Schultern. Dann folgte die offizielle Aufnahme in die Gruppe der Erwachsenen. Es war ein riesiges Fest (*sikukuu kubwa*). Das ganze Dorf dröhnte vom Lärm der Ngoma-Trommeln und des Vigelegele-Trillerns. Am späten Abend tanzten wir* selo, *und es wurden uns sehr schöne Mädchen zugeteilt. Wir wurden daran erinnert, dass wir eines Tages heiraten würden.*

Als ich nach hause kam, war ich Erwachsener, und die vergangenen Tage, Wochen und Monate erschienen mir wie ein schöner Traum! (Kasindigwe, nach Mluanda 1975:125–128)

Mit Abschluss der Mwaliko-Zeremonie gelten die Knaben als Erwachsene, und man feiert ein großes Fest namens *Kuvinila.*

Auf die traditionelle Fachausbildung der Sigua finden sich in der Literatur praktisch keine Hinweise. Ibrahim Athumani liefert jetzt eine Fülle von Informationen, insbesondere im Hinblick auf die Bildung der Jungen. Die Ausbildung in den verschiedenen Fachrichtungen ist informell, ihre Dauer variabel; der eine Schüler erlernt mehr, der andere weniger. Man sagt:

„Akutongela mkala hana chinjize na asangule"

Wer bei einem Fachmann gelernt hat, der weiß vielleicht nicht Alles, aber: er weiß zumindest ein wenig.

In der Regel wird spezielles Fachwissen von den Vätern und Großvätern an ihre eigenen Nachkommen weitergegeben. Weil jedoch grundsätzlich jeder Fachmann berechtigt ist, sein Wissen weiterzugeben, sei es nun Wissen in handwerklichen, künstlerischen, medizinischen oder strenger sakralen Bereichen, sucht sich in Ausnahmefällen auch der Jugendliche einen Ausbilder außerhalb der Familie, oder der Fachmann sucht sich einen geeigneten Schüler. Die Ausbildung wird mit einer kleinen Feier abgeschlossen und von Berufswettkämpfen der Jugendlichen begleitet. Athumani erklärt: „The winners of the working competitions are honoured with special certificates. For instance, a man who qualifies to be a local medicine man at a special ceremony is granted a bag or a basket full of goods for treating local illnesses. To earn the title, a special drum beat, *ng'anga*, is prepared. This is at the same time a special advertisement of the young medicine man to the society that he is a full doctor. And the same is applied to bee-hive makers. The winners of the competitions are given working tools and certificates. (A lazy chap could be given tools and he keeps them uselessly.)"

Den pädagogisch-didaktische Ansatz, den die Lehrer in Sigualand anwenden, nennt Athumani *„work-and-knowledge programme"*[6]: In einer Passage der englischsprachigen Fassung seines Buches, die in der Kiswahili-Fassung noch nicht enthalten war, schreibt er: „There are real work-and-knowledge

---

6 1998/99 wurde dieser pädagogisch-didaktische Ansatz des „Work-and-Knowledge-Programms" erfolgreich in der Anti-Landminenaufklärung in Mosambik angewandt (siehe Merten 1999a)

programmes. There are so many experts in traditional dances, Zigua sayings, marriages, ending calamities, and different games. They all have a prospective and thrilling life in Zigualand, which could never be forgotten in this period."

Und weiter: „All adult training gives much knowledge to the pioneers. The functional informal trainers are special elders with special best qualifications in different cultural subjects: The number of students varies according to the trainer's teaching abilities and on how he/she is impressed by the involved fans. In this way students join different professions usually according to their own interests, but sometimes through their parents' choices and insistences. In most cases the knowledge passes from father to son and from son to grand-son. Any person who knows something special might act as a teacher to those who are ready to learn something from him, especially the family members.

Secondly, there are no real schools or classes. The main classes are the stations were practical work is organised. A bee-hive maker could teach hive construction while he is constructing one in the presence of his learners. It is the best „class" for practices to form concrete knowledge. The traditional dancers teach the different songs and their favourite drum beats at the exact dancing stage.

The period of the course depends mainly on the trainee's ambition and on the rate of interests and ability to follow his master's instructions. Theories are very limited, except for recreational stories given by parents, sitting by night fires. Due to illiteracy all information has to be listened to for future memories. Hence those who are very much interested in particular events and who make full-time participation to their favourite elders' servicing spot qualify earlier than those who are lazy and dormant. But during all that period there are very few lazy and dormant. It is a period for youth's hard working competitions. Nobody can get married without proving that he is able to work hard to care for a family. Parents feel shy to have lazy children in their homes."

Begründung einer Familie

In *Utamaduni wa Mzigua* erzählt Ibrahim Athumani die Geschichte von Pendo, dem Mädchen namens „Liebe". Er zeigt sich darin, Ich-Erzähler, als verliebt in Pendo, ja als „besessen" von der Liebe zu ihr. Diese Liebe ist so stark, dass er nicht weiß, wie er damit fertig werden soll: „I loved Pendo quite extraordinarily. Maybe my love germs were strengthened with power to be that much active by a local medicine called *ndele*, medicine for love. I believed to have been bewitched, and I was really caught red-handed by her love... Often witch-doctors tend to promise people that they could reduce the effects, if not exhaust them completely." Aber das funktioniere nicht immer: „Maybe the correct way would be to find a doctor who could remove human's hearts and replace them by planting in a tortoise's heart. A tortoise man never worries when being alone, even when he is alone in the bush for years. Does he love as madly as humans do? – But who knows... Maybe he suffers instinctively great pressure."

Der Erzähler verliebt sich also als junger Mann in Pendo, die Tochter seiner Tante. Während er in der englischen Version vage von „*my aunt's daughter*" spricht, geht aus der Kiswahili-Originalfassung hervor, dass es sich um „*mtoto wa shangazi*" handelt, also um die Tochter der Vater-Schwester. Eine derartige Kreuz-Cousinen-Heirat ist in der Sigua-Gesell-schaft grundsätzlich möglich, allerdings bedarf es dabei der ausdrücklichen Zustimmung der Verwandtschaft *beider* Seiten. Ob Kreuz- oder gar Parallel-Cousinen-Heiraten traditionell möglich sind oder erst seit Einführung des Islam, ist mir nicht bekannt.

Der junge Mann hat von sich aus die Initiative bei der Brautsuche ergriffen. Das ist ungewöhnlich. Normalerweise geht die Initiative von den Eltern und Großeltern aus: „In the Zigua customs a boy's sweet-heart is usually found by his father. When both relative groups have made all necessary negotiations, then the boy and the girl are told about the incidence. They are not supposed to go against their parents' choices. Why should my father find me someone to get married to? Fathers know which are the best clans for their sons to have girls to marry. A certain clan might be famous for a local event or well-being such as hard working people, hand crafts and other manual works. Parents wouldn't make marriage requests to clans which are believed to be practicing witchcraft (uchawi) and who are lazy.

Only a few people can make their choices through their grand-parents. However, it is not very common for a boy to make his own choice."

Eines Nachts nun erscheint dem Verliebten das Mädchen Pendo im Traum, und am nächsten Morgen macht er sich auf, sie zu besuchen. Pendo lebt im Nachbardorf. Sie ist erfreut über den Besuch. Ihre Eltern sind an diesem Tag nicht anwesend, und so vermutet eine ältere Schwester Pendos, dass irgend-etwas vor den Eltern verheimlicht werden solle. Der junge Mann stimmt ihr zu, „*ni siri yako dada!*", verrate das Geheimnis nicht, Schwester!

Pendo will den jungen Mann gern heiraten, und schließlich willigt dessen Vater auf Drängen des Sohnes ein, bei der Familie Pendos offiziell anzufragen.

Pendos Großmutter bestätigt, dass sie ein voll ausgewachsenes Mädchen ist, reif für die Ehe. Dann willigt der Großvater, schließlich auch der Vater des Mädchens ein. Daraufhin wird Pendo von ihrer Großmutter darüber informiert, dass einer Vorbereitung der Heirat nichts entgegenstehe.

Traditionellen Regeln folgend bittet die Familie des Mannes bei der Familie der Frau um das Ja-Wort. Die Braut selber gibt ihre Zustimmung frühestens, nachdem sie vom Bräutigam ein *chifunga uchumba* erhalten hat, ein Verlobungsgeschenk, zum Beispiel einen Fingerring oder eine Perlenkette.

Bis zur Hochzeit dürfen sich die Verlobten nun nicht mehr sehen, außer in Anwesenheit der Großmutter des Mädchens. Öffentlich oder gar heimlich darf das Paar sich nun überhaupt nicht mehr sehen, und wenn es wider Erwarten irgendwo zu einem zufälligen Treffen der beiden kommt, dann muss – nach den traditionellen Anstandsregeln – das junge Mädchen so schnell fortrennen, wie es kann, und ihr Verlobter darf auf keinen Fall hinterherlaufen.

Damit der Vater der Braut mit sich über die Finanzierung der Hochzeitsfeier reden lässt, also dem Verlobungsangebot zustimmt, erhält er vom Vater des Bräutigams ein „Freundschaftsgeschenk", das *ngubula lomo*. Dieses Ngubula Lomo ist der materielle Beitrag der Familie des Mannes zur Hochzeitsfeier im Dorf der Frau. Es besteht aus einem freiwilligen Teil und einem Pflichtteil.

Der Pflichtteil des Ngubula Lomo, *madango*, steht in Quantität wie Qualität eindeutig fest, besteht um Sindeni aus einer bestimmten Anzahl weißer Perlen, einem kleinen Mörser (*chihungu*), einem Hühnerkorb (*tundu*), und exakt fünf Hühnern. Jedes einzelne Huhn hat einen speziellen Namen, der traditionell festgelegt ist. Dies alles wird heut vom Vater des Bräutigams versprochen, für den Tage der Hochzeit. Der Sigua-Tradition zufolge ist es also ganz eindeutig, dass bei einer Hochzeitsfeier deren Kosten weitgehend vom Vater des Bräutigams zu tragen sind. Da dieser zugleich derjenige ist, von dem die ersten Schritte zur Heirat ausgingen, ist ein Hochzeitsessen mit mindestens fünf Hühnern gesichert.

Fünf Hühner reichen aber nicht für eine große Feier. Wenn der Vater des Bräutigams es sich leisten kann, bietet er von sich aus noch einen freiwilligen Beitrag zum Ngubula Lomo. Wenn es sich um eine ordnungsgemäß jungfräulich in die Ehe eintretende Braut handelt, dann zahlt er *mahari ya udogo*, das „Kleine Hochzeitsgeld", als Beitrag zu den Kosten der Feier. Geht die Braut dagegen seiner Meinung nach ohne Jungfräulichkeit in die Ehe, dann ist *mahari ya ukubwa* fällig, das „Große Hochzeitsgeld". Aber es kommt selten vor, dass die Familie des Bräutigams auf letzterem besteht, und so gehen praktisch alle jungen Mädchen der Sigua offiziell jungfräulich in die Ehe.

In Kilindi sagt man, dass junge Frauen heute normalerweise im Alter von fünfzehn Jahren heiraten. Sie sind dann meist schon lange Zeit verlobt. Der Marktwert der als Standard-„Brautpreis" (*ngombe ya ndugu*, wörtlich: „Vieh des Bruders") zu erbringenden Leistungen ist ein festgelegtes Quantum Feldarbeit beim Vater der Braut. Der Wert (Preis) dieser Feldarbeit entsprach im Jahr 1990 in Kilindi in etwa 15.ooo Tansanische Schilling. Das war der Verdienst eines Tagelöhners (in Handeni) in etwa 6 bis 9 Monaten, bzw. der Preis eines hervorragend gepflegten gebrauchten Fahrrads. Ein neues Fahrrad kostete zu dieser Zeit in Kilindi etwas mehr als 20.ooo Schilling.

Mluanda schreibt (1975:33), dass der Ehemann bzw. seine Familie als Ngombe ya Ndugu früher in der Regel Vieh gab. Das musste zurückgegeben werden, wenn die Ehe zerbrach; so habe das Brautgeld dazu gedient, die Ehe zusammenzuhalten: *In gewisser Weise ist die 'ngombe ya ndugu' eine Entschädigung für den Verlust, den die Familie durch den Fortgang der Braut erleidet. Ist bei einer Trennung der Ehepartner der Mann der eindeutig schuldige Teil, kann er die 'ngombe ya ndugu' nicht zurückverlangen.*

Vor der Hochzeit wird die Braut von ihren weiblichen Verwandten über ihre zukünftigen Pflichten belehrt: *Du bist jetzt erwachsen, und wir haben Dir einen Mann gegeben. Du darfst nun nicht mehr mürrisch und widerwillig sein, wie Du es bis heute so oft gewesen bist. Sei fleißig! Wenn Du bei der Feldarbeit faul bist, was sollen Dein Mann und Deine Kinder dann essen? Sollen sie wegen Deiner Faulheit hungern? Morgens musst Du also immer als erste aufstehen, um warmes Wasser zu bereiten, damit Dein Mann sich waschen kann! Erst dann darfst auch Du Dich waschen! Nach dem Frühstück nimmst Du die Hacke auf die Schulter und gehst zur Feldarbeit! Du musst dort die Erste sein und nicht die Zeit zu Hause mit Geschwätz vergeuden! Wenn Du am Nachmittag mit der Feldarbeit fertig bist, dann gehst Du gleich in den Busch und suchst Brennholz und holst Wasser, damit Du das Abendessen rechtzeitig kochen kannst!* (nach Mluanda 1975:162f.)

Gastfreundschaft spielt im Sozialen Regelsystem der Sigua eine herausragende Rolle. Wenn ein Fremder im Dorf übernachtet, sei es geplant oder ungeplant, dann gilt er, traditionellen Regeln entsprechend, als Gast des gesamten Dorfes. Den hohen Stellenwert der Gastfreundschaft in der Sigua-Tradition kann man unter anderem an der Bedeutung ermessen, die die Regeln der Gastfreundschaft in der traditionellen Erziehung genießen. So heißt es beispielsweise in der Unterweisung der Braut durch ihre Großeltern (nach Mluanda): *Frau, sei gastfreundlich, wenn ein Besucher um Speise und Trank bittet. Nur dann, wenn Du wirklich nur sehr wenig Nahrung für die eigenen Kinder hast, darfst Du den Fremden abweisen und sagen: Es tut mir leid, ich habe nur ganz wenig Nahrung für meine eigenen Kinder. Wenn Du aber etwas im Hause hast, dann darfst Du keinen Besucher abweisen. Eine geizige Frau ist bald im ganzen Land bekannt, und wenn Du dann eines Tages mit Deinem Mann eine Reise machst und irgendwo um Nahrung und Unterkunft bittest, dann würden sich die Leute ganz schnell verstecken, damit sie Dir nichts abgeben müssen!*

Auch der Bräutigam wird aufgefordert: *Mann, halte Deine Frau dazu an, alle ankommenden Gäste ordentlich zu bewirten. Wenn Ihr Fleisch oder Bier im Haus habt, dann versteckt dies nicht etwa, um es selbst zu essen, sondern teilt alles!*

Die Regeln traditioneller Gastfreundschaft beinhalten auch, dass dem Besucher Gelegenheit gegeben wird, sich und sein Anliegen zunächst detailliert vorzustellen. Dies wird *kutambalisa* genannt. Es beginnt in der Regel mit der persönlichen Vorstellung durch den Gast, wobei die Erwähnung des Heimatortes und der verwandtschaftlichen Einbindung von besonderer Bedeutung sind. Vom Zuhörer wird erwartet, dass er alles vom Gast Gesagte möglichst wortgetreu wiederholt. Athumani erläutert: „For more proof that a guest has been received customary, the guest has to be asked to give full detailed information about his home and his journey and to reveal the purpose of the journey, immediately after his arrival. The detailed information is called *kutambalisa* or *kuuza mbuli*. Be it a very long process, everybody has to pay full attention to all the information given. The visitor might explain how he prepared for the journey, how he took off, and all the usual and the unusual aspects concerning his journey. In the end, the visitor has to tell his homeland original name. A visitor who is not being given the chance to give detailed information feels that he is not fully respected.

Through this customary revelation both sides can learn a lot. The host can learn the visitor's home and his personal problems, and the visitor can learn his host's problems in the end. Every item is necessary."

Von einigen Jugendlichen in der Sigua-Gesellschaft wird das Tambalisa heute abgelehnt. Sie reden von „Zeitverschwendung". Ibrahim Athumani lässt diesen Einwand nicht gelten. Er gibt vielmehr zu bedenken, ob dieser Zeitaufwand nicht gewissermaßen der „Preis" der traditionellen Gastfreundschaft und Solidarität, der „Preis" für eine geldlose Gesellschaft sei. Lassen wir uns als Gäste auf dieses Tambalisa nicht ein, dann bringen wir damit zum Ausdruck, dass wir für unsere Gastgeber nur wenig Zeit mitbringen. Zeit zu haben aber ist eine Voraussetzung dafür, nicht mit der Tür ins Haus zu fallen, sondern einander kennenzulernen und miteinander zu kommunizieren.

Athumani: „The following is an example of a long detailed information (kutambalisa) with three people concerned. The guest, an attentative listener (the host), and a supporter. All men have to give detailed reports except women. Why? Traditional laws didn't allow it to them...“

Nachdem er vom Gastgeber dazu aufgefordert wird, stellt der Besucher zunächst sein Anliegen vor. Nach jedem Satz legt er eine kurze Pause ein, während der ein „Supporter“ des Gastgebers ihn, den Besucher, mit einem ruhigen „Eeeh!“ (x) bestätigt:

Host: – *Please let us hear something from you! (Tambalisa!)*
Guest: – *At home we were in our day-to-day routine work. x*
Last Sunday we saw someone coming. We welcomed him and gave him a seat. x
When he sat down we asked him to tell us about his home where he came from. x
Unfortunately he told us that you sent him to inform us that Mabewa is no more alive. x
Mabewa died on Sunday morning. x
The man gave us the coin (lukunga)[7]. x
We received it and gave him permission to return home and to prepare the burial ceremony. x
When the man left we informed all relatives about the issue. x
After passing all information to the concerned people it was already late. x
Therefore we killed the night with the idea to attend the calamity. x
Very early in the morning we took our long way up to here. x
Happily we did not get lost. x
When we arrived you asked me to tell you about my journey. x
That was how it is. x
The aim is to join you in this sorrowful issue. x
Machiwa (Sorry)! x (Eeeh!)

Host: – *What is your original homeland name?*
Guest: – *My name is Mmbwego Samnang'andu.*
Supporter: – *Eeeh!*
Host, in reply: – *While we are under this tree of calamity, shade emerged and we saw people coming. The path brought us the people we expected to arrive.*

---

7   Benachrichtigung über den Todesfall.

Guest: – *Eeeh! (x)*

When I looked at you I realised that you are honourable Samnang'andu! x

I asked you to give us full detailed information of the journey. x

You told me that while you were on your day-to-day routine work last Sunday you saw someone coming. x

The person was very strange to you. x

You welcomed him and gave him a seat. x

As soon as he sat down you asked him to give full detailed information about where he came from. x

The man told you that Mabewa is no more alive. x

So he gave you the calamity letter (lukunga). x

You received the coin and gave your permission to prepare Mabewa's new home, his grave. x

The burial ceremony was prepared accordingly. x

At home you have informed other relatives about Mabewa's calamity. x

You killed the night while preparing for your journey to join us here. x

The path led you here without getting lost. x

Exactly we saw you coming and I was the one who asked you for full information. x

You have done not a single mistake. It is true that Mabewa is no longer breathing God's air. x

He had been sick for a number of days. x

We sent him to several medicine men (wang'anga). x

When we found that this didn't give him relief, we sent him to the hospital, but all our efforts to save his life proved to be failures. x

Last Sunday morning Mabewa passed away. x

After his death we spread all possible information to the concerned people, including you, Samnang'andu. x

After receiving your burial permission, people burried Mabewa. x

The coffin cloth costed two hundred shillings and relative contributions amounted to six hundred. x

Therefore there isn't any debt to the burial ceremony. x

All the rest can be carried on under your leadership, as you are the father of the calamity. x

That's all I have to say. x

We are remaining sorrowful for the death of an influential figure to the clan members. x

Machiwa (sorry)!

Guest: – *Eeeh!"*

Ganz so viel Zeit wie im obigen Beispiel braucht man sich sicherlich nicht immer zu nehmen. Es gibt jedoch Entwicklungsexperten, die zu wenig Zeit haben und die „mit der Tür ins Haus fallen". Anfang der 90er Jahre wurde in Handeni aus dem benachbarten Usambara berichtet, dass einheimische Kinder dort fremden Entwicklungshelfern auf der Straße wiederholt und lachend die Frage nachriefen: „How many households...?" Man erklärte mir, dass eine deutsche Sozialforscherin sich dort bei ihren „Fragebogen-Feldstudien" in den betroffenen Familien mit eben diesen Worten vorgestellt habe.

Nyika, die Hochzeitsfeier, findet in der Regel im Dorf der Braut statt. Die Zeremonie ist von Elisabeth Grohs (1980:135f.) beschrieben worden, unter Berufung auf den Bericht von Duncan (1931) im Distrikt-Buch von Handeni. Diese Bücher waren während meiner eigenen Aufenthalte in Handeni, aus mir unbekanntem Grund, nicht zugänglich. Groß schreibt: „Nach dem Sigua-Brauch muss eine Hochzeit nachts abgehalten werden, ehe der nächste Morgen graut. Die Mutter des Bräutigams wird etwas Tembo machen, das in einen kleinen Wasserbehälter, der Ruinde heißt, getan wird. Seine älteren Verwandten werden nach Medizin suchen, die zusammen mit Hühnern gekocht und Nkantamiti genannt wird. Sie wird vom Bräutigam und seinen älteren Verwandten gegessen. Dieser Ritus wird, ehe sie in das Dorf gehen, in dem die Hochzeit stattfinden wird, ausgeführt. Das Tembo muss in kleine Gefäße gegossen werden, wo sich auch kleine Stäbe befinden, die vorher im Feuer angezündet werden.

Beim Nkantamiti[8] wird der Bräutigam von ihm bekannten Männern der Generation seiner Großväter symbolisch auf seine „Ehefähig" hin überprüft, und zwar durch Pfeilschießen. Trifft der von ihm geschossene Pfeil das vorgesehene Ziel, gilt er als „potent". Verfehlt er das Ziel, dann *muss,* so wollen es die Traditionen (die Ahnen), die Hochzeit verschoben werden.

Athumanis Text *Utamaduni wa Mzigua* enthält auch hier viele interessante Details:

"The people who take part in *nkantamiti* are fathers, mothers and all grandparents[9]. One day, when my eldest son got married, I had the

---

8 Die am Tage der Hochzeit stattfindenden Zeremonien Kutenkula Chiza und Nkantamiti sind in der Ethnologie bisher nicht beschrieben worden. Ibrahim Athumani berichtet nun ausführlicher. Es ist die erste bekanntgewordene Beschreibung folkloristischer Hochzeitsriten der Sigua, die speziell den Bräutigam betreffen und an der nur ältere Personen teilnehmen.

9 Kenner des Nkantamiti sind also nur die Eltern und Großeltern verheirateter Kinder. Vermutlich war es deshalb bisher für die Ethnologie so schwierig, Aufschluss hierüber zu erlangen.

interesting opportunity to learn what was being done through observation and practical participation. We were asked to kneel down one
behind another. After a short time, people made a long kneeling
fatherly queue. Behind the fathers and mothers, grandparents
kneeled as well. How lucky I was to be the first to head the
kneeling queue. When I   looked behind, I saw a very long queue
of happy and laughing people.

Old Samwaleni, whom they called Samsindeni, took the lead. He
was a famous traditional organiser. He started to sing a song called
"*namwingilwa*":

Samsindeni:	*Namwingilwae namwingilwa!*
The others:	*Wonga wenye, ahee, namwingilwa!*
	Wonga wenye, ahee, namwingilwa!
Samsindeni:	*Uyo engilagwa!*
	Uyo engilagwa!
The others:	*Neeze! Neeze! Neze engile homnyawe!*
	Neeze! Neeze! Neze engile homnyawe!
Samsindeni:	*Ahinanee namwingilwa!*
The others:	*Wonga wenye, ahee, namwingilwa!*
	Wonga wenye, ahee, namwingilwa!

While responding to the song, we started to move on our knees
towards inside a tutu type house. It really caused serious knee pains.
Too painful to resist, but I feared old Samwaleni and his traditional
laws. What if I stood up without his permission? Probably I might
have disturbed the whole traditional process for the young man who
was being up-graded. The process went on. Whoever got inside the
house, he got received by two women waiters. At the central post of
the house there was a pot of *togwa*[10]. There was enough honey in it
to give it a sweet taste. All that punishment for knee walking was
honoured with a bowl of *togwa*. Whoever received the bowl stood
up to drink.

Samsindeni went on singing until all the queue members got
inside. After every person had drunk the stuff, Old Samwaleni told
us to go around the house posts while singing and clapping hands
for at least seven rounds. Women made joyful *vigelegele* (cheers).

After that the rest went out of the house leaving four people inside.
These were the two women and father and mother of the boy. I was

---

10 *Togwa* – Lokal gebrautes Bier.

the father. The women told my wife and me to kneel down again and to put our ankles straight into the *togwa* pot! I introduced my left ankle, whereas my wife made it with her right ankle. We were asked to push the empty pot backwards. Underneath the pot there were two ten shilling coins. My wife took one, and I took the other. That made the whole process complete. The pushing behind of the pot was symbolising the passing on of a boy from young to adult, and that was the full *'kutenkula chiza'*. It meant that the boy had to leave all childish manners and acts behind, and he had to look forward towards adult behaviour. I was surprised to note that the boy himself was neither in the queue nor was he inside the house. We simply made it on our own.

The next step was the real *'nkantamiti'*. It completes marriage ceremonies on the man's side. It is intended to test the man in various things: first, as a man who is expected to lead a home for all requirements; secondly, to prove ability to meet problems concerning the house wife and the children in general.

When men carry on with nkantamiti, women leaders do a likewise process to the girl who intends to get married. Nkantamiti is sometimes called *'mazungu'*. I am sorry to have less knowledge on women's traditional affairs. To men, nkantamiti was organised by grand-parents through father's commands.

As I said before, nkantamiti is a test, to show whether the boy is fit for marriage or not. The test starts right from the boy's father's house, where is asked to aim at a piece of wood with a bow and an arrow. If he shoots at it properly, people can be a hundred percent sure that the boy isn't impotent and that he can meet one of the marriage purposes. But if he misses the piece of wood, everybody could be very doubtful: The boy seems to be too weak to meet the marriage goals. When that happens, then the marriage ceremony has to be postponed to cure the boy of his impotence.

If however he proves full ability, then the young man, his friends and their grand-fathers go out to collect other important substances for the marriage process. The equipment which is taken is a bow and an arrow, a locally made maize refinery (chihungu), a hand chizel (bisi bisi), and maize flour.

The next step is an out-going tour which aims at collecting local medicines to cure *frequent moves for attending the call of nature* (Durchfall, PM). Experienced grand-fathers know the trees of which they have to dig out the roots, and others, where they have to take the leafed branches. Among the trees, a *msasa* tree is very famous for that purpose. Unfortunately, *msasa* is a thorny tree. Collecting it's leaves is a hard task, especially as the practical collection has to be done through the boys' mouths. One old man told me, that the *msasa* thorny branches are the actual preventive medicine for the marrying men's outgoing frequently.

To those boys who have been very rude to their grandfathers before, this is the best chance for their grandfathers to punish them severely. Just imagine, they might be asked to climb up the thorny tree completely naked to collect the top branches by mouth...

When marching out for medicine collection, grandfathers are supposed to note anything odd like certain bird sounds to be heard which are believed to indicate sorrows etc...

After completing all steps correctly, they sit down somewhere boiling their medicines which in the end is eaten with porridge prepared by a woman called *'mwelumbu'* in big pots... While boiling the medicine, the marrying boy (*mwali*) could sit on a pounding stick (*mtoho*) and his marriage companion (*mbuya*) could sit on a grinding motor (*kinu*). The pounding stick could be introduced into the grinding motor's mouth. This is a mere indication that a man is always getting married to a friend...“

Nach dieser Beschreibung des Nkantamiti haben die Großväter also bis zuletzt ein Veto-Recht bei der Partnerwahl ihrer Enkelkinder, denn sie sind es, die das Ziel und die Entfernung festlegen, aus der der Pfeil sein Ziel treffen muss.

Nach einer großen zeremoniellen Feier des ganzen Dorfes und beider Verwandtschaften schlafen die Brautleute in der Hochzeitsnacht in getrennten Hütten. Morgens zieht dann die ganze Familie des Bräutigams zur Hütte der Braut, die Männer feuern mit Gewehren in die Luft, und man verlangt „*Shime-Shime*“, die Hochzeit: Das Mädchen soll nun dem Bräutigam „übergeben“ werden. Es folgen dann einige Zeremonien, die Ibrahim Athumani dem Bereich der *miviga*, der Folklore, zuordnet. So legt sich beispielsweise eine Tante der Braut auf die Türschwelle der Hütte, in der das Mädchen geschlafen hat und wo sie sich jetzt aufhält, und deutet unter „Wehgeschrei“ und Stöhnen und unter dem Gejohle und Getriller (vigele-vigele) der begeisterten Zuschauer darauf hin, welche Qualen es der Mutter verursacht habe, das Mädchen zu gebären. Dieses Spiel nennt man *kuuga usungu*, die Tante wird nicht eher den Weg freimachen, bevor sie nicht von der Verwandtschaft des Bräutigams irgendein symbolisches Entgelt für die Leiden und Qualen des Gebärens erhalten hat. Dann sind die Kinder aus der Verwandtschaft des Mädchens an der Reihe. Auch sie wollen für den Verlust ihrer *Clan-Schwester* entschädigt werden und erhalten, bei entsprechender schaustellerischer Leistung, das *magumba ya ulumu*, den „Verschwägerungs-Taler".

Die postmaritale Residenz ist zunächst matri-, später patrilokal. Das junge Ehepaar wohnt nach der Hochzeit in aller Regel im Dorf der Eltern der Frau. Erst wenn der Mann den Brautpreis voll bezahlt oder den Gegenwert durch Arbeit auf dem Feld der Schwiegereltern abgeleistet hat, darf er „*kuomba jengo*" (wörtlich: um Baugenehmigung bitten; faktisch: den Wohnsitz der Familie frei wählen). Meist zieht die Familie dann in das Heimatdorf des Mannes. Zieht die junge Familie ohne Kuomba Jengo fort, dann kann das, so glauben viele Sigua, schlimme Folgen haben.

Die folgende Beschreibung durch Mluanda deutet an, wie stark der Glaube an mögliche Konsequenzen von Verstößen gegen die Tradition bei den Sigua noch ist, selbst wenn sie, wie er selber, längst einer „modernen" Religionsgemeinschaft angehören. Mluanda schreibt (1975:164f.):

Einige Männer versuchen, die Frau ohne Erlaubnis ihrer Eltern mitzunehmen. Das nennt man Nteguzi *und das hat schlechte Folgen. Die Kinder werden immer krank und schwach, sie sterben sogar.*

Vor sechs Jahren haben zwei Menschen geheiratet. Der Mann hat nur die Mitgift gegeben und die Frau in sein Dorf mitgenommen. Diese Eheleute bekamen Kinder: das erste war sehr schwach, das zweite und das dritte starben kurz hintereinander. Die Frau, die früher dick und gesund war, ist heute nur noch Haut und Knochen. Da ich die Frau und ihre Familie persönlich kannte, konnte ich mich persönlich davon überzeugen, dass es stimmt.

*Ich habe dann mit der Mutter jener Frau gesprochen und sie gefragt, was die Ursache sei, dass es ihrer Tochter so schlecht gehe. Die Mutter sagt, Ursache sei, dass der Mann weder vor noch nach der Hochzeit um Erlaubnis zum Wegziehen (*Kuomba Jengo*) gebeten habe. Ich fragte die Mutter: Aber warum haben Sie keine Erlaubnis gegeben, obwohl Sie doch gesehen haben, wie sehr Ihre Tochter unter diesen Umständen leidet? Die Mutter antwortete: Es nützt nichts, wenn mein Mann und ich die Erlaubnis aussprechen. Es muss eine Zeremonie durchgeführt werden, weil es nicht nur uns zwei angeht, sondern alle Lebenden und Verstorbenen der Sippe.*

Organisers und *Performers*

Neben der Auseinandersetzung mit Uchawi geht es in der Erzählung *Maziwa ya Simba* von Ibrahim Athumani auch um die fast verloren gegangenen Fähigkeiten, das akephale Sozialsystem zu *organisieren*. Auch die traditionelle Regulierte Anarchie der Sigua braucht Organisatoren. Ibrahim Athumani schließt *Maziwa ya Simba* mit den Worten:

„Ancient top leaders of the clan had such ability, had the power to unite people for their very own achievements, to unite them for a co-operative clan membership. A father was believed to be a responsible man to all the clan members without discrimination of anybody. What about modern leaders?

Mind you, being a father is not mere getting married and producing children – there is a burden behind each father, the burden to be a responsible top figure in any clanical social organisation."

Das traditionelle System gilt aus emischer Perspektive zwar als „naturgewachsen", bedarf aber der „Organisation" durch die Alten und Weisen der Gesellschaft. Den Alten und den Weisen wird zugetraut, in einem besonderen Kontakt zum Geist der Ahnen und damit auch zu Gott (Mnungu) zu stehen. Die Funktionsträger traditioneller Institutionen gelten als Chivyele (Vertreter der Gemeinschaft) und werden jeweils, bei Bedarf, im Konsens der Gemeinschaft „gewählt".

Organisiert werden muss zum Beispiel die traditionelle Form der Gemeinschaftsarbeit und Nachbarschaftshilfe, das chiwili (pl. viwily). Chiwili[11] bezeichnet einen kollektiven Arbeitseinsatzes auf freiwilliger Basis und wird insbesondere auf nachbar- und dorfgemeinschaftlicher Ebene eingesetzt, bei Viehhütung und Tränkung der Haustiere, bei größeren landwirtschaftlichen Arbeiten, beim Graben von Wasserstellen usw. Nachbarschaft und Dorfgemeinschaft sichern den Einzelnen bzw. einzelne Familien zudem gegen kleineren Schaden durch Unfälle, Viehdiebstahl und Viehriss. Auch beim Hausbau, bei Hochzeiten und Beerdigungen unterstützt die Dorfgemeinschaft in der Regel die einzelnen Kleinfamilien. Das Produkt gemeinschaftlicher Arbeit kommt dabei häufig Individuen zugute.

---

11 Chiwili, regional auch Kiwili oder Kiwiri, ist in verwandten Formen in ganz Ostafrika anzutreffen. Elisabeth Grohs bemerkte 1992 in einer unveröffentlichten Studie: „The wide-spread use of 'kiwiri' is also documented in Makonde sculpture. Roberto Jacobo who is renown as being the first Makondesculptor to produce 'ujamaa-sculpture' explained that his intention in adding a group of intertwined people in a tree-like sculpture, actually referred to thetraditional institution of 'kiwiri' as practised in Mozambique."

Wohl am häufigsten wird Chiwily in der Landwirtschaft angewandt. In der Regel arbeitete der Einzelne nicht gern allein auf seinem eigenen Feld sondern es wurde, soweit möglich, gemeinsam gearbeitet – heute auf dem einen Feld, morgen auf dem anderen. Der Einsatz des Chiwili zielte dabei nur in seltenen Fällen unmittelbar auf Produktivitätssteigerung. Ibrahim Athumani betont, dass „gemeinsam zu arbeiten einfach mehr Spaß macht als wenn jeder Einzelne alleine für sich arbeitet".

Für diese Auffassung, dass Chiwili nämlich nicht unmittelbar produktions- bzw. wachstumsorientiert war sondern hauptsächlich der Kommunikation diente, und allenfalls dadurch zur Produktionssteigerung beitrug, dass man mehr leistet wenn die Arbeit Spaß macht, spricht ganz deutlich, dass der Besitzer des Feldes nach traditionellen Regeln nicht selber mitarbeitet und auch selber keinen direkten Einfluss auf das Arbeitsquantum hat. Der für den jeweiligen Tag gewählte Chivyele, der Leiter der Chiwili-Gruppe, entscheidet dies. Auch das Wort für Chiwili in Kiswahili deutet dies möglicherweise an: „Bia", wie das Wort für „Bier". Mancherorts in Sigualand bezeichnet man das traditionelle Chiwili auch als „Bia-Parties". Es wäre deshalb unsinnig, Chiwili durch Lohnarbeit ersetzen zu wollen. Und es wäre vermutlich auch wenig erfolgversprechend, Chiwili zum Nutzen der Nation volkswirtschaftlich „produktiv" umfunktionalisieren zu wollen. Chiwili macht ganz einfach Spaß...

Es gibt Arm und Reich in der traditionellen Sigua-Gesellschaft, zugleich aber eine Fülle nivellierender Mechanismen. Ansätze sozialer Ungleichheit können nicht nur durch größere Begabung und Geschicklichkeit entstehen (Ute Luig 1990:205), sondern in emischer Sicht vor allem durch Fleiß und nachrangig durch eine besondere Begünstigung durch Gott. Allerdings kommt diese Begünstigung durch Gott nicht von ungefähr, sondern dadurch, dass man ihrer würdig ist. Von Reichen wird erwartet, dass sie in besonders hohem Maße zum Gemeinwohl beitragen. Hierdurch erlangen sie Prestige: „The most respected men are those who show best participation in clanical organisation and the best mood towards hard working conditions" (Athumani).

Das traditionelle abendliche gemeinsame Mahl des Dorfes (Ndala) stellt, durch den erhöhten Beitrag der Reichen, in der Regel sicher, dass sämtliche Mitglieder der Dorfgemeinschaft einigermaßen gut ernährt sind.

Der Verstoß gegen Verpflichtungen zur Selbstbescheidung, zur Solidarität und Gemeinschaftsarbeit durch einen Einzelnen kann von den Ältesten bestraft werden. Dem Teilzwang kann sich niemand sanktionslos entziehen (vgl. Luig 1990:205). Die Sanktionen (in Sigualand: Mhambulo) können in Form von Arbeitsleistung für die Gemeinschaft oder auch in der „Zahlung" einer Strafe an die betroffene Gemeinschaft bestehen, z.B. in Form eines Huhnes oder einer Ziege. Grundsätzlich steht es der Dorfgemeinschaft frei, ein unsolidarisches Mitglied aus der Gemeinschaft auszuschließen, wie es auch dem Individuum freisteht, ein fremdes Dorf zu bitten, ihm Land und Wohnrecht zu geben.

Bei einigen Formen des Chiwili war die Teilnahme in der Regel freiwillig, z.B. bei der gemeinsamen Feldarbeit, bei anderen nicht. Allerdings musste derjenige, der selber bei der Gemeinschaftsarbeit nicht mithalf, damit rechnen, dass auch ihm nicht geholfen würde. In krassen Fällen wurde unsolidarisches Verhalten durch den Mzee bestraft: „everybody was afraid of public condemnation." (Athumani)

Auch hier bei den traditionellen Sanktionsformen finden wir bei den Sigua Parallelen zu anderen Gesellschaften „Regulierter Anarchie" in Afrika: „Die Verletzung von Solidaritätspflichten", schreibt Sigrist, „wird in segmentären Gesellschaften nicht mit physischen Sanktionen beantwortet, sondern mit einer Minderung oder mit dem Abbruch der reziproken Beziehungen, entweder mit Distanzierungs- oder mit materiellen Sanktionen." (Sigrist 1967:113)

Manch einer ist fleißig und immer fix, manch anderer ist etwas langsamer – auch in der Regulierten Anarchie. Ein altes Sprichwort der Sigua sagt: „*Mgoja chimba, agoja akaila!*" Das heißt auf Englisch, nach Athumani, „He who waits for a dead body, he cries while waiting" – auf Deutsch also in etwa: „Auch wer auf die Beerdigung wartet, der darf schon trauern!" Ibrahim erläutert (in Manuskripten vom Dezember 2000):

"During the time when *ndala* was still more popular than today, the Sigua used to call every member of the family to attend this *communal feeding*. Now there where some people who were sharp to call up, that is who came early, and others who were slow. Those who were early sometimes became tired of waiting for the slow people. In this case one could say, 'let us eat while waiting for them'. In other words they could say, *'chiwavuta viga',* that is: 'Let's pull their legs' – if today they find us eating, tomorrow they would hurry up!

Also during traditional social farming (chiwili) people who tend to arrive earlier at the farm than others wouldn't stay idle and lazy until others come. Instead they begin to dig the farm slowly saying, or singing, *'chiwavuta viga',* or *'mgoja chimba agoja akaila'* – Let us *pull their legs*, let us start working while waiting for them."

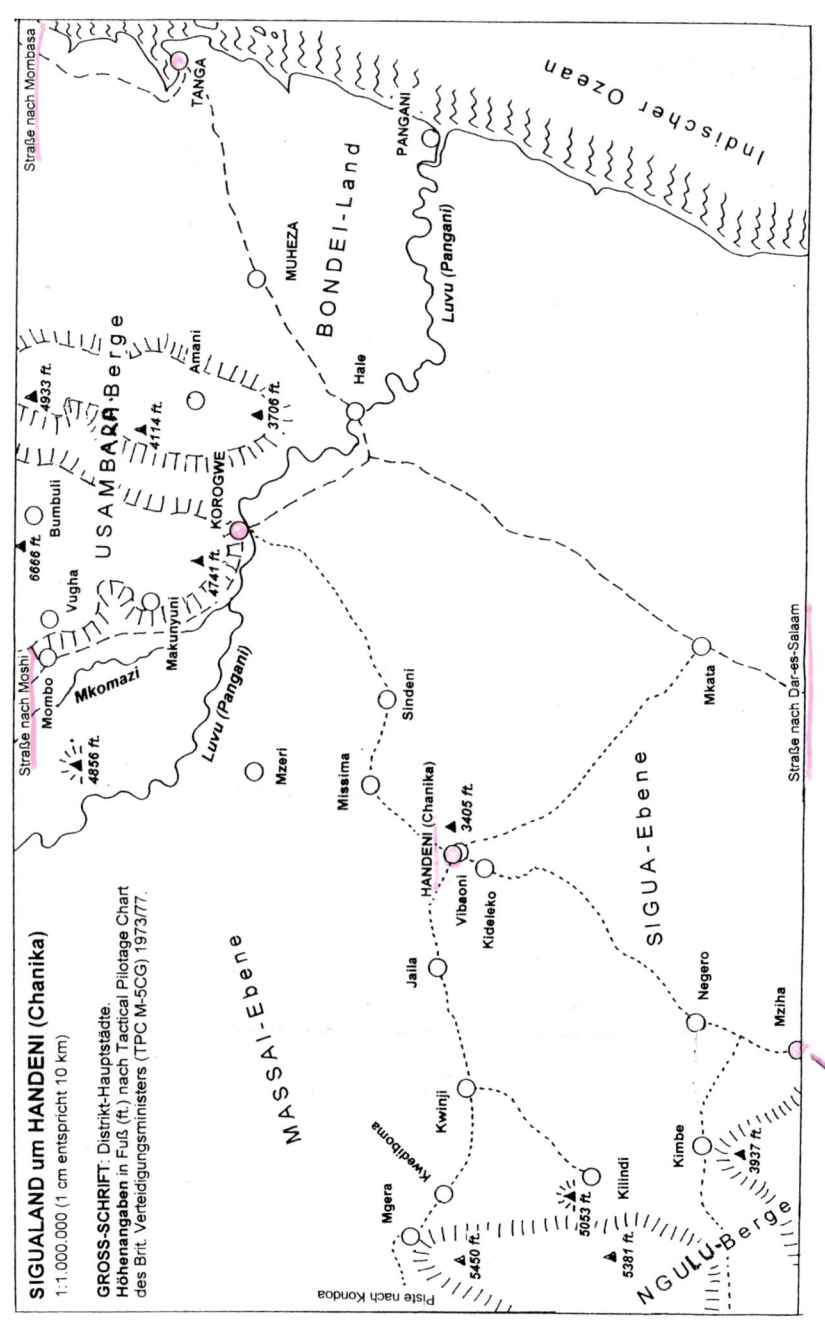

SIGUALAND um HANDENI (Chanika)

1:1.000.000 (1 cm entspricht 10 km)

GROSS-SCHRIFT: Distrikt-Hauptstädte.
Höhenangaben in Fuß (ft.) nach Tactical Pilotage Chart
des Brit. Verteidigungsministers (TPC M-5CG) 1973/77.

Straße nach Mombasa

TANGA

Indischer Ozean

PANGANI

BONDEI-Land

MUHEZA

Luvu (Pangani)

Hale

USAMBARA-Berge

4933 ft.

Amani

4114 ft.

3706 ft.

Bumbuli

6666 ft.

KOROGWE

Vugha

4741 ft.

Makunyuni

Luvu (Pangani)

Straße nach Moshi

Mombo

Mkomazi

Sindeni

Mzeri

Missima

4856 ft.

Mkata

Straße nach Dar-es-Salaam

HANDENI (Chanika)

3405 ft.

Vibaoni

Kideleko

SIGUA-Ebene

Jaila

Negero

MASSAI-Ebene

Kwinji

Mziha

Kwediboma

Kimbe

3937 ft.

Mgera

5053 ft.

Kilindi

5450 ft.

5381 ft.

NGULU-Berge

Piste nach Kondoa

Schon von kleineren topographischen Erhebungen aus können die Menschen in Sigualand ihre Heimat weithin überschauen – so auch vom Marktplatz in Handeni aus.

In der Mittagshitze erscheint das Dorf Kilindi auf den ersten Blick fast menschenleer. Im Hintergrund: der Kilindi-Berg, Heimstatt des Geistes und der Seele der Ahnen.

Ibrahim Athumani, Lehrer in Kilindi, lädt uns in die Hütte auf seinem Maisfeld ein (1989/90). Hier meditiert er gelegentlich.

Ike Lemke-Merten im Gespräch mit Ibrahim Athumani und seiner Frau Amina. Im Hintergrund: Aminas Teestube in Kilindi.

Kinder in Kilindi haben sich ein Fahrrad geschnitzt - es funktioniert, vor allem, wenn es bergab geht. Derartige „Swahili-Bicycles" sind weit verbreitet und dienen auch zum Transport von schweren Lasten. Die Distriktverwaltung hat die Benutzung derartiger Transportmittel verboten, mit der Begründung, sie seien gefährlich weil sie keine Bremse haben. Aber, so fragen viele Menschen in den Dörfern, sind moderne Kraftfahrzeuge weniger gefährlich?

Das solide Steinhaus im Hintergrund ist in seiner Bauweise typisch für Gebäude, die der Staat für seine „Dorfvorsteher" errichtet.

Dieser Mann in Kilindi hat Monate gebraucht, um das Knäuel Faden zu knüpfen. Er hofft, es in Handeni für ein paar Mark verkaufen zu können. Der Preis menschlicher Arbeitskraft im ländlichen Sigualand tendiert gegen Null.

Die Überlandbusse Tansanias dienen zugleich dem Transport von Menschen und Waren. In Dörfern am Rand der Piste werden hier Bananen eingesammelt, um in der Stadt verkauft zu werden, und kostbares „modernes Bier" gelangt von hier aus in kleinen Mengen in noch weiter abgelegene Gebiete.

Ibrahim Athumani, Lehrer und traditioneller Heiler, bespricht mit mir die
Endfassung dieses Buches (Dezember 2000 in Dar-es-Salaam).

Die Usambara-Berge, von Sigualand aus gesehen. In den unzugänglichen Hängen unterhalb
des Dorfes Siai entzündete die mythologische Gestalt Mbegha einst ein Feuer, durch dessen
Rauch die Bewohner von Siai auf seine Anwesenheit aufmerksam wurden. Dies „Feuer von
Siai" löste in den Usambara-Bergen einen plötzlichen und tief greifenden sozialen Wandel
aus. Heute haben die traditionellen Heiler ein neues „Feuer von Siai" entzündet.

3   Der traditionelle Glaube der Sigua

Gott und das Leben nach dem Tod

Der Tod eines erwachsenen Menschen führt in der Tradition der Sigua-Gesellschaft praktisch seine gesamte Lebensgemeinschaft zusammen: einerseits die Gemeinschaft des Dorfes, in dem er sein Leben als Erwachsener verbracht hat, und andrerseits seine Verwandtschaften mütterlicher- und väterlicherseits. Es ist eine beeindruckende Feier mit vielen Gästen. Wenn ein Alter oder eine Alte stirbt, dann treffen die beiden Verwandtschaften alle Vorkehrungen für die Neuregelung der Sozialverpflichtungen und die Versorgung der Hinterbliebenen, während die Dorfgemeinschaft die Verantwortung für Vorbereitung und Durchführung der Trauerfeierlichkeiten übernimmt. Falls zum Zeitpunkt des Todesfalls größere Unstimmigkeiten zwischen den beiden beteiligten Verwandtschaftsgruppen bestanden, dann verlangen die Regeln der Sigua-Tradition, dass diese aus dem Weg geräumt werden, noch bevor es zur Beisetzung kommt. Als Zeichen der Bereitschaft zur kurzfristigen Regelung aller im Zusammenhang mit dem Todesfall eventuell noch offenen Fragen (Erbschaft, Versorgung der Hinterbliebenen usw.) muss von den beiden Verwandtschaften unabhängig voneinander das *lukunga* (auch: *mbuluzi*), das heißt die Benachrichtigung über den Todesfall und die damit verbundene Einladung zur Trauerfeier, akzeptiert werden. Mit der Entgegennahme des Lukunga signalisiert man dem Dorf, dem der Verstorbene angehörte, die Bereitschaft zur Beilegung allen Streits und die Zustimmung zur Vorbereitung der Feierlichkeiten.

Das besagte Lukunga besteht seit geraumer Zeit aus einer 10-Cent-Münze, die den betroffenen Clans zugesandt witd und die sie über den Trauerfall unterrichtet. Die beiden Clans bestimmen daraufhin ihren jeweiligen Vertreter, die Verwandtschaft väterlicherseits den *Tatiyamnatu* und die Verwandtschaft mütterlicherseits den *Mwigazi*, und diese beiden müssen sich als erstes über alle offenen Fragen im Zusammenhang mit dem Sterbefall einigen, selbst wenn dies einige Tage dauerte. Erst nach der Einigung, verkündet durch den Mwigazi, dürfen Beisetzung und Feierlichkeiten konkret vorbereitet werden: „If one forced things in the mwigazi's absence, one was charged with a clanical fine – a goat or else", erläutert Ibrahim Athumani.

Früher war es die Regel, dass die angereisten Verwandten des Verstorbenen drei Tage im Dorf verweilten und dabei des Verstorbenen gedachten, bevor dieser bestattet wurde. Heute sind es oft nur ein oder zwei Tage. In dieser Zeit sitzen seine Familienangehörigen, Nachbarn und Freunde viel beieinander, meist in ruhiger Atmosphäre, oft auf der Veranda oder im Hof des Sterbehauses, und reden lange über das Leben des Verstorbenen und seiner Ahnen. Hier wird das Bild des Verstorbenen geformt, so wie es im Herzen und im Geist der Lebenden „weiterlebt".

Der Tote wird in ein Leichentuch gewickelt und in eine Grube im Erdreich versenkt, nahe bei den anderen Verstorbenen des Dorfes. Oft befindet sich dieser Friedhof inmitten des Dorfes und ist von Fremden kaum zu erkennen. Er wird nicht floristisch „gepflegt", sondern bleibt der Natur überlassen. Wenn Fremde unwissentlich diesen Ort betreten, oder wenn Kinder dort spielen und sich dabei nicht seiner besonderen Würde bewusst sind, dann wird dies in Sigualand nicht etwa als besonders störend oder als grob „ordnungswidrig" empfunden. Die lokale Bevölkerung respektiert diesen Ort, sieht ihn aber keinesfalls als Sitz der „Geister der Ahnen" oder ähnliches an. Auf dem Friedhof ruhen lediglich die Gebeine der Verstorbenen. Vom unsterblichen Geist und von den Seelen der Ahnen (*mizimu*) glaubt man in Sigualand traditionell, dass sie „irgendwo im Himmel, nahe bei Gott" leben.

Zum *Leben nach dem Tod* schreibt Ibrahim Athumani: „Many Zigua people still believe in life after death (*maisha baada ya kifo*). Maybe you believe like they do, or you don't. They are quite free to do it according to their choice, whether they are right or wrong. Aren't they? So the Zigua people make tambikos to satisfy their own believes, as well as their ancestors' free wills, and as well as the community's free belief. Going against it would mean to go against their tradition and culture!"

Dem traditionellen Sigua-Glauben zufolge überragt Gott als höchstes Wesen alle anderen Kräfte. Mluanda sieht den eindeutigen Monotheismus der Sigua schon in den Eindrücken früher christlicher Missionare bestätigt, die sie zum Beispiel in den Pfarrtagebüchern von Mandera (1885) festgehalten haben. Gott gilt als „so groß und ehrfurchtgebietend, dass der Mensch nicht würdig ist, vor ihm zu stehen und mit ihm in direkte Beziehung zu treten. Der Mensch kann aber durch Mittler Gott erreichen. Als Mittler gelten Mizimu, sing. Mzimu, Geist und Seelen der Ahnen" (Mluanda 1975:83).

Die Vorstellung, dass Geist und Seele der Ahnen als körperlose, geistige Wesen im Himmel beieinandersitzen, der eine vielleicht als Tischler, der andere als großer Jäger oder weiser Heilkundiger, wieder eine andere als Mutter von sieben Kindern, und dass sie sich direkt in die Geschehnisse der Welt der Lebenden einmischen, ist eher unter Kindern der Sigua-Gesellschaft verbreitet als unter Erwachsenen. Für gläubige Sigua leben der Geist und die Seelen der Verstorbenen weiter, körperlos, irgendwo „*in heaven*". Mluanda erklärt weiter: *Von den Ahnen wird geglaubt, dass sie über das Benehmen ihrer Nachkommen wachen und sie demgemäß beschenken. Sie zeigen ihre Gunst durch das Wohlergehen der Familie, durch Segen und Erfolg im Leben. Da sie selbst Menschen auf Erden waren, sind sie die besten Vermittler zwischen Gott und den Menschen. Sie kennen die Bedürfnisse der Menschen. Gleichzeitig haben sie direkten Zugang zu Gott. Deswegen wenden sich die Menschen des Öfteren sogar mit kleineren Bedürfnissen an sie. Obwohl die Ahnen keine Wunder tun können, ...erleben die Menschen psychologische oder seelische Erleichterung, wenn sie ihre Sorgen vor ihren Eltern und Ahnen ausschütten können.* (S.91)

Viele Sigua sind sich sicher, mit dem Geist und den Seelen der ihnen nahestehenden Verstorbenen in einen Dialog treten zu können. Nach meinen Beobachtungen wird davon recht häufig Gebrauch gemacht, und nicht immer sind nur sakrale Vorstellungen damit verbunden. Oftmals fragt sich ein Mensch heute ganz einfach und scheinbar profan, was wohl ein bestimmter der von ihm geachteten und geschätzten Ahnen zu einem aktuell aufgetretenen Problem gesagt hätte, wie jener reagiert hätte.

Ein Dialog ist selbstverständlich nur mit dem Geist und der Seele solcher Verstorbener möglich, derer man sich real erinnert. Die geistigen Dialogpartner müssen nicht unbedingt eigene, leibliche Vorfahren sein, es können im Einzelfall auch andere Verstorbene sein: vielleicht die eigenen, früh verstorbenen Kinder. Und es können sogar andere Menschen sein als die eigenen Verwandten – irgendein „Vorbild", an das man sich gern erinnert. Und nicht jeder Ahne ist gleichermaßen geachtet, nicht jedes Wort gilt als gleichermaßen relevant. Liegt beispielsweise ein medizinisches Problem an, dann sucht man sich einen anderen geistigen Dialogpartner als für ein Problem im Zusammenhang mit der Jagd. Wer also im irdischen Leben mit der Frage konfrontiert ist, was die Ursache einer bestimmten Krankheit eines befreundeten Nachbarn sein könnte, der wird den geistigen Kontakt mit eben jenen Verstorbenen suchen, die zu ihren Lebzeiten als wirklich gute Heilkundige galten. Die real gestellte Frage ist dann: wie hätte eben dieser Ahne, Heilkundespezialist, auf die heutige Situation reagiert? In diesem Sinne *kommunizieren* die Lebenden mit den Toten, die von der Religionswissenschaft gelegentlich als „living-dead", als „Lebend-Tote" bezeichnet werden (z. B. Mluanda, und Mbiti 1990:81–89).

Im Welt- und Menschenbild der Sigua spielt also Maisha Baada ya Kifo, das Leben nach dem Tod, eine herausragende Rolle. Der Einzelne bleibt auch nach seinem irdischen Tod nicht nur Gott und dem Geist und der Seele der

Ahnen gegenüber für seine Worten und Taten verantwortlich, sondern, nun selbst Mzimu, auch seinen Nachfahren gegenüber. Das Leben nach dem Tod gilt in der Sigua-Gesellschaft in gewissem Sinn als eine Fortsetzung des irdischen, menschlichen Lebens. Ein Mensch stirbt, doch im Bewusstsein derer, die sich seiner erinnern, lebt er weiter, und zwar in der Form, in der sich die Lebenden an ihn erinnern. Mluanda hat dies konkret folgendermaßen beschrieben: *Die Menschen in Sigualand interessieren sich wenig für deutlich geistige Wohlfahrt des Menschen, abgesehen von seinem physischen Leben. Das Leben nach dem Tod ist mehr oder weniger nur eine Fortsetzung des Lebens in menschlicher Form. Dies bedeutet, dass die Person ihre soziale und politische Stellung hält, dass geschlechtliche Unterschiede weiterbestehen, und dass menschliche Tätigkeiten weitergeführt werden. Das Leben nach dem Tod ist also eine Fortsetzung des irdischen Lebens. Obwohl die Seele vom Leib getrennt ist, behält sie die physisch-sozialen Merkmale ihres menschlichen Daseins bei.*

Auch an dieser Stelle spricht auch Mluanda im Zusammenhang mit Mzimu von der „Seele" der Verstorbenen. Ergänzend heißt es in seinem Kapitel „Das zukünftige Leben": „Die Sigua, wie die meisten Bantuvölker Tansanias, glauben an irgend ein Leben nach dem Tod, weil die unzerstörbare Natur der menschlichen Seele als selbstverständlich angenommen wird. (...) Jedes Menschen soll gedacht werden, er soll lebendig behalten werden nach dem Tod, obwohl jeder weiß, dass Leib und Seele getrennt werden." (Martin Mluanda 1975:169f.) Kinderlosigkeit behindert das Maisha Baada ya Kifo, das „Leben nach dem Tod", und gilt bei den Sigua daher als großes persönliches Unglück. So wird auch der Kinderwunsch von unverheiratet gebliebenen Frauen sozial akzeptiert. Mluanda berichtete in diesem Zusammenhang über eine „neue Anschauung", die unter Mädchen in der Sigua-Gesellschaft „Mode mache". Sobald berufstätige Mädchen über dreißig Jahre alt und noch unverheiratet sind, versuchen sie mindestens ein Kind zu bekommen. Dies tun sie, damit sie nach ihrem Tod jemand haben, der ihrer gedenken wird.

„Gott" ist in der Sigua-Gesellschaft kein Thema, über das leichtfertig geredet wird. Es fällt aber auf, dass trotz des weit verbreiteten Bekenntnisses zum Islam der traditionelle Glaube offenbar tief verwurzelt ist. Dieser Glaube der Sigua kennt viele Riten und Zeremonien, aber keine Dogmen. Er entspricht der traditionellen, akephalen Organisation des realen gesellschaftlichen Lebens. Jeder Mensch ist vor Gott gleich, es gibt keine Priester, und die tradierten Glaubenssätze lassen Interpretationen weiten Spielraum. Dies gilt übrigens für die meisten traditionellen Gesellschaften Afrikas: „Eine Lehre von Gott gibt es nicht, und einen Kodex moralischer Vorschriften, der auf die eine oder andere Weise direkt auf ihn zurückgeführt wird, ebensowenig. Einen 'Mose' gab es in Afrika nicht..." (Sundermeier 1988:200)

Gott wird in Sigualand eher als Kraft gesehen denn als Person. Gott trägt verschiedene Namen, mit denen jeweils bestimmte seiner Eigenschaften betont werden: als Urkraft der Schöpfung nennen die Sigua ihn *Mnungu* (auch *Mlungu, Mungu*), als Urkraft der Gerechtigkeit *Chochile* (oder *Chochiri*), und als Urkraft aller Wunder *Mateleganya*. In *„Uvundo na Uhondo"* beschreibt Ibrahim Athumani Gott als Schöpfer allen Lebens, als Schöpfer der Menschen und der Tiere:

> "I am very thankful to God the creator to create me as a human being. If all other created organisms like plants, birds, amphibians,fish and other animals could thank him jointly in the way I do..., how impressive would it really be if all men raised up their arms, all insects raised up their feelers, and all trees pointed up their shoots, seeking for God's blessing. God is the only powerful figure to be in people's imaginations."

Gott ist alleiniger Herr über die Natur, und so hängt dem traditionellen Glauben der Sigua zufolge auch der Erfolg in der Landwirtschaft vom Segen Gottes ab. Ibrahim Athumani: „Zigua members believe that farming is a profession which depends fully on God's powers to offer rains at the right time. So when some people prepare their fields earlier than usually, then this shows a great confidence of these people in God's ability and willingness to pour rains earlier than usual."

Das Kapitel *„Tambiko"* in *Utamaduni wa Mzigu* von Ibrahim Athumani ist die erste umfassende Beschreibung des religiösen Glaubens der Sigua und des *kutambikia mizimu*, der „Verehrung der Ahnen". Anschauungen, die dem Kutambikia Mizimu der Sigua in Tansania ähneln, ja mit ihm fast identisch sind, habe ich an verschiedenen Orten Afrikas angetroffen, insbesondere aber in Ostafrika (Kenia, Simbabwe, Mosambik). Viele wichtige Aussagen, die auch auf die Sigua zutreffen, finden sich bei John S. Mbiti, *„African Religions and Philosophy"*. Im Vorwort zur revidierten 2. Auflage erklärt er, dass es sich wohl um *einen* Glauben handelt (*African Religion*) und nicht um verschiedene *African Religions*. Dass nicht alle seine Aussagen flächendeckend für alle traditionell orientierten Gesellschaften und Individuen Afrikas Gültigkeit beanspruchen, ist selbstverständlich. Schließlich hat dieser Glaube keinen „Papst". In Sigualand hat er nicht einmal Priester, sondern nur Gott (und die Ahnen).

Mzimu ist der Mittler zwischen Gott und dem Menschen und wird im Oxford Standard Dictionary als *„spirit of a dead person, spirit of an ancestor"* bezeichnet. Es geht hier eindeutig um einen sakralen Begriff, den ich im Singular nicht mit „Geist" übersetzen möchte, und schon gar nicht im Plural (mizimu) mit „Geister". Nach meiner Interpretation bezeichnet *„Mzimu"* Geist (*spirit*) und Seele eines Verstorbenen. Beim Tambiko treten die Sigua mit eben diesem Phänomen in Kontakt.

Religion und Gesellschaft

Im Bewusstsein des Kutambikia Mizimu und des Maisha Baada ya Kifo ist das heute auf Erden lebende Individuum nicht nur offensichtlich in rezente genealogische Strukturen eingebunden, sondern zugleich einerseits (über die Ahnen) in die Vergangenheit hinein und andrerseits (über Maisha Baada ya Kifo) in die Zukunft hinein. Dies ist die Grundlage des in der Sigua-Gesellschaft verbreiteten intertemporalen Verantwortungsbewusstseins. Der heute lebende Mensch muss sich für seine Taten nicht nur heute gegenüber den Ahnen rechtfertigen, sondern nach seinem irdischen Tod auch gegenüber den Nachkommen – solange diese ihn noch nicht vergessen haben und mit ihm in Dialog treten. Diese intertemporale Einbindung geht einher mit einer genealogischen Einbindung in die jeweils rezenten Undugu-Strukturen. Die Auswirkungen dieses Menschen- und Gesellschaftsbildes auf das Selbstbewusstsein des Einzelnen sind nach meinen Beobachtungen ambivalent. So wie sie im Einzelfall die Bedeutung des Individuums (als eines unter vielen Kettengliedern) subjektiv relativieren können, so können sie dessen Bedeutung (als wichtiges Kettenglied) auch betonen. Sicherlich prägt der individuelle Charakter eines Individuums der Sigua-Gesellschaft die Einstellung zu dieser von niemandem verbindlich zu beantwortenden Glaubensfrage.

Der religiöse Glaube der Sigua ist autonomistisch: weder gibt es eine Zentralinstanz, die invariable Glaubenssätze formulieren könnte, noch gibt es legitimierte Sprecher der Sigua-Gemeinschaft, die irgendeinen „Irrglauben" als eben solchen enttarnen könnten oder wollten. Athumani:

> „God is the only responsible for all last judgements. People who pretend to do things on his behalf are doing sins. They are simply making interruptions to his rights. Interruptions are very common among human beings. They do these activities to gain popularity among the community members with whom they live together."

Jeder Einzelne ist in seinem Glauben autonom, sein Glaube gestaltet sich nicht nur durch die Lehren seiner Eltern und Lehrer und in der Auseinandersetzung mit den Alten, sondern auch durch seine eigene Kommunikation mit den Ahnen bzw. ihrem Geist und ihrer Seele. Kaum zwei Menschen, außer leiblichen Geschwistern, haben dieselbe Ahnenkette und vor allem dieselben Lieblingsahnen, und so sind es immer wieder andere Ahnen und ihre Lehrsätze, die den jeweiligen individuellen Glauben prägen. Die Sigua-Gesellschaft kennt viele sakral geprägte Riten und Zeremonien, aber keine religiöse Dogmen.

Für die interkulturelle Sozialforschung vergrößert sich durch diese Autonomie jedes einzelnen Sigua in Glaubensfragen und durch das Fehlen einer normativen Zentralinstanz das Risiko oberflächlicher Verallgemeinerung. Weil wir immer nur einen bestimmten Ausschnitt aus der Variationsbreite des Sigua-Glaubens erfassen können, immer nur ein beschränktes Spektrum, besteht leicht die Gefahr der Verallgemeinerung. Die Glaubenssätze des Kutambikia Mizimu („Ahnenverehrung") sind dermaßen offen, dass selbst ein regional angepasster Islam in den Glauben der Sigua integriert worden ist.

Ein Wort für „Religion" kennt die Sigua-Sprache nicht, Glaube und Leben werden gemeinhin als Einheit gesehen. Wegen dieser Einheit kennt auch das traditionelle Erziehungssystem der Sigua keine spezielle Religionslehre. Mluanda hat in diesem Zusammenhang betont: *Die Nichtexistenz schriftlicher Quellen gibt dem Glauben und den religiösen Bräuchen der Sigua breite Variation. Der Glaube und die Bräuche werden nicht geformt oder gelehrt, um sie zu verbreiten, sondern sie werden ins Bewusstsein des Kindes aufgenommen, wie es in seiner Heimstätte aufwächst.* (1975:81)

Eine wichtige Rolle in der Sozialisation Jugendlicher und bei der Verbreitung des traditionellen Glaubens spielen die Initiationsriten, insbesondere die Unterweisung der Heranwachsenden durch traditionelle Lehrer während der Seklusionsphasen. Unter Ausschluss der Öffentlichkeit werden die Lehren fürs Leben vermittelt, und was gelehrt wird und was nicht, liegt im Ermessen des jeweiligen Lehrers. Derartige Lehrer, von manchen als „Hüter traditionellen Ahnenglaubens" verstanden, nehmen damit in Einzelfällen die Funktion von „Propheten" an (vgl. Theo Sundermeier 1988:158).

Der traditionelle Glaube der Sigua ist nicht verschriftlicht, ihre Glaubenssätze sind nicht starr und statisch. Theo Sundermeier behauptet nun in Hinblick auf die traditionelle Religion Afrikas (a.a.O.:265): „Die traditionale Religion kann eine dem Neuen angemessene Weisung und ein bewährtes moralisches Muster mit den sie stützenden Sanktionen nicht liefern. Sie tritt hier zu kurz. Die Folgen für die Gemeinschaft können gravierend sein, wenn keine Sanktionen mehr greifen und eine moralische Identität noch nicht gefunden ist." Durkheim ging noch weiter. Wie Lothar Peter (1997:51) zusammenfasst, prognostizierte er „einen fortschreitenden säkularen Relevanzverlust von Tradition, da ihre Normen, Institutionen und Interaktionsmuster immer weniger ausreichten, um – mit Niklas Luhmann gesprochen – die Komplexität moderner Gesellschaften normativ erfolgreich zu reduzieren."

Ich denke, Sundermeier überschätzt hier die Statik traditionellen, autonomistischen Glaubens und Durkheim den Erfolg der normativen Komplexitätsreduktion der „Moderne". Tradition ist bekanntlich nichts Statisches. Ibrahim Athumani plädiert eine Rückeroberung kultureller Identität der Sigua, indem er die Tradition schriftlich fixiert und sie dabei formuliert und neu strukturiert: „Der Begriff Identität", bemerkt Jean Piaget (1974:467), „hat ... keinen anderen Sinn als den einer Kontinuität einer fortlaufenden Neustrukturierung". Gerade *weil* der Glaube der Sigua nicht schriftlich festgelegt ist, gerade *weil* er kein „Altes Testament" kennt sondern sich immer nur auf die letzten 4 oder 5 Generationen bezieht, ist er grundsätzlich recht gut in der Lage, sich den Erfordernissen der Gegenwart und der Zukunft anzupassen, bzw. bestens geeignet, an diese Erfordernisse angepasst zu werden. Ibrahim Athumani gehört zu denjenigen, die sich darum bemühen, Tradition neu zu strukturieren und die dabei wie selbstverständlich, irgendjemand muss es schließlich tun, traditionelle Normen „manipulieren", sie aktualisieren.

Es gibt also keine festen Glaubenssätze der Sigua, außer: den Glauben an Gott als den Allmächtigen, den Schöpfer, den Gerechten; den Glauben an das „Weiterleben" des Geistes und der Seele nach dem irdischen Tod eines Menschen; die Überzeugung, das jeder Mensch in seinem Glauben frei ist und Geist und Seele der Ahnen ehren soll.

Theorie und Praxis, ethisch-moralischer Anspruch und Wirklichkeit sind dem traditionellen Glauben der Sigua zufolge deckungsgleich, das *Religiöse* ist nichts anderes als die „transfigurierte und symbolisch gedachte" kollektive Moral der Gesellschaft (Durkheim 1976:105), nur die „historisch variierende symbolische Ordnung der kollektiven moralischen Bedürfnisse" (Lothar Peter 1997:49); der traditionelle Glaube der Sigua entspricht der sozialen Organisation ihrer Gesellschaft und den ihr zugrunde liegenden Werten und Normen der Akephalie.

Tambiko: traditioneller Gottesdienst

Die zeremonielle, rituelle Form des Kontakts der Menschen mit Gott bzw. mit Geist und Seele der Verstorbenen ist das *Tambiko*. Dieser Begriff subsummiert: traditionelle Gottesdienste, Feiern des Dorfes (inkl. Jahrmärkte), Feiern im Familienkreis, und das Gebet. Immer spielt beim Tambiko der Geist und die Seele der Verstorbenen eine Rolle, und meist gibt es auch Bier, Trommel und Gesang.

Die hier vorgestellte und auch von Ibrahim Athumani in *Utamaduni wa Mzigua* benutzte Begrifflichkeit („Tambiko" in Abgrenzung zu „Mviko"), deckt sich mit dem *Oxford Standard Dictionary of Kiswahili* (1987):

- tambiko (ma-) (1) offering of oxen, goats, fowls, beer, cloths, etc., made to propitiate the spirits of the dead; (2) a totem.

- mviko (mi-) act (style, etc.) of dressing, clothing, a garment, dress.

Es fällt auf, dass der ritualisierte Kontakt der Menschen in Sigualand mit Gott in der ethnologischen Literatur als „Mviko" bezeichnet wird: Beidelman etwa, unter Berufung auf Mochiwa, Burton, Stuhlmann, Baumann, Stanley, Picarda, Dundas und Baxter schreibt explizit über die Sigua, *ancestral propitiation* (also das *Tambiko*) werde *Mviko* genannt (1967: 71). Auch die Menschen in Sigualand haben bemerkt, dass viele Fremde das Tambiko „Mviko" nennen. Die Sigua sagen heute, „tambiko" sei die Kizigua-Bezeichnung, „mviko" sei wohl eine (möglicherweise neuere) Kiswahili-Bezeichnung. Das aber widerspricht dem Oxford Dictionary (und auch Langenscheidt). Für die Sigua ist *mviko* der Akt des An- und Auskleidens, auch im Wald, und als „Stätte des mviko" wird hin und wieder auch die Stätte des An- und Auskleidens im Wald bezeichnet – der Abort.[1]

---

1 Definitive Begriffsverwirrungen von vielleicht ähnlicher Reichweite sind bekannt. Zum Beispiel wies „der Kongomissionär" Joseph Fräßle (1926:1) auf folgenden Umstand hin: „Fahre ich ... mit dem Dampfer anderthalb Tage stromabwärts, so erreiche ich einen der bedeutendsten Kongonebenflüsse, den die Eingeborenen am Unterlauf *Lohali*, d. h. Wohnung des Wassergeistes, nennen, den aber Stanley in Folge eines Missverständnisses *Aruwimi* („Was meint der Kerl?") getauft hat."

Die tatsächlichen Kulthandlungen der Sigua, die im *Tambiko* kulminieren, sind der Wissenschaft erst ansatzweise bekannt. „Tambiko" ist ein Sammelbegriff. *Tambiko* bezeichnet mal eine große Feier mit Tanz und Gesang, mal ein stille Zeremonie, mal ein Gebet. Typisch für ein Tambiko ist einerseits, dass dabei die Mizimu eine wichtige Rolle spielen, also der Geist bzw. die Seelen der Verstorbenen. Außerdem gehört zu einem „echten" Tambiko erstens die Ngoma, die traditionelle Trommel und der Tanz, und zweitens Togwa, das lokal gebraute Bier. Zum Tambiko gehören also der Kontakt mit den Ahnen, die Trommel, der Tanz und das Bier. Ibrahim Athumani beschreibt:

> "There are so many different types of Tambiko in Sigualand, all of which cure some ideological[2] feelings and, in most cases, common beliefs. Every member of a tribe like in religion has some beliefs which, if at all omitted or banned by relative members of his clan, either by negligence or by substitution by modern technical beliefs which tend to devaluate our best events, could cause evil side effects to the community members. Sometimes the effects are serious enough to cause strong worries to the whole clan. Whenever elders go to check up the source of the worries and ask the Fate Men, then they might be told that there was a certain kind of tambiko left, given up, by the clan members. A Fate Man could create more worries by insisting on urgent tambiko celebrations before the effect causes real death to a member of that particular family.
>
> In this case, doing the tambiko commemorations could be the best and strongest family drug to cure their beliefs. Medical pills could fail completely to cure belief diseases. It is therefore good to know that every clan member has his or her special ideological beliefs. Hence the effect could be very serious according to their general conceptual beliefs. Some members' celebrations are based on occasional sicknesses. Such affections can't be treated in hospitals except by tambiko celebrations of their clan type.
>
> Others make tambiko commemorations because they believe that without doing it their daughters could be married but won't bear children at all. In other families daughters would produce children with defects: polio, bowed legs, delays in children's walking, growing the plastic teeth (sucking teeth). Such delays in walking etc. worry the mothers of the children. Is it right that the delay is caused by a negligence of customary tambikos? Tambiko makers tried to prove it and, mind you, they are still doing so..."

---

2   Athumani benutzt den Begriff *ideological* im Sinne von *weltanschaulich*.

Some common tambikos sometimes simply are made because ancestors did the same. These are mere historical background commemorations. We could call it a display of ancestral organisation. Such adaptations are passed from one generation to the other by elderly teachings. Zigua people are proud to follow what had been done by their grand-parents. You can call these tambikos *belief heritages.*

If a grand-father has for example a hunting tambiko, he expects his descendants or his sons to keep on celebrating their tambiko every year. That was and still is done in many Zigua clans, especially in villages. The same is applied to the local medicine man's tambikos, by the devil-spirit-drive-out-drum beaters. Everybody is eager in favouring his own tambiko. He tries to collect as many people as possible on the day of celebration. Some people offer hard drinks, tea, and sometimes cooked porridge (*ugali*) for their guests."

Es existieren also verschiedene Typen des Tambiko. Sie werden „seit Alters her" in ähnlicher Weise gestaltet. Allerdings hat jeder Lukolo seine eigene Tradition, seine eigenen Ahnen, seine eigenen Lieder, und so unterscheidet sich das Tambiko von Dorf zu Dorf und von Lukolo zu Lukolo, auch dann, wenn der unmittelbare Anlass der gleiche ist. Jedes Tambiko enthält sowohl solche Elemente, die für die Teilnehmer als unverzichtbar gelten, als auch solche, auf die man meint ohne irgendwelchen Schaden zu nehmen gut und gerne verzichten zu können. Letztere werden als Miviga (sing. Mviga) bezeichnet, als Folklore. Ibrahim Athumani: „Miviga are no traditional or cultural necessities, they don't have any effect. They can be processed or not. They are just done for fun and because elders did the same."

Gelegentlich ist die Frage umstritten, was als Mviga zu bewerten sei und was nicht. Während beispielsweise in dem einen Clan die Nkantamiti-Zeremonie bei der Hochzeit als unverzichtbar gilt, um den Kindersegen des jungen Paares zu sichern, gilt diese Zeremonie in anderen Clans längst als amüsante, folkloristische Tradition, die zu einer „echten" Hochzeitsfeier aber „einfach dazugehört".

Wenn sie den Grund, die tiefere Ursache einer Erkrankung oder eines anderen Unglücks nicht verstehen, fragen die Menschen einen Mganga, der auf derartige Erklärungen spezialisiert ist. Wird er zum Beispiel befragt, warum das Kind der Familie zum vierten Mal innerhalb von zehn Tagen von einer Schlange gebissen wurde, dann kann es sein, dass er auf ein altes

Sprichwort der Sigua verweist: „*Mcheza wembe humkata mwenyewe!*" Das Kind muss sich halt von Schlangen fern halten. Und wird er gefragt, was die Ursache für die Kinderlosigkeit eines Paares ist, dann kann es sein, dass er dies Unglück mit der Vernachlässigung eines von ihnen für unverzichtbar gehaltenen Elementes eines Tambiko durch die Betroffenen erklärt. Ibrahim Athumani erläutert: „When members of a clan are hit by infections for example, the Fateful Men (wang'anga) might always reveal that a certain traditional or cultural passing-through has not been respected, either during the wedding ceremony or any other day. For example, if a married couple cannot produce children even for a long time after their marriage, the reason might be given that they have ignored *nkantamiti*, taking it as a *mviga*, or that maybe even the father of the boy has ignored it when he himself got married: If a boy's father has not undergone *nkantamiti* and *kutenkula chiza*, then passing through those stages won't help the boy."

Zum Tambiko gehört Ngoma, die Trommel (vgl. auch Pels 1996:168). Die Trommel weckt, so heißt es, Geist und Seele der Ahnen. Jeder Mzimu, so sagt man in Sigualand, habe seinen eigenen, speziellen Lieblingsrhythmus, und nur wenn er seinen Lieblingsrhythmus höre, dann werde er geweckt. Es gehört Übung dazu, mit dem Geist und den Seelen der Verstorbenen in Kontakt zu treten, aber bei entsprechender geistiger Bereitschaft gelingt es den meisten. Die Mizimu können den Lebenden im Traum erscheinen, des Nachts, aber auch in einer Art Tagtraum. Wenn man sich dann mit einer bestimmten Frage, mit einem bestimmten Problem an Mizimu wendet, dann kann man in einen Dialog mit ihnen eintreten. Oft geschieht dies beim Tambiko.

Als ich noch neu war in Sigualand, 1989 oder 1990, fragte ich Ibrahim Athumani einmal, wozu so ein Tambiko diene. Damals lachte er mich bloß an, mit seinen weit vorstehenden Schneidezähnen – inzwischen hat kaum noch eigene Zähne – und gab keine rechte Antwort. In *Utamaduni wa Mzigua* hat er die Frage wieder aufgegriffen:

"But the question still is, why do the Zigua undergo Tambiko? Feel it a very simple question. However, it needs an ideological approach. It has all customary senses to converge people's beliefs at a unique form for cultural appreciation. The first thing to do: one has to find out how useful the system is. Tambikos mobilise people to strengthen their community. Tambikos unite people to agreed ways of living to keep their history on-going. They have to keep their feeling on heritages of all traditional and cultural clan orgaisations. People should encourage the rehearsing of all previous deeds to regain confidence as real people with natural customary ways of living, which make great threats to foreigners who invaded the land to endorse poisonous concepts to ruin that what they had to ruin to be governing well.

No tambiko is out of time. Tambiko is very important to remember. Tambikos are our historical record. They tell about ancestor's way of living. They are worth to be put into historical memories. It is far better to select the best information and activities and to develop them rather than banning or ignoring them. Although I favour religion, unfortunately I ought to caution those who use religion as a weapon to fight to make all people either Muslims or Christians: Voluntary belief and sympathies are the stronger ones, there are no side-ways compressing pressure!

God has brought the influential religions to be above all traditional and cultural ways of worshipping Him. He has just insisted on social and communal ways of emphasising the beliefs. However all the late people were human beings who have done a lot to be thanked for or be praised for by their clan members. They were very important people, worth to be remembered. What about prophets Mohamed and Jesus Christ? They were both human beings, very influential in attracting people to follow a certain way. They had the highest convincing powers to make strong believers.

Should the modern dwellers forget their ancestors completely? No. Religious leaders say you can't approve God without approving your father first! I say: we should not approve prophets without approving our late people! They are our tap roots who supported our modern well-being!

By saying so I don't mean to insist on prayers through our late fathers. That is out of date. In matching with time we should keep more pressure to worship through Islam or Christianity under free choice. Why should people slaughter one another in favour of one particular religion? It is true to say that doing this socially in a community puts great emphasis on every item in life. The Swahili people say, „*Wengi wape usipo wapa watachukua kwa nguvu!*". This means: „Leave it to the common people – if you resist, they could use force to take hold of it!" The Zigua people could say, „*Mkua nguvu na kwambizana*", or: „The Tai bird feathers make the best flying speed when operating together systematically". If one wing would go against the other, the bird could find itself well amazed. One finger could not work properly without the support of the others. Again, one leaf could not make a shade; but many leaves could do for the betterment of the whole tree."

Von den verschiedenen Typen des Tambiko der Sigua hat Martin Mluanda (1975:83f.) fünf vorgestellt: *Chisasa, Ukungwi, Wazimu, Uganga* und *wa Mlungu*. *Chisasa* und *wa Mlungu* sind von Elisabeth Grohs ausführlich beschrieben worden. Athumani beschreibt nun zudem das Tambiko *la Ngano* (Bänkelgesang) und das bisher wohl gar nicht beschriebene, wichtige Tambiko *Ukaa* (mit *Mawangala*) ausführlich. Außerdem weist er auf die Bedeutung des Tambiko *Lumotwa* hin.

Tambiko Chisasa (mit Mawangala)

Eine der bekanntesten Tambiko-Zeremonien in Sigualand ist das *Chisasa*. Man kann sagen, dass grundsätzlich jedes Gebet und jede Zeremonie, mit der etwas *Bestimmtes* erbeten wird, Hilfe im Notfall, sei es für eine einzelne Person, für die Familie oder für andere Gruppen, jedes Tambiko also, das aus unvorhergesehenem Anlass stattfindet, ein *Chisasa* ist. Jedes Dorf hat einen festen Platz für dieses Chisasa, meist eine natürliche Lichtung im nächstgelegenen Wald. Diese Lichtung gilt nicht etwa als „Wohnsitz" von Geistern, und sie beherbergt auch keinerlei natürliche oder künstliche „Altäre" (vgl. Colson 1997), sondern gilt ganz banal als gut geeignet für größere, auch sakrale Feierlichkeiten. Mluanda (1975:84) hat Chisasa an einem Beispiel beschrieben: *Nehmen wir an, jemand in der Familie sei krank. Die älteren Männer des Dorfes, um Rat befragt, entscheiden dann, ob eine Chisasa-Zeremonie gemacht werden muss. Wenn ja, fragen sie einen Mganga, wie viele und welche Lieder gesungen werden sollen. Meist sind es fünf oder sieben Lieder, nie ist es eine gerade Anzahl. Dann legen die Alten den Zeitpunkt des Chisasa fest, und Fleisch und Bier muss vorbereitet werden: Um die vom Mganga genannte Stunde geht die Familie zum Gebetslager im Wald. Jedes Mitglied der Familie hat Kopf und Schulter mit einem Tuch bedeckt. Alle setzen sich dann in die Mitte des Lagers. Sie werden dann sofort von den Sängern und einem Hornbläser umgeben. Der Chor und der Hornbläser bewegen sich langsam in der Richtung des Uhrzeigers um die verschleierte Familie herum, mit ihrem Gesicht zum Zentrum, und singen und klatschen in ihre Hände nach dem Rhythmus der Melodie des Hornbläsers.* Ibrahim Athumani ergänzt nun:

"The operators use animal horn pipes... The clan members sit down stretching their legs in front. A large white cloth is put over their heads to cover the eyes, protecting them from seeing the pipes. The blowers walk around them, singing and blowing the pipes for a period of seven complete songs. After every song they call for a halt by saying „hotiyo!", and the others reply „hoohe!" They stop to wait for another song from the tambiko leader. In the end a hen has to be slaughtered and prepared to be eaten with *ugali*. The pipes, or „horns", are called *wazimu* („late people"). To those people who have not seen the pipes before, they are shown just after the seven songs at a special ceremony, known as *kufumbaswa*. Boys are prohibited to see the pipes before they are officially entitled to see them.

After showing the horn pipes to those who do not yet know them, the tambiko maker takes the horns into his house to hide them underneath his bed for seven days. In order to discourage young boys who might go out to detect what the pipes are, elders tell them that he who would see the pipes illegally would have grown hair all over the body like a wild animal."[3]

Baxter (1943:50) hat Textpassagen von einigen besonders häufig beim Chisasa gesungenen Liedern notiert:

Kipingi kampa katungo, kagolwa ni mwenye i'nkonde!

Der Herr gab ihm die Fruchtbarkeit,
Du aber bist der Besitzer des Feldes!

Mkwazu kale na kale weye mganga!

(Mkwazu-Baum, Du bist der Heiler seit undenkbaren Zeiten!)

---

3 Beim Tambiko und den vielen sich damit befassenden Erzählungen und Beschreibungen muss also zwischen dem unterschieden werden, was von Erwachsenen geglaubt wird und dem, was man neugierigen kleinen Kindern in Sigualand erzählt.

Mzimu nkunde wani wandoile, mzimu kagona mbona ntongo!
Lukweli mwana manda kawa ndawana kumwanda kumwanda
kumwagila!

Warum betest Du? Die Ahnen sind in tiefem Schlaf!
Gewiss, doch sie sagten, ich soll beten!

Zum Höhepunkt eines jeden Chisasa, zugleich zum Abschluss des von
Trommeln und Tanz geprägten Teiles, richtet der Dorfälteste ein Gebet an
Gott und eine Bitte an die Ahnen. Martin Mluanda wählt als Beispiel ein
Gebet beim bereits erwähnten Chisasa, das einem Kranken bei der Genesung
helfen soll:

Chochile! Suwe chiza hano, chiza kuvika, maana kuna unyonje na
mbuli n'tuhu zadaha kuchizuru. Haluse chagamba mbuli zose zino
chazisunkila mbali. Na nyuwe akina tate mkugona kuzimu mgone
vyedi. Kauleni hano chimgaileni nmpombe! Mizimu naagone!

„Vater unser, gerechter Gott! Wir haben uns hier versammelt, weil
einer von uns schwer erkrankt ist. Falls diese Krankheit durch unser
Fehlverhalten verursacht wurde, bitten wir um Vergebung. Ihr,
unsere Vorfahren, ruht in Frieden! Schaut, wir haben Bier für Euch
mitgebracht. Ruht in Frieden!" (nach Mluanda 1975:85)

Anschließend wird gemeinsam gegessen und getrunken, getanzt und gesungen.

Wie Elisabeth Grohs erwähnt hat, wird Chisasa häufig auch im Zusammenhang mit „*mawangala*" durchgeführt. Über die Bedeutung des Wortes *ma-*
wangala sei bisher nichts zu erhalten gewesen (1980:39, Fn.24). Ibrahim
Athumani erläutert nun die Rolle dieses Mawangala als die eines folklo-
ristischen „Clowns", der oft beim Chisasa auftritt, ebenso aber bei anderen
Tambiko-Feiern:

"After chisasa tambiko follows *mawangala* tambiko. This is done
by a single man. He can be dressed in a funny way to do funny
things to call for maximum attention. Some elders sit aside to sing
for the disguised *mawangala* man for a course of seven songs. The
man has to move and evenly play here and there, knocking on
pieces of wood and on bars. Children and women watch him with

great interest and joy. They sometimes follow him behind with *vigelegele* and praises. Others imitate him or his fans. Some women offer him pounded maize bits (*sembe*) as his reward. They call that *majereko*, thankful offers.

The elders' songs usually direct the *mawangala* to what he should do. In the end, he collects his maize bits and goes home to use it to prepare a special food, also called *mawangala*, in the introduction of a hunter's tambiko, tambiko ukaa, which is usually celebrated throughout the night, with many delighted people beating drums and firing guns in the air."

Das Alles erinnert an ein kleines Volksfest. Bei ganz großen Feierlichkeiten, wie zum Beispiel einem Tambiko Ukaa, bildet Chisasa (mit Mawangala) oft lediglich eine Art Vor-Fest.

Tambiko Ukaa

Ukaa ist eines der größten Tambikos. Es findet jährlich zur Erinnerung an die großen Jäger unter den Vorfahren statt. Auch hier gibt Ibrahim Athumani eine ausführliche Beschreibung:

"The Hunting Tambiko (*ukaa*) is one of the most famous tambikos. It is done throughout the night. To start the tambiko, people form a circle. In the middle of the circle, a branch post called *chengo* is placed. The main use of it is to lean the guns against it when the gun-men dancers get tired.

In addition to that, a red cock is tied to the *chengo*. The cock will be slaughtered early the next morning for a check-up whether the late people have accepted the tambiko ceremony or not. The dancing men can make it happily, firing their non-bulleted guns, singing through proverbs in praise of their earliest tambiko founders.

The *ukaa* night is a lively and noisy night. People drink hard drinks made out of honey. Sometimes they add tea, so as to serve those who don't take alcohol. Most people use to drink to their satisfaction. The next morning is meant to sum up everything. It is time for the tambiko to prove either satisfaction or failure. A man kneels down next to a woman, all others are kneeling too, facing to the south. All guns have to point to the south too... The kneeling people are the actual tambiko makers. When the kneeling man makes comments, the woman approves by saying *"Pepa!"*, something like "Amen!". Here is an example:

The kneeling man could say, "You, Mdami (or anybody else), are the founder of this Hunting Tambiko!"

The woman would say, "Pepa!"

"I inform you that today we are doing the tambiko you have left for us."

The woman would once again say, "Pepa!"

"If your present son leaves today or tomorrow for hunting careers which you left him, please make sure that he travels to and fro' safely under your watch!"

"Pepa!"

"Would you please compromise with his activities to be very successful!"

"Pepa!"

"People of your clan face hardship. If it is due to our false deed to neglect your tambiko – please, we have made it, just now! So we hope for a change to have a happy life!"

"Pepa!"

Are these prayers? When speaking such words, the man pours down local drinks on the guns – first with his right hand, then with his left hand. In the end, he throws maize flour (*mweza*) onto the guns. By then, the tambiko is coming to its end. The kneeling man takes a few cock's feathers and throws them onto the guns – first with his right hand, then with his left hand. Then the cock is slaughtered near the guns and released to kick about pouring blood onto the guns. Experienced people then say *"mpeho!"*, that is: "Let everything turn out successful!"

Tambiko wa Mnungu

Das Tambiko wa Mnungu (= wa Mungu, wa Mlungu) ist ein Erntedankfest. An einem Platz, in dessen Mitte ein *mkongo*-Baum steht (auch *mng'ongo*, *mgongo*, *mkonge*: Sclerocarya caffra Sond.) wird ein großes Fest gefeiert. Jeder Teilnehmer bringt etwas mit, Früchte oder Bier, und der Dorfälteste weiht es nach und nach und verteilt es: Die Sigua glauben, obwohl sie ihre Bitten und Wünsche nicht direkt an Gott richten können, wird Gott sich trotzdem freuen, wenn er sieht, dass seine Geschöpfe ein Dankfest für seine

Wohltaten veranstalten (Mluanda 1975:88f.). Das Fest dauert den ganzen Tag, und meist nehmen auch viele Besucher aus Nachbardörfern teil. Die Organisatoren sorgen dafür, dass benachbarte Dörfer dieses jährlich wiederkehrende Fest nicht am selben Tag durchführen.

Mluanda beschreibt das Tambiko wa Mnungu der Sigua folgendermaßen: *Gegen 10 Uhr früh packt jeder Dorfbewohner einen kleinen Teil seiner Ernte und eine Kalebasse Bier ein, und man macht sich gemeinsam auf den Weg. „Die Gemeinde" (Orig.) wird dann von den Alten des Dorfes zu einem bestimmten Mng'ongo-Baum außerhalb des Dorfes begleitet, wo auch im vergangenen Jahr schon der Erntedankgottesdienst stattgefunden hat. Dort spricht ein Alter das Dankgebet an Gott für die soeben eingebrachte Ernte, und er bittet auch für das kommende Jahr um den Segen Gottes. Nach dem Gebet gießt jeder Dorfbewohner, der Getränke mitgebracht hat, diese in der Nähe des Baumes als Trankopfer aus, und auch die mitgebrachte Ernte wird um den Baum herum ausgebreitet. Dann kehren alle ins Dorf zurück, wo für den Rest des Tages festlich gefeiert wird.* (1975:89)

Diese Beschreibung des Erntedankfestes und des damit verbundenen Gebetes nicht wie üblich über die Ahnen an Gott, sondern ausnahmsweise unmittelbar an Ihn, findet Parallelen in den Ernteriten zahlreicher anderer schwarzafrikanischer Gesellschaften (vgl. Baxter 1943:50, Sundermeier 1988:177).

Tambiko Ukungwi

Ukungwi ist die jährliche Zeremonie des gesamten Dorfes. Sie ist den im vergangenen Jahr Verstorbenen, ihrem Geist und ihrer Seele gewidmet. Ein Gebetslager, Mpungwi, das in der Regel weiter vom Dorf entfernt ist als das Chisasa-Lager, wird jedes Jahr an einem anderen Ort eingerichtet. Von einer Chiwili-Gruppe wird der Platz jeweils neu gerodet. Diese künstlich hergerichtete Mpungwi-Lichtung hat zwei Eingänge – rechts (vom Dorf aus gesehen) für die Männer, links für die Frauen. An beide Eingänge werden Tonfiguren gestellt, die jeweils einen bestimmten der zuletzt gestorbenen Ahnen symbolisieren. Durch Ukungwi sollen konkret diese Ahnen geehrt und vor Gott gestärkt werden. Die männlichen Figuren werden von den Männern beim Betreten des Mpungwi mit den Worten „*mgozi wa mbizi!*", die weiblichen Figuren von den Frauen mit den Worten „*mnala wa mbizi!*" begrüßt.

Männer und Frauen setzen sich dann in zwei Gruppen um die Figuren ihrer eigenen Geschlechtszugehörigkeit herum zusammen. Dann wird gebetet, gegessen und getrunken. Nach dem Essen nimmt der Alte etwas Laub, befeuchtet es mit Wasser und besprengt „segnend die Gemeinde" (Mluanda). Anschließend verlässt er das Lager in Richtung des Dorfes, wobei sich ihm alle anschließen, singend und tanzend wie auch der Alte selbst. Im Dorf werden sie von der Ngoma begrüßt. (n. Mluanda 1975:86)

„Tambiko Wazimu"

Der klassischen Ethnologie zu Folge ist das „Tambiko Wazimu" ein Fest, bei dem im engeren Familienkreis der Ahnen gedacht wird (Baxter, Mochiwa). Die Zeremonie beginnt demnach frühmorgens damit, dass die Familie sich vorm Haus versammelt, wo der Älteste die einzelnen Ahnen der Familie bittet, in Frieden zu ruhen. Die Zeremonie ende zur Mittagszeit mit einem gemeinsamen Ndala.

Ein Tambiko Wazimu lässt sich nicht eindeutig von anderen Festen abgrenzen – eigentlich ist jedes Tambiko ein Tambiko Wazimu und zugleich Tambiko Mizimu. „Wazimu" bezeichnet die Ahnen, „mizimu" ihren Geist und ihre Seele. Der Begriff „Tambiko Wazimu" ist also unklar.

Tambiko Lumotwa

Weit verbreitet ist in Sigualand auch das „informelle" Tambiko, das einfache Gebet. Mluanda (S.168) gibt ein Beispiel: *Wenn die Kinder über ihre verstorbenen Eltern zu Gott beten wollen, dann brauen sie Togwa-Bier, knien sich vor das Haus bei der Tür, gießen das Bier auf die Schwelle und bitten ihre Eltern, in Frieden zu ruhen und Gott zu bitten, heute oder morgen bestimmte Wünsche zu erfüllen.*

Diese Beschreibung entspricht in etwa dem, was Ibrahim Athumani zum *Tambiko Lumotwa* schreibt: „Lumotwa is like an immediate prayer for unexpectedly travelling clan members. A mother and a father could do it for their son or daughter, outside the house, wishing their children a good and peaceful journey. It is like saying, 'may God be with you!' This tambiko uses *togwa* only. *Togwa* is poured outside the door of the father whose son or daughter is leaving. The same is practised by hunters whenever they go out to hunt very urgently, without having the chance to organise a proper hunting tambiko."

Grundsätzlich ist jedem freigestellt, wie und wo und wann er betet. Aber nicht zu oft, denn Mizimu sollten nicht in ihrer wohl verdienten Ruhe gestört werden: *Mizimu naagone!*

Tambiko Uganga

In der Literatur wird berichtet, das *Tambiko Uganga* der Sigua diene der Pflege der Beziehung zwischen den Lebenden und den erst jüngst verstorbenen Ahnen. Bevor nicht diese Zeremonie stattgefunden habe, könnten die betreffenden Ahnen nicht im Gebet angerufen werden. Tambiko Uganga beginne spätabends und dauere, insbesondere bei beliebten Ahnen, bis in den Morgen und länger. Die Teilnehmer an der Zeremonie tragen laut Baxter und Mochiwa Schellen an den Beinen, und alle Trommeln des Dorfes müssen geschlagen werden. Es werde gesungen und getanzt, unterbrochen von „mizimu naagone!" („Mögen die Ahnen in Frieden ruhen!"). Oft stimme ein Chor der Männer Kampflieder an, wobei die Frauen weinen. (Baxter 1943: 50, Mochiwa 1954: 26).

Ibrahim Athumani beschreibt die Funktion des Tambiko Uganga dagegen als analog zu der Funktion des Tambiko Ukaa: während Tambiko Ukaa das „Fest der Jagd" ist, die Jahresfeier der großen Jäger unter den Ahnen, ist das Tambiko Uganga das „Fest der Heilkunde und Weisheit", die Jahresfeier für die großen Wang'anga unter den Ahnen. Jeder im Dorf versucht, zur Feier seiner eigenen Lieblinge unter den verstorbenen Wang'anga möglichst viele Verwandte, Nachbarn und Freunde zur Beteiligung zu animieren, und oft werde hierbei vom Gastgeber reichlich Tee, Maisbrei und auch Alkohol ausgeschänkt. Jeder soll seine Trommel mitbringen, und jeder der mitrommelt, gehört auf dem Tambiko Uganga zu den „*Devil-Spirit-Drive-Out-Drum Beaters*" zu Ehren der Uganga, und er darf – unter der Leitung eines *mganga wa kienyeji*, der für die Vertreibung des Bösen zuständig ist – in „Kampflieder" mit einstimmen. Kampflieder gegen wen? Zum Beispiel gegen *Uchawi*.

Uganga und *Uchawi*, Magie und Hexerei

Uganga

Es gibt traditionell keine institutionalisierte außerhäusliche Herrschaft bei den Sigua, wohl aber besonders einflussreiche Individuen und Gruppen – die Alten und die Wang'anga. Die *Alten* verfügen ganz offenbar über mehr Lebenserfahrung, und man glaubt, sie stehen dem Geist und den Seelen der Verstorbenen und damit Gott näher als jüngere Menschen.

Jedes Dorf, aber auch jede verwandtschaftliche Einheit, hat Älteste. Die Funktion des Ältesten ist an keine bestimmte Person gebunden. Ältester ist nicht der an Jahren älteste, sondern derjenige, der von seiner Gemeinschaft dazu bestimmt wurde. Er handelt dann im konkreten Fall als *Chivyele*, als *Vertreter* der Gemeinschaft. Die „Ältesten" sind also gewählte Vertreter, punktuell bzw. prozessbezogen. Sie können jederzeit aus ihrer Funktion abgewählt werden, auch wenn sie noch so „alt" (an Jahren) seien.

Will sich der zuständige Älteste vor seiner Entscheidung *beraten*, oder soll eine wichtige, das Dorf betreffende Entscheidung möglichst *im Konsens* getroffen werden, dann versucht man, diesen Konsens mittels eines *Kitala* herzustellen, einer *Versammlung* aller situationsrelevanten Ältesten. Kommt es beim Kitala zu keinem Konsens, dann muss letztlich der Älteste desjenigen Lukolo, der als Gründer des betreffenden Dorfes gilt, entscheiden. Oberhalb des Ältesten auf Dorf-Ebene gibt es keine territoriale traditionelle Autorität. Dieser Dorfälteste, der *founder mzee*, kann seine Funktion in der Sigua-Gesellschaft übrigens niemals an seinen Sohn weitergeben – wegen der Matrilinealität der Lukolo-Zugehörigkeit gehören seine Kinder dem Lukolo der Mutter an, und wegen der Exogamie ist jener Lukolo grundsätzlich „ortsfremd". Dieser Umstand ist, neben der Geldlosigkeit, ein wichtiger Faktor gegen das Entstehen von Herrschaftsstrukturen in der traditionellen Sigua-Gesellschaft.

Neben den Alten sind auch die *Wang'anga* (sing. *Mganga*) wichtig, die Weisen des Dorfes. Jeder Mganga kann in folgenden drei Funktionen tätig werden:

a) als *Mganga wa Miti-Shamba*,

b) als *Mganga wa Kienyeji*,

c) als *Mganga wa Falaki*.

Wang'anga wa Miti-Shamba, vom Begriff her „Wald-und-Feld-Weise", beraten andere Dorfbewohner und ihre Verwandten. Sie erlangen den Status „Mganga" durch eine Ausbildung mit formalem Abschluss. Ihr Tätigkeitsbereich umfasst, von Fall zu Fall: Lebensberatung, Heilkunde und Präventivmedizin, Psychologische Beratung und Agrarberatung einschließlich Wettervorhersage. Als wichtigster Bereich gilt die Heilkunde; hoch angesehen sind daneben auch die Wetterkundler. Bei manchen ihrer Tätigkeiten wenden die Wang'anga geheimes Wissen an. Geschieht dies offen und zum Nutzen eines Menschen oder der Gemeinschaft, dann wird dies als *Uganga* bezeichnet. Geschieht es dagegen heimlich und zum Schaden eines Menschen oder der Gemeinschaft, dann wird die Anwendung geheimen Wissens als *Uchawi* bezeichnet. Uchawi hat mit *sorcery* und *witchcraft* zu tun, mit „Hexerei". Bei vielen ihrer tansanischen Nachbarn und in den Augen von Vertreter des Nationalstaates gelten die Sigua gemeinhin als zaubergläubig, aber auch „zauber-fähig".

Uganga hat, das wurde bereits deutlich, viel mit Gott und Gottesglaube zu tun. Michaela von Freyhold spricht in einem Atemzug von „*traditional religion and medicine*", und Mutungi begreift das Gemenge „aus Glauben, Angst und Aberglauben, das das ganze Leben der Sigua zu beherrschen scheint" (vgl. Mluanda 1975:93), als „major religion (belief)". Tatsächlich verbindet sich in *uganga* Weisheit mit Religion.

In die Funktion eines Mganga wird man nicht etwa hineingeboren, sondern man erlernt das Handwerk. Mganga kann grundsätzlich jeder werden, Mädchen oder Junge, Mann oder Frau, gleich welchen Alters. Prädestiniert dafür, in die Funktion eines Mganga hineinzuwachsen, erscheinen diejenigen jungen Menschen, die als besonders intelligent, kreativ und selbstbewusst gelten, die als besonders neugierig und lernfähig auffallen, als besonders offen und ehrlich und als in besonderem Maße sozial verantwortungsbewusst. Nach Untersuchungen von Professor Chavunduka in Simbabwe – Soziologieprofessor an der Universität in Harare, heute Präsident des Nationalen Verbands der Traditionellen Heiler – haben etwa 15%[4] der männlichen *Wang'anga* erst im Alter von 30 Jahren oder mehr ihre Ausbildung zum Heiler begonnen, eine Art Lehre, manche (2%) sogar erst mit mehr als 50 Jahren.

---

4 Im Folgenden zitiere ich aus empirischen Untersuchungen von Chavunduka 1984/85 in Simbabwe, veröffentlicht 1994, soweit ich ihre Tendenz in Sigualand bestätigt sehe.

Die „Berufswahl Mganga" wird traditionell insbesondere vom Großvater beeinflusst. Er ist *die* Autorität der Familie. Es war, lt. Chavunduka, bei knapp 50% der männlichen *Wang'anga* der jeweilige Groß-Vater, der die Berufswahl „Traditioneller Heiler" beeinflusste, und bei weniger als 10% der Vater. Oft suchen sich gute Heiler ihre Schüler auch selbst aus – bei den männlichen Jugendlichen in fast 20% der Fälle. Entsprechend ist es bei den Mädchen. Hier spielt die Groß-Mutter die Schlüsselrolle. Frauen unter den *wang'anga* arbeiten zumeist als Hebamme oder Gynäkologin. Es arbeiten fast so viele Frauen wie Männer als Heilkundige, deren Gesamtzahl an den meisten Orten zwischen 1 und 3 pro Tausend Einwohner liegt.

Die Ausbildung zum *Mganga* erfolgt traditionell mittels eines mehrjährigen *work-and-knowledge* Programms. Ergänzend zu einem knapp gehaltenen theoretischen Lehr- und Lernprogramm begleiten die Auszubildenden dabei ihren Lehrer in der praktischen Arbeit. Gegenwärtig liegt der Anteil der Heiler, der diese Lehre absolviert hat, in urbanen Milieus von Simbabwe bei etwa 60 Prozent. Im ländlichen Sigualand liegt er sicherlich wesentlich höher. Die Dauer der Lehrzeit beträgt meist ein bis vier Jahre, manchmal weniger, oft aber mehr. Zum Abschluss der Ausbildung findet eine Prüfung statt. Nur zwei Drittel der heute praktizierenden Wang'anga stellen sich noch diesem öffentlichen Test, der Rest nicht mehr (und noch nicht wieder). Trotzdem werden etwa 90 Prozent aller *Wang'anga* durch eine „*graduation ceremony*" öffentlich in ihre Funktion eingeführt, sowohl in der Stadt wie auf dem Land. In Sigualand wird dies von der *gesamten* engeren Sozialgemeinschaft des Betroffenen, das heißt von Dorfgemeinschaft und von der verstreut wohnenden Familie, groß gefeiert. Anschließend lebt der Mganga, abgesehen von den Zeiten in denen er tatsächlich seiner Mganga-Tätigkeit nachgeht, als Mensch wie jeder andere. Er arbeitet auf dem Feld, trinkt seinen Tee, spielt mit den Kindern, ohne dass irgendetwas an seinem physisch-realen Äußeren auf seine besondere Funktion in der Gesellschaft hinweist. Die auratisch-reale Erscheinung steht auf einem anderen Blatt. Geht er nicht gerade seiner Tätigkeit als *Mganga* nach, dann ist er, für Fremde, von anderen Dorfbewohnern nicht immer sofort zu unterscheiden. Es ist typisch für ihn, dass er an seinem Heimatort arbeitet. Hier kennt er seine Patienten und ihr soziales Umfeld, und sie kennen ihn. In Tansania darf ein traditioneller Heiler gegenwärtig offiziell, wenn überhaupt, dann nur in seinem Heimatort praktizieren. Hier arbeitet er meist zuhause in einem Zimmer, das auch anderen Gebrauch hat, und empfängt dort seine Patienten, meist um die fünf pro Tag, in Ausnahmefällen auch bis zu 15 und mehr. Der *Mganga* diagnostiziert, wieder nach Chavunduka (S.53), in 47,2% der Fälle „natürliche" Ursachen der Krankheit, in 27,2% der Fälle „*witchcraft*", d.h. *uchawi*, und in 17,2% der Fälle „*ancestral spirits*, (*mudzimu*)", d.h. *mizimu*.

Der Mganga wa Miti-Shamba berät in Gesundheitsfragen und arbeitet mit Heilmitteln, die er zumeist aus vor Ort anzutreffenden Pflanzen gewinnt. Martin Mluanda erläutert (1975:28): *Dass die traditionellen Ärzte der Sigua die physischen Aspekte der Krankheit durchaus ernst nehmen, beweist die Entwicklung vieler Arzneimittel, die reale, physische Heilwirkung haben. Der fachkundige Pflanzenkenner ist in der Sigua-Gesellschaft eine wichtige Persönlichkeit. Seine Kenntnisse der Heilpflanzen sind umfassend und er wendet seine Medizin an, ohne sich um irgendeine Zauberkraft zu kümmern. Er kann Entzündungen heilen, er kennt schmerzstillende Mittel, kennt Gegengifte für Schlangenbisse, hilft bei Zahnschmerzen und Augenleiden usw. Es gehört jedoch nicht zu den Aufgaben des traditionellen Arztes, festzustellen, warum einer seiner Patienten zehnmal innerhalb von vier Tagen von einer Schlange gebissen wurde. Dies liegt im Bereich des Wahrsagers –* das heißt arbeitsteilig in der Hand eines anderen Mganga: in der Hand des *Mganga wa Falaki.* Die Tätigkeits- und Funktionsbereiche des Mganga wa Miti-Shamba, des Heilkundigen, und des Mganga wa Falaki, des Wahrsagers, sind nicht eindeutig voneinander abgegrenzt. Ein und dieselbe Person kann durchaus beide Funktionen wahrnehmen – allerdings nicht gleichzeitig.

Bei der Herstellung von Arzneimitteln werden in Sigualand, nach meinen Beobachtungen, bestimmte Wurzeln, Blätter, Blüten und Baumrinden durch Verbrennen, durch Trocknen oder durch Kochen *pulverisiert.* Das Pulver wird typischerweise in einem *ntunguli* aufbewahrt, einer eigens für diesen Zweck hergestellten Kürbisflasche. Das Ntunguli gilt in Sigualand als Symbol der traditionellen Heilkunde, ähnlich wie in Europa der Äskulapstab als Symbol der modernen Medizin gilt. Erst unmittelbar vor der Anwendung wird das pulverisierte Medikament in die im Einzelfall erforderliche Form der Konsistenz gebracht: Das Mischen des Pulvers mit Fleischbrühe ergibt eine Substanz zum Trinken, das Mischen mit Honig eine Substanz zum Lutschen, und das Mischen mit dem hier weit verbreiteten Rizinus eine Substanz, die als Salbe auf die Haut aufgetragen oder in einen kleinen Schnitt eingerieben werden kann.

Der Mganga kennt „moderne" und „traditionelle" Krankheiten. Als häufigste traditionelle Krankheit gilt, nach Chavunduka (1995:49), *„chitsinga".* Vierzig Prozent der befragten Wang'anga zählen *Chitsinga* zu den 10 häufigsten Krankheiten überhaupt. Es ist eine Nervenkrankheit im Bein, vermutlich eine Nervenwurzelentzündung, für die die moderne Medizin keinen Auslöser findet. Chitsinga gilt in der traditionellen Heilkunde Ostafrikas als durch Uchawi hervorgerufen und wurde von mir möglicherweise nach Europa eingeschleppt.

Mluanda beschreibt die Tätigkeit des traditionellen Mganga als eine „rituelle, medizinische und soziale". Diese drei Bereiche seien aus Sicht der Sigua nicht zu trennen. Weil die Arbeit von Mluanda nicht veröffentlicht ist, gebe ich hier längere Passagen wieder, in denen er den Ansatz traditioneller Heiler in Sigualand und darüber hinaus generell in traditionellen Bantu-Gesellschaften Afrikas beleuchtet:

Wegen Gottes väterlicher Liebe und Güte können Ereignisse wie Krankheiten, Tod und Elend, nicht von Gott verursacht sein. Es sind vielmehr Werke von Menschen, denn wenn Gott schlecht wäre, hätte er den Menschen nicht erschaffen... Deswegen glauben viele Afrikaner, dass die Menschen für immer gesund und fröhlich leben könnten, wenn es denn keine schlechten Menschen gäbe. Es ist die menschliche Selbstsucht in ihren individuellen Erscheinungsformen, die Tod und Elend verursacht. Der Mensch soll deshalb durch rechtes und liebevolles Leben unsoziale Verhältnisse und kosmische Gefahren aus dem Weg räumen...

Wenn ein Unglück geschieht, dann muss zuerst die Ursache des Unglücks gesucht werden. Die Ursache hat zwei Elemente: den 'Urheber' und das 'Motiv' des Unglücks. Das 'Motiv' besteht in dem Grund, warum dieses oder jenes gerade bei mir geschehen ist (und nicht bei jemand anderem). Eine Mutter, deren Kind an Malaria starb, würde sich mit der wissenschaftlichen Erklärung, dass eine Mücke, die den Malaria-Erreger trug, zufällig gerade ihr Kind gestochen hat, nicht zufrieden geben. Die Mutter will vielmehr wissen, warum die Mücke ausgerechnet ihr Kind gestochen hat und nicht irgendein anderes. Die einzige sie zufriedenstellende Antwort ist die, dass jemand die Mücke zu ihrem Kind hingeschickt hat...

Wenn 'Motiv' und 'Urheber' eines Unglücks bekannt sind, dann müssen drei Dinge getan werden: rituelle, medizinische und soziale. Das Rituelle muss immer zuerst getan werden, da man meint, hierdurch die Ursache des Übels zu beseitigen... Dieses Rituelle besteht aus Gebet und Opfer. (nach Mluanda 1975:89–91)

Nicht selten kommt es vor, dass auch Mädchen bzw. junge Frauen zur Mganga ausgebildet werden. Elisabeth Grohs (1980:47) hat betont, dass die Beteiligung der Frau in Sigualand „im rituellen Bereich, im Gegensatz zum öffentlich-politischen Sektor", von einiger Bedeutung sei. Ich mag den quantitativen Anteil der Frauen nicht schätzen, aber sicherlich befindet sich wohl in jedem Dorf in Sigualand unter den Wang'anga mindestens auch wenigstens eine Frau.

Selbstverständlich gibt es neben den zahlreichen *guten* Heilern unter den Wang'anga auch *schlechte* Heiler, „Kurpfuscher" und „Scharlatane". Über negative Erfahrungen berichtet Ibrahim Athumani in einer *Hadithi za Kweli*, einer „Wahren Lügengeschichte" mit dem Titel *The Lion's Milk*. Offenbar weiß darin der „Heiler" nicht weiter, und er gibt alle möglichen und unmöglichen Erklärungen für die Krankheit. Er schlägt geradezu erschlagende Therapien vor, bloß um eigenes fachliches Unvermögen nicht zuzugeben. Athumani schreibt:

"Sometime ago, when I was twelve years old[5], I caught an acute fever. I shivered greatly and made some not understandable words. The dispensary[6] was only about one kilometer away from my home. But my father was deliberately against any hospital treatment. He was fully believing in local medicines. He said that local medicines were the best for treatments. He believed that my problems were apparently due to the devil spirit. He suggested to see a mganga for a check-up.

The mganga, Mr. Mwengele, told my father that my problems were caused by magic powers. To me, the local mganga seemed to be quite right. He knew my family's beliefs. My parents believed that every disease was caused by either witchcraft or by God's will to claim that it was the influence of the devil spirit, due to magic powers.

Mr. Mwengele, who had the reputation to be the most reliable mganga in the rural area of Mzeri, used a ramli (fateful organ) called 'lugumba'. This was a piece of a banana stem, into which a nail was to be introduced while making magical words. While introducing the nail to penetrate the lugumba, he mentioned the names of different diseases. He mentioned local diseases only, but unfortunately neither malaria nor hookworms.

He asked, "is this machezo (tricky magic)?"[7] – The nail penetrated freely. Then, "Is this matego (tego magic)?"[8] – It penetrated simply and freely. And finally, "Is this due to the devil spirit?" – Wonderful, the nail did not penetrate the "lugumba".

The mganga said that even by using all his strength, the nail could not penetrate. So his ramli "proved" that the cause of my trouble was the devil spirit. In support of this, my father said "Taile", or: "that is true!" My father's approval encouraged the mganga. So he

---

5   Im Original: „1957"
6   Dorfapotheke
7   Das heißt: Hat da ein unfähiger Mensch mit Magie gespielt?
8   Das heißt: Ist Gift im Spiel, zum Beispiel Schlangengift?

said that the patient had to undergo a tambiko. Secondly, he said that he had to treat the lion's bewitched spirit, *"Jina Simba"*. How was this Jina Simba looking like? Nobody could explain it; it was only the mganga himself who knew...

My fever continued to be very serious, in spite of following the mganga's suggestions. So it became necessary for my father to see a second local mganga. This man created much more worries by saying that I was affected by my grandfather's disapproval of my evil deeds. The best medicine to cure me would be to go to my grandfather's grave and lie rolling on top of that grave. Could it be possible? This suggestion was beyond imagination, even for my father.

My father made another tour to a third man. If that was wisdom what he possessed, then he was the best user of it to fool people. The man said that a fat, small man, who had spaced front teeth, had bewitched the patient. Dear me – that seemed to be my uncle! He was living very close to us and he seemed to be a very good and kind man to all our family members until now. So this suspect created misunderstandings in the clan. We did not trust my uncle any more. So many wang'anga do alike, disuniting well communicating clan members. My father then wanted to know the reason why my uncle had bewitched me. The mganga said that it was mere envy and hate, and that furthermore my uncle aimed at implementing much more witchcraft to finally kill me. From that time, I didn't greet my uncle any more, until the family gave up to blame the uncle later.

The mganga told my father that he could remove the lion's evil spirit, which was implemented into my body to suck my blood. Furthermore, he promised to kill the enemy. Father was extremely happy about this, as the suggestions corresponded to his beliefs. He asked for the requirements to drive the spirit out of my body. The mganga ordered my father to find a spoonful of lions' milk, a spoonful of lions' urine, and a cupful of lions' tears. What impossible achievements could this be – who would attempt to milk a lion? Under what happy or sad conditions could a human being act to let the lion cry in tears?? How could a person trace a lion aiming to collect its urine??? The local mganga knew that he could not cure my disease but he could not admit that he was out of management. This is how many wang'anga try to escape from problems which are above their possible solutions."

Uchawi

Während der Glaube an *mizimu* das Fundament der Kultur und Gesellschaft der Sigua ist, ist der Glaube an Hexen und Böse Geister nicht sehr weit verbreitet. Nur in jeweils 2,8% der Fälle werden, wie die Untersuchung von Chavunduka zeigen, Böse Geister (*ngozi*) oder Fremde Geister (*shave*) zum Urheber von Krankheit erklärt. Diese relativ geringen Anteile legen die Vermutung nahe, dass der aus Afrika so gern beschriebene „Geisterglaube" zwar auch in Ostafrika gelegentlich anzutreffen ist, dass er zumindest hier aber nicht kulturkonstitutiv ist und dass es sich hier um einen minoritären „Aberglauben" handelt, der als abweichendes Verhalten gesondert beleuchtet werden müsste. Als aufgeklärte Menschen müssen wir davon ausgehen dass es keine „Bösen Geister" gibt, und wie Athumani unterscheide ich zwischen zwei grundlegend verschiedenen Typen der Anwendung „geheimen Wissens": *Uganga* auf der einen, *Uchawi* auf der anderen Seite. Die Anwendung geheimer Mittel um anderen Menschen zu schaden ist *Uchawi*. *Wachawi* (sing. *mchawi*) gelten als „Hexer" oder „Wahrsager", werden weithin gefürchtet und lassen sich für ihre Dienste vom jeweiligen Auftraggeber bezahlen. In der Öffentlichkeit Sigualands gibt sich kaum jemals ein Mchawi als solcher zu erkennen – das Risiko, dass er für seine Taten Rechenschaft ablegen müsste, wäre allzu groß. In modernen Großstädten wie Morogoro, Tanga oder Dar-es-Salaam ist dies anders. Dort eröffnen Wachawi der Sigua als „traditionelle" Pseudo-Heiler kommerzielle Beratungsstellen und finden großen Zulauf. In Sigualand selbst ist mir dagegen nur ein einziger Fall bekannt, wo ein Greis an einem bestimmten Platz im Dorf (Sindeni 1993/94) zwei- bis dreimal pro Woche unter einem Schatten spendenden Baum saß, um öffentlich seine Dienste als Heiler und Zauberer anzubieten. Er heilte, aber er brüstete sich zugleich damit, Herr über Leben und Tod zu sein. Er verstieß gegen elementare Regeln der Tradition, die besagen, dass man mit seinem Wissen niemandem schaden darf. Außerdem machte er kein Geheimnis daraus, dass er für seine Dienste eine Bezahlung fordert. Der Alte in Sindeni (1993/94), inzwischen verstorben, verstieß selbstverständlich auch gegen moderne, staatliche Gesetze, auch ohne Berücksichtigung irgendwelcher Anti-Zauberei-Gesetze.[9] Der Grund dafür, dass seine Tätigkeit nicht

---

9 Derartige aus der Kolonialzeit stammende Gesetze gelten noch überall in Ostafrika, so als sei witch-craft ein Tatbestand, der mit normalen Gesetzen nicht greifbar ist. Nach Chapter 18, 8 (1) der tansanischen Fassung des Gesetzes kann der Verwaltungschef des Distrikts, also der District Officer, ohne Gerichtsverhandlung Verdächtige verbannen: „If it shall be reported to a District Officer that a person is suspected of practising witchcraft, and the District Officer, after

weiter beanstandet und von den alten Männern im Dorf geduldet wurde, lagt vermutlich zum einen darin, dass es sich um einen hochbetagten Greis handelte, dem ansonsten kaum Möglichkeiten blieben, materiell sein Leben zu fristen, und zum anderen, dass er zudem von vermutlich keinem der erwachsenen Bewohner des Dorfes in seiner damaligen Tätigkeit ernstgenommen wurde. Es waren hauptsächlich die Kinder des Dorfes, die ihn für irgendwelchen Hokuspokus bezahlten. Es macht Kindern manchmal Spaß, ihre Spielkameraden oder auch Erwachsene zu ärgern. In gewissem Sinn agierte dieser *mchawi* also als professioneller Dorftrottel, bzw. er bestritt seinen Lebensunterhalt durch Kinderbelustigung. (Erst um 1998 eröffnete die erste offen kommerzielle Mganga-wa-Miti-Shamba-Praxis in Sigualand: im Dorf Missima, zwischen Handeni und Sindeni. Bis dahin deuteten allenfalls kleine rote Wimpel, die an Bäumen befestigt waren, auf einen in der Nähe praktizierenden Mganga hin.)

Allerdings sind manche *wachawi* gar nicht ungefährlich. Es gibt sie, diese „Hexer". In *The Lion's Milk* führt Ibrahim Athumani dazu aus:

"I ought to tell you something about a third group of stubborn people. These tend to disturb the clan's order. Call them the local witchcraft men or women. Witches have spread unsystematically among different people of different locations in the country. They operate under ignorance. Such people could not use regular weapons.

They always use local stuff known as black powder to kill their neighbours, who are in most cases their relatives. Please call these people the most dangerous people to be in close contact with. They could always be very secretive in doing severe humiliations. They could always cheer with their victims. Why shouldn't you believe in them to be the best relative members to communicate with? They could be in the front line in clan contributions to hide their actual killing spirit in mind. When co-operating they could gain good names and prestige by fooling the majority... How friendly could they be to any member! It could be that much difficult to realise them in their secretive, deadly plans.

The black powder makers and users could put their stuff across a busy path where one might be quite certain that the enemy could

---

due inquiry shall be satisfied that the person so suspected causes or is likely to cause fear, annoyance or injury in mind, person or property to any other person by means of pretended witchcraft or is practising witchcraft to gain or reward, he may ... order the person so suspected to reside in any specified locality within his district..." (siehe PM 1999:247ff.)

pass by any day. Others would make cuts on people's bodies pretending that they are treating them of some local diseases. There could be a great number who could introduce their stuffs by offering drinks...
To whom could they cause effective damage? That could really be to their closest relatives whom they could seek for emergency assistance. The basic reason for doing so are probably jealousy, envy, humiliations, and capitalist ownership-of-property conceptions..."

Trotz der weiten Verbreitung von Uchawi in der Sigua-Gesellschaft und in anderen Regionen Ostafrikas[10] sind wir als weiße Fremde gegen den Versuch ihrer Anwendung auf uns selbst doch weitgehend geschützt. Entsprechende Erkenntnisse der 'Sociology of Witchcraft' hat O. K. Mutungi von der Universität Nairobi (1977:101) folgendermaßen zusammengefasst: „Even in the rural and most backward communities, one does not bewitch a stranger, for one does not know whether or not one's potential victim might not be a stronger witch..."

Uganga wa Falaki

Der meisten *Wang'anga wa Falaki*, Wahrsager, arbeiten in Sigualand mit einem *ramli* als „fateful organ". Jeder beliebige Gegenstand kann als *ramli* dienen. Konstruieren wir hier den Fall, dass ein bestimmter Mensch von einem Unglück ins nächste gerät und nun den Mganga wa Falaki aufsucht. Er will wissen, warum es immer wieder ausgerechnet ihn so hart trifft.

Die beiden setzen sich zusammen, vielleicht unter einen schattenspendenden Baum ganz in der Nähe der Hütte des Mganga. Der lässt sich einige Beispiele derartiger „Unglücksfälle" erzählen, wenn er sie nicht, als Ortskundiger, längst kennt, steht schließlich auf, geht in sein Haus und kommt mit einer kleinen Tafel und einem Stück Kreide zurück. Als *ramli* bestimmt er, zum Beispiel, heute die *ngoma*. Er spricht einen Jugendlichen aus dem Dorf an und trägt ihm auf, ein paar Takte lang die Trommel zu schlagen – und zwar exakt so lange wie... sagen wir, solange wie ein zufällig in der Nähe herumlaufendes Huhn braucht, um einige jetzt ausgestreute Körner aufzupicken – sagt der Mganga.

---

10 Nach einer Untersuchung des ‚Verbandes der in den Medien schaffenden Frauen' wurden in Tansania landesweit 1994–96 jährlich 362 Personen getötet wegen des Verdachts, *uchawi* zu praktizieren.

Die Körner werden ausgestreut, der Junge beginnt zu trommeln, und der Wahrsager malt bei jedem ihm besonders auffallenden Ton der Trommel einen Punkt auf seine Tafel, so dass schließlich eine gepunktete Linie entsteht. Die Anzahl der Punkte scheint sich, aus unterschiedlichen Perspektiven, entweder „zufällig" zu ergeben, oder aus der Anzahl der dem Mganga wa Falaki besonders aufgefallenen Ngoma-Töne, oder die Mizimu mischen sich möglicherweise ein und geben ein Zeichen... Wenn die Körner aufgepickt sind und der Junge aufgehört hat, die Trommel zu schlagen, dann wiederholt sich die Prozedur. So entsteht eine zweite Linie, anschließend eine dritte und zuletzt eine vierte. Um diese vier punktierten Linien geht es nun im Weiteren. Die Linien könnten zum Beispiel folgendermaßen aussehen – (zur besseren Erklärung verkürze ich sie hier allerdings wesentlich; in der Realität sind sie länger und also weniger leicht „zu durchschauen"):

1. Linie	········	(9 Punkte)
2. Linie	········	(10 Punkte)
3. Linie	·······	(8 Punkte)
4. Linie	··········	(12 Punkte)

Nun verbindet der Mganga jeweils zwei benachbarte Punkte jeder der 4 Linien durch einen Strich. Die Linien sehen jetzt wie folgt aus:

1. Linie	.-. .-. .-. .-. .	(ungerade Zahl,
2. Linie	.-. .-. .-. .-. .-.	gerade Zahl,
3. Linie	.-. .-. .-. .-.	gerade Zahl,
4. Linie	.-. .-. .-. .-. .-. .-.	gerade Zahl von Punkten)

Bei gerader Anzahl der Punkte einer Linie, wenn also ein „Rest" bleibt, wird diese Linie nun durch ein „ι" ersetzt, bei einer geraden Anzahl dagegen durch ein „—" . Dadurch ergibt sich, in unserem Beispiel folgendes Ergebnis:

1. Linie   ❚

2. Linie   ━

3. Linie   ━

4. Linie   ━

Für jede der 16 möglichen Konstellationen ist dem Mganga wa Falaki die dazugehörige Interpretation bekannt. In unserem Beispiel lautet sie, nach Ibrahim Athumani: DU SELBST bist der Urheber Deines Unglücks!

Das Ergebnis hätte auch anders aussehen können, zum Beispiel so:

```
-
=
=
-
```

(Bedeutung: Alle, die Gesellschaft)

oder:

```
-
=
-
I
```

(Bedeutung: Hexerei ist im Spiel)

oder:

```
-
I
-
```

(Bedeutung: Unglück bzw. Streit)

oder so:

```
-
=
I
-
```

(Bedeutung: Friede, Glück, Versöhnung).

4   Die Geschichte der Sigua

Oral History

Vermutlich haben die Sigua bis ins fünfzehnte oder sechzehnte Jahrhundert als Hirten im Landesinneren des heutigen Kenia gelebt. Die Beschreibung ihrer damaligen Lebensweise durch die portugiesischen Seefahrer jener Zeit rückt sie in deutliche Nähe der Massai und der Galla. Vorübergehend an die Küste des heutigen Kenia verschlagen, mussten sie sich in der Folge ihre ökonomische Basis in der Landwirtschaft und im Handel suchen. Sie lebten hierbei in engem Kontakt mit der lokalen Bantu-Bevölkerung und assimilierten sich auch kulturell. Heute gelten die Sigua in der Ethnologie als Bantu.

Bei der Besiedlung ihrer heutigen Heimat, vermutlich Ende des siebzehnten, Anfang des achtzehnten Jahrhunderts, verteilten sich die Sigua auf benachbarte Zonen von deutlich differenter naturräumlicher Charakteristik. Dabei teilten sich die *Hirten der Ebene*, die „Ur-Sigua", in die drei heutigen Territorialeinheiten: in die Sigua im engeren Sinne (*Bauern der Ebene*), die Luvu (*Fischer an Flussufern*), und die Ngulu (*Bauern des Hochlands*). Der mythologische Jäger Mbegha aus dem Dorf Kilindi am Fuße der Ngulu-Berge migrierte um 1740 in die Usambara-Berge weiter; er und seine Nachfahren, die Kilindi, wurden dort zu eingewanderten *Spezialisten in der Kunst des Herrschens*. Dies Alles klingt geradezu wie ein idealtypischer Referenzfall für die 1993 von Lonsdale formulierte Erläuterung zur These der „Erfindung des Tribalismus" (Hobsbawm/Ranger 1983) in Afrika.

Die Sigua sind eine Gesellschaft „*sans écriture*", das heißt: Endogenes Wissen wird fast ausschließlich mündlich transportiert. Auch extern produzierte schriftliche Informationen zur Geschichte, Ökonomie, Kultur usw. der Sigua sind rar. Mluanda (1975: 39) hat damit zusammenhängende Schwierigkeiten beim Versuch, historische Wirklichkeiten zu rekonstruieren, folgendermaßen erläutert: *Da die moderne Wissenschaft bisher keine ernsthafte Forschung betrieben hat und da schriftliche Quellen und Dokumente weiterhin nicht zur Verfügung stehen, muss in mühsamer Befragung und im Vergleich der Erinnerung der Alten der Sigua Steinchen für Steinchen zusammengetragen und historisch überprüft werden.*

So ziemlich Alles, was sich zur Frage der Glaubwürdigkeit oder Unglaubwürdigkeit, Relevanz oder Irrelevanz schriftlicher Quellen sagen lässt, ließe
sich auch zur Glaubwürdigkeit und Unglaubwürdigkeit mündlicher Quellen
sagen. Was mündlich geäußert und überliefert wird, lässt sich entweder der
Oralen Tradition zuordnen, oder dem Bereich der Gerüchte, oder dem Bereich der Bezeugung aktueller Ereignisse; oder dem Bereich der Kommentare, oder gar dem Bereich bewusster oder unbewusster Lüge (vgl. Vansina
1961 und 1967). Und oft genug lassen sich mündliche Aussagen, auch
Überlieferungen, mehreren dieser Kategorien zugleich zuordnen, genau so
wie das ja auch bei schriftlichen Texten der Fall ist. Überraschenderweise
vermitteln Vansinas Überlegungen den Eindruck: *Cultures without state
structures or kingdoms* seldom *carry many traditions of any depth or scope*
(1967:59, Hervorhebung von mir). Dieser Eindruck wird durch das Beispiel
der traditionell staatslosen Sigua-Gesellschaft nicht bestätigt, bzw. wir haben
hier eine der möglicherweise seltenen Ausnahmen im Visier. Jedenfalls hat
die Regulierte Anarchie der Sigua, „without state structure or kingdom",
durchaus Traditionen von „depth and scope".

Vansina spricht davon, dass die Aussagen „weniger", aber offenbar immerhin einiger Oraler Traditionen bis A.D. 1200–1500 zurückreichten (1967:63),
stellt aber bezüglich der Neueren Geschichte schriftloser Gesellschaften fest,
„oral traditions are extremely rich from about 1850 onwards" (1967:81f.). In
der Oralen Tradition der Sigua spielt die Zeit um 1850 nur vermittelt eine
Rolle. Konkret geht es nicht um einen bestimmten, absoluten Zeitpunkt um
das Jahr 1850 herum, sondern um einen relativen Zeitpunkt, nämlich den, der
jeweils 120 bis 140 Jahre vor dem jeweiligen Jetzt liegt. Aussagen der Oralen
Tradition, die sich auf Ereignisse beziehen die weiter zurückliegen als diese
120 bis 140 Jahre, gelten als nicht belegt und als nicht belegbar. Weshalb das
so ist? Vermutlich weil die Orale Tradition der Sigua dort, wo sie Anspruch
auf Widerspiegelung der historischen Wirklichkeit erhebt, – als *Oral History*
also –, ihre Glaubwürdigkeit und Verlässlichkeit durch *persönliches* Aus-
Sagen (Bezeugen) von Teilnehmern und/oder Beobachtern des jeweiligen
historischen Ereignisses bezieht. Als „verbürgt" und somit als „belegt" gilt in
der *Oral History* der Sigua zunächst einmal all das, für das es noch lebende
Augen- und Ohrenzeugen gibt, lebende *Primar-Zeugen* also. Damit sind zu
jedem historischen Zeitpunkt in etwa die vorangegangenen 60 bis 70 Jahre
abgedeckt: Jemand, der vielleicht als achtjähriges Kind unmittelbarer Zeuge
des Ereignisses war, kann es auch als achtundsechzig- oder achtundsiebzig-
jähriger Alter bezeugen. Viel älter werden nur wenige Menschen in Sigualand. Als gleichrangig mit den Aussagen der Primar-Zeugen gelten in der
Oral Tradition (*Oral History*) der Sigua die Aussagen der *Sekundar-Zeugen*,
das heißt jener Menschen, die mit eigenen Ohren den Bericht eines Primar-

Zeugen gehört haben, und die dieses Original-Zeugnis nun weitertragen, noch mit konkretem persönlichem Bezug zur historischen Quelle und unter Berufung auf sie. Damit sind weitere sechzig bis siebzig Jahre zurück abgedeckt, das heißt insgesamt maximal ca. 120 bis 140 Jahre. Ein Beispiel: Ein 78-jähriger (A) berichtet heute (A.D. 2000) von einem Ereignis im Leben seines Urgroßvaters (B), das dieser (B) im Alter von 8 Jahren (1860) beobachtete und als 78-jähriger (1930) seinem damals 8-jährigen Urenkel (A) erzählte. Als verbürgt und gesichert können in der *Oral History* der Sigua also nur Ereignisse gelten, die nicht mehr als maximal 120–140 Jahre zurückliegen, und beispielsweise die Geschichte der Herrschaft Seutas, die großen Wanderungsbewegung der Sigua, die „Ethnogenese" von Luvu, Ngulu, Sambara und Bondei, und auch der Auszug (die Vertreibung) Mbeghas und der Kilindi sind im Rahmen der *Oral History* der Sigua nicht belegbar, sind Legenden, werden zu Sagen oder geraten in Vergessenheit. Die Berufung auf Primar-Zeugen ist charakteristisch für solche Aussagen der *Oral History* der Sigua, die einen Wahrheitsgehalt beanspruchen. Das geht so weit, dass auch Ibrahim Athumani in Utamaduni wa Mzigua Zeugen beim Namen nennt, sei es bezüglich des traditionellen Ringkampfs (Malele), der Geschichte der Landwirtschaft in Mzeri (Mdami und Tumbwaziko), der Imkerei (Mpwempwapwa), des Bettenbaus (Nkwilehi) usw.

Um die Glaubwürdigkeit von Aussagen zu sichern, wird in der *Oral History* der Sigua gelegentlich auf Hilfskonstruktionen zurückgegriffen. Erzählungen über Dorfgründungen (wichtig für die Frage des Bodenrechts) beispielsweise werden oft mit einem Satz eingeleitet wie z.B.: „Wie mir mein längst verstorbener Urgroßvater Soundso, der es persönlich miterlebte, erzählte, – ich selbst war damals noch ein kleines Kind..." Oder es wird mit fiktiven Daten gearbeitet, man erwähnt konkrete Jahreszahlen, fast nie mehr als 120–140 Jahre zurückliegend, und die Glaubwürdigkeit wird dadurch erhöht. So beginnt auch Ibrahim Athumani seine Erzählung über die Geschichte der Vertreibung Mbeghas aus Kilindi mit den Worten: „Um 1880 mussten sich die Bewohner Kilindis auf den Berg flüchten..." Tatsache ist jedoch, dass die Kilindi in Usambara um 1740 herum die Herrschaft antraten. Ereignisse aber, die mehr als 250 Jahre zurückliegen, lassen sich im Rahmen oraler Tradition nicht belegen. (Die Zeitspanne „120 bis 140 Jahre" spielt übrigens auch im traditionellen „religiösen" Glauben der Sigua eine besondere Rolle. So lange nach dem körperlichen Tod eines Menschen gilt dieser Mensch noch als „geistig lebend", und die Lebenden kommunizieren mit seinem Geist und seiner Seele, „fragen" ihn um Rat, sorgen sich um ihn. Erst wenn der Verstorbene in Vergessenheit geraten ist, allerspätestens etwa 120 bis 140 Jahre nach seinem irdischen Tod, gelten auch Geist und Seele dieses Menschen als „tot". Niemand erinnert sich mehr an ihn.)

Die Geschichte der Sigua ist bisher nicht zusammenhängend rekonstruiert worden. Ich habe dazu die Stränge der *Oral History* der Sigua (mit verlässlichen Informationen über die letzten 120 bis 140 Jahre, also seit 1860–1880) auf der einen Seite und der weitgehend in Vergessenheit geratenen Historiographie portugiesischer Seefahrer (mit interessanten Informationen insbesondere zur Periode 1570–1640) auf der anderen Seite miteinander verknüpft, unter Berücksichtigung des nach Steven Feierman als gesichert geltenden historischen Wissens über die in Nachbarschaft zu den Sigua lebenden Sambara und der neueren, schriftlich erfassten Geschichte der Sigua. Dieses Vorgehen ist neu und gibt bei Berücksichtigung des in der „Regulierten Anarchie" von Christian Sigrist beschriebenen Umstands der auch territorialen Gliederung segmentärer Gesellschaften Anlass zur Vermutung, dass die Sigua aus dem Norden zugewandert sind und sich erst seit der Besiedlung ihrer rezenten Heimat (etwa zu Beginn des 18. Jahrhunderts) in ihre heutigen drei Territorialeinheiten gliedern.

Wanderungsbewegungen der Sigua und die „Ethnogenese" von Luvu und Ngulu

Räumliche Herkunft aus dem heutigen Kenia

Die *Oral History* der Sigua macht keine Aussagen zur räumlichen Herkunft der Sigua, und auch Ibrahim Athumani lässt in *Utamaduni wa Mzigua* diese Frage offen. Er zeigt aber auf, dass im *Tambiko la Ukala*, der traditionellen Jahresfeier zu Ehren der großen Jäger, ein Element enthalten ist, das eventuell als heute kaum noch erkennbares Rudiment eines früheren Volksglaubens an die Herkunft der Sigua aus dem Süden verstanden werden könnte. Er schreibt dazu: „A man kneels down next to a woman, and both are facing south. I wonder if the Zigua people knew their geographic origin when they introduced this, it seems that they believed to have come from the south... In respect of this we call this direction in tambiko la ukaa ‚*Kwa Mwenye Mzi*'. Maybe that is right or wrong, let scientists find it out, find out the correct historical back-ground".

Justus Strandes dagegen berichtete Ende des 19. Jahrhunderts, dass sich zu dieser Zeit einige Sigua im Raum Tanga durchaus noch „daran erinnerten", dass ihr Volk aus dem Landesinneren im Norden stamme: konkret aus Shungwaya in der Nähe des heutigen „Mount Kenya" (1899/1961:142). Heute, rund einhundert Jahre später, ist diese Erinnerung in der Oral History der Sigua offenbar verlorengegangen. Damals reichte sie bis etwa zur Mitte des 18. Jahrhunderts zurück, heute nur noch bis etwa zur Mitte des 19. Jahrhunderts.

Die Sigua sind zu Beginn des 18. Jahrhunderts aus dem Norden zugewandert. Konkrete Hinweise auf Wanderungsbewegungen der Sigua finden sich schon in Reiseberichten portugiesischer Seefahrer. Pater Monclaro erwähnt 1571 in seinem Bericht über die zweite Reise des Francisco Barreto (1569) die Sigua ('Mosseguejos'). Derartige Hinweise wurden in historischen Arbeiten von Justus Strandes (1899), J.S. Kirkman (1961), Joseph Ki-Zerbo (1978) und unlängst auch Helmut Bley (1997:27) aufgegriffen, haben ansonsten aber, insbesondere in der Ethnologie, nur wenig erkennbare Beachtung gefunden. Den portugiesischen Beobachtungen zufolge lebten die Sigua im sechzehnten Jahrhundert, als 'zugewanderte Neulinge' geltend, in der Küstenregion um Malindi im heutigen Kenia. Sigua und Portugiesen unterhielten längere Zeit intensive ökonomische Beziehungen: Die Sigua unterstützten, als angeworbene militärische Hilfskräfte, Portugiesen in deren Kampf gegen Araber. Der Umstand, dass die seinerzeit bedeutende Hafenstadt Malindi ihnen gegenüber tributpflichtig war, deutet darauf hin, dass die Sigua dabei ganz offenbar zumindest weitgehend ihre Unabhängigkeit gegenüber den Portugiesen wahren konnten.

Aus dem Jahr 1569 berichtet Monclaro, dass der Angriff von Simba-Kriegern auf das Portugiesische Fort in Malindi einzig dank des Eingreifens einer „Armee" von 3.ooo Sigua abgewehrt werden konnte. Die Sigua galten offenbar als hervorragende Krieger. Wenig später sollen sie sogar die Armee des Königs von Mombasa auf deren Marsch nach Malindi zerschlagen und selber für kurze Zeit die wichtigste Hafenstadt Ostafrikas besetzt gehalten haben. Der Weg zur Eroberung Mombasas durch den rivalisierenden König von Malindi ist demnach von Sigua geebnet worden (Strandes a.a.O.: 140, Ki-Zerbo 1978/79:321). Noch um 1640 waren die Stadt und der Distrikt Malindi den Sigua gegenüber tributpflichtig. Die Portugiesen garantierten die Tributleistung, jährlich eine bestimmte Menge an Eisen und Textilien, „um so einen Angriff der Sigua auf die Stadt zu verhindern" (Strandes a.a.O.:191).

Die Beschreibung ihrer Lebensform unterscheidet die Sigua des sechzehnten Jahrhunderts deutlich von der damaligen und heutigen Bantu-Bevölkerung der Region und rückt sie stattdessen in die Nähe der nomadisch im Landesinneren als Hirten lebenden Massai und Galla. Sie wurden als „primitive", kräftig gebaute Menschen beschrieben, die ursprünglich von der Viehhaltung lebten. Ihre Hauptnahrung bestand den Beschreibungen zufolge aus einem Gemisch aus warmem Blut lebender Rinder, Milch und Kuhmist (auch Urin?). Diese Lebensweise und auch der Umstand, dass sie ihre im Kampf getöteten Gegner verstümmelten, ließ sie als verwandt mit den Massai und

Galla erscheinen (vgl. Kirkman 1961:141f.). Bei den Sigua handelt es sich also ursprünglich um ein Hirtenvolk, das, vermutlich in Konkurrenz zu den Massai und Galla, im Landesinneren des heutigen Kenia gelebt hat. Aus unbekannten Gründen an die Küste verschlagen, vermutlich im fünfzehnten oder in der ersten Hälfte des sechzehnten Jahrhunderts, musste dieses Volk sich dort seine ökonomische Basis in der Landwirtschaft und im Handel suchen. Die Sigua passten ihre Lebensform dabei offenbar den veränderten Anforderungen ihrer räumlichen Umgebung an und assimilierten sich dabei auch kulturell den Bantu-Küstenvölkern, mit denen sie nun in lokaler Nachbarschaft und in unmittelbarem ökonomischen Kontakt lebten.

In der portugiesischen Historiographie endet die Beobachtung der Sigua im Raum Malindi offenbar um 1640. Laut Kirkman wanderten die Sigua um diese Zeit weiter nach Süden und durchquerten dabei, um die Wende zum 18. Jahrhundert, das Gebiet um Vumba an der Küste in der Nähe der heutigen Grenze zwischen Kenia und Tansania. Kirkman (a.a.O.:304): „In the course of their migration, they lost their women and were obliged to take women from the Nyika tribe of the Digo." Die Digo sind heute noch in der Region um die Hafenstadt Tanga ansässig.

Die Entstehung von Territorialeinheiten

Vermutlich auf den Anfang des 18. Jahrhunderts ist deshalb der Beginn der Besiedlung ihrer heutigen Heimat durch die Sigua zu datieren. Hier lassen sich die beiden Stränge der Historiographie, von denen der eine auf zeitgenössischer *Oral History* basiert und der andere auf weitgehend in Vergessenheit geratenen schriftlichen Dokumenten portugiesischer Seefahrer, leicht miteinander verknüpfen. Vermutlich zeitlich parallel wurden von den zuwandernden Sigua drei benachbarte Regionen besiedelt:

– erstens die weite trockene Ebene um Handeni, die heute als Sigua-Ebene bezeichnet wird und wo die „namenlose" Sigua-Territorialgemeinschaft lebt;

– zweitens die unmittelbar südlich dieser Ebene gelegenen feuchtwarmen Berge, die heute als Ngulu-Berge bezeichnet werden und wo die Sigua-Territorialgemeinschaft Ngulu lebt;

– und drittens das Flussufer und die Inseln des Pangani, der auf Kisigua als „Luvu" bezeichnet wird und wo die Sigua-Territorialgemeinschaft der Luvu lebt.

Vieles deutet also darauf hin, dass die bis dahin einheitliche Gruppe der Sigua sich am Ende ihrer Wanderungsbewegungen, Anfang des 18. Jahrhunderts, räumlich in drei Untergruppen aufteilte: aus der Stammgruppe ursprünglicher Hirten der Ebene, den „Ur-Sigua", wurden zum Teil Bauern des Hochlands (Ngulu), zum Teil Bauern der Ebene (Sigua), und zum Teil Fischer an Flussufern (Luvu). Hieraus resultierte offenbar eine ethnische Segmentation bei gleichzeitiger Aufrechterhaltung sozialer Beziehungen (vgl. Sigrist 1967:35). Dabei fällt auf, dass es sich bei den drei Regionen um Gebiete von deutlich differenzierter naturräumlicher Charakteristik handelt, die jeweils ein ganz spezifisches System des Bewirtschaftens erfordern. Da die Sigua der Ebene eindeutig die größte der drei Gruppen bilden und da sie auch den ursprünglichen Namen beibehielten, ist es sicherlich legitim, sie als Stamm- bzw. Herkunftsgruppe der Ngulu und Luvu anzusehen. Während die Sigua mit einiger Sicherheit namengebend für die von ihnen besiedelte Ebene um Handeni waren, bezeichnet der Begriff *Ngulu* sowohl auf Kisigua wie auf Kiswahili lediglich „Berge" bzw. „die, die oben leben", in den Bergen, und *Luvu* „die, die am Fluss Luvu (= Pangani) leben". In gewissem Sinn sind Ngulu und Luvu, als Abspaltungen von der Sigua-Stammgruppe, *namenlos* geblieben.

Die hier vorgestellte Vermutung zur „Ethnogenese" der Ngulu und der Luvu durch räumlich bedingte Segmentation hat zur Konsequenz, dass wir die drei Gruppen als Territorialeinheiten der Sigua-Gesellschaft verstehen. Während im genealogischen Bereich der Lukolo die größte Untergruppe der Sigua-Gesellschaft darstellt, wird eine analoge Rolle im Bereich der territorialen Gliederung der Sigua-Gesellschaft von den drei Territorialgruppen (Sigua, Luvu und Ngulu) übernommen. Die auffälligen soziokulturellen Ähnlichkeiten der drei ethnischen Gruppen (Sprache, Abstammungsmythos, Initiationsriten u.s.w.) sind vermutlich nicht über wechselseitige Beeinflussung durch räumliche Nachbarschaft zu erklären, sondern primär über ihre gemeinsame Geschichte. Ngulu und Luvu sind keine „erfundenen" Ethnien, aber ihr jeweiliger Status als eigenständige, separate Ethnie sollte revidiert werden. Wir jedenfalls begreifen Sigua, Luvu und Ngulu als Teile der umfassenderen Sigua-Gesellschaft, womit wir wieder an Oscar Baumann anknüpfen, der, allerdings mit rein phänomenologischer Begründung, Ngulu und Luvu als „Unterstämme" der Sigua bezeichnete, „die allerdings bei veränderten Existenzbedingungen teilweise andere Lebensgewohnheiten angenommen haben, in Sprache und Charakter aber doch reine Sigua geblieben sind" (Baumann 1891:269).

Die Kilindi in Usambara und der Mbegha-Mythos

Um 1740 hat sich eine kleine Gruppe von den Ngulu abgespalten und in Usambara eine Herrschaftsdynastie etabliert, die bis ins zwanzigste Jahrhundert Bestand hatte: die Kilindi.

Das durch gewaltige Erosionsgräben zerrissene Hochplateau der Usambara-Berge erhebt sich unmittelbar nördlich der Sigua-Ebene. Die bis zu 2.3oo m hohen Berge sind geologisch noch recht jung und sind im Zusammenhang mit dem Großen Ostafrikanischen Grabenbruch entstanden. Steile, teilweise kaum überwindbare Hänge bilden nach Süden hin eine natürliche Grenze zum Siedlungsgebiet der Sigua.

Zum Zeitpunkt der Machtergreifung der Kilindi war Usambara sehr dünn besiedelt. Noch im 19. Jahrhundert haben kaum mehr als einige wenige tausend Menschen in den Bergen gelebt. Baumann (1891:13) schätzte ihre Zahl in einem Gebiet von etwa 4.6oo km² in Western Usambara auf 17.5oo Menschen. Das entspricht einer Bevölkerungsdichte von etwa 3,8 Einwohnern pro km². Usambara ist außerordentlich fruchtbar, erfordert aber aufgrund seiner für die Region atypischen topographischen und klimatologischen Verhältnisse (steile Hänge, viel Nässe und Kälte, wenig direkte Sonneneinstrahlung) ganz spezielle, den Bewohnern der umliegenden Ebenen erst einmal unbekannte Methoden des landwirtschaftlichen Anbaus. Nach den Berechnungen von Baumann und den Zahlen des Zensus von 1967 erhöhte sich die Bevölkerung im Raum Lushoto innerhalb von fünfundsiebzig Jahren um weit mehr als das 15-fache, und für 1995 wurde die Bevölkerung Usambaras auf rund 6oo.ooo geschätzt. In den Usambara-Bergen herrscht heute akute Landknappheit.

Sicherlich basiert ein Großteil des enormen Bevölkerungszuwachses Usambaras auf Zuwanderung. Anders ist die Kontinuität der Wachstumsrate von durchschnittlich fast 4 Prozent pro Jahr über einen Zeitraum von rund 100 Jahren hinweg kaum zu erklären. Besonders im südlichen Teil des Berglands glauben die meisten Familien, sie stammten von Sigua bzw. Ngulu ab, die in Zeiten des Hungers ihre Heimat verlassen haben und in die fruchtbaren Berge gezogen seien. Andere Zuwanderer kamen aus Pare- und Taita-Land, ebenfalls in kleinen Gruppen. In ihrer neuen Heimat gliederten sich die Mitglieder verschiedener ethnischer Gruppen unterschiedlicher Herkunft in die lokale Gesellschaft ein, assimilierten sich kulturell, verloren schließlich ihre „ursprüngliche" ethnische Identität und gingen schließlich in die Gesellschaft Usambaras auf.

Genese und Entwicklung der Sambara-Gesellschaft sind also ein deutliches Beispiel für die oft postulierte „Durchlässigkeit ethnischer Gruppen" in Afrika: Die Sambara sind eine Ethnie auf multiethnischer Grundlage. Nango und Mbughu, die noch heute als ethnische Minderheiten in Usambara leben, sind dagegen, offenbar auf der Flucht vor Massai, in größeren Verbänden in Usambara eingewandert und haben ihre ursprüngliche kulturelle Identität bis heute beibehalten.

Steven Feierman hat auf eine auffällige endogene Definition der Sambara (bei ihm „Shambaa") als Wir-Gruppe hingewiesen: sie definieren sich über ihre gemeinsame Heimat Usambara, „Shambaai" in der Sambara-Sprache. Der Begriff *Shambaai* definiere zugleich die natürliche Umwelt: „Shambaai is a highland zone with identifiable plants and climate. A number of superficial characteristics of the zone are immediately apparent, even to the casual observer." (Feierman 1974:17) Auch die Tierwelt in Usambara ist charakteristisch. Allein unter den Rhopalocera, den „Echten Tagfaltern", hat Jan Kielland (1990:18ff.) für die Usambara- und die benachbarten Südlichen Pare-Berge elf nach dem heutigen Stand der Lepidopterologie als endemisch geltende Arten und weitere sieben endemische Unterarten nachgewiesen.

Der weiter unten beschriebene Mythos um Mbegha lässt vermuten, dass die Zuwanderer aus Kilindi in der segmentären Sambara-Gesellschaft im achtzehnten Jahrhundert eine erste Arbeitsteilung eingeführt haben, die über die geschlechterspezifische Arbeitsteilung hinausging. So organisierten Mbegha und seine Nachfolger eine zentrale Instanz der Rechtsprechung und zudem eine bewaffnete Instanz. Parallel dazu führten sie ein absolutes Herrschaftszentrum ein, ein *centre régulateur* (n. Durkheim). Die Wechselseitigkeit der Beziehungen zwischen Zentralorgan und Untertanen war laut Mythos also gegeben.

Mbegha und seine Nachfolger, die als Könige der Sambara herrschten und sich jeweils als *Simba Mwene* betiteln ließen, als „Mächtiger Löwe", wurden auch oberste Richter in Usambara. Auf untergeordneter, lokaler Ebene konnten Strafen nur dann ausgesprochen werden, wenn das Schuldeingeständnis eines der Beteiligten vorlag; in echten Streitfällen richtete einzig der König. Die Strafen, zu denen die Delinquenten verurteilt wurden (Zahlung von Sklaven, Rindern usw.), mussten in der Regel direkt an ihn persönlich abgeführt werden. Der Kilindi-König konnte dadurch sowohl seinen persönlichen Reichtum vermehren als auch seine Armee vergrößern (n. Feierman 1968:6). Die Armee der Kilindi-Könige wurde insbesondere bei der Verteidigung der

Sambara gegen Razzien der Massai und Sigua eingesetzt und bei Erobe-
rungskriegen in Bondei-Land.

Die Kilindi haben in Usambara der dort ansässigen Bevölkerung ein neues,
despotisches politisches System übergestülpt. Dazu mussten sie sich von
ihren eigenen traditionellen Gesellschaftsstrukturen, denen der Akephalie,
lösen. Feierman (1968:6) vermutet, dass sie sich dabei ganz bewusst kulturell
den Sambara angepasst haben, um so ihren Herrschaftsanspruch besser
abzusichern. Sie haben dabei ihren Egalitarismus aufgegeben und zumindest
formelle Elemente auch der Ahnenverehrung von den ansässigen Sambara
übernommen.

Über den ausgeprägten Despotismus der Kilindi-Herrscher und über
Formen der Verehrung durch ihre Untertanen berichtet Krapf: „Als ich
einmal einen eingeborenen Sambara fragte, ob es in seinem Land auch
freigelassene Sklaven gebe, antwortete er: 'Bei uns kann niemand einen
Sklaven freilassen, denn wir sind alle Sklaven des Zumbe (Königs), der unser
Mulungu (Gott) ist.'" (1852:S.394, Fn.1) Und weiter: „Die größten Personen
des Reiches sollen zuweilen zu Kmeri (dem Kilindi-König, PM) kommen
und ihn fragen, was sie tun könnten, um ihm zu gefallen. Der König zeigt
ihnen ein Stück Land mit der Bemerkung, dieses sollten sie mit eigener Hand
umbrechen, was sie augenblicklich tun, wobei sie nicht ruhen, bis die Aufgabe erfüllt ist, bloß um dem König ein Vergnügen zu machen." (S.400)

Zur von den Kilindi-Herrschern benutzte Methode der Absicherung ihrer
Macht schreibt Krapf (S.387) weiter: „Kmeri, König von Usambara, soll mit
300 Frauen nicht weniger als 400 Kinder erzeugt haben. Irgendeine schöne
Frau soll die Erlaubnis und Freiheit haben, zum König zu gehen, um sich in
den Zustand der Schwangerschaft versetzen zu lassen. Das Kind wird nach
seiner Geburt zu dem königlichen Geschlecht gerechnet und bei seiner
Volljährigkeit mit einer Regierungsstelle betraut. Kmeri handelt also bei
seiner Vielweiberei nicht bloß aus sinnlichen, sondern zugleich aus politischen Gründen. (...) In Usambara .. wird darauf gedrungen, dass möglichst
viele Söhne und Töchter unter der Oberleitung des selbständigen Löwen das
Land beherrschen."

Die „Selbstständigen" bzw. „Mächtigen Löwen" der Kilindi schufen sich
also ihre Primärklientel durch unmittelbare verwandtschaftliche Beziehungen
selbst (vgl. Sigrist 1967:91), sie zeugten Kinder *en masse*. Die zahlreichen
unmittelbaren Nachkommen eines Kilindi-Königs galten selbst als Kilindi
und repräsentierten die Zentralmacht auf den untergeordneten Ebenen. Dieses Attribut (Zugehörigkeit zur Königsfamilie) war nicht vererbbar und über-
trug sich auch nicht auf die unmittelbaren Familienangehörigen. Es galt
einzig für die direkten Kinder des Königs, seine Söhne und auch seine

Töchter.[1] Krapf berichtete (1852:390) beiläufig vom Dorf Kadango, „das auf einem Hügel liegt und von Mbikiri, einer Tochter Kmeris, beherrscht wird... Sie ist verheiratet, aber ihr Mann darf sich nicht in die Regierung einmischen."

Im 19. Jahrhundert haben die Kilindi ihren Einflussbereich durch verschiedene Kriege wesentlich vergrößern können, und zwar um weite Gebiete Pares und um das Bondei-Land. In gewalttätigen, lokal begrenzten Konflikten mit Sigua, die zwar militärisch weitaus weniger organisiert schienen, oder vielleicht auch nur „anders" organisiert waren, nämlich akephal, und die bereits über Feuerwaffen verfügten, unterlagen die Sambara häufig. König Kinyasi (Kinyashi), der dritte der Kilindi-Dynastie, fiel im Kampf gegen Sigua. Feierman (1969:20) vermutet, dass es dieser Umstand war, der die Kilindi-Führer von weiteren kriegerischen Maßnahmen gegen Sigualand abhielt.

Etwa ab 1840 ist es zu politisch-sozialen Unruhen in Bondei-Land gekommen, offenbar nachdem die Kilindi-Führer ihre Untertanen in immer größerer Zahl als Sklaven an arabische Händler verkauften. Außerdem, so berichtet der deutsche Missionar Erhardt 1853, seien die Kilindi-Herrscher in Bondei-Land nicht in der Lage gewesen, ihre Untertanen gegen Übergriffe der Sigua zu schützen. Die Fälle isolierten bewaffneten Widerstands kleinerer Bevölkerungsgruppen der Bondei gegen die totalitäre Herrschaft der Kilindi häuften sich und eskalierten, und unmittelbar nach der Machtübernahme Sembojas und dem Tode Shekulwavus (1869) kam es zum offenen und erfolgreichen Aufstand der Bondei gegen die Kilindi-Herrscher: „(While) Kilindi rule had deep indigenous roots in all of west Usambara, in Bonde as in Pare it appeared as an alien conquest state. The Bondei killed every Kilindi they could capture. It was told that in one area on the eastern edge of west Usambara, the Bondei went from village to village asking the Shambaa where the Kilindi were hiding, and killing them if they were found. In this locality those Shambaa who were not related to Kilindi by marriage betrayed the hiding places. Those related by marriage were loyal to the Kilindi." (Feierman 1968:12, vgl. auch 1974:148f. und 1990:117f.) Die „Ethnisierung" eines Konfliktes bis hin zum versuchten „Genozid", hier zur Ausrottung der Kilindi durch die Bondei, stellt also auch im vorliegenden Fall eine relativ späte Phase der Eskalation sozialer Konflikte zwischen Beherrschten und Herrschern dar.

---

1   Das hat sich inzwischen geändert. Heute verstehen sich die Nachkommen „derer aus Kilindi" als ethnische Minderheit.

In der Kernregion ihres Königreichs, in West-Usambara, konnten die Kilindi sich noch einige Jahrzehnte lang an der Macht halten. Aber auch hier setzte der „Mächtige Löwe" Semboja viel aufs Spiel, indem er eigene Untertanen als Sklaven verkaufte. Als es zu ernsten Auseinandersetzungen zwischen Arabern und der Deutsch-Ostafrikanischen-Gesellschaft kam und zu einem lokalen Handelskrieg, stellte Semboja, „der größte Sklavenhändler in der Geschichte Usambaras" (Feierman 1974:14), sich 1888 auf die Seite Abushiris und der Araber. Als die deutschen Geschäftsleute und Missionare Baumann und Meyer in Mazinde eintrafen, ließ er das Eigentum der beiden konfiszieren. Die Ostafrikanische Gesellschaft intervenierte militärisch, und die Kilindi-Herrscher wurden den Deutschen gegenüber tributpflichtig.

Unmittelbar nach dem Tode Sembojas im März 1895 übernahmen die Deutschen die Herrschaft über Usambara. Die militärisch bereits entscheidend geschwächte Kilindi-Armee wurde nun vollends entwaffnet, Sembojas Nachfolger Mputa wurde in Anwesenheit sämtlicher Kilindi-Führer West-Usambaras in Mazinde von den Deutschen getötet, gehängt, und Kinyashi, ein Sohn Shekulwavus, wurde im folgenden Jahr als Regent in Vugha eingesetzt. Kinyashi verkaufte seine Untertanen als Arbeitskräfte in die neugegründeten Sisalplantagen, auch nach Sigualand, und die Bevölkerung Usambaras sah in ihm weniger den „Mächtigen Löwen" als den Statthalter der deutschen Kolonialisten. Es hieß: „Where once a lion sat, there is now a pig." (nach Feierman 1968:13).

Schon zwei Jahre nach der Thronbesteigung Kinyashis in Vugha kam es in Usambara zu einer gewaltigen Heuschreckenplage, verbunden mit einer Hungersnot. Die Schuld an dieser Plage wurde von Teilen der Bevölkerung den Deutschen und dem König angelastet. Vugha, die Hauptstadt des Kilindi-Reiches und Residenz Kinyashis, wurde 1898 zum Teil und 1902 vollends durch Feuer zerstört und wurde nie wieder aufgebaut. König Kinyashi blieb formell bis zum Ende der deutschen Kolonialzeit im Amt, wurde dann von den Briten abgesetzt und in den 20er Jahren, im Rahmen der Einführung der *indirect rule*, erneut zum König ernannt. Sein tatsächlicher politischer Einfluss war gering, und er empfahl seinen Söhnen den Verzicht auf den Thron. Kurz nach Erlangen der nationalstaatlichen Unabhängigkeit durch Tanganyika wurde die zweihundert Jahre währende Dynastie der Kilindi in Usambara auch formell aufgelöst.

Bei einem Spaziergang über den Marktplatz meines damaligen Wohnortes Handeni sprach 1988 mich ein Massai an, neugierig und freundlich: Was ich hier treibe, allein als Weißer mitten in Sigualand... Er selber fühlte sich hier offenbar ebenfalls als Fremder, wenngleich seine Heimat Massailand mit ihrem südöstlichen Ausläufer bis auf einige wenige Kilometer an die Stadt

Handeni heranreicht. Das Krankenhaus und der Markt von Handeni werden recht häufig von Massai besucht. Angesprochen auf das Dorf Kilindi und meine Forschungen zur Analyse der Bedingungen für ein neues GTZ-Projekt zur Selbsthilfeförderung dort, deutete der Massai ohne Zögern auf einen auffälligen Punkt am Horizont der weithin überschaubaren Ebene, eine keilförmige, gewaltige Verschiebung, deren gebrochene Steilwand bis in über 1.600 Meter Höhe aufragt und die überhängt: Der Kilindi-Berg. Und er sagte:

U Mkilindi, utambikia mawe mawili!

Du bist einer aus Kilindi – Du hast zwei Steine!

Der Massai erläuterte die Bedeutung dieses in weiten Teilen Tansanias bekannten Sprichworts: Wenn zum Beispiel ein Stein ins Haus geworfen wurde und dadurch Schaden entstanden sei, dann suche man selbstverständlich den Täter. Jeder der Leute aus Kilindi habe dann einen Stein in der Hand, um damit zu beweisen, dass er nicht derjenige gewesen sein könne, der den Stein geworfen hat. Tatsächlich haben die Kilindi aber angeblich aber immer zwei Steine: den einen zum Werfen, den anderen zum vermeintlichen Beweis ihrer Unschuld – sagte der Massai. Das Sprichwort ist, wie ich später feststellte, im ganzen Land weit verbreitet: Heuchler werden als „Kilindi" betitelt.

Der Mbegha-Mythos und das Feuer von Siai

Zu den prominentesten Gestalten der Sigua-Mythologie gehört Mbegha, der „Urahn" der Kilindi in Usambara. Der Legende nach handelt es sich um einen aus Kilindi stammenden Jäger, der nach Usambara zog und dort zum König und zum Begründer der Kilindi-Dynastie wurde. Die reale Geschichte der Sambara-Gesellschaft belegt, dass der Mythos einen historisch wahren Kern enthält. Wir haben oben gesehen, dass die Kilindi, „die aus Kilindi", ins benachbarte Sambara-Land gezogen sind und sich dort, um 1740, zur Herrschaftsgruppe aufgeschwungen haben. Die Dynastie der Kilindi konnte ihren Herrschaftsbereich zeitweilig bis weit über die Grenzen Usambaras hinaus ausdehnen und hatte im Kernland ihrer Herrschaft bis zur Unabhängigkeit Tansanias Bestand. Einige tausend Nachfahren der Kilindi leben noch heute in Usambara, wo sie gemeinhin als ethnische Splittergruppe gelten. Sie sind, wohl auf Grund ihrer Geschichte, nicht sehr beliebt bei einigen Nachbarn; sie sind andrerseits sehr fest integriert im „modernen Tansania", bekleiden Führungspositionen in Staat, Wirtschaft und Gesellschaft.

Der Mythos um Mbegha, dem Begründer der Kilindi-Dynastie, ist auch im Dorf Kilindi bekannt. Die Legende unterscheidet sich hier aber deutlich von allen bisher verschriftlichten Versionen. Ibrahim Athumani hat mir einmal, als ich noch fremd in seiner Heimat war, folgende Version erzählt:

Es war vor vielen, vielen Jahren.[2] Die Bewohner des Dorfes Kilindi wurden wieder einmal von den Massai angegriffen.[3] Sie fühlten sich so bedroht, dass sie sich auf ihrem (unserem) „heiligen Berg" verschanzen mussten, dem „Kilindi-Berg". Dieser Berg gilt als „heilig", denn dort oben ist die Heimstatt des Geistes und der Seele vieler unserer Ahnen.[4]

Die Leute von Kilindi zogen also auf den Berg, wo zahlreiche Höhlen Unterschlupf bieten und wo steile Hänge Angriffe der Feinde erschweren. Sie lebten also vorübergehend auf dem Heiligen Berg und wurden dabei von den Massai belagert.

Auch oben auf dem Berg brauchten die Leute aus Kilindi Nahrung, Wasser und Brennholz. So mussten sie, gegen alle Regeln, dort Wild jagen und Brennholz sammeln.

Die Ahnen erlaubten dies nur unter einer konkreten Bedingung: Niemand dürfe dort oben die Mbawala jagen, die Schirrantilope, da diese Mbawala der Jagdhund der Ahnen sei.[5] Wer trotz des ausdrücklichen Verbotes Mbawala jage oder ihr Fleisch esse, der solle von Gott durch einen schrecklichen Hautausschlag gebrandmarkt werden.

---

2 Als ich nachfragte, wann, sagte Ibrahim Athumani: 1880. Es ist typisch für die Oral History, dass sie Ereignisse in die letzten 120 bis 140 Jahre positioniert, um sie dadurch „zu belegen", glaubwürdig zu machen.

3 Die Massai haben zu dieser Zeit auch mit der Menschenjagd Geld verdient: Gefangene Sigua ließen sich gut als Sklaven verkaufen. Noch im 20. Jahrhundert hat es in dieser Gegend Fälle von Menschenjagd und von Menschenhandel gegeben, an denen auch Deutsche beteiligt waren. In der Regel war der Sklavenhandel aber auch in diesem Teil Ostafrikas eine Domäne arabischer Geschäftsleute.

4 Im Kilindi-Berg, so heißt es bei den Sigua, sind Geist und die Seele vieler Verstorbener beheimatet. Eigentlich durften nur wenige Wan'anga und Älteste den Berg betreten. In der durch den Massai-Angriff entstandenen Notlage aber erlaubten die Alten, nach Befragen des Geistes und der Seele der Ahnen, den Rückzug der gesamten Bevölkerung auf den Kilindi-Berg.

5 Tatsächlich „bellt" die Schirrantilope ja auch ähnlich wie ein Hund.

Einer der oben auf dem Berg lebenden Leute aus Kilindi hieß Mbegha. Er war ein Jäger. Mbegha gehörte zu jenen Menschen, die das Jagen einfach nicht lassen können.

Einmal lud Mbegha Gäste zum Notlager seiner Familie. Den Gästen bot er eine große Platte mit gebratenem Fleisch an. Die Gäste kannten Mbegha aber gut und befürchteten, dass er heimlich die Mbawala jage. Sie hüteten sich deshalb davor, das angebotene Wildbret anzunehmen.

Mbegha aber aß die von ihm angebotenen Speisen alleine, nur mit seiner Familie. Er sagte, das Fleisch stamme keinesfalls von einer Mbawala.

Schon wenige Tage später konnte Mbegha sein Verbrechen gegen die Gebote des Geistes und der Seelen der Ahnen nicht mehr verbergen: Ein schrecklicher Hautausschlag traf ihn! Er wurde von den Alten aufgefordert, mit seiner ganzen Familie die Berge (Ngulu) und das Land (Sigua) zu verlassen.

Mbegha und seine Familie sind weit fortgezogen: bis in die Usambara-Berge. Sie wurden dort „die aus Kilindi" genannt: „Wa-Kilindi", so wie auch wir, die Bewohner des Dorfes Kilindi genannt werden. Sie haben sich dort zu „Königen" aufgeschwungen, und sie essen bis heute verbotenes Fleisch: Mbawala und Schwein."

Mbegha hat demzufolge also gegen Gebote der Ahnen verstoßen, und er wurde deshalb aus seinem Heimatdorf Kilindi vertrieben. *So* wird die Geschichte in Sigualand weitererzählt. Ganz anders sieht es das Geschichtsbild der Kilindi in Sambara. Über dort verbreitete Legenden im Zusammenhang mit „denen aus Kilindi" hat bereits Oscar Baumann (1891:186) berichtet:

„Der Tradition nach lebte einst ein Araber am Berge Kilindi.., einem Berge, der heute noch unter diesem Namen bekannt ist. Derselbe verheiratete sich mit Töchtern des Landes und zeugte Kinder, die nach seinem Wohnsitze Kilindi, also „Leute von Kilindi", genannt wurden. Sie alle hatten die lichte Hautfarbe und den halb arabischen Typus, der sich bis zum heutigen Tage in den meisten seiner späteren Nachkommen erhalten hat.

Einer seiner Söhne (oder Enkel) namens Mbegha verließ mit seinem Sohn Buge das Land und begab sich nach Usambara. Er fand dort die Sambara in viele kleine Clans zerteilt, die sich unaufhörlich bekriegten. Durch seinen Mut, den er unter anderem darin zeigte, dass er einen wilden Büffel mit der Keule erschlug, brachte er es zu solchem Ansehen, dass die Sambara ihn als König anerkannten. Er ist der Stammvater der Kilindi in Usambara und gründete Vugha, während sein Sohn Buge als Statthalter in Bumbuli saß."

Die Aussage Baumanns, dass in Usambara bis zur Herrschaft der Kilindi „die Clans sich unaufhörlich bekriegt" hätten, wird von keiner anderen mir bekannten Quelle gestützt. Auch seine Berechnungen, denen zufolge die Geschichte Usambaras sich durch die Genealogie der Herrscherhauses der Kilindi „mit einiger Sicherheit bis auf das Ende des 16. Jahrhunderts zurückführen lässt" (1891:186), scheint irrig. Kimweri, direkter Nachfahre und Urenkel des Stammvaters der Dynastie, starb nachweislich im Jahr 1869. Vermutlich sind die Kilindi erst um 1740 nach Usambara gekommen, keinesfalls aber im 16. Jahrhundert. Zu jener Zeit lebten sie an der Küste im heutigen Kenia.

Feierman hat in Usambara 26 Versionen des Mbegha-Mythos gesammelt. Er hat versucht, zufällige und strukturelle Elemente voneinander zu trennen, und hat die hier weiter verkürzte strukturelle „Kerngeschichte" vorgestellt. Nach Lévi-Strauss unterscheidet Feierman bei erzählten Mythen zwischen zufälligen Elementen einerseits und strukturellen Elementen andrerseits. Strukturelle Elemente eines Mythos sind diejenigen, die gleich bleiben, egal von wem, wann und wo die Geschichte erzählt wird. Dieser strukturelle Teil des Mythos wird bei jeder konkreten Erzählung möglichst situationsgerecht ausgeschmückt, um „zufällige" Elemente erweitert. Feierman stellt eine Kerngeschichte vor, die ich hier gekürzt wiedergebe:

Vor langer Zeit lebte im Land der Sigua ein Jäger namens Mbegha. Er benutzte Hunde und war auf die Wildschweinjagd spezialisiert. Als ein Verwandter starb und Mbegha sein Erbe antreten wollte, wurde ihm dies von seiner Sippe verweigert. Man sagte, er sei ein *kigego*, ein gefährliches Wesen mit Zauberkraft, denn schließlich sei er mit Zähnen im Mund geboren, mit so genannten *plastic teeth*. Allein schon seine persönliche Anwesenheit bedeute Todesgefahr für die Mitglieder seiner Sippe.

Mbegha bekam Angst vor den anderen, und eines Nachts floh er. Er fand Zuflucht im Dorf Kilindi. Hier befreundete er sich mit dem Sohn des Dorfältesten, und sie schlossen Blutsbrüderschaft.

Als sein Freund ihn darum bat, nahm Mbegha ihn mit auf die Jagd. Dabei wurde der Freund von einem wilden Tier getötet. Mbegha beschlich die Angst vor einer Bestrafung durch den Ältesten, und er kehrte nicht ins Dorf Kilindi zurück. Stattdessen versteckte er sich im Busch, wohnte in Höhlen und in einfachen Lagern, und ernährte sich durch die Jagd. Er zog weit umher und durchquerte dabei die Sigua-Ebene gen Norden.

Schließlich erreichte Mbegha den Pangani-Fluss und durchquerte die Furt von Kwambiu. Die Bewohner des Dorfes halfen mit allen ihnen zur Verfügung stehenden Kräften, auch mit Zauberkraft, um die Gefahren durch die im Fluss lebenden Krokodile zu bannen.

Mbegha durchquerte glücklich den Fluss, und bald darauf erreichte er den südlichen Steilhang der Usambaraberge. Eine Zeitlang lebte er nun versteckt in einer Höhle im Hang unterhalb des Dorfes Siai.

Eines Tages stiegen die Frauen von Siai von der Hochebene Usambaras zum Brennholz sammeln in die Ebene hinab. Dabei erblickten sie den Rauch eines Feuers. Bei der Rückkehr ins Dorf informierten sie ihre Männer. Diese suchten nach der Ursache des Feuers, und sie fanden schließlich Mbegha.

Sie stellten den Fremden zur Rede: was er in ihrem Land wolle. Mbegha versicherte, nichts Arges im Schilde zu führen, und er schenkte den Dorfbewohnern Fleisch von gejagtem Wild. Als Gegengeschenk erhielt er Mehl und andere pflanzliche Nahrung.

Weil Wildschweine oft großen Schaden auf den Feldern anrichten und weil Mbegha sich als sehr geschickter Jäger erwies, nahm die Bevölkerung von Siai ihn freundlich in ihrer Mitte auf.

Mbegha verteilte seine Jagdbeute sehr großherzig. Das sprach sich in den Bergen herum, und so wurde er auch ins Dorf Bumbuli gerufen. Auch dort tötete er viele Wildschweine, und aus Dankbarkeit heraus gab man ihm eine Tochter des Dorfes zur Frau. Anschließend zog Mbegha mit seiner Frau ins zentral gelegene Dorf Vugha.

Auch dort in Vugha tötete Mbegha viele Wildschweine und er half, Streitigkeiten zu schlichten. Die Leute in Vugha lobten seine Entscheidungen, denn oft führten sie dazu, dass aus Streitenden Freunde wurden.

Eines Nachts wurden, ganz in der Nähe von Vugha, Rinder von einem Löwen angegriffen. Die Leute alarmierte Mbegha, und der zog mit seinen Hunden und mit seinem Speer los und tötete den Löwen.

Aus Freunde darüber und wegen der ungeheuren Stärke, die er dabei gezeigt hatte, erklärten die Sambara von Vugha Mbegha aus Kilindi zu ihrem König, und sie gaben ihm viele Frauen, ohne dass er dafür den Brautpreis zahlen musste. (n. Feierman 1974:40–69)

Steven Feierman kommt in seiner Analyse des Mbegha-Mythos zu dem Schluss: „The myth is overwhelmingly ideological in content, and yet contains a germ of historical truth. (...) For in Sambara society, which had no written constitution, the myth preserved, in a simple and pleasing form, some of the most important conceptions of Sambara government." (1974:40ff.)

Manche der Unterschiede zwischen den in Kilindi und den in Usambara verbreiteten Versionen des Mbegha-Mythos sind offensichtlich:
– In den Sambara-Versionen ist Mbegha ohne eigene Schuld, wegen einer geringen körperlichen Abnormität, aus Kilindi vertrieben worden. Im Dorf Kilindi, wohin er sich geflüchtet hatte, musste er erneut wegen eines bösen und unbegründeten Verdachtes Schlimmes befürchten. In Usambara dagegen wurde Mbegha zum gefeierten Jäger, der Wildbret verschenkt und die Felder gegen wilde Tiere schützt. Mbegha, der zum König der Sambara wird, ist nach dieser Version also ein durch und durch guter Mensch.
– In der Sigua-Version dagegen verstoßen Mbegha und seine Nachkommen, die Kilindi, permanent und „erwiesenermaßen" gegen Gebote der Ahnen, und sie werden dafür von Gott durch den Geist der Ahnen bestraft und von den Alten verjagt. Sie werden in der Fremde zu Königen, zu *chiefs*, bleiben aber aus der Heimat verstoßen, bis auf den heutigen Tag – sie tun Verbotenes.

Diese unterschiedlichen Versionen des Mbegha-Mythos deuten die enorme Variationsbreite an, der Geschichtsschreibung und insbesondere *Oral History* unterliegen. Beide Versionen spiegeln den jeweiligen soziokulturellen Kontext wider, in dem sie stehen: Bei weitgehend beibehaltener Respektierung ihrer Ahnen sind die Sigua heute islamisiert. Jäger, wie Mbegha einer war, stehen in der Sigua-Gesellschaft in keinem hohen Ansehen. Die Sambara und die Kilindi in Usambara dagegen sind weitgehend christianisiert.

Die Kingo in Morogoro

Viele der Legenden der Sigua kreisen um Dorfgründungen und die damit verbundene Begründung von *Clans*. Die folgende Erzählung handelt von den Kingo und bezieht sich auf eine Begebenheit im neunzehnten Jahrhundert:

Im Dorf Komlamba im südlichen Teil Uziguas lebte ein Mann namens Muhina Kingo als Sklave. Es gelang ihm, sich zu befreien, und er zog zum Dorf Makubika, um dort auch andere Sklaven zu befreien. Er hatte Erfolg, doch musste er, um den Häschern der

Sultane von Sadani und Sansibar zu entkommen, mit seinen befreiten Freunden flüchten.

Muhina Kingo und seine Freund lebten von der Jagd. Ein Wahrsager sagte ihnen, sie würden ein Nashorn erlegen, so groß, dass sie selbst, alle ihre Kinder und sogar ihre Enkelkinder von seinem Fleisch satt würden. Aber sie fanden das Nashorn nicht, obwohl sie viele Tage danach suchten. Sie zogen dabei weit umher, gelangten an den Khangaberg (bei Mziha) und schließlich auf den Berg Ngulu wa Ndege, den Vogelsberg.

Eines Nachmittags, kurz nachdem ihre Nahrungsmittelvorräte zur Neige gegangen waren, hörten Muhina und seine Gefährten in einiger Entfernung einen Schuss. Nach kurzer Suche fanden sie einen Jäger, der eine Giraffe erlegt hatte. Sie sprachen mit ihm, gingen mit ihm in sein Dorf, befreundeten sich mit ihm und mit dem Mzee des Dorfes, und dieser stellte ihnen schließlich ein kleines Stück Land zur Verfügung, am Ngerengere-Fluss, so dass sie dort leben konnten.

Eines Tages bat nun Mwande, der Mzee des Dorfes, Muhina Kingo um Hilfe im Kampf gegen feindliche Nachbarn. Muhina Kingo half, besiegte die Nachbarn, und schickte die Gefangenen als Sklaven in sein Heimatdorf Komlamba. Aus Dankbarkeit für die Hilfe gegen die Feinde überließ der Mzee Muhina Kingo mehr und besseres Land zur Nutzung. Muhina Kingo und seine Leute gründeten dort eine kleine Siedlung namens Bungo Dimwe und umgaben sie mit einer Hecke. Nachdem die Siedlung erbaut war, reiste Muhina nach Sadani, um den arabischen Sultan und auch Bwana Heri zu besuchen. Bwana Heri versprach Schutz und gab ihm Schießpulver. Daraufhin kehrte Muhina Kingo nach Bungo Dimwe zurück.

Muhina Kingo bekämpfte alle Feinde seiner Freunde, und er hat seine Kämpfe immer gewonnen. Weil er die getöteten Feinde verstümmelte, sagten die Leute, *„anasebenga wayage!"*, und nannten ihn „Kisabengo".

Eines Tages wurde die Siedlung Bungo Dimwe von einer Hungersnot heimgesucht. Muhina ließ sich aus seinem Heimatdorf eine Kuh bringen und ließ sie schlachten. Daraufhin kam der Mzee des Dorfes, der ebenfalls hungerte, und sagte: „Der Boden, auf dem die Kuh geschlachtet wurde, ist mein Eigentum!" Muhina Kingo sollte deshalb diejenigen Teile des Fleisches der Kuh, die den Boden berührt hatten, abgeben. Bald darauf kam ein anderer Mzee, namens Ngubi, und behauptete, der Boden, auf dem die Kuh geschlachtet worden war, sei gar nicht Mwandes Eigentum, sondern seines. Da wurde Muhina wütend, und er sagte: „Wessen Land ist dies? Ihr seid alle Betrüger! Von heute an will ich nicht mehr Euer Freund sein! Ich glaube, es gibt in diesem Gebiet keinen Herrn, keinen Sultan. Ich werde Euch alle bekämpfen!" Muhina hat alle Nachbarn besiegt, und er erklärte sich zum Sultan von Bungo Dimwe. Bungo Dimwe heißt heute Morogoro.

Einige Jahre später ließ Muhina sich in Uluguru, dem Land um Morogoro, „Simba Mwene" betiteln: „Mächtiger Löwe". (nach Martin Mluanda)

Soweit die Legende der Begründung des Kingo-*Clan*s in Morogoro, außerhalb des „eigentlichen", heutigen Sigualandes. Die reale Existenz der unmittelbaren Nachkommen von Muhina ist in den Tagebüchern der katholischen Pfarren von Morogoro und Mandera dokumentiert. Ganz offensichtlich ist es den Kingo in Morogoro, ähnlich wie den Kilindi in Usambara, gelungen, auf fremdem Territorium die dort dominanten Bevölkerungsgruppen auf den Stand von Klientelgruppen zu drücken. Im Zusammenhang mit ihrer Besiedlung von „Neuland" ist es dabei, wie es nach Sigrist (1967:96) offenbar häufiger der Fall ist, zur Herausbildung eines dauerhaften Herrschaftsverhältnisses gekommen. Dabei regierte Muhina Kingo als Sultan und „Mächtiger Löwe" in Uluguru, Mbegha aus Kilindi als König und ebenso „Mächtiger Löwe" in Usambara. Beide hatten sich aus der Solidargemeinschaft gelöst und lebten nicht mehr in Uzigua. Aus emischer Sicht waren sie also keine Sigua mehr.

Muhina Kingo, um den es in der Legende geht, war tatsächlich der erste Sultan von Morogoro. Er starb 1865. Seine älteste Tochter, Mchiwa Dangiro, geboren um 1840, wurde seine direkte Nachfolgerin und regierte bis 1873. Es folgten Muhinas Söhne Kingo Mkubwa („Der Große", bis 1896) und Kingo Mdogo („Der Kleine", bis 1929), und schließlich Muhinas Enkel Muhina Goso. Letzterer wurde von den Briten als Verwalter Südost-Ulugurus bestimmt und galt ab 1936 als Sultan von ganz Uluguru. Mit seinem Tod im Jahr 1942 fand die Herrschaft der Kingo in Morogoro und Uluguru formell ihr Ende.

Die „Kidyankingo" in Somalia

Eine kleinere Gruppe der Sigua hat sich erst in neuerer Zeit abgespalten, möglicherweise um 1812 (nach Mluanda 1975:43). Die *Oral History* der Sigua (Ibrahim Athumani) berichtet, früher einmal – vor sehr, sehr langer Zeit – habe einmal eine große Hungersnot in Sigualand geherrscht, und in Ermangelung jeglichen Nahrungsmittelangebots hätten die Menschen damit begonnen, Leder und Hufe von schon lange toten Tieren zu „Nahrung" zu verarbeiten. Man gab dieser Hungersnot einen Namen: „Kidyanchingo" – „als man die Haut toter Tiere aß". Wohl einige Tausend Menschen aus Sigualand seien damals aufgebrochen, in der Fremde Nahrung zu suchen. Einen Namen hatte die Gruppe nicht.

Martin Mluanda berichtete 1975, dass eine Gruppe von Sigua zu dieser Zeit in der Nähe von Baraawe in Somalia lebe, „Kidyankingo" genannt, und ihre kulturelle Eigenständigkeit weitgehend gewahrt habe. Sie galten in Somalia weiterhin als Sigua, und ihre Sprache hatte sich im Laufe der vermutlich mehr als 150jährigen Isolation kaum verändert. Ihre Sprache werde weiterhin von den Sigua verstanden, aber irgendwelche realen Kontakte zwischen ihnen und Tansania seien nicht bekannt. (Mluanda 1975:41)

Als sich nach einigen Jahren extremen Hungers in Somalia vermehrt Banden bildeten, die das Leben unsicher machten, versuchten zu Beginn des Jahres 1990 einige „Kidyankingo"-Familien, nach Sigualand zurückzukehren. Sie wurden damals von der Polizei in der Regionalhauptstadt Tanga mit der Begründung festgehalten, das mitgeführte Kamel sei eine gefährliche Waffe. Das Tier wurde auf dem Gelände der Polizeikaserne in Tanga an einen Baum gebunden, ohne Schutz gegen Regen. Nach mehreren Monaten starb es.

Im Laufe der bürgerkriegsähnlichen Unruhen 1993/94 sind dann viele Tausend Menschen aus Somalia nach Tansania geflohen. Viele von ihnen wurden von der tansanischen Regierung in einem leer stehenden Camp, einem ehemaligen Ausbildungslager der südafrikanischen Befreiungsbewegung (und jetzigen Regierungspartei) ANC untergebracht, einige wenige Kilometer westlich von Handeni. Unter ihnen befanden sich viele Menschen, die sich selber als „Kidyankingo" bezeichneten und von den um Handeni ansässigen Sigua ganz einfach als „vorübergehend abwesende *members of Sigua society*" angesehen wurden. Sie sprechen gutes Kisigua, jeder in Sigualand versteht es, aber sie verstehen kein Kiswahili. Ihre bisherige Zweitsprache, *lingua franca*, war Somalisch. Die traditionell akephale Lebensweise ihrer Vorfahren haben sie weitehend beibehalten, es bestehen keine großen soziokulturellen Unterschiede zwischen ihnen und den um Handeni ansässigen Sigua.

Viele dieser Menschen haben sich entschlossen, in Sigualand zu bleiben. Ibrahim Athumani schätzte ihre Zahl im Jahr 2000 auf etwa 5.ooo. Sie haben begonnen, in die Sigua-Gesellschaft wieder einzuheiraten, Felder zu bebauen, Kinder großzuziehen. Und sie bringen wirtschaftliche Impulse. Ein neues Hotel hat in Handeni eröffnet, direkt am Marktplatz. Der Besitzer ist ein „Kidyankingo", ein aus Somalia zurückgekehrter Sigua.

5 Entwicklung und Entwicklungshilfe

Kolonialismus

Die Sigua-Gesellschaft war im neunzehnten und zwanzigsten Jahrhundert verstärkt Fremdeinflüssen ausgesetzt. Globalisierung und „Moderne" sind immer deutlicher spürbar. Ibrahim Athumani schreibt:

> "The world is in mass confusion. The main reason is money. We should condemn the inventor of coins. He caused murders, unnecessary quarrels, and people being restless all over the world."

> „The foreigners introduced money, introduced chiefdom, and they twisted our religion..."

Die fremden Herrscher haben neues, fremdes Recht gesetzt, haben verpflichtend Fremdsprachen eingeführt, haben den Jahresanfang verlegt und so weiter. Selbst ihre eigenen Namen mussten die Mitglieder der Sigua-Gesellschaft im Kolonialismus ändern, und im postkolonialen Tansania ist es dabei geblieben. Traditionelle Namen werden vom modernen Staat nicht offiziell anerkannt. Ibrahim Athumani heißt eigentlich Samajuma und seine Frau Wanamajuma.

Traditionell war die Sigua-Gesellschaft ohne Geld ausgekommen: „Our previous system", so Ibrahim Athumani, oder Samajuma, „was not expensive. It was simply to agree to share yours with them and theirs with you." Unmittelbare Konsequenz der Kolonialisierung durch das Deutsche Reich war die Ausrichtung der Produktion auf den Export und, damit verbunden, die Ausweitung der Geldwirtschaft. Dies schwächte das traditionelle System des ökonomischen Austauschs (Subsistenzwirtschaft) und die Stabilität des auf Geldlosigkeit basierenden traditionellen Systems sozialer Sicherheit ganz erheblich. Dies gilt nicht nur für Sigualand, sondern auch für andere Teile Tanganyikas: „These changes had the consequence that mutual assistance on the level of the neighbourhood and the social security functions of the chief lost significance, and mutual help at kinship level concentrated increasingly on the circle of the closer relatives." (Bossert 1988:218)

Die Einführung der Geldwirtschaft hat die Verbreitung der traditionellen Kooperationsform Chiwili entscheidend gemindert. Zudem ist das Chiwili der Sigua, wie ähnliche Kooperationsformen benachbarter Gesellschaften, im Sinne kolonialer Interessen häufig als „klassischer Selbsthilfe-Ansatz" fehlinterpretiert und instrumentalisiert worden: Die deutschen Kolonialisten versuchten, Chiwili *einzusetzen*, um in einer Art kollektiver „Selbsthilfe" Straßen und andere Infrastruktureinrichtungen bauen zu lassen; und auch die Briten forderten später Chiwili der Bevölkerung als Ausgleich für sonst nicht eintreibbare Steuerforderungen. Auch bei der oft angeordneten gemeinschaftliche Arbeit auf angeblichen Gemeinschaftsfeldern war von Freiwilligkeit der Teilnahme keine Rede: „When the colonialists came, they used this tradition of pooled labour to legitimise joint farming in lieu of taxes and compulsory self-help until all the traditional legitimacy had evaporated under the burdens imposed." (Michaela v. Freyhold 1979:68). Ibrahim Athumani kommentiert:

"Everything changed to be on the use of money.
A real expensive way of living..."

Während der deutschen Kolonialzeit ist im Nordosten Tanganyikas mit dem Anbau von Sisal in großem Rahmen das System der Lohnarbeit eingeführt worden. Die mit der Einrichtung riesiger Plantagen verbundene, teilweise zwangsweise Anwerbung vieler tausend Arbeitskräfte hat nachhaltig in die traditionellen soziokulturellen Strukturen auch der Sigua eingegriffen. Die erste Sisalplantage in diesem Gebiet, vermutlich die erste in ganz Ostafrika, ist im Jahr 1893 von dem Deutschen Richard Hindorf angelegt worden, mit zunächst sechzig Agavensetzlingen aus Yucatan; diejenigen Agaven-Typen, die in Sigualand beheimatet sind, *Makonje mtoho* und *Makonje mbulo*, gelten für die Sisal-Massenproduktion als untauglich. Viele junge Männer, darunter auch die stärksten und produktivsten, sind teils von den Kolonialbehörden, teils von den Plantagenbesitzern für die Arbeit auf den Sisalplantagen auch aus Dörfern wie Kilindi zwangsrekrutiert worden; andere junge Männer verließen aus Furcht vor eben dieser Zwangsrekrutierung ihre Heimat. Gerade diese beiden Gruppen hatten zuvor das produktive Rückgrat des Wirtschafts- und Sozialsystems der Sigua-Gesellschaft gebildet.
    Nach ersten Produktionserfolgen wurden rasch weitere Pflanzen aus Mexico eingeführt, und mit einer vermarkteten Jahresproduktion von mehr als 130.000 Tonnen pro Jahr wurde das Gebiet um Tanga bald zum wichtigsten Sisal-Anbaugebiet der Welt. Das Hinterland der Hafenstadt Tanga, zu dem

weite Teile Sigualands gehören, konnte in diesem Sinne Anfang des 20. Jahrhunderts als „wirtschaftlich entwickelt" gelten. Sigualand war damals kaum weniger in die Weltwirtschaft integriert als heute. Der Rohstoff Sisal ist auf dem Weltmarkt inzwischen weitgehend durch andere Materialien ersetzt, die Produktion ist kaum noch rentabel, und viele der großen Plantagen in der Tanga-Region sind heute verwildert.

Den Deutschen folgten die Briten. Athumani beschreibt die Enttäuschung, vieler Sigua:

"When the Germans left the country and the British .. fathers followed them, Zigua people and other Tanzanians thought that maybe now there was the time for some changes. Dear me! What a forty year period of stagnancy in government plans... Instead of some changes which would benefit the common people, land owners (capitalists) came into existence and grew in number, to collect many common people using their hand hoes to clear enormous lands for even more sisal. Wages were low in Tanga region..."

Die Agrarberatung, die von den kolonialen Herrschern ausging, basierte auf dem Konzept der Ausweitung des Waren- und Geldhandels. Die Inhalte der Beratung widersprachen somit diametral dem traditionellen sozio-ökonomischen System der Sigua-Gesellschaft, und die staatliche Agrarberatung wurde von der Bevölkerung unterlaufen, so gut es ging. "The colonial government (of Tanganyika) had been forced to abandon the imposition of agricultural regulations by peasant opposition", schreibt Williams (1987: 649); Ingle zitiert aus dem Handeni District Book von 1932, that „all natives must cultivate cassava and sweet potatoes in addition to other foodstuff", und aus dem von 1934: „Every adult male in the District must plant at least 200 cuttings of cassava within one month of 1st February 1934. Every male adult omitting to obey this order has committed an offence and is liable to punishment." (Ingle 1972:63) Hier wird deutlich: Dieser Beratungsansatz war didaktisch ungeschickt, er strotzt vor Autoritarismus. Die Akzeptanz der traditionellen Agrarberater der Sigua-Gesellschaft wurde durch die „modernen", vom Staat geschickten Beamten, nicht entscheidend geschädigt.

Die Auswirkungen des Kolonialismus reichten bis ins Familienrecht und schwächten dabei die Position der Frau in der matrilinearen Sigua-Gesellschaft. In Deutsch-Ostafrika wurde patrilineales Erbrecht eingeführt, auch in der traditionell matrilinearen Sigua-Gesellschaft. Nicht mehr die Familie der Frau sollte in Fragen der Erbschaft der wichtigste Part sein, sondern die

Familie des Mannes (vgl. Dundas 1921:266f.). Diese Regelung hat sich offiziell bis heute gehalten. Selbst in Ujamaa-Zeiten galt *das Familien-oberhaupt* als Eigentümer des Landes, und als Familienoberhaupt galt offiziell der *männliche* Part in einer Zweierbeziehung.

Modernes Recht kollidierte und kollidiert auch hier mit traditionellem Recht. McVicar (1939:103) beschreibt die Empfindungen der Menschen in den Ngulubergen bei dieser patrilinearen „Sekundäraffiliation" so, dass man nun ein „Mitglied" von Mutters Matriklan und zugleich ein „Kind" von Vaters Matriklan sei. Die traditionelle Sichtweise behielt in der Regel die Oberhand, und noch 40 Jahre später bemerkte Elisabeth Grohs ein ähnliches Phänomen, das zeigte, wie pragmatisch die Menschen in Sigualand reagierten: „Das neugeborene Kind erhielt sowohl die Zugehörigkeit zum Matriklan des Vaters als auch zu dem der Mutter" (Grohs 1980:42) – offiziell. An diesem Pragmatismus – mal so und mal so mit staatlichem Druck umzugehen, hat sich bis heute nichts geändert.

Durch glaubhafte Androhung umfassender Gewaltmaßnahmen erreichten die deutschen Kolonialherren zwei wichtige Veränderungen in der Tradition der Sigua: zum einen gaben die Sigua die Beschneidung der Mädchen auf, und zum anderen ist seither geächtet, wer ein *kigego* umbringt – ein Kind, das mit Zähnen im Mund geboren wird.

Bis zur Kolonialisierung war die Sigua-Gesellschaft sehr gut ohne Herrschaftsstrukturen ausgekommen, es gab es keine Häuptlinge, kein *chiefdom*. Zu den grundlegenden Neuerungen, die durch den Kolonialismus in Sigualand eingeführt wurden, gehört das Konzept der Herrschaft und der Regierung. Eine bisher staatslose Gesellschaft wurde nun regiert, wurde „governed". Ibrahim Athumani sieht weitgehende Konsequenzen, die bis in die Gegenwart hineinreichen:

"There is another colonial contribution more to ruin traditional advances. They developed *chiefdom* where the leading and the led were both entitled and obliged to pleasing languages and contributions of free offers. Low leaders offered things to top leaders demanding appreciation in leadership – eggs, hens and sometimes goats were the cheapest „voluntary" offers to the bosses. In the same way, chiefs demanded free offers from those below them, establishing two-way conditioned people pleasing each other through language and offers. The situation led people to the present state of being, where the demand of offers has almost become the official system.

Governed people loose self-confidence. They start to praise the foreign governors. They lean against their own peoples' abilities. They value foreign goods more than their own. They think that dates are much better fruits than maviru fruits, simply because dates are imported from Arabia. The Arabian desert is great but the forest of Mzeri not?? Continuing this way we are loosing our best properties and inheritances, the symbols of our tradition and cultures."

Europäer propagierten das Christentum, Araber den Islam. Die ersten Einflüsse des Islam resultieren wahrscheinlich aus dem Kontakt der Sigua mit den Arabern im 16. Jahrhundert, als die Sigua noch an der Küste des heutigen Kenia lebten. Araber, insbesondere aus Oman, kämpften dort mit Türken und Portugiesen um die Vormachtstellung im Handel. Später waren es wiederum Araber, die für den Handel mit Elfenbein und mit Menschen Verkehrswege durch die neue Heimat der Sigua im heutigen Tanganyika erschlossen und die dabei ihren islamischen Glauben verbreiteten. Diese Missionierung verlief *schleichend*, ja *betrügerisch*, wie der konkurrierende christliche Missionar Krapf monierte: „Ein neuer Zauberer kam gestern von Buyeni, einem mohammedanischen Dorf am Panganifluss. Diese Betrüger lehren die Leute Zauberzettel schreiben, bei welcher Gelegenheit sie die unwissenden Heiden zu Mohammedanern zu machen versuchen." (Krapf 1852:402f.)

Zur Methode der Ausbreitung des Islam in der Sigua-Gesellschaft hat auch Elisabeth Grohs interessante Hinweise gegeben: „Eine günstige Möglichkeit islamischer Beeinflussung ergab sich durch die allmähliche Umwandlung der traditionellen Initiationsriten der Knaben in die Jando-Riten. Die Jando-Riten hatten sich seit dem Beginn des (19.) Jahrhunderts entlang der Küste Tansanias von Süden nach Norden fortschreitend bis ins Landesinnere ausgebreitet. Die in ihnen vollzogene Beschneidung wurde mit der islamischen Namengebung verbunden und somit zum äußeren Zeichen des offiziellen Übertritts zum Islam. Dadurch erfasste die Islamisierung automatisch den größten Teil der heranwachsenden männlichen Jugend." (Grohs 1980:35; ihre Vermutungen bezüglich Jando werden durch Cory 1947:81–94, 159–168 und Swantz 1970: 164ff gestützt. Allerdings hat sich die Beschneidung der Jugendlichen nicht dauerhaft durchsetzen können.)

Im Rahmen evangelischer Mission war es der uns bereits bekannte Ludwig Krapf, der versucht hat, einen geeigneten Ansatzpunkt für derartige Arbeit auch in Nordost-Tanganyika zu finden. Dabei gab er die Suche im Siedlungsgebiet der herrschaftsfreien Sigua-Gesellschaft recht schnell auf und entschloss sich stattdessen schon 1848, die Missionsstation in Vugha im benachbarten Usambara zu errichten; in Vugha – das heißt direkt am Sitz des Königshauses der Kilindi. In seinen Tagebüchern beschrieb Krapf, wie der Anblick der dort lebenden Menschen ihn zum Gebet veranlasste: „Oftmals begab ich mich unter einen großen Baum, der in der Nähe des Dorfes stand, und bat Gott um die Rettung dieses unglücklichen Volkes, von dem ich für die Kirche Christi im Geiste Besitz nahm, wie einst Abraham vom Lande Kanaan." (Krapf, Tagebuchnotizen, n. v.Stieglitz 1965:70f) Die von den meisten Europäern klimatisch als besonders angenehm empfundenen Usambara-Berge gehören seither zu den beliebtesten Missions-Standorten in ganz Afrika, an fast jeder Straßenecke mit schöner Aussicht befindet sich eine christliche Sekten-Kirche. Die Sambara sind heute tatsächlich weitgehend christianisiert.

Im Hofstaat der mit Krapf nicht konfliktfrei kooperierenden Kilindi-Herrscher in Usambara hatte jedoch auch der Islam wichtige Anhänger. So sind einige der Schriftkundigen und mehrere Königssöhne zum Islam übergetreten. Über Krapfs Aufzeichnungen im Zusammenhang mit seinen ersten Besuchen beim Kilindi-König Kimweri berichtet von Stieglitz (1965:71): „Der König aber empfing den Gast freundlich. Man tauschte Geschenke aus. Damals spielten Stoffe die größte Rolle. Vieh zur Nahrung war die Gegengabe. Krapf fragte, ob Kimweri Lehrer des Wortes Gottes haben wolle. Die heidnischen Gastgeber verstanden das Evangelium zunächst nur als ein neues Gesetz. Sie entnahmen daraus, dass die Sambara als Christen nicht lügen, sich nicht betrinken, nicht betrügen und niemanden unterdrücken würden. Das Evangelium war zunächst nur interessant als Mittel der Festigung der Ordnung im Land und unausgesprochen auch als Kontaktmittel zu den Europäern, die der Heide als Vorboten einer neuen Zeit erkannte. 1848 sagte Kimweri dem Gast zu, ihn in seinem Lande aufzunehmen." Zur tatsächlichen Eröffnung der evangelischen Missionsstation am Hofe des Königs in Vugha (Vuga) kam es dann aber erst mit jahrzehntelangen Verzögerungen im Jahr 1895. Schon wenige Jahre später wurde Vugha durch ein Feuer praktisch dem Erdboden gleichgemacht.

Eine wichtige Rolle bei der Christianisierung der Bevölkerung Tansanias spielen die Kilindi noch heute: Daniel Magogo aus der Familie des letzten Königs der Kilindi in Usambara hat, 1964 ordiniert, 1965 das Amt des Kirchenpräsidenten der Nordostdiözese übernommen und ist in Usambara, und nicht nur dort, noch heute, im Jahr 2000, als „Zombe Magogo" bekannt: als „König Magogo".

Ibrahim Athuman beklagt im Kapitel über *Tambiko* die Intoleranz, die Herrschsucht und den Rassismus der religiösen Missionare in Sigualand:

"My Lord God! The foreign religious people prohibited us to carry on with our traditional tambikos just to twist them to correspond more to their Arabic and European ethics. They said that tambikos were sinful acts. They critically went against tambikos as being faithful to God – instead, so they argued, Zigua people tended to believe in their ancestors' souls, in big trees and so on.

Were they right? Do foreigners believe that cutting down big trees is innocent, hey? Don't they believe in their ancestors' souls?

Arabs like Europeans were very clever in twisting people's tradition and cultures. Arabs stopped all traditional ngoma drum beats. They said that ngoma drums were sinful acts, that they encouraged the devil spirit (*mashetani*) to mobilise people to stand up against God's will. Maybe that is true, because where there were drum beats, there were quarrels too – but there are still quarrels until today, even there where there are no traditional drums and dances.

Mselego, machindi and *selo* were sinful dances, so the foreigners told us. But how is it possible then, that *taarab*, an Arabian dance, was not sinful? What about Islamic *kaswida* drums? Aren't they drum beats? Please let us not ruin our homes to enbetter theirs. Ours were good and gave a lot of resources to our cultural status. It was said to be very sinful to make a traditional tambiko during extreme droughts. But the Arabic tambiko of *Buradai* was more correct and right to be done? Shame! I am afraid that in future the people all over the world shall either be Europeans or Arabs in their ways of living. It will be self-enslavement.

There wasn't any greater sin done by foreigners than to twist their hosts' tradition and cultures, which in the end broke their hosts' unity into pieces. They caused a chaotic way of living. They said that all traditional Zigua beliefs were under prohibition (*haramu*) on a religious basis. But Zigua people had already created the conceptual beliefs that foreigners were „developed" people. So whatever they said was accepted as being of such a high standard, that it had to be followed without being questioned. So all guests' ideas were well received and put into practice to be reality instead of the Zigua's own ideas and all what they believed to be useful to them.

Colonialists from Arabia and Europe used tricks to discourage all formal and natural organisations of the Zigua people by calling them informal and unimportant local beliefs. They said that tambikos were misleading the people, were sources for believing in false Gods. Maybe they were right, maybe not... But what could religions be? Today they are mere ideological, strong beliefs to the followers, equally to those who had strong beliefs in tambikos. Only one slight difference in comparison: Tambikos were very effective to small groups of people, more than religions are. Secondly, I fail to understand which is more influential to the followers. Through adapting foreign beliefs, those who ignored tambikos got sick. But who got sick by ignoring any religion?"

Auch der postkoloniale Staat gewährt den Sigua keine Religionsfreiheit. Im *Anti-Witchcraft-Law*, dem „Gesetz gegen die Zauberei", heißt es in der seit 1965 in Tansania gültigen Fassung (Chapter 18,3): „Any person who by his statements or actions represents himself to have the power of witchcraft, or who makes, uses, has in his possession, or represents himself to possess, or supplies to any other person any instrument of witchcraft, shall be guilty...".

Im November 1925 hat die britische Kolonialverwaltung in Ostafrika diesen *Witchcraft Act* erlassen. Seit 1928 kommt dies Gesetz auch in Tanganyika zum Tragen. Offiziell ist es ein Gesetz „gegen Witchcraft", bei dem unklar ist, ob die Verfasser von der Existenz und von möglichen Wirkungen von „Witchcraft" ausgehen oder nicht. Geht man bei seinen Überlegungen von der Existenz von echter „Witchcraft" aus, dann macht ein „Gesetz gegen Witchcraft" nur wenig Sinn: ließe echte Hexerei sich verbieten? Andrerseits: geht man von der Nicht-Existenz von 'Hexerei' aus, dann ist klar, dass das *Anti-Witchcraft-Law* sich gegen etwas anderes richtet als gegen Hexerei. Gegen was?

Der oben zitierte Paragraph 3 stellt die Ausübung und den behaupteten Versuch der Ausübung übernatürlicher Kräfte unter Strafandrohung. Ist die Verwandlung von Brot und von Wein damit gemeint? Der Paragraph 5 des „Zauber-Verbots" in der noch heute in Kenia gültigen Fassung geht weiter und stellt schon bei *Bereithaltung* von Gegenständen etc., die zur Zauberei dienen *könnten*, ein Jahr Gefängnis in Aussicht: „Any person who is in possession of a charm or other article usually used in the exercise of witchcraft, sorcery or enchantment for the purpose of causing fear, annoyance or injury to another in mind, person or property, and who fails to show reasonable cause why he should retain any such charm or other article in his possession, shall be guilty..." Die Bedrohung des Einzelnen durch das *Anti-Witchcraft Law* geht also enorm weit: Schon beim Verdacht auf „Zauberei" kann die exekutive Vertretung des Zentralstaates, zumindest in Tansania, noch heute ohne Gerichtsverhandlung Strafen verfügen, konkret die Verbannung:

"If it shall be reported to a District Officer that a person is suspected of practising witchcraft, and the District Officer, after due inquiry, shall be satisfied that the person so suspected causes or is likely to cause fear, annoyance or injury in mind, person or property to any other person by means of pretended witchcraft or is practising witchcraft for gain or reward, he may ... order the person so suspected to reside in any specified locality within his district..." (Tansania: Ch.18, 8 (1))

Das Anti-Witchcraft Law Ostafrikas unterscheidet nicht zwischen „Gut" (Uganga) und „Böse" (Uchawi), zwischen Heilkunst und *Tambiko* auf der einen und Hexerei und *Hokuspokus* auf der anderen Seite. Es hindert die „heidnischen" Menschen in Ostafrika bei der Ausübung ihrer traditionellen Kulthandlungen, noch heute. Der Gesetzestext ist mehrfach aktualisiert worden, unter anderem 1962 in Kenia, 1965 in Tansania, 1981 wiederum in Kenia. Das Gesetz ist also kein „Schubladen-Gesetz", das in Vergessenheit geraten ist und das wenig Beachtung findet. Im Gegenteil. Es komme alltäglich zur Anwendung, haben mir 1994 mehrere Rechtsanwälte in Mvita (engl. Mombasa) versichert, und es behindere ganz entscheidend auch die Ausübung traditioneller Religionen. Deshalb, und aus anderen Gründen, kritisieren die Juristen Kenias das Gesetz schon seit vielen Jahren als Ausdruck kultureller Kolonialideologie. Jeder Jurastudent Kenias lerne, sobald er erste Lehrveranstaltung an der Universität besuche, dieses Gesetz kennen, erklärt Christopher Mulei, Direktor des '*Center for Governance and Development*' (CGD) und Jura-Professor in Nairobi: das *Anti-Witchcraft Law* gelte den Juristen Ostafrikas schon lange als Musterbeispiel dafür, wie ein Gesetz nicht sein solle (vgl. Mutungi 1977). Im Laufe der Jahrzehnte habe es immer wieder Vorstöße prominenter Juristen zur Abschaffung des Gesetzes gegeben; juristisch sei das Gesetz völlig unhaltbar. Es richte sich in seiner Anwendung ganz deutlich gegen Institutionen und Riten der traditionellen Gesellschaften. Die zahlreichen Initiativen zu einer Änderung des Gesetzes seien daran gescheitert, dass der traditionelle Sektor der Gesellschaften Kenias und Tansanias beim Gesetzgeber dieser Länder über keinerlei Lobby verfüge und dass man im modernen „Sektor" der Gesellschaft Kenias mit Hohn und Spott rechnen müsse, wenn man sich für die Rechte der traditionellen Gesellschaft einsetze. Lediglich in Uganda habe es in den letzten

Jahren tief greifende, aber immer noch unzureichende Änderungen am Gesetz gegeben.

Ujamaa

Mit der nationalstaatlichen Unabhängigkeit übernahm 1961 die pro-„sozialistische" Einheitspartei Julius Nyereres die Macht in Tanganyika, und eine neue politisch-ökonomische Elite entstand, die die zuletzt britischen Kolonialherren ablöste: eine postkoloniale *Staatsklasse*, die ihre Macht aus ihrer konkreten Partizipation an der Staatsmacht schöpft.

Unter den Parteikadern und hohen Verwaltungsbeamten der heutigen *'Vereinigten Republik von Tansania'* sind die Sigua zahlenmäßig deutlich weniger vertreten als es ihrem Anteil an der Bevölkerung entspräche. Das gilt auch für die Situation im Zentrum Sigualands, im Handeni-Distrikt: die meisten Regierungsfunktionäre dort gelten, auch nach der nationalstaatlichen Unabhängigkeit, bei der lokalen Bevölkerung weiterhin als Fremde, als Gäste, als Diener fremder Herren. Die Beteiligung an staatlichen Entwicklungsmaßnahmen und -programmen blieb aus Sicht der Bevölkerung eine „freiwillige Pflicht", die von fremden „hohen Tieren" angeordnet wurde. Ibrahim Athumani bezeichnet diese „hohen Tiere" mit einer gewissen Ironie als „very important persons (VIPs)", im Gegensatz zu den „common people". Der von diesen *common people* in Sigualand als oktroyiert angesehene Herrschaftsapparat hatte so große Schwierigkeiten, sie zur Realisierung seiner Entwicklungspläne zu bewegen, dass auch Bayart auf Handeni aufmerksam wurde (1989:89): „Au lendemain de l'indépendance du Tanganyika, le *District Council* de Handeni stipulait que 'toute personne ne participant pas aux projets de développement serait punie de six coups de fouet'."

Schon wenige Jahre nach dem Erlangen der nationalen Unabhängigkeit wurde die ländliche Entwicklungspolitik Tansanias unter das Zeichen von *Ujamaa* gestellt. Ujamaa, die „Einheit" (des „tansanischen Volkes"), sollte auf kollektiver und individueller self-reliance basieren und ist damit Konzepten der Selbsthilfe und Selbsthilfeförderung zumindest vom Anspruch her eng verwandt. Präsident Nyereres Konzept war jedoch schon vom Ansatz her in sich widersprüchlich und ließ eigenen Entwicklungsvorstellungen der verschiedenen Bevölkerungsgruppen des Landes wenig Raum. Das Konzept sah vor, Tansania mittels eines deutlich exportorientierten Ausbaus des Agrarsektors und aufbauend auf *standardisierten* „traditionellen gesellschaftlichen Organisationsformen" zielgerichtet zu entwickeln, ausgerichtet an der Moderne: Nationalstaat und Weltmarkt. „Selbsthilfe" blieb, wie unter den europäischen Kolonialisten, ein Instrument der Planung von oben, ein Synonym für „freiwillige Zwangsarbeit", und hat bei den meisten Menschen in Sigualand schon lange keinen guten Ruf. Erfolgen auf anderen Ebenen zum Trotz hat Ujamaa die Eigeninitiative der Bevölkerung und damit ihr Selbsthilfepotential vorübergehend entscheidend gelähmt.

Der Aufbau Ujamaa-Entwicklungsmodells ist Anfang 1967 vom Nationalen Exekutivkomitee der Staatspartei beschlossen und ohne vorherige Diskussion mit der Basis vom Parteitag in Arusha im März 1967 ohne eine einzige Gegenstimme gebilligt worden. Die entsprechende *Erklärung von Arusha* hat weltweite Beachtung gefunden und galt lange Zeit gemeinhin als wichtiges Dokument des „afrikanischen Sozialismus".

Bei der Eröffnung des Parteitags in Arusha erklärte der damalige tansanische Präsident Julius Nyerere, der wichtigste Teil der Erklärung sei der Abschnitt über „self-reliance". Was unter diesem Begriff zu verstehen sei, hat Volker Matthies (1979:43) folgendermaßen zusammengefasst: „Dissoziation vom Weltmarkt, Konzentration auf den Binnenmarkt, Massenmobilisierung und breite politische Partizipation, Befriedigung von Grundbedürfnissen". Und Johan Galtung schlug seinerzeit (1980:19) als Definition des in Arusha propagierten Begriffes „self-reliance" vor: *„tzu li keng sheng"* gleich „regeneration through our own efforts", wie es im August 1945 von Mao gebraucht wurde". Tatsächlich stand aber nicht der Wille der *common people*, sondern die Förderung des Agrar-Exports, der Marktwirtschaft und des Aufbaus des Nationalstaates im Zentrum der Ujamaa-Idee. Nur über Produktionssteigerungen im Bereich exportorientierter Landwirtschaft, so hieß es in der Erklärung von Arusha, sei „Entwicklung" (*maendeleo*) überhaupt herbeizuführen, und der „Hauptsinn von Entwicklung" sei es, „mehr Nahrung und mehr Geld zu bekommen" (n. der Übersetzung von G. Grohs 1970:276).

Aus heutiger Sicht, nach dem Scheitern der Ujamaa-Politik, sind die Beobachtungen von Brigitta Benzing und Thilo C. Schadeberg (1970: insbes.123) zur politischen Terminologie der Entschließung von Arusha wieder interessant. Ihnen sind damals schon vier Kernbegriffe aufgefallen, die in der Erklärung von Arusha wesentlich häufiger benutzt wurden als alle anderen Begriffe: *„nchi"* (county/state, 59 mal), *„maendeleo"* (development, 60 mal), *„serikali"* (government, 62 mal), und *„fedha"* (money, 115 mal): Nationalstaat, Entwicklung, Regierung und Geld... Die traditionelle Sigua-Gesellschaft war ohne Nationalstaat, Regierung und Geld ausgekommen. Was also war mit „Entwicklung" gemeint?

Nyereres Entwicklungspolitik hat seinerzeit auch in der antiautoritären europäischen Linken einige wichtige Anhänger gefunden. Sein *Ujamaa* schien ihn ins antiimperialistische Lager der blockfreien Regierungen zu stellen und schien auf Ideen aus Afrika zu basieren. Schon die Äußerungen in den wichtigsten Konzeptpapieren schwankten aber zwischen Vertrauen auf Eigeninitiative der Bevölkerung auf der einen und politischen Paternalismus auf der anderen Seite. So schrieb Julius Nyerere in seinem berühmt gewordenen Aufsatz „Freiheit und Entwicklung" einerseits:

> „Entwicklung bringt nur dann Freiheit, wenn es sich um die Entwicklung von Menschen handelt. Menschen aber können nicht entwickelt werden – sie können sich nur selbst entwickeln." (Nyerere 1968:16)

Diese Worte von Julius Nyerere werden noch heute, um 2000, weltweit zitiert. Unterschlagen wird dabei der zweite Teil der Aussage, derzufolge die Menschen sich zwar *selbst entwickeln* sollen, aber dazu halt doch der *Anleitung* durch die Partei bedürfen:

> „Nur auf einem Wege kann man den Menschen ihre eigene Entwicklung verständlich machen: Durch Erziehung und Leitung (*leadership*). Nur so und nicht anders hilft man den Menschen, ihre eigenen Bedürfnisse und das, was sie tun können, um diese Bedürfnisse zu befriedigen, zu verstehen." (Nyerere 1968:17)

Nyerere wollte also den *common people* dabei helfen, ihre eigenen Bedürfnisse zu verstehen. Das klingt fast schon autoritär und paternalistisch, und tatsächlich wurde letztere Betrachtungsweise bald zum Leitmotiv großer Teile der immer mächtiger werdenden Parteibürokratie. Vermutlich hat jeder *top-down approach* eine derartige Eigendynamik. Der tansanische Soziologe Hassan Omari Kaya hat später zusammenfassend analysiert: „Once Ujamaa-Socialism was announced as a policy, it was the responsibility of the government and the Party officials to ensure its implementation. The officials could not afford years of participatory process. They were expected to be top leadership to produce something visible quickly." (1989:42)

Zum Ujamaa-Konzept gehörte das Wohnen und Arbeiten der Menschen Tansanias in Zentraldörfern (*Villagization*). Die Hoffnung der Partei ging dahin, dass wenige zentrale Dörfer leichter mit der zur ökonomischen Modernisierung notwendigen Infrastruktur zu versorgen seien als viele kleine dezentrale Siedlungen, und dass die Bevölkerung dies verstehe und nachvollziehe: „Dass die Menschen weder in ein Ujamaa-Dorf gezwungen werden noch Vorschriften aufgezwungen bekommen dürfen, wie sie es zu organisieren haben, bedeutet nicht, dass Regierung und .. (Staatspartei) einfach untätig abwarten und hoffen, dass den Menschen die Erleuchtung kommt, ein solches Dorf von allein zu gründen... Unsere Aufgabe ist es, zu erklären, was ein Ujamaa-Dorf ist und das so lange zu tun, bis die Menschen es verstehen." (Nyerere 1968:23) Tatsache ist jedoch, dass der Großteil der Menschen in Sigualand nicht bereit war, freiwillig die bestehende soziale Ordnung aufzugeben und z.B. auf das Land eines benachbarten Clan zu übersiedeln. Folglich musste der Staatsapparat zur Verwirklichung seines wohl *gut gemeinten* Planes, der Villagization, Gewalt anwenden: um die Menschen zur Aufgabe ihres angestammten Wohnsitzes zu bewegen, wurden ganze Dörfer niedergebrannt, auch im Handeni-Distrikt: „The masses of people were moved into villages through one operation or another without consultation... Two places were mostly noted for the use of force. These are Handeni District in the Tanga Region and West Lake. In the latter region, the Regional Commissioner even declared in public that he had declared 'war' in the region. Anybody opposing this war was to find himself in a precarious position. People who were unwilling to move to new villages were imprisoned." (Kaya 1989: 43)

Ujamaa trat mit dem Anspruch an, die ländliche Bevölkerung Tansanias zur „Selbsthilfe" und zur „Partizipation" zu *ermuntern*. In der Erklärung von Arusha heißt es über die Aufgaben der Parteikader in diesem Prozess: „Wir wollen aufs Land gehen und uns mit dem Volke unterhalten, um zu sehen, ob es möglich ist, dass das Volk seinen Einsatz erhöht... Es wäre nun gut, wenn die Bauern in unserem Volke – besonders die Männer – sich einmal fragten, wie viele Stunden pro Woche und wie viele Monate pro Jahr s i e arbeiten..." (zit. nach G.Grohs 1970 bzw. Volker Hundsdörfer). Heute muss man sich fragen, ob der spätere offensichtlich verfehlte Ton des Umgangs der Bürokraten mit den *common people* nicht schon angelegt ist in derartigen „Erklärungen gegen die Faulheit der Bauern in unserem Volke – besonders der Männer".

Bei ihrer Zwangsansiedlung in einem „Zentraldorf", oft drei bis zehn Kilometer von ihrem Heimatdorf entfernt (das nun zum *Tongo*, zum „verlassenen Ort" wurde), versuchten viele der Betroffenen, sich im neuen Zentraldorf Seite an Seite mit ihren bisherigen Nachbarn anzusiedeln. Vielerorts in Sigualand wurde dies von der jeweiligen dörflichen Parteiführung und der Dorfverwaltung akzeptiert, mancherorts nicht. Wie auch immer – Meist wurden die traditionellen sozialen Strukturen durch die Zwangsumsiedlung empfindlich geschädigt. An ihrem neuen Wohnsitz gehörte den Menschen das Land, das sie bebauten, nicht mehr, denn nach traditionellem Recht gehörte es einer anderen Clan, und sie waren hier nur Fremde, zu Gast.

Zwar hat es auch in der Sigua-Gesellschaft traditionell Arm und Reich gegeben, aber zugleich sehr viele systemimmanente Mechanismen der

Nivellierung (vgl. dazu Sigrist 1967:168–181). Dauerhaft größere Einkommens- und Klassenunterschiede innerhalb einer Gesellschaft können sich vermutlich nur dann entwickeln, wenn einzelne Mitglieder oder Gruppen, sei es mittels kapitalistischer Akkumulation oder mittels offener Gewalt, über Produktionsmittel und andere Quellen der Ressourcenschöpfung verfügen, andere dagegen nicht. Das war in der traditionellen Sigua-Gesellschaft nicht der Fall: *Land* war eine weitgehend frei zugängliche Ressource. Im Rahmen der mit der Ujamaa-Politik verbundenen Umsiedlungsprogramme wurde nun aber, zumindest in Sigualand selbst, *Land* zu einer knappen Ressource, über die die örtlichen Vertreter des Staates verfügten. Sie eigneten sich das Land an.

Im Rahmen seiner Wirtschaftsplanung hat der tansanische Staat den Anbau von Exportprodukten forciert, ist dabei zwischenzeitlich als monopolistischer Zwischenhändler aufgetreten und hat dabei kleinere Landeigentümer *proletarisiert*, selbst wenn die Staatsklassen selbst dabei nicht als unmittelbare Besitzer der Produktionsmittel aufgetreten sind. Zur Ausbeutung sind sie auch vom Schreibtisch aus fähig: „They are", wie Kaya sich ausdrückt (1989:31), „able to exploit the rural masses because they have access to state power which is used to control the means of production and exchange."

Viele der verheerenden Folgen der Villagization-Politik, allein schon in Folge der Konzentration der Bevölkerung auf Zentraldörfer, sind heute deutlich spürbar. So stellt eine 1992 für die GTZ erstellte Studie aus Sigualand fest: *The population pressure has led to land-shortages, declining fertility and a general degradation of the environment. The distances for collecting firewood have become extremely long and arduous. Deforestation has partly reached the mountain range and particularly the area of the catchment so that wells tend to dry up very early after the rainy season and people have to struggle to get water. Formerly water wells were near the small hamlets[1] and only used by a limited number of people. They are now often very far away from the village centre and they are used by many people. As a result of the growing population ... there are almost no fields available in the proximity of the villages. Also the quality of the pasture-land has deteriorated. Many of the traditional fields are far away and have to be guarded against wild animals.*

Den Menschen in Sigualand waren die Begriffe „self-help" und „self-reliance" bereits unmittelbar nach der staatlichen Unabhängigkeit Tansanias vorgestellt worden. Die ersten Entwicklungshelfer vor Ort waren vom US-Peace-Corps. In Zusammenarbeit mit der Distrikt-Verwaltung errichteten sie Gebäude für Schulen, Krankenstationen, Dorfverwaltungen u.s.w., und wo

---

1 *hamlet* = Siedlung

Einheimische beim Bau helfen mussten, wurde dies „self-help" genannt. Diese Verfehlung der Entwicklungshilfe, den Beitrag der Zielgruppe zu einem Projekt, oft ihre „contribution" in Form von Arbeitskraft, als „Selbsthilfe" auszugeben, ist inzwischen schon fast als „klassisch" zu bezeichnen. Ibrahim Athumani schrieb dazu in einem damals, 1990, noch anonymen Papier über „Selbsthilfe und Selbsthilfeförderung im Handeni-Distrikt", als Beitrag zu meinem Bericht an die GTZ:

"As soon as the Corps left, the Arusha Declaration started in 1967. This introduced socialism and self-reliance. It was meant to establish an advanced self-help system which was aimed to lead people to self-reliance. But people had already been used to work for yellow corn and wheat. When they started, the Ujamaa farms also paid people maize flour as allowance. This caused several obstacles in the operation. In the future when people were asked to do self-help projects without any allowance, many people refused communal village works because it was either free from earning or leaders of the village felt that the villages were theirs and they had the right to use the communal harvest.

Today there are no communal projects operating successfully in Handeni District. There are few so-titled Village Co-operative Shops. But these tend not to help the targeted people. They usually benefit those who sell in them, and their leaders. So self-help projects won't succeed in group activities. I believe that those who keep cows, goats and farms as self-help projects for themselves benefit more than those group projects."

Nyerere verstaatlichte das Gesundheits-, das Bildungs-, und das Genossenschaftssystem. 1969 wurden das komplette moderne Gesundheits- und das Bildungssystem vom Staat übernommen, und 1975/76 wurden unabhängige Genossenschaften aufgelöst. Gleichzeitig wurden im Rahmen der „*Operation Maduka*", private Läden und Geschäfte in Dörfern geschlossen und durch Läden der staatlichen Gemeindeverwaltung ersetzt. Der Handel lag offiziell in den Händen dieser Dorf-Läden und staatlicher bzw. parastaatlicher Handelsgesellschaften. Daneben wurde in jedem Dorf ein „Gemeinschaftsfeld" eingerichtet (*Shamba la Ushirika*), *which encountered the usual lack of interest by villagers and was finally abandoned* (GTZ-Studie 1992). Am Beispiel Korogwe, zwischen Sigualand und Usambara gelegen, ermittelte Kaya Pro-Hektar-Erträge, die 1979 auf privaten Feldern um 31% höher waren als auf den „Ujamaa-Feldern". 1980 stieg diese Zahl auf 91%, 1981 auf 102%, und im folgenden Jahr auf 108% (a.a.O.:46). Schon weil die

Arbeiter der Ujamaa-Plantagen erfolgsabhängig entlohnt wurden, in Geld-form, und weil der Chef über Erfolg oder Misserfolg entschied, blieben die ausgeschütteten Gewinne äußerst gering. Außerdem bestand Misstrauen zwischen den *common people* und ihren Führern. Coulson (1982:254) wies darauf hin, dass viele *village leaders* die Aufteilung des Gewinnes an die Arbeiter und Arbeiterinnen schon deshalb zu verhindern suchten, weil der ökonomische Misserfolg der staatlich verordneten Gemeinschaftsarbeiten nicht offenkundig werden sollte. Carola Donner-Reichle (1988:248) erwähnt zudem das Beispiel von fünf Frauen aus Nkulabi, die sich beschwerten, „dass der Dorfvorsteher sie um das Getreide der Ujamaafelder betrogen und auf Dorfversammlungen nicht geklärt habe, wo das Getreide sei. Für sie als Dorfbewohnerinnen hätte dies zur Konsequenz, dass sie keinen Erlös (weder in Geld noch in Naturalien) für die Arbeit erhielten". Und für den Handeni-Distrikt schließlich hat Michaela von Freyhold (1979:90) darauf hingewie-sen, dass nur eine ganz kleine Minderheit der Dorfbewohner die Größe ihrer privaten Felder zugunsten von Ujamaafeldern verkleinert habe, und dass der Anteil des *communal farming*, bezogen auf die gesamte kultivierte Fläche, sicherlich unter 20 Prozent lag.

Über den Schwund anfänglich sicherlich oft noch vorhandener Begeiste-rung für „Selbsthilfe" und „voluntary work" schreibt Kaya weiter (1989:47): „In the post-independence era, self-help means rallying the people for nation building. The major item on the agenda for independence was development, primarily rural development. It was to this end that early mobilisation of resources in the country took place. The immediate post-independence years in Tanzania were characterised by massive self-help ventures." Anfangs sei eine gewisse Begeisterung vorhanden gewesen, aber: „This gradually dwindled away because of the short-sighted approach of the projects. The approach focussed on construction and ignored maintenance. As people watched roads being over-grown with grass their energies flagged."

Studien von Holmquist (1979:137) zeigen, dass die tansanische Dorf-bevölkerung als „Selbsthilfeprojekt" in der Regel eher etwas solides, orts-gebundenes, wie zum Beispiel den Bau einer Schule oder einer Dorfapotheke bevorzugt. Dieser Typ von Projekten verursacht Nachfolgekosten, die dann vom Staat getragen werden sollen. Die ortsfremde Bürokratie strebt jedoch „Selbsthilfeprojekte" der Bevölkerung an, mittels derer ein *surplus* erwirt-schaftet werden soll, der dann der offiziellen Dorfverwaltung zur Verfügung steht. Dies liegt im Eigeninteresse des Staates und der Bürokratie, es bedeutet „survival through the control of peasant surplus production".

Auch Kaya's Analysen (S.48) stützen diese Auffassung: „The government tends to define development in terms of production orientated projects whereas the masses take development as the delivery of social services like water, education for the children, health and transport facilities by the government." (Vgl. auch Fortman 1982:73)

Wenig erfolgreich blieben auch, zumindest in ländlichen Gebieten Tansanias, Aktivitäten des mit der Regierungspartei verwobenen Frauenverbandes UWT (Umoja wa Wanawake wa Tanzania). Unter den Frauen verschiedener ethnischer Gemeinschaften gab es traditionelle Selbsthilfegruppen, die, wie Marija Swantz (1985) zeigt, bei der Bildung der UWT jedoch nicht einbezogen und gefördert, sondern zerstört wurden. Auch Donner-Reichle bemerkte (1988:275f.): „Zum Zeitpunkt der Gründung der UWT bestand nämlich das Problem, dass viele inoffizielle und traditionelle Frauengruppen existierten, die nirgends registriert waren ... und somit weder erfasst noch in die neue Frauenmassenorganisation einbezogen wurden."

Die „Frauenprojekte" der UWT fanden in den Dörfern wenig Resonanz. Nach Untersuchungen aus den 80er Jahren interessierten sich zwar 74 Prozent der tansanischen Frauen für Projekte, die ihnen ein Geldeinkommen versprachen, aber immerhin 26 Prozent der Frauen verneinten ein Interesse. „Zusammengefasst waren die Gründe einer negativen Haltung zu Frauenprojekten: fehlende Zeit und hohe Arbeitsbelastung, Alter und Krankheit, Misstrauen gegenüber Profitverteilung in Gruppen und mangelndes Selbstvertrauen." (Donner-Reichle 1988:263f.) Der Frauenverband UWT hat zudem mehrfach darauf hingewiesen, dass Einkommen schaffende Maßnahmen den Frauen generell wenig nützen, solange ihre Verfügungsgewalt über die Einkünfte nicht gegeben ist.

Zur Partizipation der Bevölkerung kommt es nicht alleine dadurch, dass Jemand ein vermeintlich geeignetes „Partizipations-Instrumentarium" entwickelt und dieses der „Zielgruppe" anbietet. Die Zielgruppe will ernst genommen werden und bei der Definition der Ziele und Methoden wirklich mitreden. Kaya verdeutlicht dies: „When the government or party officials identify people's problem to be production and the solution to be Ujamaa, people's response may not bee too enthusiastic even if the problem and the answer might be correct. Failure of the officials to recognise this is an obstacle to genuine people's participation in development." (Kaya 1989:46)

Zum offensichtlich gewordenen Misserfolg zentralistisch ausgerichteter Partizipationsförderung hat der damalige Premierminister Joseph S. Warioba in der Eröffnungsrede zum SID-Workshop in Tansania 1986 erklärt: „Between 1973 and 1980, public administration was our fastest growing industry. While the economy expanded at an average of 5.2% per year, administration grew at 11.4%. (...) The major lesson of decentralisation is that in spite of the mechanisms of participation being put in place the major initiative in the generation of development projects in reality came from government technocrats. In fact decentralisation of government achieved the reverse of what had been intended, that is, it took power from the people. This experience has taught us that even where organisational structures for people's participation are established, such participation is not necessarily stimulated unless people's free will and a sense of responsibility exists." (Warioba 1988:390) Ohne „ein Mindestmaß an Freiwilligkeit und Mitverantwortung des Volkes", da gebe ich Warioba recht, wird es keine *people's participation* geben.

Die staatliche Ujamaa-Politik hat keine *people's participation* gezeitigt; stattdessen hat sie die Eigeninitiative der Bevölkerung erheblich geschwächt: „Nach der Unabhängigkeit und massiv seit Gründung der Ujamaadörfer wird in allen Dörfern von der Partei und ihren Massenorganisationen alles von oben für die Dorfbewohner/innen 'organisiert'. Kurz, die Eigeninitiative wird systematisch gelähmt, beispielsweise für gemeinsame Aktivitäten, die administrativ geplant und implementiert werden." (Donner-Reichle 1988:274) Dies ist auch im Handeni-Distrikt deutlich. In einer GTZ-Studie (1992) über die Rolle der Frau bei der Nutzung natürlicher Ressourcen in den Dörfern Mafisa und Gombero wird festgestellt: *A general lack of self-help schemes can be observed on a larger level in both villages. There is little motivation for communal tasks be it building of schools, repairing the road during the rainy season or any other communal enterprise.*

Offiziell hat die tansanische Regierung schon lange das *Ende* ihrer Ujamaa-Politik verkündet, beziehungsweise es heißt offiziell, ein wenig diplomatischer: Ujamaa müsse im heutigen Kontext „anders verstanden werden als früher". Aber auch dies ist ein Beschluss von Oben, so wie der *Beginn* des Experiments ein Beschluss von Oben war.

Nach dem Ende des von der Zentrale verordneten Ujamaa blieb es Ende der 80er und zu Beginn der 90er Jahre zunächst einmal der jeweiligen Regionalregierung überlassen, ob sie in ihrem Einflussbereich mit Ujamaa fortfuhr und zum Beispiel den Wohnzwang im Zentraldorf generell beibehielt, oder aber ob sie eine Entscheidung hierüber der nächsttieferen Ebene überließ, dem Distrikt. Das ging dann so weiter, über Division und Ward bis zur Dorfverwaltung. Zuletzt musste derjenige, der wieder in sein verlassenes Heimatdorf wollte, die Genehmigung des Dorfvorstehers einholen. Der Korruption waren durch dieses System Tür und Tor geöffnet. Und: Wem gehört welches Land? Waren die Zwangsumsiedlungen und die oftmals damit verbundenen Änderungen der Grundbesitzverhältnisse rechtens oder nicht? Darüber wurde, ganz ähnlich wie in Deutschland nach der „Wende" von 1989/91, auch an Gerichten in Tansania heftig gestritten, bis in Instanzen hinein, die eigens zu diesem Zweck erst geschaffen werden mussten. Inzwischen, im Jahr 2000, ist der Zwang zum Wohnen im Zentraldorf endlich aufgehoben und jeder darf wieder wohnen, wo er will.

Die dirigistische Ujamaa-Politik hat weit mehr negative Auswirkungen auf das Leben der ländlichen Bevölkerung Tansanias gehabt als nur die Schwächung der Eigeninitiative der Menschen:

Im Rahmen der Villagization-Kampagne sind zigtausend Sigua zwangsweise umgesiedelt worden. Dabei wurde psychische und physische Gewalt angewandt. Im Handeni-Distrikt sind ganze Dörfer von Regierungs- und Parteivertretern zerstört worden, als ihre Bewohner sich weigerten, Heim und Hof aufzugeben.

Bei den Zwangsumsiedlungen sind funktionierende Nachbarschaften und Dorfgemeinschaften zerstört worden. Das traditionelle soziale Solidarnetz ist weiter geschwächt worden.

Die zwangsweise herbeigeführte kleinräumige Bevölkerungsballung (Auflösung von Streusiedlungen und kleineren Dörfern) durch Ujamaa-Politik hat zu einer für die betroffenen Frauen deutlich spürbaren Verschlechterung des Zugangs zu Wasser geführt: Durch vermehrte Wasserentnahme im Zentraldorf sinkt der Grundwasserspiegel dort häufiger und länger so tief, dass das Wasser hier nicht mehr immer für alle Bewohner ausreicht. Viele Frauen müssen deshalb das Wasser für die Familie öfter als früher von weiter entfernt liegenden Wasserstellen holen.

Ähnliches gilt für Brennholz. In den Zeiten vor den Zwangsumsiedlungen ist die Bewirtschaftung der Wälder des Dorfes (traditionell: der Dorfgemeinschaft; nun oft: der Verwaltung des Zentraldorfes) als Energie-Ressource offenbar ausreichend wirkungsvoll gemanagt worden, um zumindest die Kontinuität des Waldbestandes zu sichern. Nun hat Konzentration der Bevölkerung auf wenige große Dörfer zu auffälligen, ökologisch bedenklichen Abholzungen geführt. Ein generationenlang bewährtes System des dörflichen Wald-Managements ist mit der Zwangsauflösung der traditionellen Siedlungsform der Sigua (in kleinen Dörfern) und der Implementation der Ujamaa-Politik gegenstandslos geworden. Viele der Dorfgemeinschaften verfügten von einem Tag auf den anderen nicht mehr über ihre (nach traditionellem Recht) eigenen Felder, über ihr eigenes Dorf, über ihren eigenen Wald. Das Waldmanagement in Sigualand ist vom tansanischen Staat und seinen Entwicklungshelfern durch und seit Ujamaa aus dem Verantwortungsbereich der traditionellen Dorfgemeinschaften herausgenommen und verstaatlicht und kommerzialisiert worden. Es funktioniert vielerorts nicht mehr.

Das Ausmaß kommunaler Selbstverwaltungsrechte in Tansania ist gering. Viele der wichtigsten politisch-administrative Entscheidungen, die das Leben in den Dörfern betreffen, werden auf der Ebene der Distrikte getroffen. Weil von dieser Ebene aus, bis in die 90er Jahre hinein, auch die Wahlen auf lokaler Ebene ganz entscheidend beeinflusst wurden, waren die lokalen Verwaltungs- und dörflichen „Regierungs"-Instanzen in dieser Zeit eher Interessensvertretung der Zentralmacht denn der ländlichen *common people*: „It is the central government which determinates village life. The various operations and legal acts determine where villages and individual houses should be located; who should live in the village; and the nature of the business activities." (Kaya 1989:63)

Im Jahr 1975 ist der *Villages and Ujamaa Villages Act* in Kraft getreten. Eine Dorfversammlung (stimmberechtigt: jeder Dorfbewohner ab 18 Jahre) wählte demnach einen 25-köpfigen *Village Council* (Dorfrat) mit Vorsitzendem, Stellvertreter und Sekretär. In denjenigen Dörfern, in denen die Partei vor Ort vertreten war, übernahmen der jeweilige Vorsitzende und der Sekretär der Partei zugleich diese Funktionen für das Dorf. In einigen Dörfern des Handeni-Distrikts fällt auf, dass die Repräsentation der Zentralmacht vor Ort dadurch geschwächt ist, dass nur solche Personen auf die im Dorf erstellte Vorschlagsliste zur Bürgermeisterwahl gelangten, deren Durchsetzungskraft von den Dorfbewohnern als sehr gering eingeschätzt wurde. Die auf diese Weise gelegentlich herbeigeführte Wahl eines „Dorftrottels" zum Bürgermeister hat die Macht zentraler Instanzen auf der dörflichen Ebene wesentlich geschwächt.

Die Dorfverwaltungen Tansanias haben unter anderem das Recht, über *local by-laws* kommunale Gewerbesteuern zu erheben. Hierbei gehen einige Dorfverwaltungen, auch in Sigualand, recht willkürlich vor. Auch dies fördert Korruption, und zudem behindert es privatwirtschaftliche Eigeninitiative. Eine GTZ-Studie aus Handeni analysiert 1992: *Main income sources of the village government stem from the revenue of goods which leave the village and from the taxes imposed on shop keepers and hoteli*[2] *owners. These revenues are however not systematically collected, and expenditures are not properly accounted for.*

Viele Dorfverwaltungen unterhalten eigene „Projekte": zum Beispiel eine motorbetriebene Maismühle, einen Dorfladen, ein „Gemeinschaftsfeld" oder anderes. In Kimbe und in Kilindi untersteht der Dorfverwaltung auch eine Lagerhalle. Diese Hallen wurden in den 70er Jahren von TIRDEP, einem von Deutschland unterstützten Entwicklungsprojekt, eingerichtet, um die Lebensmittelversorgung sicherzustellen. In der Lagerhalle von Kilindi ist heute die dörfliche Duka untergebracht, ein *village shop* unter der Kontrolle der Dorfverwaltung. Im Jahr 1976 sind im Rahmen der „Operation Maduka" private

---

2   Hoteli (Kiswahili): Teestube oder Gaststätte.

Geschäfte in den Dörfern geschlossen und durch solche im Besitz der Dorfverwaltungen ersetzt worden. Da zugleich der Handel mit landwirtschaftlichen Produkten offiziell verstaatlicht wurde, stand nun praktisch der gesamte legale Handel in Dörfern Sigualands unter der Kontrolle von Dorfverwaltungen und von *parastatals* bzw. Staatsbetrieben. Tauschhandel und Schwarzmarkt konnten dadurch jedoch nicht ausgeschaltet werden.

Entwicklungszusammenarbeit

Im Kapitel „Zukunftsforderungen" seines *politischen Vermächtnisses* schrieb der letzte offizielle Kolonialminister des Kaiserlichen Deutschen Reichs zur Zukunft Afrikas: „Soll etwa mit dem Selbstbestimmungsrecht der Völker auch in Afrika ernst gemacht werden? Wollen wir es den Eingeborenen überlassen, sich selbst zu organisieren? Das ist schlechterdings unmöglich und wird auch von keinem ernsthaften Politiker vertreten... An der Verteilung Afrikas unter die europäischen Staaten halten wir fest." (Solf 1919:81) Auch wenn es sicherlich übertrieben wäre, von einem gleichberechtigten Dialog auf breiter Basis zu sprechen, so ist doch zu konstatieren, dass sich das Klima der Nord-Süd-Kommunikation in den letzten Jahrzehnten erheblich verbessert hat. Geber-Organisationen reden von Wirtschafts-Hilfe und Zusammenarbeit, von Bevölkerungs-Beteiligung (Partizipation) und gar von *Empowerment of the Poor.*

Ab 1972/73 unterstützte auch die deutsche Regierung mit hohem Aufwand Entwicklungsprogramme in der Region Tanga. Das bis in die 90er Jahre über die GTZ[3] geförderte Integrierte Regionalentwicklungsprojekt TIRDEP[4] war eines der größten und kostspieligsten Projekte der deutschen Entwicklungshilfe überhaupt. Nach dem Selbstverständnis der GTZ handelt es sich bei derartigen Projekten nicht um eigene Projekte der deutschen Seite, sondern um Projekte der jeweiligen nationalen Partnerbehörde. Diese Sicht führt dazu, dass die GTZ in aller Regel die jeweils aktuelle Entwicklungspolitik des jeweiligen staatlichen Partners unterstützt. So hat auch das TIRDEP die ländliche Entwicklungspolitik Tansanias mitgetragen. Dabei wurde das Projekt phasenweise zu einem Instrument staatlicher Ujamaa-Politik.

---

3 GTZ, Deutsche Gesellschaft für Technische Zusammenarbeit mit beschränkter Haftung, im Besitz des Bundes.
4 TIRDEP, Tanga Integrated Regional Development Project.

Bei Ujamaa und im TIRDEP standen Schlagworte wie „Selbsthilfe", „Selbsthilfeförderung" und „Partizipation" im Zentrum der Diskussion, lange bevor sie zu Schlüsselbegriffen des entwicklungspolitischen Diskurses wurden. TIRDEP hat den Anspruch nach Außen getragen, Selbsthilfeförderung nicht nur als Komponente der Projektpraxis zu betrachten, sondern als Ansatz des Gesamtprojektes. TIRDEP war ein Projekt der „Ländlichen Regionalentwicklung" (LRE). Die den GTZ-Projekten dieses Typs unterliegende Strategie, Anfang der 90er Jahre aktualisiert, passt sich in die entwicklungspolitische Prioritätensetzung „Selbsthilfeorientierte Armutsbekämpfung" ein. Im Konzeptpapier „LRE aktuell", Ergebnis der Aktualisierung, wird die Grenze sinnvoller Ländlicher Regionalentwicklung und sinnvoller Armutsbekämpfung definiert. Armutsbekämpfung wird dieser Definition nach *sinnlos* in „Situationen.., in denen die ökonomischen Bedingungen oder die natürlichen Ressourcen keine nachhaltige Expansion des Produktionsvolumens auf breiter Ebene zulassen" (v.Rauch 1991: 23). Aber Armut lässt sich, gerade doch auch in Zeiten akzellerierter Globalisierung, nicht nur durch Wachstum bis an die Grenze des ökonomisch und ökologisch Machbaren bekämpfen, sondern sicherlich auch durch Umverteilung. Schranken sinnvoller Armutsbekämpfung erst unmittelbar an den Grenzen des ökonomisch Machbaren und ökologisch Möglichen zu setzen, ist jedenfalls zumindest risikofreudig.

Auch in der TIRDEP-Evaluierung des BMZ[5] von 1992 wird kritisiert, dass TIRDEP *durch seinen hohen materiellen input die Fehler der ländlichen Entwicklungspolitik Tansanias kaschiert, Bedarf an Nachbetreuungsmaßnahmen (also an weitere Fremdunterstützung) geschaffen und das Verbreiten einer eher selbsthilfefeindlichen „spoon-feeding"-Mentalität begünstigt* habe.

Für den „Bereich" Selbsthilfeförderung in Dörfern der Region im Rahmen des TIRDEP war das Dorfentwicklungsprogramm VDP[6] zuständig. Bis 1988/89 hat VDP sich auf die Unterstützung von Dorfverwaltungen und dörflichen Kleingruppen beim Bau und Betrieb von z.B. *hotelis* (Gaststätten), öffentliche Latrinen, moderne Schulen, Marktplätze, staatlichen Dorfapotheken, motorbetriebenen Maismühlen usw. konzentriert. Im Kontakt mit „dem Dorf" ist VDP bis zu jener Zeit von der vermeintlichen Gewissheit ausgegangen, die formalen *village leaders* seien die tatsächlichen Repräsentanten der örtlichen Bevölkerung. Der gesamte sozio-kulturelle, ökonomische und politische Kontext eines von *village leaders* gestellten Antrages auf Unterstützung „des Dorfes" galt dem VDP *expressis verbis* als *black box*. Einblicke in diese *black box* innerdörflicher Machtstrukturen und Prozesse

---

5   BMZ, Bundesministerium für wirtschaftliche Zusammenarbeit und Entwicklung.
6   VDP, Village Development Project

der Entscheidungsfindung wurden vom VDP als illegitime Versuche zur Bevormundung der „Zielgruppen" angesehen und entsprechend sanktioniert. Gleichzeitig wurde ich von der GTZ-Zentrale ins Projekt entsandt, um eben diese *black box* zu öffnen. Das führte, wen wundert es, zu innerbetrieblichen Konflikten: Tatsächlich sind die lokalen *village leaders*, die damals wichtigsten Ansprechpartner des VDP innerhalb der Zielgruppen, bis in die gegenwärtig beginnende Phase der Demokratisierung des Landes hinein, Träger von Eigeninteressen und Vertreter von staatlichen Entwicklungsinteressen, die mit denen der ländlichen *common people* selten identisch sind. Und: Das moderne „Dorf" als hierarchisch organisierte staatliche Verwaltungseinheit auf der einen, und das traditionelle Sigua-Dorf als traditionell akephale Lebens- und Solidargemeinschaft der Bevölkerung auf der anderen Seite, sind weder von ihren Konturen noch von ihren Strukturen oder Zielen her identisch. Beim Black-Box-Ansatz besteht also nicht nur die Gefahr, in der sozialen Wirklichkeit gar nicht existierende „Gemeinschaften" als solche anzusehen, sondern auch, dass einzelne *village leaders* „Selbsthilfe" der Bevölkerung für ihre eigenen Partikularinteressen missbrauchen und dass Selbsthilfeförderung im Sinne zielgerichteter Entwicklungsinteressen des Staates instrumentalisiert wird. Der Staat braucht diese „Selbsthilfe" der Bevölkerung, um Kosten zu sparen. Der Geschäftsbericht der GTZ von 1984 verdeutlichte diese inzwischen überkommene Sichtweise der 80er Jahre. Dort hieß es: „Der jeweils betreffende Staat und die Geberländer können auf das vorhandene Selbsthilfepotential nicht verzichten; die komplexen Entwicklungsprozesse, etwa im ländlichen Raum, sind nicht als Dauersubvention ohne aktive und eigenverantwortliche Mitwirkung der Bevölkerung zu bewältigen." *Selbsthilfe* wurde damals also oft auf die Mitwirkung der Bevölkerung bei der Ausführung fremder Entwicklungsplanung, konkret der des Staates und der Geber, reduziert. Das wird heute anders gesehen.

Endogene Entwicklungsvorstellungen, Ziele und Utopien der Menschen, Mechanismen und Formen sozialer Kontrolle und Macht – All dies lässt sich nicht ohne weiteres abfragen, auch nicht in Sigualand. Als ich gemeinsam mit Experten-Kollegen aus dem Dorfentwicklungsprojekt VDP, in dem ich mitarbeitete, in verschiedenen Dörfern Sigualands Mitglieder des jeweiligen Gemeinderats (*Village Council*) fragte, welches die prioritären Bedürfnisse „des Dorfes" seien, zögerten die Befragten nur selten bei der Antwort und nannten: „eine Maismühle, eine bessere Straßenanbindung, mehr Brunnen im Dorf, und vor allem bessere Gebäude für die Dorfapotheke, für die Schule und selbstverständlich für den Gemeinderat". Die Antworten wiederholten sich, schienen standardisiert, und es fiel deutlich auf, dass sich die von den offiziellen *village leaders* genannte „Prioritätenliste" ihres Bedarfs mit dem allerorts bekannten Angebot des VDP, dessen Name in großen Lettern auf meinem Dienstwagen geschrieben stand, deckte. Georg Elwert hat einmal betont (1988:133f.): „Gerade in den *least developed countries* versuchen sich die Empfänger in extremer Weise in die Perspektive der Geber hineinzuversetzen und das zu antizipieren, was die Geber ihnen gerne schenken möchten." Das wird sich so leicht nicht ändern lassen, solange viele Afrikaner als Bettler und Menschen des Nordens als Geber und Schenker auftreten. Welchen Sinn hätte es auch, wenn *village leaders* oder *common people* eines Dorfes den Experten eines „selbsthilfeorientierten" aber bereits zielorientiert konzipierten Entwicklungsprojektes klarzumachen versuchten, das größte Problem im Dorf sei beispielsweise gar nicht der schlechte Zustand einiger Bauwerke, sondern seien Angst vor der Orientierungslosigkeit der Jugend, vor der Zukunft und vor dem Alter, vor sozialer Unsicherheit...

Nach einer Phase der Umorientierung ging das Dorfentwicklungsprogramm VDP etwa ab 1992 nun nach dem „Standardisierungs"-Ansatz vor und versuchte dabei, breitflächig Prozeduren und Instrumente zu entwickeln, die dann von der Zielgruppe angewandt und genutzt werden sollten. Dass *beide* Ansätze (*black box* und „Standardisierung") auf ihre Weise riskant sind, wurde auch in der GTZ bald erkannt: „In der Praxis wird meistens entweder nach dem sogenannten „Black Box"-Ansatz oder nach dem „Standardisierungs"-Ansatz vorgegangen. Ersterer akzeptiert lokale (dörfliche) Kooperationspartner, ohne deren Repräsentativität genau zu kennen und riskiert damit, gerade die weniger einflussreichen Ressourcennutzergruppen auszuschließen. Letzterer versucht ein bestimmtes Organisationsmodell mit klaren Regelvorgaben, zum Beispiel ein dörfliches Ressourcenmanagement-Komitee, möglichst breitflächig einzuführen und riskiert damit 'Fassaden'-strukturen zu schaffen, die nicht von den Benutzergruppen akzeptiert werden" (Schwedersky/ Siebert 1993:31).

Im Laufe der Jahre verbürokratisierte das TIRDEP und blähte sich auf. Ebenso erging es der mit dem Projekt verwobenen Regionalverwaltung von Tanga. Die Verantwortlichen des TIRDEP versuchten daraufhin, ein Konzept der Dezentralisierung des Großprojektes zu entwerfen, und die Projektidee „West-Handeni" entstand. Es wurde ein Neuvorhaben vorbereitet, ein neues Projekt, das möglichst basisnah und dezentral arbeitend ganz auf Selbsthilfeförderung basieren sollte. Dies Projekt haben Ibrahim Athumani und ich durch die GTZ-Aktionsforschung im Handeni-Distrikt mit vorbereitet.

Bei meinen Feldforschungen in West-Handeni habe ich anfangs mit verschiedenen tansanischen Forschungsassistentinnen zusammengearbeitet: junge Frauen, alle (noch) unverheiratet. Verheiratete Frauen arbeiten im ländlichen Tansania nur selten mit männlichen Kollegen zusammen. Meine Assistentinnen stammten alle aus guten, ja aus besten Familien, aus Großstädten in anderen Teilen Tansanias. Dort hatten sie eine *Secondary School* besucht und *Community Development* studiert, bevor sie in den Staatsdienst eintraten. Sie waren Angehörige der Oberschicht und fremd hier, so wie kaum jemand in der Verwaltung des Distrikts Handeni ein Einheimischer war. Sie waren Mitarbeiterinnen des Nationalen Ministeriums für *Community Development* und waren dem GTZ-Forschungsprojekt von der Regional-verwaltung als Assistentinnen zugewiesen. Eine von ihnen verstand ihre vorübergehende Versetzung nach Handeni als große Chance, sich auch bei der Arbeit „im Busch" zu bewähren, eine andere begriff sie als Strafver-setzung. Die beiden Assistentinnen waren keine große Hilfe bei der Erfas-sung der sozialen Besonderheiten der Projektregion. Sie waren überhaupt nur wenige Male bereit, in die Dörfer mitzukommen. Sie bezogen ihre Kenntnis der Probleme der Landbevölkerung hauptsächlich aus den Berichten von Regierung und Partei. Sie waren gebildet, christlich getauft, sprachen sehr gutes Englisch, trugen Namen englischer Königinnen bzw. Prinzessinnen, waren das moderne Stadtleben gewohnt und dem Leben auf dem Land, dem Leben der *common people,* völlig entfremdet. Mehr als einmal haben sich meine Assistentinnen und andere staatliche Funktionäre, die ich ins Projekt-gebiet mitnahm, erstaunt darüber gezeigt, dass es „so viel Rückständigkeit in Tansania überhaupt noch gibt". Tatsächlich ist die soziale Realität außerhalb der Distrikt-Hauptstädte und abseits der großen Überlandpisten nur wenigen der staatlichen Funktionäre einigermaßen bekannt.[7]

Die Entfremdung vieler staatlicher Funktionäre und auch vieler einhei-mischer Wissenschaftler von den *common people,* von der Basis, ist ein in weiten Teilen Afrikas zu konstatierendes Phänomen: „Wir sehen uns oft mit der Notwendigkeit konfrontiert, die von den einheimischen Wissenschaftlern gar nicht mehr gesuchte Basisnähe zu übernehmen", heißt es im Protokoll der Tagung Entwicklungssoziologie und Sozialanthropologie der Deutschen Gesellschaft für Soziologie (DGS) vom November 1993 (Gudrun Lachen-mann und Ulrike Schürkens). Das ist eine deutliche Sprache. Die Frage ist nur, ob wir weißen EntwicklungswissenschaftlerInnen tatsächlich bereit und auch fähig sind zu dieser Basisnähe.

---

7 Gemeinsam mit anderen Hindernissen türmte sich derartiger Verwaltungsdespo-tismus Ende des 20. Jahrhunderts zu einem „Verlust der 'Basislegitimität' staatlicher Herrschaft" in Afrika auf. „Zum Verwaltungsdespotismus gehörte ... eine Ordnung, die in den Beziehungen zwischen Herrschenden und Beherrschten kein Basisvertrauen kennt... Den harten Gegensätzen entsprach, dass die Verwaltung von den Wirklichkeiten, die sie zu verwalten hatte, nichts wusste. Die Verwaltung verzehrte ihre Kräfte an den vielfältigen Strategien der Widerstän-digkeit, mit denen die Menschen dem hauptstädtischen Zentrum und seinen Vertretern begegneten." (Trutz von Trotha 2000:255f.)

Dabei wären einige wichtige Voraussetzungen gegeben. Auch Elisabeth Grohs, die selbst in Sigualand gearbeitet hat und die Situation dort gut kannte, hat (1980:15) darauf hingewiesen: Einheimische geben sensible Informationen oft bereitwilliger und offener an völlig kulturfremde Personen weiter als an jene Landsleute, die sich von der eigenen Tradition entfernt haben und die Dorfbevölkerung möglicherweise als rückständig betrachten. Athumani bezeichnet derartige Menschen, meist Angehörige der Staatsklassen, zynisch als *very important persons* (VIPs), und er sagt auch, was er von den paar tausend der „modernen Sigua" in der Stadt hält, die die Sichtweise der Fremden übernommen haben: Die „modernen Menschen" in Handeni, haben die deutliche Tendenz, auf diejenigen Menschen herabzublicken „who still deny to proud on foreign cultures and who deny to devalue their own culture."

1991 ist das Integrierte Agroforstprojekt Handeni (HIAP)[8] in die Durchführungsphase getreten, im Jahr 2001 soll es abgeschlossen werden. Es konzentriert sich auf die Förderung partizipativer Ansätze bei der Lösung dörflicher Konflikte durch die betroffene Bevölkerung selbst. Die Bewohner der Projektdörfer sollen ermuntert und unterstützt werden, ihre Interessen und Ziele so zu diskutieren, dass die bestehenden Konflikte offengelegt und dadurch lösbar werden. Als geeignete Ansatzpunkte hat HIAP insbesondere Fragen der Land- und der Wassernutzung ausgemacht. Im Dorf Kilindi selbst hat HIAP nicht weiter gearbeitet, weil dort, so erklärte es mir ein Projektmitarbeiter, keine weitere Selbsthilfeförderung mehr nötig sei...

Projektaktivitäten wie die des HIAP wurden von der GTZ in den vergangenen Jahren mittels einer bestimmten Planungsmethode festgeschrieben: mittels „Zielorientierter Projektplanung" (Zopp). Die vermeintlich partizipativen Chancen dieser Methode wurde immer wieder besonders betont: „Zopp ermöglicht es, in einem methodisch nachvollziehbaren und für alle Beteiligten transparenten Verfahren zu konkreten Vereinbarungen über die Ziele und Ergebnisse der Projektkooperation zu kommen und diesen Konsens bei Bedarf fortlaufend zu erneuern." (So Elshorst, damals Geschäftsführer der GTZ, 1992:viii) Für die *common people* in Sigualand ist das Zopp-Verfahren jedoch weder nachvollziehbar, noch transparent, noch verbindlich (vgl. Kohnert, Preuß und Sauer 1992). Das wurde in Tanga besonders deutlich.

Das erste Zopp-Seminar des HIAP „vor Ort" (in Tansania) hat 1990 in Tanga stattgefunden (vgl. Merten 1991:214ff. und 1992:100ff.). Eingeladen waren 23 Teilnehmer, davon lediglich 5 aus dem Handeni-Distrikt. Die anderen Zopp-Teilnehmer waren Vertreter der GTZ, des TIRDEP und der

---

8 HIAP, Handeni Integrated Agro-Forestry -Project.

Regionalverwaltung. Mit der eigentlichen Zielgruppe des Projekts, der Bevölkerung in den Projektdörfern, hatte das Zopp-Seminar 1990 sehr, sehr wenig Kontakt. Vier der fünf Teilnehmer aus dem Handeni-Distrikt waren Vertreter der Distriktverwaltung, sie vertraten die Abteilungen *Community Development*, Planung, Landwirtschaft und Forsten. Keiner von ihnen war ein Sigua. Als einzige Person aus dem Projektgebiet West-Handeni war, auf meinen Vorschlag hin, Ibrahim Athumani eingeladen worden. Auf dem Weg nach Tanga ist er damals verunglückt. Der *Land-Rover*, auf dessen Ladefläche er mitgenommen wurde, hat sich überschlagen, mehrere Personen kamen ums Leben, und Ibrahim musste einige Wochen im Krankenhaus in Korogwe verbringen. Auf seinem Entlassungsschein lautet die ärztliche Diagnose: Fraktur der Wirbelsäule. Ibrahim erhielt trotz dieses Unfalls seine für den einwöchigen Aufenthalt in Tanga vorgesehenen Tagegelder, immerhin das mehrfache seines Monatslohnes als Schulinspektor, und kaufte davon, betreut durch das „Test- und Pilotprogramm zur Analyse des Selbsthilfepotentials im Handeni-Distrikt", d.h. durch mich, eine manuelle Sonnenblumenölpresse. Auf Ibrahims Erfahrungen mit dieser Ölpresse gehe ich weiter unten ein.

Das Ergebnis des Zopp-Planungsseminars für HIAP baute, zumindest von der „nackten Planung" her, auf einer Problemalyse auf, in der folgende 18 *Probleme* ganz oben standen: „Inappropriate use of natural resources", „Low livestock production", „Low crop yields", „Low labour productivity", „Low level of labour input in agricultural production", „Unattractive marketing systems", „Lack of initiative to change living conditions", „Low and unsustainable agroforestry production and management in Handeni" (core problem), „Low level off-farm activities", „Income very low and stagnating", „Poor living conditions of the villagers ...", „Youth migrates out", „Periodic hunger", „Malnutrition", „High morbidity and mortality rates", „Deforestation", „Disturbance of ecological balance" und „Desertification" (HIAP 1990:6).

Diese aussagestarke Zopp-Problemanalyse hatte eine entsprechende Formulierung der *Ziele* des Projektes HIAP zur Folge: „Natural resources appropriately used", „Livestock production increased", „Crop yields increased", „Labour productivity sufficiently increased", „Sufficiently increased level of labour input in agricultural production", „More attractive marketing systems", „Villagers' initiatives to change their living conditions increased", „Agroforestry production and management in Handeni sustainably improved and increased" (project's objective), „Increased off-farm activities", „Increase and growth of income", „Living conditions of villagers in rural areas improved", „Youth migration reduced", „Constant supply of food", „Nutrition status improved", „Morbidity and mortality rates minimised", „Afforestation and Forest management established", „Ecological balance improved" und „Desertification reduced" (a.a.O.:13).

Den Gepflogenheiten der Sigua und zahlreicher anderer Gesellschaften Afrikas entspricht es, den Gesprächspartner nicht mit „Problemen" und mit Bittstellungen zu belasten: „Der Europäer trifft das Ziel seines Denkens oder er verfehlt es", erläutert Sundermeier, „der Afrikaner kann eigentlich nie sein Ziel verfehlen, und irgendwie kommt man ans Ziel, nicht schneidend kalt und direkt, sondern umschreibend. Man erreicht Annäherungswerte. Das Ziel selbst wird nicht mehr berührt. Auch das hat seinen Grund in der partizipatorischen Grundstimmung... In der Praxis sieht das so aus, dass man nicht genau sagt, was man von jemandem erbittet, sondern man umkreist den Gegenstand und überlässt es dem Partner, zu erraten, um was es sich handelt. Spricht er die Sache aus, zeigt er seine innere Bereitschaft an, ... den Wunsch zu erfüllen, soweit es in seinen Kräften steht" (Theo Sundermeier 1988:63f.).

Das Risiko, bei einigen afrikanischen Entwicklungs-Hilfs-Partnern märchenhafte Erwartungen zu wecken, ist bei einer solchen Zopp-Liste, in der die während einer exakt definierten Zeitspanne zu erreichenden „Ziele" formuliert werden sollen und nicht etwa „Utopien", sicher enorm. Die Zielgruppen des Projekts können Zopp jedenfalls methodisch *nicht* nachvollziehen. Das ist nicht *ihre* Entwicklung, um die es da im besten Hotel der weit entfernten Regionalhauptstadt ging. (Ende der 90er Jahre hat die GTZ ihre Entwicklungsprojekte angewiesen, Zopp wesentlich flexibler zu gestalten als bis dahin üblich.)

Eine der von mir im Rahmen meines GTZ-Aktionsforschungsprogramms von 1989/90 in West-Handeni durchgeführten „Test- und Pilotmaßnahmen zur Analyse des Selbsthilfepotentials" bestand in dem Versuch der Einführung von Eseln als Zugtiere, eine andere in dem Versuch, Sonnenblumenölpressen einzuführen. Beide Versuche sind gescheitert.

Die Idee zu dem Eselprojekt entstand, als die tansanischen Behörden uns wieder einmal vehement auf die angebliche Notwendigkeit der Bereitstellung von Traktoren für jedes Dorf durch die GTZ hinwiesen. Wir Selbsthilfe-Experten wunderten uns, wieso die lokale Sigua-Bevölkerung zum Tragen von Lasten, zum Ziehen von Karren und vom Pflug, keine Tiere einsetzte. Die Argumente, die wir speziell für Esel fanden, schienen stichhaltig:

– Esel können beim Pflügen und zumindest beim innerdörflichen Transport eingesetzt werden, anders als zum Beispiel Pferde oder Kamele.

– Ein Esel kostete 1990 etwa 12.ooo Tansanische Schilling und war damit billiger als ein Fahrrad. Das heißt: ein Esel ist für kleine Gruppen finanzierbar, im Gegensatz zum Traktor.

– Esel und deren Fähigkeit zur Arbeit sind im Handeni-Distrikt allgemein bekannt. Die unmittelbar benachbart lebenden Massai halten viele Esel, nutzen sie und verkaufen sie auch. Die Esel haben offenbar keine Schwierigkeiten mit dem regionalen Klima.

– Außerhalb der Dörfer sind weite Teile des Distrikts Tse-Tse-verseucht. Esel sind gegenüber der Tse-Tse-Fliege viel unempfindlicher als andere denkbare Zugtiere.

– Die staatlichen Veterinärdienste in Handeni verfügten über eine gewisse Erfahrung im Umgang mit Eseln. Alternativ dazu ließe sich womöglich das traditionelle, gut funktionierende Veterinärsystem der Massai nutzen.

– Zeitaufwendiger und sozial wie ökologisch riskanter Freilauf der Esel kann durch Zufütterung mit Maiskleie eingeschränkt werden. Auch während der periodischen, klimatisch begründeten Nichtverfügbarkeit von Frischfutter für die Esel steht Maiskleie zur Verfügung, nämlich als Abfallprodukt der zahlreichen Maismühlen.

– In Korogwe, etwa 65 km nordöstlich von Handeni, war das Projekt zur Förderung tierischer Anspannung (DAP)[9] des TIRDEP stationiert. Auch hier konnte Fachwissen eingeholt werden, und hier waren robuste, preiswerte Eselkarren und Pflüge erhältlich.

Als Grund dafür, dass Esel bis zu diesem Zeitpunkt in Sigualand kaum eingesetzt wurden, vermuteten wir soziokulturelle Schranken: so wurde ich, halb im Scherz, bei meiner Propagierung der Esel mehrfach von Einheimischen gefragt, ob man sich denn als Eselhalter auch rot kleiden müsse, wie die Massai... Außerdem, so fanden wir heraus, gilt Eselfleisch in der Sigua-Gesellschaft als ungenießbar...

Diese soziokulturellen Schranken gegen die Einführung von Eseln bei den Sigua schienen überwindbar. Ich beschaffte fünf Esel (von Massai), ließ sie trainieren und ausrüsten (von DAP), und versuchte, den Nutzen der Esel in Handeni und in Kilindi praktisch zu demonstrieren. Ich suchte einen neuen

---

9 DAP, Draft Animal Projekt.

lokalen Mitarbeiter, dessen einzige Aufgabe in der Betreuung der Esel bestand. Wir nannten ihn *Donkey Man*. Ich ließ ihn dazu im DAP in Korogwe gründlich im Umgang mit diesen Tieren ausbilden. Anschließend durfte er die Tiere (ggf. plus Karren oder Pflug) auf eigene Rechnung vermieten: ein kommerzieller Esel-Verleih-Service. Damit würde ein möglichst großer Demonstrationseffekt erzielt werden. So stellte ich mir das vor.

Tipps und Anregungen holte ich mir in der Planungsphase des Eselprojekts auch im Norden des Distrikts, wo 1989 unabhängig von irgendwelchen Projektaktivitäten im Raum Kwengoma/Nafti einige Eselkarren im Einsatz waren. Ein dörflicher Geschäftsmann transportierte damit Holzkohle in die benachbarte Distrikt-Hauptstadt Korogwe. Das Geschäft und der Einsatz der Esel erschienen profitabel, und auf der Piste, die auch Handeni mit Korogwe verbindet, sah man die Esel damals fast täglich. Das stärkte meinen Optimismus. Ein paar Monate später, unser Projekt war längst angelaufen, kam allerdings die unerwartete Ernüchterung: Eines Tages wurden die Karren nicht mehr von Eseln gezogen, sondern von Kindern. Die Esel waren verkauft worden. Der Preis menschlicher Arbeitskraft ist in Sigualand, zumindest im Einzelfall, niedriger als der Preis tierischer Arbeitskraft.

Die „Zielgruppe" meiner Selbsthilfeförderung nutzte die Tiere fast überhaupt nicht. Unser Esel-Verantwortlicher, der *Donkey Man*, erzielte durch die Vermietung der Tiere Einnahmen in Höhe von etwa 5–10 DM pro Monat. Das war nicht ansatzweise kostendeckend. Er klagte, dass zwar das Interesse am Einsatz der Esel vorhanden sei, dass aber niemand Geld dafür bezahlen wollte. Die meisten Bewohner Handenis forderten einen unentgeltlichen Einsatz der Tiere, die aus ihrer Sicht schließlich Esel „meines" Projekts und nicht Esel des *Donkey Man* waren. Außerdem kam es auffallend häufig vor, dass unser *Donkey Man* bezahlte Aufträge ablehnte – sei es, weil er die Tiere just zu diesem Zeitpunkt für unpässlich hielt, sei es, weil er selber unter „Malaria" litt. Malaria ist in Sigualand so verbreitet wie in Deutschland „Kopfschmerzen" oder „Erkältung", und so geht ein großer Teil der Bevölkerung recht lasch mit prophylaktischen Verhaltensmaßnahmen um. Präventive Medikamente sind zu teuer. Ein gewisser Fatalismus scheint weit verbreitet: „es kann jeden treffen, und es trifft einen ja auch, so oder so".

Wir bekamen bald Probleme. Bereits während der ersten sechs Monate starben, unter meiner Obhut und in unserem familiären Garten (0,5 ha) in Handeni, zwei der fünf Tiere mit Verdacht auf Hirnhautentzündung, übertragen durch Zecken. Ein weiterer Esel starb wenig später. Da zwei (weiße) Vertreterinnen des Weltbundes zum Schutze der Esel, in Lamu (Kenia) stationiert und von irgend jemandem über unser Esel-Projekt informiert, meine Eselhaltung inspiziert und gelobt hatten, konnte es zumindest nicht nur an der Art der Haltung liegen. Ich befragte Veterinäre der Distrikt-Verwaltung, aber als ich auch einen traditionellen Veterinär der Massai konsultierte, verscherzte ich mir einen großen Teil ihrer Sympathien. Dennoch gaben die staatlichen Veterinäre sich alle erdenklichen Mühen, Medikamente zu besorgen, um die Esel damit „vollzustopfen". Der Massai dagegen sagte, es könne den Eseln bei mir gar nicht gut gehen. Sie seien immer im Pferch und müssten immer mehr oder weniger an derselben Stelle schlafen. Esel brauchen hier in der Gegend aber alle paar Tage einen anderen Baum, um darunter zu schlafen, sonst siedeln sich die von ihnen angelockten Zecken in ihrem „Stammbaum" an. Diese Zecken übertragen die Hirnhautentzündung.

Außerdem wurde das Futter, die Maiskleie, zu einem neuen, gewichtigen Kostenfaktor. Als die Betreiber der Maismühlen in Handeni und Umgebung realisierten, dass ihr bisheriges Abfallprodukt Kleie „wertvoll" wurde, gaben sie es nicht mehr gratis ab. Das dämpfte meine anfangs recht optimistischen Gewinnerwartungen beim Einsatz der Esel ganz empfindlich.

Eher negative Erfahrungen bei dem Versuch der Einführung von Eseln haben wir auch im Dorf Kilindi gemacht. Eines der Eselgespanne (2 Esel plus Pflug) wurde von mir dort stationiert, und ein junger Mann aus dem Dorf, den ich aus politisch-taktischen Gründen vom Dorfvorsteher (Mwenyekiti) auswählen ließ, wurde bei DAP in Korogwe zum Esel-Betreuer ausgebildet. Für die ersten sechs Monate des Einsatzes der Esel in Kilindi garantierte das Projekt sein Gehalt. Anschließend sollte die Dorfschule von Kilindi die Verantwortung für die Esel übernehmen und, so war es geplant, die weitere Haltung der Tiere und den Lohn des Betreuers aus den erwarteten Einnahmen zu finanzieren. Die Lehrer der Dorfschule und auch Ibrahim Athumani, als Schulinspektor dort, haben sich an der Planung beteiligt.

Von Anfang an gab es aber Unstimmigkeiten mit der offiziellen Dorfverwaltung, der es offenbar ein Dorn im Auge war, dass die Tiere nicht in ihre Obhut gegeben werden sollten, sondern in die Obhut der Schule. Ende 1990, zum Abschluss meines GTZ-Programms, erläuterte Athumani einige Hintergründe des Eselprojekts, die ich bis dahin nicht ausreichend bedacht hatte:

„Before I shall comment why we shall fail, I should inform you on the historical background:

(a) Immediately after village mobilisation (villagization) in 1975, Kilindi villagers were promised 200 goats, free of charge. Until now, not even a single goat has arrived in the village.

(b) A few years later the go-down (Lagerhalle) was constructed to serve the purpose of preserving extra food substances for villagers' future use. There is no single year when it was used in the way it was proposed for.

(c) Another offer presented to Kilindi later was the grinding mill. It's use and profit is known by the village chairman and it's secretary only.

(d) Now the donkeys are a fourth offer. Village leaders' beliefs are basically on earning money as they earn with the grinding mill. The donkeys' being at school is an embarrassment to them, because they are loosing money. So they don't give any assistance and even no bothering to know what the donkeys do in the village.

(e) The donkey man has been convinced by the village leaders that the school won't be able to pay him. So in order to send the donkeys to be under the village leaders control, he should undergo a strike. He is promised to be paid by the village leaders if he gives the donkeys under the village leadership."

Als im Gemeinderat von Kilindi im Dezember 1990 diskutiert wurde, eine lokale Steuer auf Eselhaltung einzuführen, beschloss die Schule, die Tiere an die Dorfverwaltung zu übergeben, und im März 1991 erhielt ich von Ibrahim Athumani die Nachricht, dass die beiden Esel sehr schlecht versorgt würden: „The problem is that no proper feeding programme is led by the village leaders. So the donkeys are underfed. They can both die immediately." Der Freilauf der Tiere im Dorf war schier unmöglich, denn die Hausgärten sind nicht eingezäunt. Wenige Monate später hat die Dorfverwaltung die Tiere verkauft: „The donkeys, the cart and the plough were withdrawn from Kilindi. The village leadership failed to organise the best way to feed the animals" (Athumani, Brief vom 3.9.91).

Über eine nur geringe Akzeptanz für Esel seitens der Bevölkerung auch in anderen Teilen Sigualands berichtete auch Elisabeth Grohs. Als HIAP-Beraterin diskutierte sie in West-Handeni mit Frauen die Idee, mittels Esel Dünger auf die weit entfernten Tabakfelder zu bringen: „The idea to take donkeys as pack animals did not strike them as feasible. Women are already acquainted with the use of donkeys as Massai women use them extensively for the transport of loads. There are also some Ngulu farmers in the area who are using ploughs drawn by donkeys" (Grohs 1992:27).

Als ich 1993 den zweiten Teil meiner Feldarbeit in Sigualand aufnahm und in diesem Zusammenhang auch wieder nach Handeni kam, stellte ich fest, dass nun etwa zehn Esel in der Stadt gehalten wurden. Kollegen aus dem HIAP erklärten, man könne im Morgengrauen kaum noch schlafen – Eselgebrüll! Die Besitzer haben die Tiere unmittelbar nach Auflösung meines Eselprojektes gekauft und es also ganz offenbar vorgezogen, selbständig, auf eigenes Risiko und nach eigenem Gutdünken zu arbeiten, möglichst ohne Verbindung mit irgendeiner „Projektstruktur".

Die Esel waren in der Stadt sehr unbeliebt. Ein Problem scheint auch hier im Freilauf der Tiere begründet zu liegen. Kinder im Alter von 6 oder 8 Jahren sind keine geeigneten Hüter der Esel, sie können sich diesen eigenwilligen Tieren gegenüber oft nicht durchsetzen. Folglich zertrampeln die Esel bei der Futtersuche die Hausgärten, und die Besitzer der Tiere müssen Schadensersatz leisten.

Vielleicht wäre es gar nicht zu meinem Eselprojekt in Sigualand gekommen, wenn mir schon 1989 die Erfahrungen des Ludwig Krapf bekannt gewesen wären. Er war der erste Deutsche, der Handeni besuchte, und war mit einem Esel gekommen. Er schreibt über den Tag seiner Ankunft in Handeni: „Wir brachen früh auf und überschritten den Luengerafluss auf einem dicken Baumstamm, hatten aber Mühe, den Esel hinüberzubringen, da der Fluss zwar nicht breit, aber ziemlich tief ist und hohe und steile Ufer hat. Meine Leute hatten große Furcht vor den Massai.

Nachdem wir das Tal glücklich durchschritten hatten, stiegen wir den Handeni-Berg hinan. Wir hatten beinahe die Spitze des hohen Berges erreicht, als wir an eine Felsbarre kamen, über welche mein Esel, der beim Aufsteigen gar nicht zu gebrauchen war, nicht hinweggehen wollte. Ich hatte mich schon entschlossen, ihn mit Sattel und Zaumzeug zurückzulassen..., als wir auf den Gedanken kamen, eine Art Staffeln aus aufgehäuften Steinen, Holz und Sand zu machen. Auf diese Weise überwanden wir das Hindernis und retteten das Tier, das ich sonst der Wildnis hätte überlassen müssen." (Krapf 1852:314)

Eine andere Test- und Pilotmaßnahme in West-Handeni bestand in der Einführung von Sonnenblumenölpressen. Sonnenblumen sind in Sigualand bekannt, können fast überall angebaut werden, und sie konkurrieren dabei mit keinem anderen Produkt. Sie können leicht *zusätzlich* angebaut werden, auch auf kleineren und kleinsten Frei- bzw. Brachflächen.

In Handeni gab es 1989/90 eine einzige industrielle Ölmühle, von der Kerne zu einem Kilopreis von 7 Schilling aufgekauft wurden. Das heißt, dass bereits in einer Entfernung von wenigen Kilometern zur Fabrik der marktorientierte Anbau von Sonnenblumen unrentabel war, weil die Transportkosten der Kerne dann höher waren als ihr Preis – oder man hätte die Kerne selbst zur Mühle bringen müssen.

Andrerseits lag der Preis des billigsten importierten Pflanzenöls, wie es praktisch in jedem Dorf im Handeni-Distrikt verkauft wird, seinerzeit bei 400 Schilling pro Liter. Sonnenblumenöl ist, insbesondere wegen des hohen Anteils an Linolsäure, eines der höchstwertigen Speiseöle überhaupt. Da Erfahrungen in den Usambara-Bergen gezeigt hatten, dass sich mittels einer bestimmten, lokal hergestellten robusten und wartungsfreien (d.h. sich selbst ölenden) Presse aus 5 kg Kernen leicht 1 bis 1,5 Liter Sonnenblumenöl herstellen ließen, schien die Rechnung einfach: aus Kernen im Marktwert von 35 Schilling ließ sich ohne allzu großen Aufwand Öl im Marktwert von 400 oder gar 600 Schilling herstellen. Auch bei Berücksichtigung aller anfallenden Kosten, einschließlich der Arbeitskraft, müsste sich die Anschaffung einer solchen Ölpresse bereits im dritten Betriebsmonat amortisieren.

1990 ging diese Rechnung auf, in den folgenden Jahren nicht mehr. Die Verteilung der jährlichen Niederschläge war dermaßen ungünstig, dass die ausgesäten Sonnenblumen entweder vertrockneten oder vor der Reife von Stürmen abgeknickt wurden. Ibrahim Athumani, der auf meinen Rat hin eine der Pressen gekauft hat, hofft nun immer wieder auf das nächste Jahr. Dabei hält er die Sonnenblumenölpresse im Schlafzimmer stets betriebsbereit.

6 Rezente Anomie und Traditionelle Akephalie: Eindrücke im Dorf Kilindi

Zwischen *Cut-Throaths* und *Ahoni*

Wer Anfang der 90er Jahre von der Distrikt-Hauptstadt Handeni mit dem Bus ins Dorf Kilindi reisen wollte, der hatte zweimal wöchentlich immerhin die Möglichkeit, bis Kwinji zu gelangen – einem kleinen Dorf an der Überlandpiste, etwa 40 km von Handeni entfernt in Richtung auf Kilindi hin.[1] Alle Dörfer, die von dieser Piste berührt werden, sind Sigua-Dörfer. Etwa 1–2 km nördlich der Piste, parallel zu ihr, verläuft die Grenze zwischen dem Siedlungsgebiet der Sigua und dem der Parakuyo-Massai.

Wer im Bus nach Kilindi unterwegs ist, steigt in Kwinji aus. Dies Dorf gehört zu den kleineren Dörfern in Sigualand – vielleicht 1.ooo Einwohner. Von hier aus legen die meisten Reisenden den weiteren Weg nach Kilindi zu Fuß zurück. Allerdings gibt es auch hier, wie überall in Sigualand, junge Männer, die einen Transportdienst per Fahrrad unterhalten. Auf dem stabilisierten Rücksitz werden gegen festgelegtes Entgelt Personen und Güter bis 75 kg transportiert, auch über längere Wegstrecken. In den 90er Jahren waren es übrigens chinesische Räder; andere galten hier aufgrund der widrigen Straßenverhältnisse als untauglich. Inzwischen werden Fahrräder im Lande selbst produziert, und der Import von Rädern ist untersagt.

Schon kurz hinter dem Ortsausgang Kwinji in Richtung Kilindi führt die schmale Piste durch eine natürliche Schlammfurt, die nach heftigen Regenfällen manchmal einige Tage lang unpassierbar ist. Ortsfremde Händler lassen sie aber gegen Bezahlung von den unmittelbaren Anliegern, notdürftig jedoch für ihre Zwecke ausreichend, instand halten. Hinter dieser Brücke durchquert die Piste dünn besiedeltes Steppenrandgebiet, einen offenen Buschwald, der wegen des Fehlens fast jeglichen Oberflächenwassers wohl schon seit langer Zeit fast unbewohnt ist. Nach der Auflösung kleiner Streusiedlungen und Dorfgemeinschaften im Rahmen der tansanischen Villagization-Politik war diese Gegend dann lange Jahre völlig unbewohnt.

---

1 Einer der beiden wöchentlichen Busse fuhr weiter ins jenseits der Massaisteppe liegende Kondoa, der andere ins Dorf Songe noch diesseits der Steppe. Heute, zehn Jahre später, verkehren etwa doppelt so viele Busse im Handeni-Distrikt.

In den Jahren 1989/90, als der Zwang zum Wohnen im Zentraldorf gelockert wurde, ist wieder eine kleine Siedlung am Rande der Piste entstanden. Mit Zustimmung der Dorfverwaltung von Kilindi sind etwa 12 Kleinfamilien hier hin gezogen in ein Gebiet, das nach den offiziellen Karten der zuständigen Distrikt-Verwaltung allerdings gar nicht mehr zur Gemeinde Kilindi gehört. Die in den offiziellen Karten ausgewiesenen Grenzen spielen in der Realität des Alltags vor Ort keine Rolle. Die neue Siedlung, eine Dorfgemeinschaft der Sigua, ist offiziell kein selbständiges Dorf, sondern sie untersteht weiterhin der Dorfverwaltung von Kilindi.

Die Wegstrecke durch unbewohntes Gebiet ist durch die neue Siedlung praktisch halbiert worden, von rund 20 auf rund 10 Kilometer. Die Bevölkerung Kilindis hat diese Neugründung begrüßt, weil sich dadurch die Möglichkeit ergab, bei einer Reise nach Handeni bzw. nach Kwinji im Bedarfsfall in dieser neuen Siedlung Hilfe zu finden: Fahrradreparatur, Verpflegung, ggf. Unterkunft für die Nacht. Das ist oftmals nötig, denn: *„Kujenda ni kuvina"*, so heißt ein altes Sprichwort in Sigualand. „Reisen ist wie Tanzen". Gängige Interpretation: Du weißt nie, wo und in welchem Zustand Du am nächsten Morgen aufwachst.

Ich selber habe bei meinen Fahrten nach Kilindi meist nicht den öffentlichen Bus, sondern meinen privaten VW-Bus oder den GTZ-*Land-Rover* benutzt. Oft begleitete mich meine Familie. Mit dem Privatwagen erreichten wir das Dorf Kilindi von Handeni aus in etwa eineinhalb Stunden. Ab Kwinji mussten wir, wegen der Massen schier unerträglicher Tse-Tse-Fliegen, die Fenster des Autos geschlossen halten. Die Wirkung der Stiche dieser Quälgeister auf den Menschen erinnert an die Wirkung der Stiche von Bremsen in Europa. Es ist schrecklich, wenn sie, wie es dort nach Regenfällen häufig der Fall ist, einen zu Hunderten umkreisen. Allerdings sind sie erfreulicherweise „sesshaft" und entfernen sich nicht allzu weit von ihrer Schlafstelle, einem bestimmten Baum. Das heißt: man kann vor ihnen weglaufen, und die Einheimischen können sie auch relativ leicht aus ihren Dörfern fernhalten – indem sie ihre „Nester" zerstören. Tatsächlich wird man innerhalb der Dörfer kaum jemals von einer Tse-Tse-Fliege belästigt. Fälle von durch Tse-Tse-Fliegen auf den Menschen übertragene Schlafkrankheit sind übrigens im Handeni-Distrikt, im Gegensatz zu einigen anderen Gebieten Tanganyikas, bisher nicht bekannt geworden.

Die Piste von Kwinji nach Kilindi wird an manchen Tagen von drei, vier oder gar fünf Kraftfahrzeugen befahren, an den meisten Tagen allerdings von keinem einzigen. In Kilindi selbst, auch in den Nachbardörfern, ist *kein* Kraftfahrzeug stationiert. Wer motorisiert in Richtung Kilindi unterwegs ist, der begegnet hier auf der Piste meist keinem anderen Auto, sondern nur einigen wenigen Reisenden, die per Fahrrad oder zu Fuß unterwegs sind – oft schon stundenlang. Sie freuen sich deshalb über jeden menschlichen Kontakt in dieser Einöde, wenn es sich nicht gerade um einen Kontakt mit der Obrigkeit handelt oder um ein Begegnung mit einem Massai.

Ein herannahendes Kraftfahrzeug, so auch unseres, haben sie meist schon von Weitem gehört, und so sind sie – wenn sie nicht gerade schwerhörig sind (Hörgeräte sind hier allerdings nicht im Gebrauch, moderne Ohrenärzte gibt es hier nicht, so gibt es relativ viele Schwerhörige) – auf das Zusammentreffen vorbereitet. Das heißt: falls sie etwas transportieren, das die Begierde der Obrigkeit wecken könnte (die ja oft im Auto unterwegs ist), dann haben sie dieses Etwas, vielleicht einen Sack Hirse, längst irgendwo versteckt, bevor wir uns treffen. Und die Begegnung mit umherziehenden, meist jugendlichen Massai? Die meisten Sigua sagen: Die Massai „tun einem nichts", wenn man unterwegs welche von ihnen trifft. Aber vor allem die Jugendlichen unter den Sigua treffen gar nicht gerne im menschenleeren Busch auf einen oder gar auf mehrere von ihnen. Die Sigua machen, in der Regel, gern einen kleinen Bogen um die Massai. Die Massai „rempeln", heißt es, sie bestehen auf „Vorfahrt". Wenn die reisenden Einheimischen, die auf Grund der Fahr- und Motorgeräusche auf die Präsenz eines Autos vorbereitet sind, dann merken, dass wir „bloß Weiße" sind, verlieren sie meist ihre Angst. Wer hat schon gehört, dass Weiße Hirse stehlen oder rempeln?

Wenn sie uns (bzw. unser Auto) aber nicht haben kommen hören, und sie unsere physische Präsenz plötzlich und unerwartet wahrnehmen, wenn wir Fremde (oder Weiße?) also „aus heiterem Himmel" zu kommen scheinen, dann kann es geschehen, dass Einheimische wie im Schock alles fallen lassen, was sie in Händen halten, und um ihr Leben zu laufen scheinen. Ich habe derartiges nur vier- oder fünfmal beobachtet, aber die Zahl der von mir nicht wahrgenommenen Fälle liegt vermutlich weitaus höher: In Sigualand ist Angst vor weißen „cut-throats" verbreitet, und nicht nur hier. Nordwestlich von Sigualand liegen die South Pare Mountains. Ein international renommierter Lepidopterologe, der Norweger Jan Kielland, der oft hier in der Region unterwegs war, warnt (1990:25): „In many areas (the worst of these being Ufipa and the South Pare Mts.) people believe that strangers go around cutting people's throats ('mchindaji': cut-throat) in order to gather blood for sale to the hospitals!" Wer weiß schon sicher, was an solchen Gerüchten dran ist. Andere Menschen haben ihre Angst vor Sklavenhändlern nicht abgelegt. Noch in diesem Jahrhundert, bis weit in die 20er Jahre hinein, sind in Sigualand, auch von Deutschen, Menschen gefangen und dann als Sklaven verkauft worden...

Kurz vor Kilindi müssen wir eine weitere, zumindest außerhalb der Regenzeit unproblematische Furt durchqueren. Fußgänger können sie ganzjährig völlig gefahrlos durchschreiten. Eine Zementbrücke, die in den 70er Jahren vom deutschen Entwicklungshilfe-Projekt TIRDEP erbaut wurde, um die Furt zu umgehen, liegt einen Kilometer abseits der Piste inmitten von Reisfeldern. Der Standort der Brücke ist falsch gewählt, denn die Reisfelder stehen in der Regenzeit völlig unter Wasser. Wenn dann die Furt wegen Hochwasser für Kraftfahrzeuge manchmal nur schwer passierbar ist und die Brücke hilfreich sein könnte, dann ist die Brücke nicht erreichbar.

Das Dorf Kilindi hat rund 3.ooo Einwohner. Die meisten Dörfer in Sigualand sind durch die *Villagization* zu „Zentraldörfern" geworden und zählen um die zwei- bis dreitausend Einwohner. Dörfer mit mehr als 5.ooo Einwohnern können an den Fingern einer Hand abgezählt werden. Kilindi liegt in rund 7oo Metern Höhe in den nördlichen Ausläufern der Ngulu-Berge. Das Erscheinungsbild des Dorfes wird einerseits durch den nahen Kilindi-Berg geprägt, einer gewaltigen, über 1500 m hohen Verschiebung. Die Steilwand hängt über. Andererseits fällt aber auch eine riesige Wellblechhalle inmitten des Dorfes auf. Es ist eine Lagerhalle, die in den 70er Jahren vom TIRDEP gebaut wurde um dort Lebensmittel zu lagern. Lebensmittelhilfe für Kilindi: Unmittelbar nach den Zwangsumsiedlungen im Zusammenhang mit der tansanischen *Villagization*, als die Umgesiedelten erst einmal Wohnhütten errichten und neue Felder roden mussten, bevor sie an Ernte und an ausreichend Nahrung denken konnten, war es zu einer Hungerkatastrophe gekommen. In der Halle wurde damals Lebensmittelhilfe gelagert. Heute steht sie im Wesentlichen leer, ungenutzt, und zeigt jedem Menschen in Kilindi, wo die Hilfsgüter gelagert werden, wenn es wieder mal zu einer Missernte kommt. In den 90er Jahren war dies zweimal der Fall. Selbsthilfeorientierte Armutsbekämpfung durch aktive Vorratswirtschaft der Betroffenen selbst wird durch eine derart aufdringlich demonstrierte Hilfsbereitschaft von Außen sicherlich nicht gefördert.

Die einspurige Piste endet hier in Kilindi. Der Dorfplatz von Kilindi stellt so etwas wie einen Wende-Kreisel dar. Von hier aus geht es nur noch zu Fuß oder per Fahrrad weiter, in zwei Nachbardörfer.

Als ich zum ersten mal auf dem Dorfplatz von Kilindi ankomme, laufen von allen Seiten Jugendliche herbei. Nach kurzem „*Hallo!*" und „*Ahoni!*" führen sie mich zu einem Lehmhaus direkt am Kopfende des Dorfplatzes. Auf der Veranda des Hauses bieten sie mir einen Hocker an. Standort des Hauses und Sitzposition laden dazu ein, den Blick über das Leben auf dem Dorfplatz streifen zu lassen. In den folgenden Jahren komme ich öfters hier her. Immer treffe ich auf der Veranda jemanden, mit dem ich ein Schwätzchen halten kann. Der Tee, der hier ausgeschenkt wird, ist gratis.

Die erste Kontaktaufnahme zu Menschen in Kilindi ist für fremde Besucher sehr einfach: Jeder Angesprochene erwidert unsere Begrüßung. Nur einige wenige Frauen wenden, so wie sie sich auch den Männern des Dorfes gegenüber verhalten, „schüchtern" aber freundlich ihr unverschleiertes Gesicht von uns ab. Allgemein werden wir nicht als „Fremde" wahrgenommen, sondern, solange wir uns an bestimmte Regeln halten, erst einmal als „Gäste". *Wageni*, der entsprechende Begriff in Kiswahili, umfasst beide Bedeutungen.

Viele Kinder im Dorf begrüßen mich mit einem deutlichen „*Shikamoo, Mzee!*", worauf sie als Erwiderung ein „*Marahaba!*" erwarten. Dieser Gruß ist arabischen Ursprungs, und nur wenigen Menschen in Kilindi ist die wörtliche Bedeutung bewusst. „Shikamoo", so erklärt mir einmal ein Lehrer im Dorf, bedeute soviel wie „Ich küsse Ihre Füße", und „Marahaba" als Erwiderung bedeute so viel wie: „Einverstanden".

In vielen swahilisprachigen Städten Ostafrikas ist das *Shikamoo* der Kinder zu einem kaum noch verständlichen *Sshhh* degeneriert, und in Handeni-Stadt grüßt man heute gelegentlich mit „*Poa!*". Vermutlich eine Modeerscheinung. „Poa" entspricht in etwa dem englischen Wort „cool" und fand in den 90er Jahren Eingang in die Sprache der Werbung im modernen Tansania.

Manche Kinder in Handeni begrüßen mich aber auch, bis in den Abend hinein, immer wieder stolz mit einem freundlichen „good-morning-teacher", – obwohl ich kein *teacher*, kein Lehrer bin. Es sind die einzigen Worte Englisch, die sie flüssig aussprechen können. Die Intonation ist gut. Aber auch hier ist die wörtliche Bedeutung des Grußes den meisten nicht bewusst, obwohl Englisch offiziell Pflichtsprache an den Schulen ist.

Viele Menschen in Sigualand sind weder vom „*poa*" noch vom „*shikamoo*" als Gruß begeistert. Ibrahim Athumani kommentiert: „Was 'shikamoo' not an Arab command in slavery, meaning 'I touch my heart to swear that I am under your control'? Should we be proud on that? Maybe? No, we should definitely not pardon past evils to be well remembered, just because they might have become customary!" Er bevorzugt, wie die meisten Erwachsenen in Sigualand, die Begrüßung in der Muttersprache Kisigua. Die konkrete Form der Begrüßung ist dabei einerseits vom Geschlecht und vom Alter der sich Grüßenden abhängig, andrerseits von der Tageszeit. In der Begrüßung kommt auch die besondere Respektierung einerseits der Männer durch die Frauen, andrerseits die des Alters durch die Jugend zum Ausdruck. Der Respekt vor dem Alter hat dabei deutlich Vorrang: In einer Begrüßung zwischen einem jungen Mann und einer alten Frau hat der Respekt ganz eindeutig vom jungen Mann auszugehen. Ich gebe hier zwei Beispiele für Begrüßungsformen in Sigualand wieder, wobei im ersten Fall eine Frau einen Mann grüßt, nachmittags, in Eile, und im zweiten Fall ein Mann eine Frau, ebenfalls nachmittags, ohne Eile:

Beispiel 1

Frau:	Wagosi (od. Walume) Mwendani!	Good afternoon!
Mann:	Emsanyani!	Good afternoon!
Frau:	Hadi tate!	It's alright, man!
Mann:	Eeeh!	Okay!

Beispiel 2

Mann:	Walume Msanyani!	Good afternoon, woman!
Frau:	Hadi Tate!	It's alright, man!
Mann:	Eeeh!	Okay!
	Msinda vihi?	How did you spend the day?
Frau:	Chisinda vyedi.	The day was alright.
	Hangi nyuwe?	What about you, man?
Mann:	Chisinda (od. Sisinda) vyedi!	The day was alright.
Frau:	Eeeh!	Okay!

Den meisten Fremden steht bei einer Begegnung mit einem Sigua das für eine derart „ordnungsgemäße" Begrüßung notwendige Vokabular wohl nicht zur Verfügung. Auch eine standardisierte Begrüßung wird dann akzeptiert, wenn der Fremde sich zumindest an die wichtigsten Höflichkeitsregeln hält: nicht „mit der Tür ins Haus fallen"; zeigen, dass Zeit mitgebracht wurde; zeigen, dass man zumindest selber von der Relevanz der Kontaktaufnahme überzeugt ist; und vor allem Respekt vor dem Alter. Jeder alte Mann, den ich in Sigualand freundlich grüßte, zum Beispiel mit *„shikamoo, mzee"*, hatte Zeit für mich.

Eine standardisierte, leicht zu erlernende Form der Begrüßung unter Gleichaltrigen in Sigualand ist die folgende:

A:	Ahoni!	How are you?
B:	Ni hedi!	Fine!
A:	Eeeh!	Okay!
B:	Ahoni!	How are you?
A:	Ni hedi!	Fine!
B:	Eeeh!	Okay!

In dem Lehmhaus direkt oberhalb des belebten Marktplatzes im Zentrum des Dorfes, in das ich bei meinem ersten Besuch in Kilindi von den anwesenden Jugendlichen geführt wurde, wohnte Ibrahim Athumani mit seiner Familie. Er arbeitete hier als Schulinspektor, bezog ein entsprechendes „fürstliches" Gehalt, damals um die 35 DM im Monat, wenn man den Wechselkurs des Schwarzmarkts zu Grunde legt – kaum ein Hundertstel dessen, was er in vergleichbarer Position in Deutschland verdient hätte. Außerdem bewirtschaftete er zugleich ausreichend ergiebige Felder, um die Eigenversorgung der Familie zu sichern. Er war „arm wie eine Kirchenmaus", aber er gehörte zu den Besserverdienenden im Dorf. Wie manifestiert sich „Reichtum" in einer egalitären Gesellschaft? Schon Wagner (1942:49) stellte fest: „Ein Reicher kann jeden Tag Gastfreundschaft in Form von Bier anbieten, und so wird sein Hof zum Versammlungsort der alten Männer". Auf Ibrahim Athumanis Hof wurde kein Bier ausgeschenkt, sondern Tee, weil er und seine Freunde Alkohol und andere Drogen meiden. Es war ein Versammlungsort, der auch auf Jugendliche und Frauen einladend wirkte. Viele Männer des Dorfes besuchten Ibrahim und viele Frauen des Dorfes Amina, Ibrahims Frau; viele Jugendlichen besuchten die Kinder der Familie.

Die Nachricht meiner Ankunft im Dorf und bei Athumani verbreitete sich schnell. Ein ankommendes Auto wird weithin gehört, und es kommt nicht jeden Tag vor, dass ein Fremder den Weg nach Kilindi sucht und findet. Nach und nach liefen unzählige kleine Kinder und größere Jungen zusammen, und auch die angesehenen und wichtigen Männer des Dorfes erschienen auf der Veranda. Sie stellten sich vor, gesellten sich zu uns oder „entschuldigten" sich mit „dringender Feldarbeit". Auch der offizielle Dorfvorsteher kam, der *Mwenyekiti*, dann sein Sekretär, und schließlich auch der „Doktor". Er war Chef der „Dispensary". Dies ist die staatliche Dorfapotheke von Kilindi, ein kleiner Schuppen, über dessen Eingang mit großen Lettern das Wort „*Mganga*" geschrieben steht, das Wort für „Doktor" auf Kiswahili. Der Hausherr unserer Veranda, Ibrahim Athumani, gesellte sich nicht zu uns, sondern blieb auf seinem Maisfeld. Man sah ihn nur selten mit dem Dorfvorsteher beieinander. Als ich zum ersten mal bei Ibrahim zu hause war, begrüßten mich also unter anderem seine Frau, seine Kinder und seine Freunde. Er selbst war nicht dabei.

Die Jugendlichen, die mich zum Verweilen auf die Veranda führten, hatten vor der Alternative gestanden, mich entweder zum *Mwenyekiti* zu geleiten oder zu Ibrahim Athumani. Diese beiden waren, wie mir später klar wurde, die *Gegenpole in der Arena öffentlicher Meinungsbildung im Dorf.* Athumani erklärte mir bald einmal seine damalige berufliche Tätigkeit. Er war staatlicher Schulinspektor, mit der Oberaufsicht über drei Dorfschulen im Raum Kilindi betraut, von denen jede sechs bis acht Lehrer und einen Direktor hatte. Die Situation dieser Schulen ist katastrophal, so wie in vielen Regionen Afrikas: Keine Bücher, keine Kreide, keine Hefte, zu wenig Tische und Bänke. Viele Kinder sitzen während des Unterrichts auf blanker Lehmerde. Offizielle Lehrpläne waren in Kilindi weitgehend unbekannt. Der Lehrer zum Beispiel, der für die fünfte Jahrgangsklasse zuständig war, hatte kein einziges Buch und wusste nicht, was er unterrichten sollte. Athumani konnte auch auf dem Schwarzmarkt nirgendwo ein entsprechendes Buch erstehen. Also wurde in der Schule mangels Unterrichtsmaterialien oft marschiert, „*chaka-chaka*" gemacht, was offiziell „Politikunterricht, Gesellschaftskunde" heißt. Und das Alphabet wurde auswendig heruntergeleiert, im Chor, stundenlang, und immer wieder, „Good morning teacher!". Und Unkraut-Jäten auf dem Feld des Dorfvorstehers wurde als „Landwirtschaftsunterricht" bezeichnet.

Bald fiel mir auf: Sowohl in „modernen" als auch in „traditionellen" Angelegenheiten seines Dorfes und seiner Gesellschaft kennt Ibrahim Athumani sich gut aus. Er war sehr offen, ich erfuhr ihn als sehr ehrlich und glaubwürdig. Wir befreundeten uns, und auch unsere Familien lernten einander gut kennen. Wenn er uns in Handeni besuchte, dann brachte er manchmal seine Kinder mit, und hin und wieder liehen sie sich von meinen Kindern Asterix-und-Obelix-Hefte aus, um sie nach Kilindi mitzunehmen – auch den Band „Asterix und die Goten", mit der Geschichte vom „Jahrestreffen der Druiden im Karnutenwald". Insbesondere Obelix hat, wie ich später feststellen konnte, manch einen im Dorf sehr beeindruckt.

Ibrahims Familie stammt aus Mzeri, einem kleinen Dorf bei Sindeni, unweit von Handeni. Im Laufe der Zeit erfuhr ich mehr über seinen persönlichen Hintergrund. Ibrahims Urgroßvater Tumbwaziko hat dort als Schmied gearbeitet und auch Pfeilspitzen, Schmuck für Massai, Buschmesser und traditionelle *Gobore*-Gewehre hergestellt. Während Tumbwaziko noch stolz darauf war, eineinhalb *Acre* Land zu bebauen, hat Ibrahims Großvater Mdami schon acht *Acre* kultiviert. Das hatte entscheidend mit der Umstellung von der Handhacke auf die Stielhacke zu tun, was nach Ibrahims Meinung die weitestreichende positive Neuerung im bäuerlichen Produktionssystem ist, so weit man in Sigualand zurückdenken kann. Allerdings sind Hacken mit Stiel, wie sie nun seit Langem zum Jäten verwandt werden, selbstverständlich teurer als Hacken ohne Stiel, „*Kajembe Kufuname*" (oder „*bending hoe*") genannt. Ibrahim Athumani sagt, er habe seine Großmutter einmal gefragt, welches der beiden Arbeitsgeräte vom Großvater Mdami bei der Zwangsarbeit in den kolonialen deutschen Sisalplantagen benutzt worden sei. Je kürzer der Stiel ist, desto tiefer muss man sich nämlich beim Jäten in den Pflanzenreihen bücken, und desto größer ist die Gefahr von Augenverletzungen, denn Agarven haben dornige Blätter: „When I asked her if Mdami used the bending hoe to confront the thorny sisal lines for weeding, she said that all German sisal plantations were cleared by using the bending hoes. I wonder if at all there is one single European who could stand in between the sisal lines to weed, even by using the long handled hoe (to make an up-right working position). Did they intend to blind Mdami and his relatives? I don't know but I fear that many might have become blind this way."

Ibrahim wurde 1945 geboren, besuchte die Primary School in Msasa und die Middle School im Dorf Mkonje. Anschließend lernte er, als Sekundarschüler, auch das Stadtleben kennen: 1964 bis 1966 in Same im Kilimanjaro-Distrikt und 1967 in Tanga. Nach einer Ausbildung am Marango Teachers College arbeitete er als Primarschullehrer – zunächst ab 1970 in der Großstadt Shinyanga in der Nähe des Viktoria-Sees. 1971 heiratete er, und an einige der Lieder, die bei der Hochzeitsfeier von einem „Bänkelsänger" vorgetragen wurden, kann seine Frau Amina sich noch gut erinnern. 1973 wurde Ibrahim dann, 28jährig, zum Direktor der Shinyanga Primary School ernannt, und 1977 wurde er an die Primary School in Kilwa versetzt. Kilwa liegt an der Küste, etwa 200 km südlich der Hauptstadt Dar-es-Salaam. Ibrahim ist also weit herumgekommen in Tansania.

Auf seinen eigenen Antrag hin wurde Ibrahim zum Schuljahresbeginn 1978 in seine Heimat Sigualand versetzt: nach Sindeni, wo er zunächst ein Jahr lang als Schuldirektor arbeitete. In dieser Zeit führte Elisabeth Grohs Feldforschungen an jener Schule durch. Anschließend arbeitete Ibrahim 6 Jahre als „Ward Education Coordinator" in Sindeni, d.h. als Schulinspektor. Ab 1985 arbeitete er in eben dieser Funktion in Kilindi.

Ibrahim Athumani ist sicherlich ein „*Village Intellectual*" und als solcher ein Soziologe. Während sein Großvater ein Heiler war, galt sein Vater mehr als *Mwalimu* (Lehrer), als Weiser, und viele Menschen in Kilindi halten auch

Ibrahim für weise und heilkundig. Bei meinen späteren Besuchen in Kilindi beobachtete ich häufiger, dass und wie er von Freunden und Nachbarn um seine Meinung gebeten wurde. In den ersten Monaten unserer Zusammenarbeit fiel mir dies nicht sonderlich auf. Auch ich selbst befragte ihn immerhin oft genug, von Soziologe zu Soziologe, von Familienvater zu Familienvater, vielleicht auch ein wenig von Querdenker zu Querdenker. Im Nachhinein denke ich, es hätte mich stutzig machen müssen, dass unser Hauspersonal in Handeni-Stadt doch recht freundlich zu ihm war, anders als zu manch anderem einheimischen Besucher. Wenn jemand in Handeni meinen „Bekannten" Ibrahim Athumani als „*Mganga*" aus Kilindi bezeichnete, versuchte ich zu korrigieren: Er sei nicht der *Mganga*, der Arzt, sondern der *Mwalimu*, der Lehrer aus Kilindi. Heute weiß ich: Ibrahim ist *Mwalimu* und *Mganga* in Einem. Im Gegensatz zu manchen anderen „*Wang'anga*", insbesondere zu denen, die in den großen Städten außerhalb Sigualands ihre Dienste gegen Geld anbieten und die sich dabei oft unlauterer Werbung bedienen, betonte er aber immer wieder, über keinerlei „übernatürlichen Kräfte" zu verfügen. Ibrahim Athumani ist Generalist, interessiert sich für Alles, auch für *Crossover Communication*, und hat eigene fundierte Meinungen. Er liest, weil ich ihm solche Bücher auf Englisch mitgebracht habe, auch Toni Morrison und Doris Dörrie.

Ja, Ibrahim berät, arbeitet „neben seinem Beruf als Schulinspektor" als Mganga. Einmal erklärte er mir, dass es allerdings zwei Bereiche gebe, für die er sich absolut nicht interessiere und zu denen er grundsätzlich absolut nichts sage: erstens Frauenkrankheiten und zweitens alles, was mit Eifersucht zu tun hat. Niemals fordert er eine Bezahlung für seine Beratungen, hin und wieder „kann er es allerdings nicht verhindern", dass ihm selbst oder seiner Frau oder seinen Kindern irgendein kleiner Gegenstand in die Hand, in die Tasche oder unters Tuch gedrückt wird. Um was für Dinge es sich dabei handelte, ist mir bis heute ein Geheimnis. Ein einziges Mal, als ihm etwas ihm Unbekanntes angeboten wurde, fragte er mich um Rat, ob er es annehmen solle. Es war Marihuana, was man ihm für seine Dienste geben wollte, und ich riet im davon ab, es zu nehmen.

In den ersten Wochen unserer Bekanntschaft und Zusammenarbeit lernte ich Ibrahim zunächst hauptsächlich als Übersetzer und Dolmetscher schätzen. Ich verstand und sprach damals leidlich Kiswahili, aber überhaupt kein Kisigua. Ibrahim sprach sehr gut Englisch, besser jedenfalls als alle anderen Personen in Kilindi vielleicht mit Ausnahme des damaligen Dorfvorstehers. Ibrahims Lebensgefährtin Amina, die sich bald darauf mit meiner Lebensgefährtin Ike befreundete, war eine lebendige und sympathische, allzeit freundliche Gastgeberin, wenn ich, mal in Begleitung meiner Familie und mal allein, Kilindi besuchte. Amina kochte ausgezeichnetes *Ugali*, Maisbrei mit Bohnen. Sie nahm Ike gelegentlich mit zum Wäschewaschen am Flussufer, und Ibrahim nahm mich mit zur Schule und zur Feldarbeit. Am Fluss, wo Ike dann, wenn wir mit der ganzen Familie im Dorf campierten, unsere Wäsche wusch, durften keine Männer anwesend sein. Schnell stand Ike im Mittelpunkt des Interesses der Frauen des Dorfes. Was mich nun wiederum am meisten erstaunte: Hauptgesprächsthema bei Ikes erstem Aufenthalt am Fluss war ihr Busen. Die Frauen in Kilindi waren offenbar überrascht und erfreut darüber, dass Ikes Brüste sich eigentlich nur unwesentlich von ihren eigenen unterschieden. Bisher hatten sie unverhüllte Busen weißer Frauen nämlich nur auf Michelin- und Playboy-Kalendern gesehen, von denen vereinzelte Blätter bis ins Dorf Kilindi gelangt waren.

Auch unsere Kinder befreundeten sich. Ich hatte damals drei Kinder, drei Jungen, von denen der jüngste in Afrika geboren und stolz darauf ist. Ibrahim und Amina haben gemeinsam 7 Kinder großgezogen: Bakari, Athumani, Saidi, Rashidi, Abdallah, Mamvua und Saumu.

Einmal nahm Ibrahim mich mit zu einer *Ngoma*, einem der zahlreichen traditionellen Feste, bei denen getrommelt und gesungen, meist getanzt und oft auch getrunken wird. Das Tanzen zur Trommel heißt „*Ngoma*", die Trommel selber ebenfalls, ihr Rhythmus heißt so, und der „event" als solcher ebenfalls. Auch wenn alle hier dem Islam angehören, glaubt man in Kilindi, jeder Verstorbene habe eine Seele, einen Geist (*mzimu*, pl. *mizimu*), und jeder *Mzimu* wache von einem anderen, „seinem eigenen" Rhythmus auf. Das Trommeln und das „Wecken" kann man lernen, wenn man will, und viele Menschen besitzen die Fähigkeit, auch ohne große Übung den richtigen Rhythmus zu finden, um einen *Mzimu* zu wecken. Oft ist es das allen noch bekannte „Lieblingslied" des Verstorbenen.

Ibrahim sagt, dass manche der Teilnehmer an einer *Ngoma* heutzutage gar nicht so recht daran glauben, dass die Trommel die Seelen und Geister der Verstorbenen wirklich „wecken" könne. Er selber und die meisten anderen Sigua glauben es. Tatsächlich ist es ja nicht so, dass geweckte *Mizimu* für jedermann spürbar, sichtbar oder hörbar sind. Gute *Crossover Communication* bedarf der Sinnes-Konzentration. Mancher Mensch in Sigualand braucht Tage der Ruhe in einer Hütte auf dem Maisfeld, bevor er mit den Seelen der Ahnen in Kontakt treten kann, manch anderer braucht nur die *Ngoma*...

Der Dorfvorsteher und die Köchin

Den Termin für meinen ersten mehrtägigen, rund zweiwöchigen Aufenthalt in Kilindi hatte ich mit dem *Mwenyekiti,* dem Vorsteher des Dorfes, abgesprochen. Gelegenheiten zu einer solchen persönlichen Verabredung ergaben sich reichlich, weil der Mwenyekiti von Kilindi sich die meiste Zeit in der Distrikt-Hauptstadt Handeni aufhielt, also an meinem Wohnsitz. In Handeni ging er seinen Handelsgeschäften nach[2]. Als ich ihm von meinen Plänen berichtete, zeigte er großes Interesse an meinen Studien, schließlich sollten sie in ein größeres Entwicklungshilfeprojekt der GTZ münden, also Geld ins Dorf bringen. Als ich den ersten vierzehntägigen Aufenthalt in Kilindi vorbereitete, wusste ich, dass es in Kilindi und Umgebung weder ein Restaurant noch ein Hotel gab, und ich packte mein Zelt ein. Hätte ich die Einladung des *Mwenyekiti* angenommen, bei ihm zu hause zu übernachten, dann wäre ich in den Augen der *common people* unter den Dorfbewohnern anfangs sicherlich noch deutlicher als vielleicht jetzt schon als Verbündeter des Staats- bzw. Verwaltungsapparates erschienen.

Im Dorf hat der *Mwenyekiti* mir einen Platz zugewiesen, an dem ich mein Zelt aufbauen konnte – ganz in der Nähe seines Gehöfts bzw. Wohn-Komplexes. Hier lebten mehrere seiner Frauen mit ihren Kindern. Die Zahl seiner Frauen wollte er mir nicht nennen – es waren, nach Meinung der Dorfbewohner, eindeutig „zu viele". Die allermeisten Männer in der Sigua-Gesellschaft haben eine einzige Frau. Früher war das anders, sagt man.

Ohne dass ich danach gefragt hatte, hat der *Mwenyekiti* mir für die Zeit meines Aufenthalts in Kilindi eine Köchin vermittelt, ein junges Mädchen aus dem Dorf, vielleicht 12 Jahre alt. Leider sprach sie ausschließlich Kisigua, und so konnte ich mich mit ihr kaum verständigen. Ich schätze, dass nur etwa 2 Prozent der Bevölkerung der Dörfer Sigualands abseits der großen Überlandpisten so weit Englisch sprechen, dass eine flüssige Unterhaltung möglich ist. Sicherlich mehr als 70 oder 80 Prozent sprechen sehr gut Kiswahili, die *lingua franca* Ostafrikas, und nur eine Minderheit spricht fast ausschließlich Kisigua bzw. den Dialekt Kingulu.

Als Bezahlung für ihre Dienste als Köchin bot ich dem Mädchen den von mir mitgebrachten Reis an. Reis gilt in den Dörfern Sigualands als Festessen. Dafür bereitete sie mir die Nahrung zu, die im Dorf allgemein gegessen wird.

---

2   Dass Dorfvorsteher und Bürgermeister in der Metropole leben statt in ihrem Dorf oder ihrer Stadt, ihrem   Zuständigkeitsbereich, ist typisch für viele Länder Afrikas. 1994 habe ich in Côte d'Ivoire (Elfenbeinküste) festgestellt, dass die meisten der mehr als hundert *Maires* permanent in Abidjan lebten.

Im Laufe des Tages gibt es zwei Hauptmahlzeiten, eine am frühen Nachmittag gegen 14 Uhr, wenn die Menschen, die im Morgengrauen zur Feldarbeit aufgebrochen sind, wegen der Mittagshitze ins Dorf zurückkommen, und eine weitere am Abend nach Sonnenuntergang, gegen 19 Uhr. Beide Mahlzeiten bestehen aus *Ugali*, Maisbrei, bereichert um das im Wald gesammelte Gemüse der Saison. Zum Frühstück gibt es *Uji*, in warmem Wasser aufgelöstes Ugali vom Vortag. Wer es sich leisten kann, fügt seinem Uji einige Tropfen Milch zu oder ein wenig Bananenbrei. Wer sich gar Zucker leisten kann, der trinkt oft Tee statt Uji. Tee wird hier in den Ngulu-Bergen zwar nur in kleinen Mengen, aber in hervorragender Qualität angebaut. Tee ohne Zucker gilt in Sigualand allerdings gemeinhin als ungenießbar.

Auch wilde Obstbäume sind in Kilindi und manchem anderen Dorf der Ngulu-Berge zahlreich vorhanden, und meist erhebt niemand einen individuellen Besitzanspruch. Dieser ergäbe sich daraus, dass jemand den Baum angepflanzt hätte. Einer der Dorflehrer in Kilindi zeigte mir wilde Bananen, Orangen- und Mangobäume und erklärte, „it's all a gift of nature", die Natur mache den Menschen in Kilindi das Leben so leicht, dass sie sich um „Entwicklung" nicht zu kümmern bräuchten. Er sagte dies mehrfach, und die Reaktion der Umstehenden war immer eindeutig: ja, das Leben in Kilindi sei einfach und schön, besonders zur Erntezeit und in den Monaten danach. In der Regenzeit sei man aber praktisch völlig von der Außenwelt abgeschnitten, und in der Trockenzeit gebe es manchmal eben doch nicht genug zu essen. Und nicht genug zu trinken. Viele Wasserquellen in der Nähe des Dorfes sind dann versiegt.

Als ich mich später im Dorf für die Hilfe durch die Köchin bedanke und zugleich bedächtig frage, wieso man niemanden für diese Arbeit ausgewählt habe, der vielleicht etwas älter ist, der Kiswahili spricht oder der zu kochen gelernt hat, heißt es: Meine Köchin sei 16 Jahre alt und erwachsen und unverheiratet und sei somit die einzige Frau im Dorf, die mehrmals hintereinander für einen fremden Mann kochen dürfe. Alle anderen Frauen seien verheiratet. Mir fällt auf, dass junge Frauen und Mädchen im Alter zwischen etwa 12 und 16 Jahren kaum jemals im Dorf zu sehen sind. Ich frage nach dem Warum. Steven, ein Lehrer, erklärt: „Wir Männer mögen es nicht, wenn junge Frauen und Mädchen sich im Dorf herumtreiben. Sie sind zuhause und arbeiten dort." Die Beschreibung der traditionellen Ausbildung und der Riten der Mädchen erklärt einige Zusammenhänge: 'voreheliche Seklusion'.

Mädchen in der Altersgruppe der 12- bis 16jährigen halten sich in Kilindi offenbar sämtlich im Hause auf, im Regelfall bei der Großmutter – bis zu ihrer Hochzeit.

Die alte Kapok-Plantage

Früher, in der Kolonialzeit, hat ein deutscher Siedler im Dorf Kilindi gelebt. Seine Farm basierte auf der Produktion von Kaffee, Gewürzen und insbesondere Kapok. Der Kapokbaum, Ceiba sp., ist vermutlich erst in der Frühphase der deutschen Kolonialherrschaft in Teilen der Region eingeführt worden. Er gedeiht nur in Gegenden mit etwa 15oo mm Niederschlag. Seine Fruchtknoten entwickeln Kapseln, die äußerlich an eine Kakaofrucht erinnern. Die Kapseln bergen jeweils an die einhundert kleine dunkelbraune Samenkerne, die völlig von seidigweichen Haarfasern eingehüllt sind. Diese Fasern, der Kapok, ähneln in ihrem Aussehen und ihrer Verwendungsfähigkeit der Baumwolle. Damals während der Kolonialzeit ist Kapok exportiert worden. Er ist ein ausgezeichnetes Isolationsmaterial und wurde zur Zeit des ersten Weltkrieges beim Bau von Flugzeugen benutzt. Heute wird er in Sigualand nur noch lokal verwandt, hauptsächlich als Füllmaterial für Kissen und Bettdecken. Derartige Kissen und Decken locken Mäuse und Ratten an, wenn der Kapok nicht ordentlich entkernt ist.

Der deutsche Farmer hat bis zu seiner Internierung durch die Briten während des zweiten Weltkriegs in Kilindi gelebt. Der lokal hier noch in geringem Umfang produzierte Kaffee und die Gewürze wären, schon aus qualitativen Gründen, heute international kaum wettbewerbsfähig, und Kapok ist in der Industrie durch Baumwolle sowie Styropor und andere Kunstprodukte ersetzt worden. Die Farm wäre heute sicherlich unrentabel, sie ist schon lange verfallen und kaum mehr zu lokalisieren. Bei genauerem Hinsehen bemerkt man in den das Dorf umgebenden Wäldern allerdings Rudimente pflanzlichen Erbguts, das von Natur aus hier nicht heimisch ist.

Als feststand, dass ich im Rahmen meines GTZ-Forschungsprogramms öfters Kilindi besuchen würde, bat ich die Dorfverwaltung um Erlaubnis zum Bau einer soliden Lehmhütte als Nachtquartier. Man erklärte sich mit meinem Vorschlag förmlich einverstanden. Ein altes Betonfundament, ungenutzt, war vorhanden: ein Teil des Fundaments der schon lange verfallenen Kapokfabrik. Tragende Balken der alten Konstruktion, wohl aus der Zeit des 1. Weltkrieges, standen auch noch. Sie seien aus extrem haltbarem

Mtondoro-Holz, sagte man mir stolz. Unmittelbar neben dem Fundament, neben meinem avisierten Bauplatz also, standen zu diesem Zeitpunkt noch einige der inzwischen riesigen, alten Kapokbäume. Und ganz in der Nähe, in Sichtweite, war das Haus von Ibrahim Athumani. Ich versuchte also zu klären, wann lokale Arbeitskräfte für die Bauarbeiten an meiner Lehmhütte verfügbar seien. Als ich fragte war es März, Zeit der arbeitsintensiven Aussaat. Einige Männer meldeten sich jedoch sofort: noch am gleichen Tage wollten sie mit der Arbeit an meiner Hütte beginnen, wenn ich dafür bezahle. „Und die Feldarbeit?", fragte ich. „Da werden halt die Frauen etwas mehr arbeiten müssen als gewöhnlich", sagte man mir, am 8.3.1989 in Kilindi. Ich vertröstete die Männer und sagte, dass ich die Hütte im Mai bauen lassen wolle, unmittelbar nach dem Ende der Erntezeit.

Zum Bau meines festen Quartiers in Kilindi ist es dann aber doch nicht gekommen. Noch vor dem ersten konstruktiven Handschlag wurden eines Nachts, während weder ich noch Athumani im Dorf war, „heimlich von Unbekannten" mehrere der Kapokbäume an meinem Bauplatz gefällt. Die Bäume stürzten dabei gezielt auf das Fundament und zerstörten es. Mein Aufenthalt im Dorf, zumindest mein Daueraufenthalt in einer eigenen Hütte in der Nachbarschaft von Ibrahim Athumani, wurde also ganz offenbar nicht von allen Dorfbewohnern begrüßt.

Alltag im Dorf und „Rundhütten sind verboten"

Die Hütten und die Wege in Kilindi sind gepflegt, es herrscht kein sichtbares Elend, und die meisten Menschen wirken ausreichend gut ernährt. Lediglich die Kleidung vieler Kinder fällt dadurch auf, dass sie völlig verschlissen ist: Dreifach, fünffach weiterverkaufte *Second-Hand*-Ware aus dem Norden. Bei vielen Kindern sind die Hosen zerfetzt. In einigen Fällen liegen die Gründe hierfür nicht nur in der materiellen Armut der betreffenden Familie, sondern vermutlich auch darin, dass der Sinn dieser Art moderner Kinderkleidung nicht immer nachvollzogen wird. Vor hundert Jahren, so berichtete Oscar Baumann (1891:270), trugen selbst die erwachsenen Männer in Sigualand nur Hemden und Lendenschürzen und die erwachsenen Frauen „nur Lenden-schurz und sehr viele Glasperlen um die Hüften".

Der Lendenschurz heißt in Sigualand „segele". Ibrahim Athumani erläutert (2000): „The word *segele* indicates a traditional dress for children under age. In rare cases a dress resembling to a segele is used by adult traditional dancers. The under-age-segele is usually prepared by women. It is decorated with Arab beads. It simply covers the front part of the body of the child from waist to knees to avoid complete nakedness. The whole part above the waist plus the whole backside from head to feet is barely naked."

Elektrischen Strom oder fließend Wasser gibt es in den Dörfern Sigualands nicht. *Nirgendwo* im westlichen Teil des Handeni-Distrikts gab es 1990 Elektrizität aus dem Netz oder aus einem Generator. Handeni-Stadt erhält seine Elektrizität, recht unzuverlässig, aus dem nationalen Netz. An die Überlandleitung von Korogwe nach Handeni, über rund 60 Kilometer, ist kein einziges der anliegenden Dörfer angeschlossen – außer seit 1995 das Dorf Sindeni. Wenig später folgte Missima. Heute, 5 Jahre später, werden im Dorf Sindeni insgesamt 5 Haushalte versorgt, und insgesamt 6 größere Elektrogeräte werden betrieben: drei Maismühlen und drei Videoanlagen.

In Kilindi befinden sich einige Wasserstellen, die während der meisten Zeit des Jahres ergiebig sind. Das Wasser ist zwar oberflächlich verschmutzt, enthält meist aber keine gefährlichen Krankheitserreger. Dennoch stellt es einen enormen Risikofaktor da. In Handeni-Stadt bricht hin und wieder Cholera aus.[3] Im Monat *Miangazi* (Januar/Februar), vor Beginn der Zeit der kurzen Regen (*Masika*), wenn auch alle aus den Ngulu-Bergen herabfließenden Bäche versiegen, wird das Wasser knapp. Dann muss tief gegraben werden, bis man auf ein wenig Trinkwasser stößt. Am leichtesten ist dies in ausgetrockneten Bachläufen.

Die Tiefbrunnen im Dorf wurden bis vor noch nicht langer Zeit durch lokale Fachkräfte gebaut. Ein erheblicher Teil von ihnen hat seinen Nebenerwerb verloren, seit Entwicklungshilfeprojekte, wie geschehen, ihre Preise um 20 bis 40 Prozent unterbieten.[4] Das lokale Wissen, wie man einen 10 m tiefen Brunnen gräbt und sichert, wird nicht mehr an folgende Generationen weitergegeben.

In den Zeiten des Jahres, in denen die Bäche ausreichend Wasser führen, wird die Wäsche im fließenden Wasser gewaschen. Auch die meisten

---

3 Auch andere Krankheiten sind verbreitet. Während meiner Forschungen ebbte in Usambara eine Pest-Epidemie ab, nicht die erste dort. Bis heute, 2001, ist sie noch nicht völlig unter Kontrolle.

4 Dabei arbeiten die Brunnenbauprojekte der Entwicklungshilfe keinesfalls kostendeckend. Um eine bessere Wartung der Brunnen zu gewährleisten, wenden die Projekte das Konzept der „Selbsthilfe" an: Dorfbewohner müssen Arbeitskraft zur Verfügung stellen, oft genug muss das ganze Dorf auch einen eigenen finanziellen Beitrag leisten. Billiger für die EZ und sinnvoller für die Erhaltung des lokalen Wissens wäre es allerdings, den Brunnenbau durch lokale Fachkräfte zu subventionieren.

Menschen waschen dann ihre Körper direkt im Bachlauf. Unterhalb Kilindis sind zwei Plätze als Waschstellen reserviert, eine Stelle für Männer, eine andere Stelle für Frauen. Diese Stellen sind *Miviko* (sing. *Mviko*), sind „etwas Geheimes". Andere „geheime" Plätze im dorfnahen Wald sind *Mwiko* und werden, ebenfalls getrennt nach Geschlechtern, als Abort benutzt.

Der heute in Kilindi und allen anderen Sigua-Dörfern vorherrschende Haus-Typ ist der einer rechteckigen *Banda*. Die Wände sind aus Flechtwerk, Gras und Lehm („*wattle and daub-style*"). Das Dach ist aus Flechtwerk und Stroh, der Dachboden (*gulu*) dient als Lagerraum.

Das traditionelle Haus der Sigua ist dagegen das *Msonge* in Form einer Rundhütte. Derartige Msonge-Hütten findet man gegenwärtig nur noch vereinzelt auf den Feldern, meist weit vom Zentraldorf entfernt, mit der „Funktion von Lagerschuppen", wie man mir anfangs in Kilindi zu erklären versuchte, „und für den Fall dass man einmal auf seinem Feld übernachten muss". Tatsächlich leben jedoch nicht wenige Menschen permanent dort, illegal. Auch in Kilindi und anderen Dörfern Sigualands darf schon lange nicht mehr „wild" gebaut werden, das heißt ohne Genehmigung der untersten Verwaltungsbehörde. Im Dorf ist es der *Mwenyekiti*, der die Entscheidung trifft. Da Bauen die Eigentumsrechte an Grund und Boden berührt, tritt der *Mwenyekiti* hierbei als Repräsentant des modernen Staates und dessen Rechtssystem in direkte Konkurrenz zu den Repräsentanten der traditionellen Gesellschaft und deren Rechtssystem.

Manche der heute in jedem Dorf Sigualands relevanten Bauvorschriften sind von der Distrikt-Ebene der tansanischen Verwaltung erlassen worden. So gilt im Handeni-Distrikt unter anderem die Regel: Häuser und Wohn-hütten müssen „in Linie" gebaut werden, das heißt in exakt dem gleichen Abstand zur „Straße" wie die Nachbarhütten. Und: Rundhütten sind verbo-ten.

Seit dem *Villagization*-Programm (im Zusammenhang mit der Ujamaa-Politik der tansanischen Regierung) ist Kilindi ein „Zentral-Dorf". Umliegen-de kleinere Dörfer und Streusiedlungen wurden auf Geheiß der Regierung zwangsweise geräumt und, wenn dies wegen des Widerstands der Bewohner notwendig schien, zerstört. Funktionierende traditionelle Dorfgemeinschaften wurden dabei offiziell aufgelöst, zerschlagen, und zwangsweise in das Zentral-Dorf integriert. Auch im neuen, großen Kilindi sind aber die alten, traditionellen (kleineren) Dorfgemeinschaften weitgehend intakt geblieben. Wo immer es gegen den Widerstand der offiziellen Dorfverwaltungen machbar war, haben die neuen Bewohner versucht, alte Nachbarschaften beizubehalten, und die jeweilige moderne Nachbarschaft trägt auch weiterhin die alte Tongo-Bezeichnung. „Tongo" bezeichnet einen verlassenen Ort, bezeichnet hier „die zurückgelassene Heimat". Das führt nicht nur in Kilindi selbst zu einigen Paradoxa, sondern in vielen anderen Dörfern auch. Zum Beispiel in Sindeni, wo Ibrahim Athumani heute lebt: Auch das „offizielle" Dorf Sindeni beispielsweise besteht aus Sicht seiner Bewohner aus zwei voneinander unabhängigen Dorfgemeinschaften. Allerdings hat auch hier eine der beiden Gemeinschaften Heimrecht und die andere Gruppe Gastrecht.

Die tatsächliche Existenz einer traditioneller territorialen Organisationsstruktur der Sigua-Gesellschaft, die sich *nicht* mit den modernen staatlichen Verwaltungsstrukturen deckt, ist auch anderen Beobachtern aufgefallen. Achim von Oppen und Elisabeth Grohs haben 1992 unabhängig von einander in GTZ-Studien festgestellt: *Tongo-identity from before villagization is even more alive than clan loyalty,* bzw. *The names of the different divisions of a village point to the places of origin of the present inhabitants:* Auch nach der Vertreibung, Zwangsumsiedlung, sind die traditionellen Territorialeinheiten der Sigua-Gesellschaft weitgehend intakt. Die politischen Strukturen der traditionellen Sigua-Gesellschaft sind weiterhin existent und decken sich nicht mit den modernen politischen Strukturen.

In den durch Zwangsumsiedlung entstandenen Großdörfern wie Kilindi herrscht seit Jahren eine unklare Rechtslage. Jeder im Dorf – aber auch wirklich jeder, selbst der Dorfvorsteher... – weiß, dass Präsident (und *Mwalimu,* „*Lehrer"*) Julius Nyerere 1988 im tansanischen Rundfunk erklärt hat, *Villagization-* und *Ujamaa*-Politik würden staatlicherseits nicht weiterverfolgt. Jeder Tansanier dürfe grundsätzlich wieder dort wohnen, wo er wolle, also auch in seinem verlassenen Heimatdorf. Die Entscheidung darüber werde jetzt vor Ort getroffen.

Unmittelbar nach der Rede des Präsidenten im Radio – ein, zwei batteriebetriebene Transistorradios laufen immer irgendwo, leise, im Freien, und in den Überlandbussen und in manchen Teestuben und Kneipen hört man gemeinsam zu – sollen sich viele Menschen auch in West-Handeni auf die Rückkehr in ihre Heimatdörfer vorbereitet haben.

In Kilindi sagt man (*Oral History*): Wir alle wissen, dass schon wenige Tage nach der Rede des Präsidenten der *District Commissioner* aus Handeni, der Vertreter der Zentralregierung im Distrikt, ins Dorf gekommen ist. Er sagte, Mwalimu Nyerere sei von uns missverstanden worden. Er habe gemeint, die Entscheidung werde jetzt vor Ort getroffen. Aber das heiße nicht, dass jetzt jeder selbst entscheiden dürfe, wo er lebe. Der Commissioner erklärte vielmehr: Der Präsident habe es den Regionalverwaltungen freigestellt, ob sie in ihrer Region die Rückkehr ins Heimatdorf (zum „Tongo"), grund-

sätzlich erlauben oder nicht. In denjenigen Regionen, in denen die Rücksiedlung grundsätzlich freigegeben worden sei, so wie hier in der Region
Tanga, liege es nun im Ermessen des jeweils zuständigen *District
Commissioner*, ob er in seinem Distrikt die Rücksiedlung grundsätzlich
erlaube oder nicht. Er selber, der *District Commissioner* von Handeni, habe
sich entschlossen, im Einzelfall zu entscheiden. Voraussetzung eines möglicherweise erfolgreichen Antrages auf familiäre Rücksiedlung sei aber erst
einmal die Zustimmung des zuständigen *Mwenyekiti*, im Einzelfall. Derartig
verunklarte Rechtslagen begünstigen Korruption schon auf der dörflichen
Ebene ganz erheblich.

Zu den fünf bis sieben Dörfern in Sigualand, auf die ich meine Arbeit für
das GTZ-Forschungsprogramms von 1988 bis 1990 konzentriere, gehörte
neben Kilindi auch das Nachbardorf Kimbe. Während die Bewohner von
Kilindi sich allesamt zu den Ngulu rechnen, fühlen und bezeichnen die Leute
im Nachbardorf Kimbe sich als „echte" Sigua. Zwischen den beiden Dörfern
bestehen kaum positive Beziehungen. Man sagt – die geo-physische Beschaf-
fenheit des Terrains, persönlich von mir in Augenschein genommen, belegt
allerdings das „reale Gegenteil" – „Einen Weg, der Kimbe und Kilindi verbindet, gibt es nicht".

Ich habe den Weg, in der Kolonialzeit viel genutzt, mit einigem Aufwand
gefunden. Die ersten Kilometer von Kilindi aus in Richtung Kimbe (insg. so
ca. 12 oder 15 km) war kein Fahrweg auszumachen. Das letzte Auto, das
diesen Weg gefahren ist, war, laut Gäste-Buch des Dorf-Vorstehers in
Kimbe, dasselbe Auto, das ich jetzt benutzte. Zwölf Monate zuvor war ein
GTZ-Team vorbeigekommen, um das Forschungsprogramm anzukündigen,
für das ich nun gekommen war. Das *Ministry for Development and Land
Planning*, sagte man im Raum Kilindi, plane seit Jahren eine große Umsied-
lungsaktion. 100.000 Menschen oder gar 200.000 Leute aus den Usambara-
Bergen sollen kommen, für 60.000 und noch viel mehr davon habe der
Dorfvorsteher sein „o.k." gegeben. Diese Leute, hauptsächlich Kilindi (Wa-
Kilindi), werden dann hier in Kimbe wohnen – 12 km von Kilindi, der
Heimat ihrer Ahnen entfernt. Und Kimbe werde dann „Hauptstadt" sein,
Hauptstadt des neu eingerichteten Distrikts „Kilindi". Das wurde mir dort
1989 erzählt, bei meinen ersten Besuchen dort. Inzwischen hat die Regierung
in Dar es Salaam erstmals seit der Unabhängigkeit des Landes tatsächlich die
Einrichtung eines neuen Distrikts beschlossen: des Kilindi-Distrikts. Bisher
ist es nur ein Beschluss, der sich in der Praxis kaum auswirkt. Im tansanischen Parlament allerdings stellt der „Distrikt Kilindi" nun einen eigenen
Abgeordneten. Zur Zeit ist es ein Sigua, ein Mann aus dem Dorf Songe.

Die Provinzverwaltung von Tanga berief sich bei der Begründung ihres „grünen Lichts" für die Umsiedlung auch auf Gutachten tansanischer Institute. Die Gutachten zeichnen sich gleichermaßen durch soziale und ökologische Risikofreude aus wie auch durch mathematische Fehler. In den Usambara-Bergen und in Arusha wurden Tausende von Umsiedliedlungswilligen in Listen erfasst, und sowohl im Parlament wie in den nationalen Medien (Zeitung, Radio) wurde der Handeni-Distrikt aufgefordert, unverzüglich mit dem Umsiedlungsprogramm zu beginnen. (Vgl. Merten 1991)

Aus der Gegenrichtung, von Kimbe aus, führte 1988/90 eine gut befahrbare und offenbar viel befahrene Piste in den Busch in Richtung Kilindi. Erst vier, fünf Kilometer hinter dem Dorf, wo die Ngulu-Berge in die Sigua-Ebene übergehen, verliert diese Piste sich in kleinere Spuren, die dann an Stellen enden, wo Holzeinschlag stattgefunden hat. Die LKWs haben auf diesen Pisten das Holz abtransportiert. Als Arbeiter hatten die Holzfirmen Auswärtige mitgebracht, sagt man im Dorf denn: eine Sigua fällt keine Bäume. Für Kilindi kann ich das bestätigen.

Auf halbem Weg zwischen Kimbe und Kilindi ließ der Dorfvorsteher von Kimbe 1989/90 ein Gelände roden, das er demnächst dem tansanischen Staat als Landepiste für die neue Distrikthauptstadt verkaufen will.

Auch von Handeni aus gestaltet sich die Anfahrt nach Kimbe schwierig: Die Piste ist stellenweise fast völlig zugewachsen und kaum mehr kenntlich. Sie ist vor 25 Jahren von der Entwicklungshilfe gebaut worden. Bei einem meiner ersten nicht angekündigten Besuche in Kimbe verzögerte sich meine Ankunft, weil etwa einen Kilometer vor dem Dorf, bereits in Hörweite, die Piste durch einen umgestürzten Baum völlig gesperrt war. Es dauerte einige Minuten, bis ich gemeinsam mit meinem damaligen Begleiter, dem freundlichen *Community-Development*-Beauftragten des Distrikts, das Hindernis aus dem Weg geräumt hatte und wir das Dorf erreichten. Es erschien zunächst fast menschenleer. Der einzige Lehrer, der im Dorf anwesend war, – es war ein normaler Schultag –, war sehr freundlich und erklärte, einige Schüler seien unmittelbar vor unserer Ankunft weggelaufen: nicht etwa weil sie geahnt hätten, dass ein Weißer kommt, sondern weil sie aus der Ferne einen herannahenden Land-Rover gehört hätten. In Fahrzeugen dieses Typs, die durch ihr spezielles Fahrgeräusch zu erkennen seien, kämen eigentlich nur die Vertreter der Obrigkeit ins Dorf. Einige Dorfbewohner haben Angst vorm Dorfchef, andere vorm Distrikt. Deshalb, so der Lehrer, hätte ich auch die kleine Blockade auf der Straße vorgefunden, die wie eine natürliche ausgesehen hatte. Der auf die Straße gestürzte Baum lag absichtlich dort und hatte dazu gedient, die Ankunft herannahender Fahrzeuge um einige Minuten zu verzögern. Autos passieren auf dieser Piste nur ein- oder zweimal pro Woche. Meist sind es Amethyst-Händler, die den Dörflern ein paar Steine abkaufen. In der trockenen Erntezeit jedoch ist die Piste permanent passierbar und es kommt praktisch täglich irgendein Händler mit einem Kraftfahrzeug vorbei.

Kimbe ist ein Dorf mit rund eintausend Einwohnern, hat zwar ein imposantes Gerichtsgebäude, das noch aus der Kolonialzeit stammt, hat aber keine Teestube, keinen Laden, keinen Markt. Als ich 1989 zur Eigenversorgung Hühnereier kaufen wollte, stellte sich heraus, dass es für Eier hier in Kimbe noch keinen „Preis" gab. Hier war wohl noch nie ein Ei verkauft worden in letzter Zeit, denn sonst hätte man einen Referenzfall gehabt. Kimbe war in diesen Jahren noch stärker als viele andere Dörfer in Sigualand durch Subsistenzwirtschaft und Naturalientausch gekennzeichnet.

Ich war nicht sehr oft in Kimbe, ich habe mich dort nur sehr selten wohlgefühlt. Michaela von Freyhold (1979:185) berichtete einmal über den Machtanspruch des *Ward Secretary*, des Kreis-Sekretärs von Segera, einem anderen Sigua-Dorf im Nordosten des Handeni-Distrikts. Dieser Dorf-Fürst habe der Bevölkerung seine Position folgendermaßen erläutert: „The final authority in this country is the President, who delegates his powers to the regional commissioner, who delegates it to the area commissioner, who delegates it to the divisional secretary who delegates it to me and if you try to interfere with my tasks you will see that you will be smashed." Die 1989/90 in Kimbe amtierende Dorfregierung stand in eben dieser Tradition. Der Dorfvorsteher und sein Sekretär ließen mich während meiner Aufenthalte im Dorf niemals ohne persönliche Begleitung und ohne Kontrolle. Einen Teil seiner Autorität bezog der Mwenyekiti, der im Dorf gefürchtet wurde, offenbar nicht direkt aus seinem Amt, sondern aus einem ganz besonderen „Kontakt zu den Ahnen". Im Dorf wird böse „gezaubert" bzw. mit Hexerei gedroht. So wird zum Beispiel ein Großteil der fruchtbaren Flächen in unmittelbarer Dorfnähe landwirtschaftlich nicht genutzt, und viele Einwohner Kimbes müssen Felder in weiter Entfernung vom Dorf bebauen. Der Dorfvorsteher erklärte mir, er persönlich sei es, der hier formell über Bodennutzungsrechte entscheide. Er halte sich dabei an den Rat seiner Ahnen, und unter Berufung auf sie erläutert er, der Großteil der in unmittelbarer Dorfnähe gelegenen Felder gehöre ihm persönlich, das Land sei von seinen Ahnen für seine Nachfahren bestimmt, sei für seine Familie reserviert, und wenn ein Unbefugter dieses Land zu nutzen versuche, dann werde er „sehr, sehr böse Überraschungen" erleben.

Das heutige Kimbe ist, wie Kilindi, im Zusammenhang mit der tansanischen Ujamaa-Politik der 70er Jahre entstanden. Auch Kimbe wurde damals ein Zentraldorf. Das Wohnen im Zentraldorf war und ist unbeliebt. Die in den 70er Jahren zwangsweise umgesiedelten Familien und Nachbarschaften wohnen nicht mehr in der Nähe ihrer Felder, sondern in der Nähe einer disfunktionalen Dorfschule, einer disfunktionalen Dorfapotheke, einer disfunktionalen Dorf-Duka und einer disfunktionalen Dorfverwaltung. Die Eigentumsrechte an Grund und Boden sind unklar. Aussaat und Produkte auf den beibehaltenen eigenen Feldern, oft fast einen halben Tagesmarsch oder weiter entfernt in der Nähe der ehemaligen Siedlung, müssen nun mit großen Aufwand gegen wilde Tiere (Schweine, Affen, Vögel, Ratten) geschützt werden, seit dort keine Menschen mehr wohnen (dürfen). Eine ganz beachtliche Zahl von Menschen lebt aber illegal, mehr oder weniger heimlich, in unscheinbaren aber gepflegten Hütten inmitten ihrer angestammten Felder. Man bezeichnet diese Msonge-Rundhütten zumeist als *provisorischen Schlafplatz für die Nächte*, von wo aus man seine Felder bewacht. Oft ist diese Wache eine Aufgabe der Kinder. Allein im Gebiet des modernen Dorfes Kimbe sind mir einige Dutzend derartiger Hütten aufgefallen. Dort in Kimbe wurden sie regelmäßig vom Mwenyekiti inspiziert, der sich „vergewisserte", dass sie wirklich provisorischer Natur seien. Er nahm mich stolz auf zwei oder drei seiner derartigen Inspektions-Rundgänge mit. In einigen Fällen mussten ihm die Bewohner dieser Hütten lange zureden und mehr, bis er die Überzeugung aussprach, dass hier alles legal zuging. Er bekam hier ein Huhn geschenkt, dort einige Kilo Bohnen, dort einen halben Sack Mais, dort eine Handvoll Amethyst-Steine.

Auf der anderen Seite gab es einige Hütten im Zentrum des Dorfes, die einen ganz anderen Eindruck machten. Sie erschienen verwahrlost, so als kümmere sich eigentlich niemand so richtig um ihren Erhalt. Sie wirkten oft „unfertig" oder gar „sinnlos". Bei genauer Beobachtung sah man: „Wände" aus Bananenblättern, die umherstreunende Ratten und anderes Krabbelgetier nicht ansatzweise am Eintreten behindern würden; „Dächer" aus Gras, aus einer Handvoll „Büscheln" ausgerissenen Grases, die nicht vor einem einzigen tropischen Regenguss schützen. In diesen Hütten lebt niemand, obwohl alle im Dorf anfangs erstmal das Gegenteil behaupteten: Dort wohne jemand, definitiv. Und dass der Besitzer dieses Hauses gar nicht dort wohne, sondern stattdessen woanders wohne, sei eine böswillige Unterstellung meinerseits.

Die Errichtung derartiger *town houses* dient einzig der Verschleierung der Tatsache, dass die betreffende Familie illegal permanent auf ihrem Feld wohnt, auf der *Shamba*, in unmittelbarer Nähe ihres tatsächlichen, „ursprünglichen" Heimatdorfes. Ähnliches hat eine GTZ-Gutachten 1992 auch in Mafisa, West-Handeni, festgestellt: *Many houses are in a very poor con-*

dition. This is partly due to the fact that the old family fields are far away and have to be guarded against wild animals. Farmers put up provisional sheds in the fields, and a part of the family spends the nights there during planting and harvesting time. The poorer farmers neglect the maintenance of the 'town houses'. Even some of the provisional houses in the fields look more like permanent ones. Sie sehen nicht nur so aus, sondern sie *sind* dauerhaft bewohnt.

Der Staat im Dorf

Der Staat ist den meisten Sigua fremd. Er versteht das Dorf, seine unterste Verwaltungseinheit, als Siedlungs- bzw. Verwaltungs-Gemeinschaft; die Sigua verstehen das Dorf als exakt definierte Solidar-Gemeinschaft. Ein modernes Dorf umfasst aus zentralstaatlicher Sicht jeweils mehrere Dorf-gemeinschaften der Sigua, und der Zentralstaat hat an die Spitze eines jeden „modernen Dorfes" einen Dorf-Vorsteher gestellt, den *Mwenyekiti*. Dieser konkurriert vor Ort mit dem Ältesten, dem *Mwigazi*. An den modernen Dorfschulen unterrichten junge Leute, Fremde, die meist nur wenig Respekt im Dorf genießen. Der vom Zentralstaat entsandte Lehrer konkurriert vor Ort mit dem traditionellen Lehrer, dem *Mwalimu*, und auch er findet wenig An-klang.

Eine beachtliche Anzahl von Familien, 10 oder 20 Prozent, braucht Geld einzig zum Bezahlen der Schule, egal ob ihr Kind hingeht oder nicht, und zum Bezahlen der jährlich fälligen Kopfsteuer. Der Widerstand ist nicht unerheblich: Fast in jedem Jahr verliert mindestens 1 staatlicher Steuer-eintreiber in Sigualand sein Leben.

In den staatlichen Dorfapotheken verwalten ebenfalls junge und ortsfremde Leute, zumeist Männer, ein in der Regel leeres Medikamentenlager. Sie stehen vor Ort in Konkurrenz zu den traditionellen Heilkundigen unter den *Wang'anga*. Und auch die landwirtschaftlichen Berater der Regierung haben zum großen Teil noch niemals selbst eine Familie ernährt, sind unerfahren, und werden in Sigualand um keine Wettervorhersage gebeten. Die tatsäch-lichen Berater der Bevölkerung, in Fragen der Gesundheit wie in Fragen der Landwirtschaft, sind die jeweils spezialisierten traditionellen Wang'anga. Staatliche Funktionäre dagegen genießen wenig Respekt in Sigualand. Dies wird zum Beispiel in der Diskussion des Sprichworts „*Usekubela nkoja nuwo umnamulo!*" durch Ibrahim deutlich, wo es unter anderem um korrupte Staats-Diener geht:

"An important group of false people are the office men, ageing[5] people who cannot serve people properly without money endorsements. They are great thieves. They steal every local human's right, steal his tax, his farm products, and government money. They are paid for receiving illegal offers in their offices, and a poor man, lacking something to offer, will always miss his rights and will occasionally be put into jail to be forgotten there. These are not mere rhetorics. Mngoya, the rural tax collector, proved this when he was caught red-handed[6]. He took a thousand shillings to buy a tin of maize corn. The District Revenue Collector Mr. Mhedu made an ambush in auditing. Mngoya was sent to court where he was jailed for five years. His children and other people who knew exactly how Mr. Mhedu squandered government money were feeling pity for Mngoya. But who could utter a word? Mhedu was a boss!

A few days later Mhedu was caught red-handed by the Regional Auditors. This time all the District leaders were ready to support Mhedu. He was their best companion in drinking beer and listening to records. So Mhedu's problem was discussed in bars and restaurants. In the end Mhedu's problem which involved a hundred thousand shillings „was not proven". Mhedu was „innocent" and he had to be refunded for all interruptions, and he reassumed his office works. At the end of the year, Mhedu was declared to be the most disciplined and hard working officer to be celebrated. He was honoured for being an extraordinary person. Is he?"

Wie vielerorts in Afrika versucht auch in Tansania der Staat halbherzig, die traditionelle Gesellschaft zu „integrieren". Staat und traditionelle Gesellschaft stehen jedoch miteinander in Konflikt. Eines der Repressionsinstrumente des Staates gegen die traditionelle Gesellschaft ist das *Anti-Witchcraft-Law*, in den 20er Jahren erlassen und auch in postkolonialer Zeit gelegentlich aktualisiert – das Gesetz „gegen die Zauberei". Dieses Gesetz geht so weit, dass es dem Repräsentanten des Staats auf der Distrikt-Ebene, dem District Commissioner (DC), erlaubt, jemanden schon bei *Verdacht* auf die Bereithaltung von Gegenständen, „traditionellen Zaubermitteln", die anderen Menschen Angst einflößen *könnten*, innerhalb seines Distrikts an

---

5   *Ageing*, alternd. Eine Anspielung darauf, dass sich manche (jüngere) Funktionäre als Mzee bezeichnen lassen, obwohl sie gar keine Ältesten sind.
6   *To catch somebody red-handed*, hier: jemanden auf frischer Tat erwischen.

einen beliebigen Ort zu verbannen, ohne Gerichtsverhandlung. Der Staat
Tansania arbeitet, gelegentlich, mit Verbannung. In der Schule des Dorfes
Tamota in der Nähe von Kilindi traf ich aber andrerseits 1989 auf ortsfremde
Lehrer, die offenbar schon Monate wenn nicht ein ganzes Jahre lang das
Schulgebäude nicht mehr verlassen hatten. Sie wurden von Kollegen ver-
sorgt. Um ihre Schule herum war eines Tages, nachdem sie allzu unbe-
schwert auf Freiersfüßen herumgestreift waren, eine „unsichtbare Linie"
gezogen worden. Würden sie diese Linie überschreiten, dann würden sie
sterben. Das respektierten sie. Manche Sigua wehren sich mit *Uganga*, mit
Weisheit und Magie, andere mit *Uchawi*, mit Hexerei.

Out of Time?

Viele Menschen in Sigualand beklagen den Verfall der guten Sitten in ihrer
Heimat. Athumani beschreibt die Situation: „Young men's bad behaviour is
now taking the lead. The young men take it for granted that all what has been
done by their elders is *out of time*. To match with modern times, they try to
do all that can be done by *developed* countymen, no matter whether good or
bad." Und an anderer Stelle in *Tradition and Culture of the Zigua* beschreibt
er, ausführlicher, seine Bedenken bezüglich Mazije, den Sohn des Imam und
Scheich von Sindeni:

"Some youngsters travel to Dar-es-Salaam and other places where
they contact those who copy the new fashions. Then they come back
with dreams to infect their friends. You, Mazije, how have you
come about to be a member of Mzeri people? Your clanical father is
Mjaila, your mother originates from Nkale. By our Zigua name,
you, Mazije, should be Mjaila Samwenkale.

At his mother's side there was nobody like him. To his father's
side, Mjaila was our Muslim leader (Sheikh). How has Mazije come
to be a sack-dressing boy, fashioned with Bennetti and shaved like a
Punk? Mazije could head on for anything. Everybody who saw him
said so much in condemnation. But exactly Mazije is the real „boy
of the century", really matching with present times...

In the past years people in Zigualand believed in a saying which
said, „A Lion always produces a Lion". It would never happen on
earth that a lion produces a dog. In this way, brave men were
expected to produce brave boys. A Sheikh was expected to produce

a polite boy who could take hold of his father's position in future. Could Mazije really take the reign in a punk and Benneton style? Wonderful Mazije can feel very proud to see his European punk appearance in a mirror! He is never Samwenkale any more but Sam bennetti or Samhongkongi. His language is degraded to a common street pass-by greeting „*poa-poa!*" *Poa* means „cool". „Cool-cool", thank you, what a new greeting style!"

Ibrahim Athumani beleuchtet in *Utamaduni wa Mzigua* das in der Sigua-Gesellschaft weit verbreitete Unterlegenheitsgefühl Fremden, insbesondere Europäern und Arabern gegenüber. Dieses Unterlegenheitsgefühl drücke sich auch in der Bevorzugung der Sprache der jeweiligen Kolonialisten durch kulturelle Nacheiferer unter den Sigua aus. Auch in einer seiner *Wahren Lügengeschichten* geht Ibrahim Athumani auf das ständige Imitieren alles Modernen ein:

"It was at a Middle School where upper class pupils spoke English, no matter whether it was Broken English or Correct English. Were there any low class people who noticed it? We had to admire them, jealously and with envy. They were like Europeans by mere saying yes yes yes. Such words were quite enough to create beliefs among us lower class children which the upper classes were enjoying. They were ready to communicate with very important people in offices. Their parents were expecting their children to be future servants in European offices. They were expected to be bosses, clerks, headmen and office attendants.

The result of this was the formulation of different classes of people. There were very few people who were taught to be very close to the bosses. In their so-being they felt to be bosses too. So they were very important compared to the majority illiterates and ignorant to the learned beliefs.

The second group involved people still ignorant but well determined to be like the 'educated' minority to share proud consciousness. Suppose they were students, they had to work hard to pass their examinations, scrambling to be future important people, VIPs. The more the 'educated people' increased by number, the more the Zigua tradition and culture was dispersed by slow degradations until it was almost forgotten. The learned people had even felt shy to speak the Zigua language. It was counted as a non-developed-people's language.

The third group of people involved the illiterate majority, functional tax contributors. They never knew any other language except their mother tongue (Kizigua) – among whom I was not excluded. The following is a real proof for the "educated" peoples' affections: At school they joined debating society groups to know much English – instead of Kiswahili and Kizigua. In a certain special issue Pampe, one of the upper-class students, greeted his father in English. While his father was opening the cows' fence's gate, Pampe greeted him, "Tate, good morning". That means: "Father, good morning!", in Broken English. His father paid much attention to his educated son to catch the morning message. When Pampe repeated, "Tate, good morning!", then his father became very serious with strong words which ashamed Pampe. But many educated people had the tendency as a means of showing up to the illiterate majority of that particular period. To me, Pampe was a European slave. He was a traitor to his Zigua customs.

Others tried to preserve their traditions and cultures. These are still the most important figures from whom the modern people can learn their previous ways of living and compare it with the present technology displays. Pampe and I could learn so much from them. The medicine men and the traditional dancers could learn a lot from them too.

I wondered how teachers behaved. They were like flags blown towards the wind's direction. When the foreign government insisted on English as a medium language of instructions, they formed rules to prohibit other languages. They put pressure by punishing the rule breakers. They insisted on *debating societies* to develop a better English speaking, *to develop intonations*. How funny was it to be in a world of all Englishmen..."

Menschen und Tiere

Das besondere Verhältnis zwischen Mensch und Tier im Weltbild der Sigua wird in einer Anmerkung Ibrahim Athumanis zum Sozialverhalten von Löwen angedeutet. Er schreibt dort:

"To my feeling trees, animals, birds and insects tend to realise the mood of a human being in their environment. A dog for instance tends to know whether the man ahead of him is peaceful or is aiming to attack him. If you would always call for Mbelwa, the dog would exactly know who is Mbelwa. Maybe a lion living near your village could do likewise. If not knowing you by your name he might know you by your smell.

One day my grand-father cautioned me not to walk out at night when making tours to foreign lands. He said that I shouldn't have done so because the wild animals of that area did not know me. He asked me to tell him if ever I had met a lion somewhere in the sur roundings. No. He said confidently that all people who were caught by lions were pure visitors. I think he might have been right..."

In Wald und Busch um Kilindi lebten viele wilde Tiere. Noch bis 1970 hat man in Kilindi jede Nacht das Gebrüll von Löwen gehört. Inzwischen sind diese Tiere hier allerdings selten geworden. Zwischen Kwinji und Kilindi trifft man heute gelegentlich noch auf Löwen, und zwar meist nach Regenfällen, wenn die großen Katzen das im Busch von den Bäumen und Sträuchern herabtropfende Wasser vermeiden wollen und deshalb auf der Piste lagern. Auch Büffel werden nur noch etwa zwei- oder dreimal jährlich in der weiteren Umgebung des Dorfes registriert, und Flusspferde und Elefanten nur mehr alle paar Jahre, zumeist als Einzelgänger. Noch lange nach dem 2. Weltkrieg soll das Umherstreifen von Elefantenherden unweit Handenis an der Tagesordnung gewesen sein, und in der Distrikt-Verwaltung wird erzählt, die zur Zeit des 1. Weltkrieges hier errichteten Telegrafenmasten seien *deshalb* aus Stahl und fest im Boden verankert gewesen, weil die hölzernen Masten von Giraffen umgerissen worden seien, wenn diese sich mit ihren Hälsen in den Leitungsdrähten verfingen. Heute gibt es vermutlich keine Giraffen mehr im Handeni-Distrikt, aber auch nur wenige Leitungen. Selbst die Schirrantilope ist selten geworden.

Als ich im Jahr 2000 für einige Tage Sigualand besuchte, waren die Veränderungen im Tiervorkommen ganz offensichtlich. Es gibt viel weniger Affen als noch vor zehn Jahren, und man sagt, das Warzenschwein sei nun fast völlig ausgerottet.

Beim Waschen und beim Wasserschöpfen im Fluss sind Krokodile eine große Gefahr, ganz besonders für kleine Kinder und auch für Mütter, wenn sie ihre Kinder retten wollen. Es passiert selten, kommt aber immer wieder vor, dass ein Krokodil unerwartet angreift. Auch Schlangen und Skorpione werden von vielen Menschen in Sigualand als große persönliche Bedrohung wahrgenommen; Affen, Schweine, Vögel, Ratten und Mäuse werden als Bedrohung der Ernte gesehen.

Die Nguluberge um Kilindi beheimaten endemische Tierarten, also solche Arten, die nur hier vorkommen und nirgendwo sonst – die jedenfalls von woanders noch nie berichtet wurden. Der norwegische Lepidopterologe Jan Kielland hat hier 47 endemische Tagfalter festgestellt, Unterarten mit eingerechnet. Er sieht die „Uluguru Mts., Nguru Mts., Ngulu Mts. and Ukaguru with Kiboriani Mts." als einheitliche botanische Zone an (1990:15), allerdings sind „Nguru Mts." und „Ngulu Mts." einander identisch und bezeichnen die Ngulu-Berge. Ich gehe davon aus, dass möglicherweise 48 Tagfalter in den Ngulu-Bergen endemisch sind. Ich habe, als ich einmal mit meinen Kindern unterwegs war, einen bisher unbekannten Typ entdeckt. Und Anfang 1990 traf ich in den Wäldern der Ngulu-Berge bei Mziha einen Biologen aus der DDR, der sich darüber freute, hier vier vermutlich endemische Chamäleonarten festgestellt zu haben.

Der Wald in Dorfnähe dient als Lieferant von Brenn- und Bauholz. Frauen sammeln dort auch wildes Obst und wildes Gemüse, und Spezialisten sammeln wilden Honig und Dinge, die als Heilmittel genutzt werden. Die Jagd, zumeist mit Fallen und Netzen, liefert einen Großteil der spärlichen Fleischnahrung. Gejagt werden hauptsächlich kleinere Antilopenarten. Viele Busch-Schweine werden erlegt, wenn sie die Felder zerstören, aber kaum jemand in Sigualand gibt zu oder leugnet, das Fleisch dieser Tiere zu verzehren. Es gilt die klare Regel: Man spricht nicht drüber.

In der Nähe der durch Villagization entstandenen Zentraldörfer ist der Waldbestand stark geschädigt. Früher wurde der Wald besser geschützt. Frauen und Männer in West-Handeni, so schrieb E. Grohs in einer Studie (1992*), described the relationship between man and the forest in terms of a delicate balance of take and give. Certain parts of the forest remained prohibited to people or were reserved to some elders in order to perform the ancestor worship. There were also sacred trees which could not be cut and trees used for medicine. There existed quite some knowledge on the quality of trees with respect to their capacity to store water. Trees in the proximity of the catchment area could not be cut at all. When from 1930 on the government declared that forests are a national reserve and moved people from the mountain area to the valley, the former close relationship between man and forest gradually disintegrated.*

Zu den meistverachteten Berufen zählt in der Sigua-Gesellschaft heute, neben dem Beruf des Steuereintreibers, der des Holzfällers. Ein traditionelles Gebot, ein „Sprichwort" der Sigua besagt:

„*Kukata miti mikubwa ni mwiko!*"
„Fälle niemals große Bäume!"

Wenn auswärtige Unternehmer in den Ngulu-Bergen um Kilindi illegal Holz fällen, dann setzen sie dabei zumeist ortsfremde Arbeiter ein.

Ngoma und *Tambiko*

Als ich in Kilindi eines Tages zum ersten mal die Ngoma, die traditionelle Trommel hörte, fragte ich den Lehrer Steven: „Weshalb wird heute im Dorf getrommelt?" „Da wird jemand geheilt." „Um welche Krankheit geht es denn dabei?" „Um Magie (*magic*)!" „Und wie würden die Europäer das nennen?" „Auch: Magie!" „Und wie drückst sich diese Krankheit aus, diese „Magie"?" „In Fieber, in Kopfschmerz... In Allerlei!"

Meine damalige tansanische Forschungsassistentin war zum ersten Mal selber in Sigualand, hatte aber schon viel von der hier so weit verbreiteten „Magie" gehört. Gegen *Mashetani*, den Geist des Bösen, helfe in Sigualand keine moderne Medizin, erklärte sie mir. Dieser Geist sei hier im Dorf Kilindi besonders stark. Sie erzählte mir auch die Geschichte vom Kilindi-Berg, die sie schon in der Schule gelernt hat. Der Kilindi-Berg, der das Dorf überragt, spielt eine wichtige Rolle in einem der bekanntesten Mythen Tansanias. Der Legende nach ist einst ein Jäger namens Mbegha, der auf dem Berg Zuflucht gesucht hatte, von den Bewohnern des Dorfes aus Kilindi vertrieben worden. Er ist in die Usambara-Berge gezogen und hat dort eine Herrschaftsdynastie errichtet, die der Kilindi, die bis ins zwanzigste Jahrhundert Bestand hatte. Noch heute leben einige tausend Kilindi in Usambara, wo sie gemeinhin als ethnische Splittergruppe gelten.

Heute, so meine Assistentin, leben „die Ahnen der Leute aus Kilindi" in dem Berg. Niemand dürfe ihn besteigen, außer wenn er einen Grund habe, der von den Verstorbenen akzeptiert werde. Man müsse sie also vorher fragen. Bei einem Fremden, der den Berg besteigen wolle, entscheiden die

Alten des Dorfes. Wer den Berg ohne Erlaubnis besteige, der werde jedoch verführerische Stimmen hören, denen er nicht widerstehen könne, und wenn er diesen Stimmen folge, dann werde er in ein Höhlenlabyrinth hineingeraten und nie wieder heraus gelangen. In Kilindi erinnert man sich noch daran, dass in den letzten 100 Jahren einige wenige Weiße ohne Erlaubnis der Alten und ohne Begleitung auf den Berg gestiegen sind. Man glaubt, dass sie verschollen sind.

Vor mehr als hundert Jahren berichtete Oscar Baumann aus Sigualand: „Ähnlich wie bei den Bondei und Sambara, so steht auch hier vor jedem Dorftor ein kleines, den bösen Geistern gewidmetes Häuschen..." (1891:275). Solche Häuschen, die im übrigen vermutlich eher dem *guten* Geist der Verstorbenen gewidmet waren als irgendwelchen *bösen Geistern*, habe ich in Sigualand kein einziges mal gesehen. Heute kann der religiöse Glaube der Sigua als islamisch beeinflusster traditioneller Glaube bezeichnet werden. Der Respekt vor den Ahnen (*Wazimu*) und die Verehrung ihres Geistes und ihrer unsterblichen Seelen (*Kutambikia Mizimu*) hat unter der Einführung des Islam nur wenig gelitten. Der für die meisten Sigua wichtigste Kontakt mit Gott läuft nicht über den Besuch der Moschee, sondern über das *Tambiko*.

Überall in Sigualand fällt heute auf, dass die von islamischen Glaubenshütern geforderten täglichen Gebete nur von einer geringen Minderheit der Bevölkerung praktiziert werden. Während das Verbot, Schweine- oder Affenfleisch zu essen, nicht offen gebrochen wird, hat sich das Alkoholverbot längst nicht in demselben Maße durchsetzen können, zumindest nicht außerhalb der Fastenzeit Ramadan. Speziell *Togwa*, lokal gebrautes Bier, spielt weiterhin eine wichtige Rolle, nicht nur beim Tambiko.

In vermutlich allen Dörfern Sigualands wird eindeutig der Freitag als Festtag der Woche begangen, nicht etwa der Sonntag. Freitags werden die kleinen Moscheen besucht, die sich in vielen Dörfern von Außen nicht immer sofort als solche erkennen lassen. In Kilindi und zahlreichen anderen Dörfern in Sigualand erkennt man die Moscheen allerdings daran, dass sie die gepflegtesten Gebäude im Dorf sind und dass immer frisches Wasser am Eingang bereitsteht. Das ist bei den Häusern ohne besondere sakrale Relevanz nicht der Fall. Den Sigua-Frauen ist das Betreten der Moscheen erlaubt, allerdings dürfen sie sich meist nur im Hintergrund oder im Vorraum aufhalten.

Selten sah ich einen Sigua in islamischer Form beten. An wen wendet sich ein Sigua, um göttliche Hilfe zu erbitten? Ibrahim Athumani erklärt:

"Under serious problems, a person can speak to a lion along the road. A mother can speak to a baby of three weeks, and a university student can speak to a wall painting hoping that doing so this might enable him to solve a mathematical problem – even if it leaves the real problem unsolved, it might give him some part-time relief. A hunter who got lost in the jungle might talk to a big tree, to help him to find his way back home, or he might just as well talk to a bee-tracing forest bird called Segu, if it could help him out of the jungle problem. A person could behave as I have described above whenever the situation is tough or is a real threat to his life. Zigua people call this situation „kuungumiwa", „to be completely confused in the mind".

Kuungumiwa does not depend on age or education nor on whether you're black or white. It depends totally on environmental confrontations. When an aeroplane lands with a crash, do you think a white president in it and the common people in it would act differently, just because one of them is a president and the others are common people? Some of them will speak to themselves in the last moment, „please stop the crash!", others will speak to somebody else, let it be God or mizimu, „please stop the crash!". So, should we *laugh at people who speak to themselves only*? No!, – mind you, you could do the same one day!"

Das höchste Wesen, an das praktisch alle Sigua glauben, ist Gott, in Sigualand (wie in weiten Teilen des Bantu-Sprachraums) gemeinhin als Mnungu bezeichnet: Es gibt nur einen einzigen Gott, Gott im Himmel, Gott den Schöpfer. Baxter (1943:49) weist nach, dass der traditionelle Glaube der Sigua schon vor der Islamisierung monotheistisch geprägt war, und auch erste oberflächliche Beobachtungen christlicher Missionare deuteten dies an. Mluanda (1975:83) verweist dazu auf die Pfarrtagebücher von Mandera 1885, denen zufolge die Sigua schon immer an ein höchstes Wesen geglaubt haben: Dieser Gott ist aber so groß und ehrfurchtgebietend, dass der Mensch nicht würdig ist, mit Ihm in direkte Beziehung zu treten. Aus diesem Grund haben die Sigua einen Weg gesucht, durch welchen sie Gott erreichen... Als Vermittler zwischen Gott und den Menschen gelten die Ahnen.

Der Begriff „Mzimu" hat bei den Sigua zwei Bedeutungen: Zum einen bezeichnet er einen Verstorbenen (Ahnen), zum anderen bezeichnet er Geist und Seele eines Verstorbenen (Ahnen). Dass es sich um zwei unterschiedliche Begriffe handelt, wird linguistisch durch die bei der Pluralbildung benutzten Präfixe deutlich. Die Ahnen sind „Wazimu", ihr Geist und ihre

Seelen sind „*Mizimu*". Die Körper von Verstorbenen (wazimu) werden auf einem unscheinbaren und für Fremde nicht auffälligen „Friedhof" inmitten des Dorfes beigesetzt. Dieser Friedhof erweckt nicht den Eindruck einer für sakral gehaltenen Stätte und vermutlich käme niemand auf die Idee, ausgerechnet an diesem ein klein wenig unheimlichen Ort etwa ein Tambiko zu veranstalten. Geist und Seele von Verstorbenen (mizimu) leben irgendwo im Himmel weiter und werden in Sigualand gelegentlich respektvoll im Gebet angerufen.

Auch für Ibrahim Athumani gibt es nur *einen* Gott, das heißt es ist *derselbe* Gott, auf den sich die christliche und die islamische Religion wie auch der traditionelle Glaube der Sigua beziehen. Jesus Christus und Mohamed sind aus seiner Sicht Ahnen, an denen man sich orientieren kann, so wie er sich an seinem Großvater Mdami orientiert. Ibrahim Athumani gehört der muslimischen Gemeinde an, ohne dabei seinen althergebrachten religiösen Glauben aufzugeben. Es gibt nur einen Gott. Ibrahim:

"Please, to believe in God should be to believe in His power over living things, it shouldn't be related to any memories about ancient people of any clan. Trusting in Mohamed could maybe be equal to trusting in late Mdami. Only that Mdami was trusted by a few clan members for his clan's well-being, whereas late Mohamed was and still is trusted by world majorities, as a religious belief. So good and so fine. But even those in Rome, they do their traditional dances and go to church on Sunday, to commemorate Jesus Christ. Is that sinful too? Are Jesus Christ and Mohamed more important than Mdami? Mdami was highly appreciated in his clan members' life process..."

Die Dorfapotheke

Über der Tür der kleinen staatlichen Dorfapotheke in Kilindi steht das Wort „*Mganga*". Der von der Regierung hier eingesetzte Gesundheitsberater, ein junger Mann mit kurzer Ausbildung zum Gesundheitshelfer, wird damit im Dorf in direkte Konkurrenz zu den traditionellen Gesundheits- und Heilkundigen gestellt, die sich ebenfalls *Mganga* nennen. Er findet wenig Zulauf. Die häufigsten Krankheiten bzw. Beschwerden, wegen derer seine staatliche Dorfapotheke aufgesucht wurde, sind Malaria und Wurmbefall bzw. Durchfall.

Die Dorfapotheke von Kilindi war im ersten Jahr meiner Forschungsarbeit dort meist geschlossen, auch dann, wenn der moderne Mganga anwesend war. In aller Regel waren in der Apotheke keine Medikamente vorrätig, obwohl allen Dorfapotheken des Distrikts von den Behörden in Handeni monatlich jeweils eine Medikamentenkiste mehr oder weniger ausreichenden Inhalts zur Verfügung gestellt wurde. Ein Großteil dieser Medikamente gelangte aber nicht wie offiziell vorgesehen zur Gratisabgabe in die Dörfer, sondern gelangte illegal auf den freien Markt und damit in die kaufkräftigen Städte.

Aus Sicht der Schulkinder in Kilindi ließ sich das Hauptproblem mit der Dorfapotheke in einfache Worte fassen: „Wenn der Arzt da ist, ist keine Medizin da. Und wenn Medizin da ist, ist der Arzt nicht da", so hieß es auffallend übereinstimmend formuliert in Aufsätzen, die 1989 auf meine Bitte hin an der Dorfschule von Kilindi zum Thema „Das Leben in unserem Dorf, wenn ich einmal Mzee (ein alter Mensch) bin" geschrieben worden sind. Kurze Zeit danach ist eine Delegation der Dorfbewohner zur Distrikt-Verwaltung nach Handeni gereist und hat dort, erfolgreich, die Ablösung des Verantwortlichen der Apotheke gefordert. Das moderne Gesundheitssystem funktioniert seither in Kilindi ein wenig besser, funktioniert etwa so wie in den anderen Dörfern des Distrikts.

Viel wichtiger als die moderne Dorfapotheke ist für die allermeisten Einwohner Kilindis aber das traditionelle Heilwesen. Ihm vertrauen die Menschen mehr als der modernen Medizin des Nordens. Warum bleiben sie auch im ernsten Krankheitsfall in aller Regel lieber zuhause, statt sich um die Aufnahme in ein modernes Krankenhaus zu bemühen? Schulmedizin und generell *Wissenschaft*, so wie sie sich aus der emischen Perspektive darstellt, ist weder *Uganga* noch *Uchawi*. *Wissenschaft* beansprucht, Uganga überlegen zu sein, zeigt aber keinerlei ethische Basis. *Wissenschaft* ist Expertise ohne Weisheit, *Uganga* ist Expertise und Weisheit in Einem. Außerdem können die *common people* unter den Sigua, d. h. die große Mehrheit, die Erkenntnisse der *Wissenschaft*, auch die der Schulmedizin, gar nicht nutzen – weil sie *arm* sind. Armut macht ärmer, es ist wie verhext.

Den Grund dafür, dass traditionelle Heiler und Wahrsager bei den Sigua weit mehr Einfluss haben als moderne Ärzte, sieht Martin Mluanda in ihrem „ganzheitlichen Ansatz", der von den Kranken und den sie pflegenden Angehörigen deutlich wahrgenommen werde. Auch die familiäre Situation der Kranken wird in der traditionellen Medizin wesentlich stärker berücksichtigt als in der modernen. Mluanda kommentiert:

Ich bin zu dem Schluss gekommen, dass der Grund, warum die Sigua nicht bereit sind, ihre traditionelle Medizin aufzugeben, in ihrer Gemeinschaftsideologie liegt. Der Mensch als Individuum existiert nur innerhalb seiner Familiengruppe.

Nach weit verbreiteter Meinung hat eine Krankheit nicht nur einen physischen Ursprung, sondern ihre Ursache kann auch in psycho-sozialen Spannungen liegen. Eine physische Krankheit kann also nur geheilt werden, wenn man die sozialen Ursachen ebenso beachtet wie die physischen Symptome.

Die Sigua stehen dem Gedanken an einen Krankenhausaufenthalt im allgemeinen ablehnend, gar feindlich gegenüber, nicht weil sie der europäischen Medizin misstrauen, sondern weil sie die Krankenhausumgebung als feindlich empfinden: Der einzelne Patient liegt isoliert in seinem Bett und muss, abgesehen von wenigen Stunden, auf die Gesellschaft von Freunden und Verwandten verzichten. Die Sigua betrachten dies als einen schwerwiegenden Mangel, weil der Mensch nur dann gesund werden kann, wenn er sich in einer psychologisch friedlichen Verfassung befindet oder zumindest durch soziale Kontakte dazu animiert wird. Wer bei Krankheiten chemische Mittel verabreicht, entzieht sich in den Augen der Sigua seiner sozialen Verantwortung.

Dass die traditionellen Ärzte der Sigua die physischen Aspekte der Krankheit durchaus ernstnehmen, beweist die Entwicklung vieler Arzneimittel, die reale, physische Heilwirkung haben. Der fachkundige Pflanzenkenner ist in der Sigua-Gesellschaft eine wichtige Persönlichkeit. Seine Kenntnisse der Heilpflanzen sind umfassend und er wendet seine Medizin an, ohne sich um irgendeine Zauberkraft zu kümmern. Er kann Entzündungen heilen, er kennt schmerzstillende Mittel, kennt Gegengifte für Schlangenbisse, hilft bei Zahnschmerzen und Augenleiden usw.

Es gehört jedoch nicht zu den Aufgaben des Arztes, festzustellen, warum einer seiner Patienten zehnmal innerhalb von vier Tagen von einer Schlange gebissen wurde. Dies liegt im Bereich des Wahrsagers. Wie ein Priester, der bei einer Kette von Unglücksfällen erklärt, schuld sei die Missachtung religiöser Vorschriften, so versucht auch der Wahrsager Umstände zu finden, die das Unglück nicht als Zufall erscheinen lassen. Er könnte zum Beispiel erklären, dass ein bestimmtes Individuum nur deshalb krank sei, weil seine Vorfahren ihm grollen, oder dass dies eine Strafe für sein liebloses Verhalten gegenüber älteren Menschen sei, oder einfach weil ihm jemand diese Krankheit gewünscht habe. Und in seiner Wahrsagung könnte er den Namen dieser Person nennen. Gerade die Wahrsagerei ist der Aspekt in der medizinischen und sozialen Denkweise der Sigua, der am meisten aufgebauscht und lächer-

lich gemacht wird. Und doch ist sie im Gesamtgefüge dieser sozialen Ord-
nung vernünftig und logisch. Der Wahrsager erlangt seine Macht durch den
Kontakt mit dem Geist und den Seelen der Ahnen (Original: mit den Gei-
stern), er muss den Charakter eines Menschen rasch beurteilen können, er
braucht Phantasie und Sensibilität.

In den Riten der Wahrsager finden sich einige interessante Parallelen zur
Theorie von den psychosomatischen Ursprüngen von Krankheiten. Die Über-
zeugung, dass physische Störungen eine ganz reale Grundlage in der
sozialen Umwelt des Kranken haben können, lässt die Gesellschaft der Sigua
dafür plädieren, bei der Behandlung auch die sozialen Zusammenhänge zu
berücksichtigen und die medizinische Behandlung nicht ohne psycho-thera-
peutische Grundlage durchzuführen, also die medizinische Heilmethode mit
der psycho-therapeutischen zu verbinden. (nach Mluanda 1975:27–29)

Schon seit Jahrzehnten wird über die Tendenz zur Zunahme der Kommer-
zialisierung von Uganga und Uchawi berichtet. Michaela von Freyhold
bemerkte (1979:66): „Experts in various rituals, spirit exorcists, herbalists
and witch doctors were numerous and some Ujamaa villages (in Handeni)
had become the headquarters of traditional religion and medicine for the
whole surrounding area." Ende der 90er Jahre des vergangenen Jahrhunderts
eröffnete ein *mganga miti-shamba* in Missima, auf halbem Weg zwischen
Handeni und Sindeni, eine erste offen kommerzielle „Praxis" in Sigualand.

Stars and trees und Ackerbau

Die meisten Menschen in Kilindi orientieren sich nicht am modernen,
sondern am traditionellen Kalender. Dieser traditionelle Jahreskalender der
Sigua orientiert sich an der Natur. Ibrahim Athumani charakterisiert ihn als
„*stars-and-trees-calendar*" und erklärt: „In order to assure early preparation
of the land, the Zigua early men had to invent a calendar. First of all they
depended on astronomical know-how. They learnt about a group of stars in
the sky which they called *chilimila*. Experts knew when to start tilling the
land by observing the height where the stars were on the sky."

Der Jahresbeginn dieses Kalenders ist auf das Erscheinen einer auffälligen
Sternenformation am Nachthimmel festgelegt, Chilimila (= Kilimila)
genannt. Die Identifikation und Interpretation von 'Sternbildern' ist kulturell
geprägt, und Chilimila entspricht keinem der Astronomie des Nordens
bekannten Sternbild. Der Jahresbeginn fällt in den Monat Dezember und

bezeichnet den Beginn der Vorbereitungsarbeiten für die Frühjahrsaussaat. Die weitere Einteilung des Jahres in 12 Monate richtet sich nach dem Entwicklungsstand der Natur. Hierbei spielen unter anderem die Blüte des Mnwati-Baumes sowie Blüte und Fruchtstand der Bäume Mnyinga und Msasa eine wichtige Rolle.

Der Sigua-Kalender (nach Ibrahim Athumani)

Monat	Kizungu	Kizigua	Wichtige Tätigkeit
1	Desemba	Mnyinga Maluwa	Vorbereitung der Felder
2	Januari	Mnyinga Makoba	Pflügen
3	Februari	Ntegelezi	Säen
4	Machi	Vumo	Säen
5	Aprili	Kimosi	Jäten
6	Mei	Kibili (Masika)	Jäten
7	Juni	Mawowo	Mais im Überfluss
8	Julai	Mboleza Msala	Ernten
9	Agosti	Msagusa	Ernten
10	Septemba	Mnwati	Transportieren
11	Oktoba	Msasa	Vorbereiten auf den Regen
12	Novemba	Vuli	Säen, Jäten, Pflanzen

In seiner Beschreibung der Tangaküste und ihrer Bewohner hat übrigens Baumann (1891) einen älteren Swahili-Kalender vorgestellt, nach dem sich das Jahr an den langen Regen (*Masika*) orientiert und mit dem Monat *Mfunguo wa Mosi* beginnt. Nach Baumanns Beobachtungen fiel ein derartiger Jahreswechsel konkret auf den 10. Mai 1891. Im Land der Kambara im südlichen Kenia, direkt jenseits der Usambara-Berge, habe ich 1994 Feiern eines Jahresbeginns am 25. April festgestellt.

In Sigualand wird traditionell insbesondere Hirse angebaut. Baumann beobachtete 1891: „Alle anderen Kulturpflanzen sind vollkommen nebensächlich und spärlich. Bananen gibt es in Uziga gar keine; Kürbisse, Erbsen, Maniok und Rizinus nur vereinzelt." An anderer Stelle erwähnt Baumann auch den Anbau von Tabak. Heute werden in Uzigua in großen Mengen auch Bohnen und Yam und in kleineren Mengen auch Reis, Süßkartoffeln, Melonen, Kürbisse, Kaffee, Tee, Sesam und andere Gewürze angebaut.

Einzelne Bananensorten gedeihen, wenn auch nicht üppig, und die Reisebeschreibung von Krapf (1852:113) deutet darauf hin, dass Bananen auch zu eben jener Zeit in Uzigua nicht unbekannt waren. Heute ist, auch im Dorf Kilindi, Mais das wichtigste Produkt. Mais dient primär der familiären Eigenversorgung, Überschüsse werden innerhalb der Sozialgemeinschaft verliehen oder getauscht, oder sie werden verkauft. Die Höhe der Maisproduktion ist kaum exakt feststellbar. Die offiziellen Wirtschafts- und Sozialstatistiken sind unstimmig. Mbilinyi erläutert dazu (1988: 550): „These are called 'guess-statistics' in Tanzania. No one has any reliable measure of actual crop acreage under cultivation and actual average productivity levels for the different agro-ecological zones in the country."

Die Autoren des Regionalen Entwicklungsplanes von Tanga haben Mitte der 80er Jahre geschätzt, dass im Distrikt Handeni rund 30 Prozent der Mais-, vierzig Prozent der Bohnen- und 10 Prozent der Maniok-Ernte in die Vermarktung gelangen, wobei der Schwarzmarkt mit berücksichtigt wurde. (Bis Ende der 80er Jahre herrschte offiziell ein parastaatliches Handelsmonopol bei zahlreichen Produkten.) 70 Prozent der monetären Einnahmen aus agrarischer Tätigkeit resultieren, nach derselben Schätzung, aus dem Verkauf von Mais, weitere 20 Prozent aus dem Verkauf von Bohnen. Mais, Hirse, Bohnen und Maniok werden primär zur Eigenversorgung angebaut; lediglich Baumwolle, Rizinus und Sesam werden, allerdings in geringen Mengen, gezielt für die Vermarktung angebaut. Vielerorts in Sigualand, insbesondere in abgelegenen Gebieten, werden sicherlich mehr als 90 Prozent der konsumierten Produkte auch lokal produziert.

Vermutlich wegen der ungünstigen klimatischen Bedingungen kommt es häufig zu Missernten und, damit verbunden, zu Hungersnöten in Sigualand. Über regelrechte Dürreperioden ist mehrfach berichtet worden (Burton 1859: 100, Grottanelli 1953:249–260, Feierman 1974:137, Mluanda 1975:41f., E. Grohs 1980:28). Ibrahim Athumani schrieb mir 1997:

"Problems enough. There has been a ‚historical' drought all over the country. It was so dry that everybody was amazed. Hundred of fruit trees gave up their lives. Domesticated animals died in numbers. In some places, wild animals were calling into places where people lived, in search of water. Lions met where people searched for drinking water... It surprises everybody that after the driest season there followed the longest rain pours in history too. It started from mid-March until yesterday morning (July). It was day and night pours. Roads muddy, dammed and well worn out. They all need to be redressed. There has also been a serious war against farm-weeds.

People got tired of using the long handled hoes, instead they used their hands to pull out the grasses from the acres. Harvest is very promising for those who managed to weed earlier. It was very funny to learn the way how people met the weeding this year. The maize stems had grown twice of the ordinary height. We are now roasting maize, after the most serious hunger. Welcome to roast a few!"

Neben den Schwankungen der Niederschlagsmenge stellen insbesondere das verspätete oder verfrühte Einsetzen der Regenzeiten sowie starke Stürme eine Bedrohung der Ernte dar. Der Sturm kann den Mais, oder zum Beispiel auch Sonnenblumen, knicken, und ungünstige zeitliche Verschiebungen der Regenzeiten können die gesamte zweite Jahresernte gefährden. Sicher ist die zweite Ernte nur dann, wenn der Regen optimal genutzt werden kann. Kommt es lokal zu einer Missernte, dann helfen sich die Mitglieder der Sigua-Gesellschaft gegenseitig im Rahmen ihrer *Clan*-Gemeinschaften. Weil die Angehörigen eines Clan (Lukolo) immer über ein größeres Gebiet verstreut leben, ist das Risiko, dass sämtliche Angehörigen zugleich von Hunger betroffen sind, relativ gering. Als es zum Beispiel 1988 in Vyadigwa, einem Nachbardorf von Kimbe, lokal zu einer Missernte kam, halfen viele Bewohner von Kimbe und von Kilindi jeweils den Angehörigen ihres eigenen Lukolo mit Maniok, Mais und Bohnen aus.

Die jährlichen Niederschlagsmengen im Distrikt erreichen in der Regel noch 800 mm in ebenen Regionen und 1200 mm im Bergland um Kimbe und Kilindi. Das agrarisch-klimatische Hauptproblem ist nicht die Menge des Regens, sondern seine ungleiche Verteilung übers Jahr. Es gibt eine Trockenzeit, von Juni bis September, mit monatlich etwa 20 bis 30 mm Niederschlag. Die Bäche aus den Bergen versickern dann schon frühzeitig, bevor sie die Ebene Sigualands durchqueren. So trocknen auch die Bäche bei Kilindi oft für mehrere Monate aus, und die Frauen können dann die Wäsche der Familie nicht mehr im fließenden Wasser in Dorfnähe waschen. Stattdessen müssen sie weite Wege laufen, um ein wenig Wasser zu holen. Im Oktober beginnt die „Zeit der kurzen Regen", die monatliche Niederschläge um die 70 mm erwarten lässt, und im März setzt die „Zeit der langen Regen" ein, mit 120 bis 180 mm Niederschlag pro Monat. Da die Existenzsicherung in den allermeisten Sigua-Familien noch heute auf Ackerbau und Hauswirtschaft basiert, ist es wichtig, den gesamten Niederschlag möglichst effektiv zu nutzen. Die Aussaat muss auf den Tag genau 'stimmen', ebenso wie der Beginn der Ernte und anderer wichtiger Arbeiten auf der Shamba, dem Feld. Es gibt in der traditionellen Sigua-Gesellschaft Experten für Wettervorhersage, landwirtschaftliche Berater. Die Angehörigen dieser 'Zunft' gehören zu den Wang'anga, den Weisen, und diejenigen, die mit ihren Voraussagen besonders treffsicher sind, sind hochangesehene Persönlichkeiten ihrer Gesellschaft.

Viehhaltung und die Massai

Über die Viehzucht der Sigua schreibt Oscar Baumann (1891:272f.), dass er „früher sehr bedeutend gewesen sei..., jedoch richteten und richten auch hier die Massai unglaublichen Schaden an. Immerhin trifft man heute noch in fast jedem Dorf einzelne Rinder, welche teils kurz-, teils lang gehörnt und häufig recht mager sind." Der Konflikt zwischen Sigua und Massai hat also eine lange Geschichte. In der Massai-Gesellschaft herrschen andere soziale und ökonomische Regeln als bei den Sigua. Früher waren die Massai gefürchtet, wenn sie, aus Sicht der Sigua, auf Viehraub aus waren. Die Massai traten dann oft in größeren Verbänden auf, um ihr entlaufenes, verstreutes Vieh einzufangen; Krapf berichtet von 800 Massai, die um 1850 durch das Grenzgebiet von Uzigua und Usambara zogen und „auf Viehraub aus" waren (1852:392).

Die Sigua-Ebene hat früher einen weit geringeren Baumbestand aufgewiesen als heute. Sie soll eine offene Steppe gewesen sein und dabei frei von Tse-Tse-Fliegen, so wie es heute noch die benachbarte Massai-Steppe (Kitwe Plains) ist (vgl. Ingle 1972: 97, Freyhold 1979:12). Bedingt durch das Vordringen dieses Schädlings, durch die Raubzüge der Massai und schließlich auch durch die ab 1890 dokumentierte Rinderpest in Sigualand ist der Viehbestand offenbar derart zurückgegangen, dass sich der schon fast zerstörte Miombo-Wald der Sigua-Ebene weitgehend erholen konnte.

Weil die insbesondere in West-Handeni weit verbreitete Tse-Tse-Fliege eine große Gefahr für das Vieh ist, meiden die Massai aus der Nachbarschaft Sigualands bei ihrer extensiven Weidung nach Möglichkeit diese Gegend, so dass es nur selten zu Konflikten zwischen den ortsansässigen Ackerbauern der Sigua und den umherziehenden Hirten der Massai kommt. Alle paar Jahre tritt aber die Situation ein, dass zum Ende der regenarmen Zeit wirklich alle Wasserstellen der Massai trocken sind und dass das Vieh verdursten würde, zögen die Hirten nicht weiter süd- und südostwärts, zum Teil bis in die Gegend um Kilindi. Dann streiten Hirten, Massai, und Bauern, Sigua, über Nutzungsrechte am Boden und am wertvollen Wasser. Zur Schlichtung interethnischer Rechtskonflikte existiert hier keine anerkannte Autorität; das staatliche Bodenrecht nimmt auf die soziokulturellen Besonderheiten der verschiedenen Bevölkerungsgruppen des Landes wenig Rücksicht und schlichtet nicht; wenn hier jemand schlichtet, dann die Autorität in Person, das heißt der Stärkere. Die staatliche Polizei ist hier in den Dörfern West-Handenis, um 1990, so gut wie nicht präsent, die nächstgelegene Wache ist in Handeni-Stadt, mehr als 60 Kilometer entfernt. Telefon oder Funkkontakt mit dem Umland gibt es hier nicht. Erst Ende der 90er Jahre wurde eine so genannte *Special Force* der Regierung eingerichtet. Diese Schutztruppe ist in Tanga stationiert und kann heute recht zügig angefordert werden, wenn es zu militanten Konflikten zwischen Hirten und Bauern kommt. Die Truppe genießt einen guten Ruf in Sigualand.

In den Augen vieler Sigua gelten die Massai als kaum vorstellbar reich. Ulrike von Mitzlaff[7] hat einmal erläutert, der Kaufpreis der Perlen im Schmuck eines heiratsfähigen Massai-Mädchens, den sie von ihren verschiedenen Verehrern geschenkt bekommt, liege oft bei etwa 3.000 DM (1990). Die Massai verdienen Bargeld insbesondere im Handel mit Rindern und mit modernen Waren, die von den jugendlichen Viehtreibern in den großen Städten eingekauft und in den Dörfern der Sesshaften an den Grenzen des Weidelandes der Massai weiterverkauft werden. Für diese 3.000 DM konnte man 1990 in Sigualand zwanzig Fahrräder kaufen. Aber die meisten Menschen in Sigualand können sich kein einziges Fahrrad leisten. In Kilindi gab es, bei knapp 3.000 Einwohnern, etwa 20 Fahrräder, vielleicht auch 30. Die exakte Zahl war von mir nicht in Erfahrung zu bringen, weil einige Fahrräder versteckt gehalten wurden. Die Besitzer wollten mit ihrem „Reichtum" nicht protzen. Ibrahim Athumani schreibt, ein *average farmer* könne sich *niemals* ein Fahrrad leisten: „He will never be able to cultivate enough land to meet his family's demand with enough surplus to buy a tractor. Should it be possible to buy any vehicle for transportation and easy communication? No, not even a bicycle or a cart."

---

7   Ulrike von Mitzlaff hat eine höchst interessante Arbeit über die Parakuyo-Massai in West-Handeni veröffentlicht. Die Parakuyo leben anscheinend in allen an Sigualand grenzenden Regionen des Massailands. In manchen Gegenden werden sie als „Wa-kwavi" bezeichnet. Nach Meinung vieler Sigua unterscheiden sie sich von den anderen Massai dadurch, dass sie „mashuka" tragen – Tücher mit Streifen-Muster. Nach Meinung von U. v. Mitzlaff, die ich 1989 in Handeni traf und von der ich viel Bemerkenswertes erfahren habe, sind Farbe und Muster der Stoffe der Massai allerdings „untraditionelle Modeerscheinungen". Man trägt, was man schön findet. Meist ist das die Farbe Rot.

Als „Saunye" genießt der zu Handeni gehörende Teil von Massailand ein nicht klar definiertes Maß an Autonomie. Obwohl seine Fläche fast ein Viertel des Distrikt-Territoriums umfasst, wird Saunye in den Statistiken des Distrikts nicht berücksichtigt. Die tansanische Regierung hat nur wenig Kenntnisse darüber, was hier in Massailand wirklich vor sich geht. Die tansanischen Massai halten sich in der Mehrzahl immer noch viel energischer vom modernen Staat fern als etwa ihre „unmittelbaren Verwandten" in Kenia.

Die Massai werden von den Sigua gemeinhin respektiert, aber sie bleiben unbeliebt, auch wenn die Zeit des Viehraubs vorüber ist. Alte Menschen in der Sigua-Gesellschaft berichten auch, dass die Massai früher Menschen bei der Arbeit auf der Shamba, bei der Feldarbeit, gefangen und dann als Sklaven verkauft hätten. Ein krasses Beispiel dafür, dass die Massai unbeliebt sind, sind die lokalen Transportpreise auf dem stabilisierten Rücksitz eines Fahrrads. Der Transport von Gütern und Personen per „Fahrrad-Taxi" ist in West-Handeni weit verbreitet, und für häufig frequentierte Strecken gibt es eine Art Festpreis. Dieser ist in drei Kategorien gestaffelt: niedrigste Preisstufe (Index 100) für „normale Menschen"; mittlere Preisstufe (Index 125 bis 150, je nach Topographie und nach aktuellem Zustand der Piste) für „Güter bis etwa 75 kg"; höchste Preisstufe (Index 150 bis 200) für „Massai". Die übereinstimmende Begründung für diese Staffelung, die mir von mehreren Transporteuren gegeben wurde: Für Personentransport muss weniger gezahlt werden als für den Gütertransport, erstens weil die Fahrt mit Menschen weniger langweilig und weniger gefährlich ist, und zweitens weil der „normale" Fahrgast absteigt, wenn es steil bergauf oder durch ein großes Schlammloch geht. Ein Massai jedoch, so behaupteten die Fahrer, steige *niemals* ab, wenn er erst einmal bezahlt habe: „Der bleibt sitzen und lacht sich tot, wenn ich ihn den Berg hochschiebe...", und: „Während seine Freunde draußen vorm Dorf aufs Vieh aufpassen, lässt sich der doch sowieso nur zum Spaß spazierenfahren und macht mich zum Deppen".

Folklore

Im Bereich der Schaustellerei spielt in Sigualand eine Gruppe Menschen eine besondere Rolle, die in kleineren, familienähnlichen Einheiten verstreut im Grenzgebiet zur Massai-Ebene lebt. Sie werden in der Literatur als Okiek bezeichnet und gelten dort als eng verwandt mit den Massai. Von vielen swahilisprachigen Völkern werden sie „Wandorobo" genannt, während die

Sigua sie als „Wasi" bezeichnen und für Mitglieder der Sigua-Gesellschaft halten. Allerdings, so sagt man in Sigualand, heiraten ihre jungen Frauen häufig in Massai-Familien ein, und einige Massai bemühen sich, die Okiek bzw. Wasi als Ganzes in *ihre* Gesellschaft zu integrieren.

Die Okiek bzw. Wasi musizieren und führen traditionelle Tänze auf und werden dafür von den Sigua-Familien, die diese Feste organisieren, entlohnt. Zum Teil sind sie fahrende Musikanten, mit einem Ruf, der an „Zigeuner" erinnert. Der Name Wandorobo, mit dem viele swahilisprachige Völker Ostafrikas sie bezeichnen, ist nicht gerade schmeichelhaft: er bezeichnet sie, analog zur lästigen Tse-Tse-Fliege (ndorobo), als „Tse-Tse-Menschen".

In einer in Sigualand weit verbreiteten Redewendung, Bestandteil einiger Sprichwörter, wird der Ärmste der Armen allegorisch als „*Mwasi Mganda*" bezeichnet, als „ärmster Ndorobo". Ibrahim Athumani schreibt dazu:

"Mwasi is a specific tribe in Handeni called Ndorobo people. The Ndorobo people who also live in Kenya have lived nomadically since they live on earth. In this mobile way of taking life, Wasi could not tame animals nor could they possess farms. So whenever you say Mwasi, people pretend that you talk of a man having nothing in hand except a *chezembe cha asali* (honey container), a bow and an arrow. Therefore the word 'Mwasi Mganda' simply means: the poorest people. But nowadays the Wasi (Wandorobo) of Handeni own farms like the Wazigua, and the word 'Mwasi Mganda' is almost loosing its meaning." (Athumani 2000)

Vielerorts auch außerhalb Sigualands gelten sie zudem nicht gerade als die Geschicktesten. So erzählt man bei den Chagga am Kilimanjaro: „Einst waren Sonne und Mond, ebenso wie Gott, ganz nah bei den Menschen. Da schoss ein Ndorobo in Unkenntnis des Gebrauchs seiner Waffe auf den Mond und verwundete ihn. Darauf flohen Sonne, Mond, Sterne, ebenso Gott mit der Allmutter und seinen Gesandten, zum Himmel." (n. Dammann 1963: 85)

Die künstlerischen Fähigkeiten der "Wasi" jedoch sind unumstritten. Ibrahim Athumani beschreibt:

"Their traditional dances are more like artistic shows than like mere dances. While some dancing groups dress with tiger skins plus white and black monkey (mbega, Colobus) skins, others make it with long ostrich-feathers. It is a wonderful attraction. Unfortunately, such

prosperous views are slowly disappearing through neglect, ignorance and self-degradation.

Drum beat and dances have long been among the most
entertaining features in probably any nation. They form part of
people's behaviour, and show exactly the tradition and culture of a
certain area. The most thrilling dances in Zigualand are *Mselego,
Selo, Mjuga* and *Machindi*. Wang'anga and Tambikos collect people
together to play music instruments...

Every performance becomes very delightful when participants
show the highest mood. Nkondima and Nkole were two famous
girls for *Kajanja* dances. Whenever the dance started, they were
always ready to stop eating and to get fully involved in dancing
until they were fully satisfied. They dressed in *khangas* tied tightly
to their chests in a special fold to the upper chest making the shor-
test wear to the lower part of the body, just a few centimetres below
the knees! The Zigua people call this style *kusega*. When they
wriggled right and left, hind and forth, don't tell me..., it was something to be observed through someone's naked eyes! Nothing pre-
cious remained hidden for praises.

They had no shoes on, but could shoes mean anything to a dress or
to a dancing show more than the dancer him/herself? It isn't very
necessary to put on shoes!

For the time being there are practically no serious traditional
dancing organisations. Youth are mostly occupied with foreign
dances of European style... Disco, Twist and bumping to this kind of
music is better than *mselego, machindi, selo, mjuga, kajanja,
chikarata*, or other traditional dances? When the local dances are
played in towns nowadays, people make modern shows as if these
dances were foreign dances to their own homeland!"

Auch in Sigualand wird zwischen „Tradition" und „Folklore" unterschieden, auch wenn dies von den meisten Ethnologen nicht beachtet wird.
Auch tradierte Zeremonien wie ein Tambiko oder ein Initiationsritus enthalten zugleich sowohl solche Elemente, die für die Teilnehmer als unverzichtbar gelten, als auch solche, auf die man verzichten kann, ohne irgendwelchen Schaden zu nehmen. Letztere Elemente werden als *Miviga* (sing.
Mviga) bezeichnet und sind der Folklore zuzurechnen. „Miviga are no
traditional or cultural necessities, they don't have any effect. They can be
processed or not. They are just done for fun and because elders did the
same." (Ibrahim Athumani)

Gelegentlich ist die Frage umstritten, was als Mviga zu bewerten sei und was nicht. Während beispielsweise in dem einen Clan die Kutenkula-Chiza- und die Nkantamiti-Zeremonien bei der Hochzeit als unverzichtbar gelten, um den Kindersegen des jungen Paares zu sichern, gelten diese Zeremonien in anderen Clans längst als amüsante, folkloristische Tradition, die bei einer echten Hochzeitsfeier aber „einfach dazugehören". Die Unterscheidung zwischen elementaren Elementen und *Mviga*-Elementen einer rituellen Handlung kann in der Sigua-Gesellschaft dann bedeutungsvoll sein, wenn es um die Erklärung eines Unglücks oder eines Krankheitsfalles geht. Oft begründen die Wahrsager, Wang'anga, um die Erklärung für ein Unheil gebeten, dies mit der Vernachlässigung eines von ihnen für unverzichtbar gehaltenen Elementes eines Tambiko durch die Betroffenen:

"When members of a clan are hit by infections for example, the Fateful Men (wang'anga) might always reveal that a certain traditional or cultural passing-through has not been respected, either during the wedding ceremony or any other day. For example, if a married couple cannot produce children even for a long time after their marriage, the reason might be given that they have ignored *nkantamiti*, taking it as a *mviga*, or that maybe even the father of the boy has ignored it when he himself got married: If a boy's father has not undergone *nkantamiti* and *kutenkula chiza*, then passing through those stages won't help the boy." (Ibrahim Athumani)

Irgendwo an der Grenze zwischen Folklore und Tradition ist auch der Traditionelle Ringkampf angesiedelt:

"The most common game for adults in Zigualand used to be the traditional wrestling. It was usually done by middle aged people under the observation of old people. There were so many fan cheers when two famous fighters competed... When people of different age gathered at wells after cows drink, the younger people had to compete in order to entertain elders and also young men with prestigious title fights. When the elders had gathered under a big shady tree where there was sand, two young men from different clans were announced for competition in turns. There were really hot competitions either to gain a title or to defend one. It was a sky full of impressive moods which caused endless joyful cheers. Imagine one boy who either withdrew his title or was conquered in the presence of his father and brothers! He was degraded and became very weak in everybody's eyes, so much, that he became a shame for the whole family!

I was very unhappy because whenever I competed in wrestling with someone I usually lost the game. I never won a title and never defended one. Young men in this position develop shameful beliefs. Maybe I was too weak to meet any challenge? But physically, nothing seemed to be wrong with me. I appeared to be quite energetic. So what was it all about – Laziness?, Lack of competitive consciousness? I took things very simple, probably too simple, just as leisure. This was a young man's state which without my appreciation gave serious heart tortures to my relatives.

Things became even worse one day when I was defeated by a very young boy. You would have felt the shame had you been a relative of mine. My father could not resist that shameful touch. He seized me by the hand and made sharp strokes with hard words towards my competitive consciousness – so that I would not dare to shame him in the next wrestling event. Anyway, it is true that lazy people should be treated seriously. It was already a situation in which everyone who aimed at a new title asked for a competition with me to start with.

Then there came the day when I was inaugurated. No more jokes to be played with me! The next competition I asked Malele, one of the toughest chaps in the rural area of Mzeri. It was a new determination. It was time to prove that I wasn't lazy any more. My father marched out of the place in order not to be ashamed. He made a comment, saying 'How is it possible for a bush-baby to wrestle with an elephant?, but some other people were really willing to see whether or not I could make a change.

Malele came out in front of the crowd well boastful and full of threatful words. He said he would throw me some metres away to break me into pieces. My heart became wet by contractions. Should I give up? How could I have proved my new determination and the end of my laziness? But to be broken into pieces was not what I hoped from my change...

So he approached me as if I was to weak to manage the game. But at once Malele felt the danger. He tried to lift me up to the sky to make my feet swinging. It was in vain. How elastic was I that day! I was somehow glued to the ground, to stick hard. Malele didn't even make it to two centimetres above the ground. So the mob began to cheer. Malele tried to move me backwards, but I was more elastic than a rubber band. At a hard try, we both made an instant fall. The elders disapproved and asked us to carry on.

This time Malele's heart was beating like a grinding motor. I remembered a Zigua saying, *fula kunya na ng'ombe kweleka*, which means, „as soon as it rains, the cow delivers" – Do it at the earliest possible time before the other one gets prepared! So I made the quickest attack possible. I pulled him up until his legs kicked high in the air. Then I landed him down with a great *boom* to make it all a success. All title holders were discouraged. My father who first hid himself came out proudly saying „Look – A lion must produce a lion! How can a brave man produce a coward?"

Es ist ein alter Brauch in Sigualand, dass Bänkelsänger durchs Land reisen. Auch Ibrahim Athumani hat mir einmal erzählt, in seiner Jugend zeitweise in seiner Heimat von Dorf zu Dorf gezogen zu sein. Als Entgelt für seine Lieder hat er sich, wie es Brauch ist, von den Frauen des jeweiligen Dorfes Wasser, Feuerholz und Verpflegung geben lassen: „I made a few songs on the historical tambiko (*ngano*). Each song reveals some knowledge to the people. If one follows the songs attentively, one can learn much on everyday tribal affairs. Most of the songs served as cautions on life matters for the youth as well as for adults."

Amina, seine Frau, erinnert sich noch an die Texte der meisten der 7 Lieder, die ein solcher Sänger aus ihrer Heimat 1971 bei ihrer Hochzeit mit Ibrahim vortrug. Ibrahim hat nun dieses „*tambiko la ngano*" verschriftlicht. *Tambiko* bezeichnet eine traditionelle Festlichkeit, *Ngano* eine Geschichte bzw. Erzählung. Die meisten der Lieder sind in ihrer Grundstruktur traditionell festgelegt, werden vom jeweiligen Interpreten aber nach Belieben ausgestaltet.

Wimbo[8] *la Ngano 1 (Wimbo wa kuingilia wageni)*

Sänger:	Seselo na mnembwe ni mami ya chonje!	
Publikum:		Seselo!
Sänger:	Ooh sese!	
Publikum:		Namnembwe!

---

8 *wimbo* = Lied, pl. *nyimbo*

Sänger:	Chonje ni mzito!
Publikum:	Seselo!
Sänger:	Ooh sese!
Publikum:	Namnembwe!
Sänger:	Chonje kelekela silahi!
Publikum:	Seselo!
Sänger:	Ooh sese!
Publikum:	Namnembwe!
Sänger:	Wazungu wigale!
Publikum:	Seselo!
Sänger:	Ooh sese!
Publikum:	Namnembwe!

Mit diesem Lied, dessen Refrain hier wiedergegeben ist, hat der Sänger seine Auftritte eröffnet. Im Mittelpunkt des Songs steht, wie Ibrahim sagt, „eine glückliche Familie": ein Kind wird geboren. Das heißt für die Frauen in der Nachbarschaft, dass sie die betreffende Familie nun für einige Tage mit Wasser, Feuerholz und Nahrung zu versorgen haben. Praktisch ist es die Aufforderung an die zuhörenden Frauen, nun ihn, den fahrenden Sänger, entsprechend zu versorgen.

Wimbo la ngano 2

Sänger:	Chiizaee – ae ae!
	Chiizaee – ae ae!
	Wachina secholozi chiiza!
Publikum:	Eee chiza usiku uchele!
Sänger:	Yamnyumba ivugalwa na wahindo wane wane!
	Chiizaee – ae ae ae!
	Wachina sechilozi chiiza!
Publikum:	Eee chiiza usiku uchele!
Sänger:	Yamgane yejekwa!
	Yejekwa na kahindo!
	Na kahindo kamwe kamwe!
	Chiiza Eee!
	Wachina sechilozi chiiza!
Publikum:	Eee chiiza usiku uchele!

Hier wird die Geschichte einer verheirateten Frau erzählt die eines morgens, als ihr Mann bei der Feldarbeit ist, zu Hause von fremden Männern besucht wird. Ibrahim erläutert: „Although they are a little late, they know certainly that a married woman's house should always be of full respect. It is like a closed house where people can't flow in and out the way they wish. But an unmarried woman's house is sometimes like an open house where hooligans can get in and out the way they feel. So there is hardly any respect at all. Thirdly, a woman who produces children is culturally expected to do it through legal marriage. Production out of legal marriage is prohibited."

Wimbo la ngano 3 (Mwaila mkaza mamba kucha!)

Sänger:	Mwaila mkaza mamba kucha!
Publikum:	Chaila mkaza mamba...
Sänger:	Kucha e!
Publikum:	Chaila mkaza mamba!
	Chaila mkaza mamba!

Wenn die Stimmung entsprechend ist, folgt dieses Lied, in dem die Anwesenden aufgefordert werden zu dem, „that all married people of the clan have to do. The song has to be sung throughout the night. All those who ignore the performance are supposed to suffer from serious diseases. So the whole audience has to form an attitude to do the ceremonies willingly."

Wimbo la ngano 4 (Kiongozi wa wenyeji)

Sänger:	Mwiva nani?
Publikum:	Na luzi lwa mtii chiva!
	Na luzi lwa mtii chiva!
Sänger:	Wamisima mwiva nani?
Publikum:	Na luzi lwa mtii chiva!
Sänger:	Wasindeni mwiva nani?
Publikum:	Na luzi lwa mtii chiva!
	Na luzi lwa mtii chiva!

Hier fragt der Sänger und „Gastgeber" im Refrain, auf welchem Weg die Nachricht über seinen Auftritt und das damit verbundene Fest das Dorf erreicht habe. Das Publikum antwortet, es habe die Nachricht durch *luzi lwa*

212

mti erhalten: durch das „traditionelle Telefon". Das *luzi lwa mti* ist eine kleine, handliche Figur, die manchmal beim Tambiko der Sigua eine wichtige Rolle spielt. Sie ist aus Holz, Membranholz, und erleichtert, ans Ohr gehalten, das Zwiegespräch mit dem Geist und den Seelen der Ahnen.

Wimbo la ngano 5

Sänger:	Natundila wanangu mbwayu mbwayu!
	Mtunda...e!
Publikum:	Natundila wanangu mbwayu
	mbwayu!
	Mtunda...e!
Sänger:	Wanangu mbwayu mbwayu mtunda...e!
Publikum:	Natundila wanangu mbwayu
	mbwayu!
Sänger:	Gumbo digwa,
	Natundila wanangu mbwayu mbwayu mtunda...e!
Publikum:	Natundila wanangu mbwayu
	mbwayu!
	Natundila wanangu mbwayu
	mbwayu!

Dieses Lied handelt von den Verpflichtungen des Mannes gegenüber der Familie. Für die Sicherung der Ernährung, insbesondere der Kinder, ist traditionell zunächst der Vater verantwortlich. In einem Kommentar zu diesem Lied fragt Athumani besorgt, welche Auswirkungen eine *„equality"* von Mann und Frau haben könnte, von der er so viel gehört hat, auch von mir:

"I wonder how this could be counted for during the scramble of women's and men's equality. This should be settled by the sociologists. But let them be aware that men of different areas believe in being responsible to their homes. The song simply insists on men not to run away from home, leaving their children worried during famine and other hardships like accidents, storms and diseases."

Wimbo la ngano 6

Sänger:	Mtumba nikomela ahano!
Publikum:	Tinga tinganga, tinga tiii!
Sänger:	Uko ukwita kuna ng'ombengwa!
Publikum:	Tinga tinganga, tinga tiii!
Sänger:	Baba nikomela ahano!
Publikum:	Tinga tinganga, tinga tiii!
Sänger:	Uko ukwita kuna ng'ombe ngwa!
Publikum:	Tinga tinganga, tinga tiii!

Wimbo la ngano 7

Sänger:	Ng'ombe zaga naila ng'ombe, nahadya nkole!
	Ng'ombe zaga naila ng'ombe, nahadya nkole!
Publikum:	Ng'ombe zaga naila ng'ombe!
Sänger:	Msindu kagone mwentongo kulala –
	nahadya nkole!
Publikum:	Naila, ng'ombe zaga naila ng'ombe!
	Naila, ng'ombe zaga naila ng'ombe!

Ibrahim Athumani erläutert:

"The last of the seven songs is a song about a man who is quite irresponsible. A herdsman lost the cows simply because he was eating wild fruit. It is a caution too that one shouldn't do two things at the same time. Also, it insists on full involvement in that what the society has handed over to someone respectfully. There were some people, and still there are some people, who could forget what they are sent for. Instead, they get fully engaged in other, unnecessary issues."

Märkte

Kilindi hat einen Wochenmarkt, den einzigen im Umkreis von mehr als zwanzig Kilometern. Am Markttag kommen auch um die hundert Menschen, Männer und Frauen mit ihren Kindern, aus den benachbarten Ngulu-Dörfern

214

Tamota und Misufini. Der Fußweg ist beschwerlich. Die Entfernung beträgt nur einige wenige Kilometer, aber der schmale, stellenweise kaum erkennbare Trampelpfad führt durch Bachläufe und über dicht bewachsene, zerklüftete Hänge. Der Pfad ist fast völlig zugewachsen. Der Fußmarsch dauert Stunden. Hier lässt sich kaum ein Fahrrad und mit Sicherheit kein Karren entlangschieben, die Produkte müssen getragen werden. Frauen verkaufen ihre Waren auf dem Markt zumeist in kleinen, teils kleinsten Mengen: Mais, Linsen, Wildspinat, Tomaten, Kürbisse, Kürbiskerne, Sonnenblumenkerne, Erdnüsse, Eier, Hühner, Bananen. Drei Bananen kosteten hier in Kilindi (1990) eineinhalb tansanische Schilling, während in der Distrikt-Hauptstadt Handeni eine Banane meist drei Schilling kostete, das Sechsfache.

Gegen 11 Uhr haben die Auswärtigen Kilindi erreicht, und ein reges Markttreiben setzt ein. Einige reisende Händler verkaufen in kleinen Mengen billige Plastikwaren osteuropäischer und ostasiatischer Herkunft, Kosmetika arabischer und indischer Herkunft, Süßigkeiten, Zigaretten und anderen *Luxus*. An einem normalen Markttag kann man in Kilindi etwa dreißig weibliche und zehn männliche Verkäufer zählen.

Fast an jedem der Markttage kommen zwei oder drei, zur Erntezeit manchmal auch fünf oder sechs Pick-ups (geländegängige PKWs mit offener Ladefläche) nach Kilindi. Die meisten von ihnen kommen aus Handeni-Stadt, wo lokale Händler die Autos von einem der dort ansässigen Inder tageweise mieten können. Einer der betreffenden indischen Kaufleute erklärte mir, die Miete für die Fahrzeuge sei so hoch, dass es sich für ihn selber nicht lohne, in den Dörfern Produkte zu kaufen. Er verkaufe vielmehr die Transportmöglichkeit. Auch der gesamte Busverkehr im Handeni-Distrikt war Anfang der 90er Jahre in indischer Hand, praktisch monopolisiert. Mitte der 90er Jahre stiegen auch arabische (omanisch-sansibarische) Kaufleute aus Tanga in dieses Geschäft ein, und es ist zu erbitterten Konkurrenzkämpfen gekommen, bei denen die tansanische Polizei praktisch machtlos ist. Bei diesen Kämpfen wird von den Beteiligten auch massive physische Gewalt angewandt, zum Beispiel um konkurrierende Busse auszuschalten.

Die Transporteure aus Handeni, manchmal auch aus dem Nachbardistrikt Kiteto, kaufen in Kilindi, was ihnen am jeweiligen Tag am günstigsten angeboten wird. Als quasi monopolistische Großabnehmer diktieren sie in Kilindi und vielen anderen abgelegenen Dörfern oft die Preise. Ihnen steht ein bestimmtes Volumen zur Verfügung, die Ladefläche des *pick-up*, die es möglichst profitabel zu nutzen gilt. Bananen sind sperrig und voluminös, profitabel ist ihr Transport für den Händler nur dann, wenn der Kaufpreis im Dorf um mindestens 75 Prozent niedriger ist als der Wiederverkaufspreis im 65 Kilometer entfernten Handeni. Bei Mais und Bohnen reichen schon

Preisdifferenzen von 40 bzw. 25 Prozent. Wenn es auf dem Markt zu keiner Einigung zwischen den Transporteuren und den lokalen Händlern kommt, bleibt Ersterem immer noch die Möglichkeit, sich von Kindern des Dorfes für einen Spottpreis ihre Ladefläche mit Mangos oder anderem wildem Obst füllen zu lassen. Dass in Kilindi für fünf Mangos 1 Schilling bezahlt wurde, während in Handeni eine einzelne Frucht 5 Schilling kostete, war bezeichnend. Nicht die sachliche Produktion schafft hier in Sigualand Wert, sondern die Distribution.

Marktpreise in Kilindi, im Vergleich zu Handeni, über das Jahr (Eigene Schätzungen, Handeni = 100)

Mais	ca. 60
Bohnen	ca. 75
Bananen	10-25
Mangos	5
Eier, Hühner	20-50

Nur einige wenige Bewohner Kilindis engagieren sich in gezielter Produktion für den Markt. Eine der Möglichkeiten, schon bei der Produktion wirklich gewinnbringend zu arbeiten, bietet die Produktion von Mais oder Bohnen *gegen* die natürlichen, klimatischen Anbaubedingungen. In der Vor-Erntezeit liegt der Preis der genannten Produkte oft um gut 100 Prozent höher als während der allgemeinen Erntezeit. Zu dieser Produktion ist allerdings arbeitsintensive Bewässerung nötig.

Einer der reisenden Händler, die regelmäßig Waren aus der Stadt auf dem Markt von Kilindi verkauften, hat Anfang 1989 dort eine erste private *Duka* eröffnet, einen permanenten Laden. Der Händler ist ein Chagga, stammt aus Arusha, und hat eine ganze Reihe derartiger Kleinfilialen in Dörfern errichtet. Dass hier ein ethnisch Fremder eine führende Rolle als Mittler zwischen „Moralwirtschaft" und „Marktwirtschaft" übernimmt, ist typisch für viele Regionen Afrikas (vgl. Hans-Dieter Evers und Heiko Schrader 1999). Seine Duka in Kilindi stand in direkter Konkurrenz zum *village shop*, der offiziellen Duka „des Dorfes", und zu dem *stand* (Verkaufsstand) vor Ibrahim Athumanis Haustür. Ibrahim besaß auch eine alte Nähmaschine, an der er gegen Festlohn einen Schneider beschäftigte. Im Angebot der neuen Duka war alles, was es auch bei Ibrahim zu kaufen gab: Bonbons, Streichhölzer, Dauerkekse, *mosquito coils* gegen Mücken, Nagellack, Glasperlen, Knorr-Suppenwürfel, Aspirin, Chloroquin gegen Malaria, Seife, Bleistifte, Briefumschläge, Nähgarn. Zusätzlich gab es jetzt Speiseöl („vegetable oil" unbestimmter Herkunft, löffelweise verkauft), Ölsardinen, Zucker, Salz, Zigaretten, „moderne Getränke" (Pepsi und Mirinda), Textilien und Fahrradersatzteile. Ich habe einige Dorfbewohner gefragt, was sie in dieser Angebotspalette vermissen und auf welche Produkte sie auf keinen Fall verzichten möchten. Vermisst wurde im Angebot ein einziges Produkt: Brot. Unverzichtbar seien Öl, Zucker, Salz und Seife. Dies sind die Produkte, auf deren Tausch sich auch zahlreiche Frauen in Kilindi spezialisiert haben. Ich schätze, dass sich in etwa jedem zehnten Haus eine derartige Tauschzentrale befindet, in der Öl (oder, für arme Leute: Erdnüsse bzw. Sonnenblumenkerne), Zucker oder Salz eingetauscht werden kann.

Auf die Frage, was diese Duka vermutlich zusätzlich im Angebot hätte, wenn sie keine Duka in Kilindi sondern eine Duka in der Stadt wäre, in Handeni zum Beispiel, wurden zwei weitere Produkte genannt: Weizenmehl und Reis. Diese beiden Produkte seien hier in Kilindi aber unverkäuflich, „weil wir ein wenig Reis selber anbauen" und „weil Weizenmehl für uns zu teuer ist". Brot wäre allzumal zu teuer.

Über Dukas in der Stadt Singida in Tansania hat Carola Donner-Reichle (1988:280) berichtet: „Die Männer, die die Dukas betreiben, versorgen zuerst sich und ihre Klientel (Verwandtschaft, politisch und ökonomisch einflussreiche Familien). Dadurch vermindert sich das ohnehin schlechte Warenangebot für die anderen Dorfbewohner zusätzlich". Diese Beobachtung deutet an, dass auch anderes als nur die Eigendynamik des kapitalistischen Marktes und der Gewinnmaximierung das Verhalten mancher Duka-Betreiber in Tansania beeinflusst, nicht nur in Sigualand.

Im Dorf Ihumwa, schreibt Donner-Reichle an anderer Stelle, haben einige Frauen 1981/82 eine Teestube eröffnet, einen Teeraum, „der dann schon im April 1982 geschlossen war, zum einen wegen Zuckermangel, zum anderen wegen Cholera..." (a.a.O.:262). Das erinnert mich an Gespräche in Kilindi. Auch dort wurde 1989/90 eine Teestube eröffnet, und zwar von zwei Frauen. Eine von ihnen war Amina, die Ehefrau von Ibrahim Athumani. Auch diese Teestube war oft geschlossen, und Amina sagte dann: „wegen Zuckermangel...". Tee ohne Zucker ist unverkäuflich. Zucker gab es aber in der Nachbarschaft, wenn nicht, dann bieten graue Händler ihn an. Wenn irgendwo Versorgungsengpässe auftreten, dann entsteht recht schnell ein Schwarzmarkt, und Salz und Zucker gehören, zumindest in Ostafrika, zum fundamentalen Standardangebot. Notfalls gibt es Ersatzstoffe, für Zucker zum Beispiel Honig. „Zuckermangel" als Begründung für eine geschlossene Teestube ist vermutlich immer nur ein Vorwand. Ibrahim erklärte mir denn auch: Die beiden Frauen öffnen die Teestube nur dann, wenn sie wirklich Bargeld brauchen. Dass seine Frau Geld brauche, das sei selten, sagt Ibrahim, beispielsweise wenn eines der Kinder eine neue Hose brauche oder Amina selbst ein neues Kleid. Meist brauche sie aber gerade keine neue Kinderhose und kein neues Kleid.

Gender

Dort, wo in Sigualand monetäres Einkommen erzielt wird, verfügen Männer und Frauen über separate Einkünfte. Die Einkünfte der Männer stammen zumeist aus dem Verkauf der Produkte der Familien-Shamba und sind in der Regel wesentlich höher als die Einkünfte der Frauen. Die Männer können über dieses Einkommen verfügen, ohne sich mit den Frauen zu beraten. Elisabeth Grohs (1980:46) hat beobachtet: „Die Einkünfte des Vaters werden (von den befragten Schülern, PM) im allgemeinen höher eingeschätzt als die der Mutter. Sie entstammen nach Ansicht der Kinder aus dem Arbeitsverhältnis, aus Handel und in der Mehrzahl der Fälle aus dem Ernteertrag. Das Einkommen der Frauen setzt sich aus kleineren Posten zusammen, zum Beispiel aus dem Verkauf von gesammeltem oder selbst gepflanztem Gemüse, Bananen, selbst gebackenem Fladenbrot, oder handwerklich erzeugten Gegenständen." Und weiter: „Selbst die Frauen erklärten, dass der Aufwand und der weite Weg häufig in keinem Verhältnis zum Erlös stehen und dass es ihnen vielmehr auf die Kommunikationsmöglichkeit und Abwechslung, die sie auf dem Markt hätten, ankomme."

Laut McVicar (1934b:19) können die Frauen der Sigua über ihr eigenes Einkommen traditionell frei verfügen. Dass ist nicht ganz korrekt, denn die Sigua-Gesellschaft ist traditionell geldlos. Da kann keiner über irgendwelche Einkommen frei verfügen, denn es gibt traditionell keine Einkommen. Wo heute in Sigualand Frauen eigenes Einkommen erzielen, können sie *nicht* frei darüber verfügen. Das ist zumindest dann der Fall, wenn es um größere Summen geht. In einer unveröffentlichten Studie für das Institut für Soziologie der Universität Dar-es-Salaam über „Zigua Customary Practices" weist Muya darauf hin, „that among the Zigua people a woman can keep small amounts of money but the question of rights to money becomes crucial when larger sums are involved" (Muya 1986:35, zit. nach Kaya 1989:35). Tatsächlich widerspräche es auch der patriarchalischen Familienstruktur des Islam, wenn es nicht der Mann wäre, der die Finanzen der gesamten Familie kontrolliert. Die in Kilindi praktisch durchgängig zu hörende Behauptung von islamischen Männern, sie alleine kontrollierten „sämtliche" Finanzmittel der Familie, ist zwar hinsichtlich der Absolutheit mit Skepsis zu betrachten, ist aber ein Annäherungswert. Die Männer verfügen über das meiste, aber sie behaupten, über Alles zu verfügen. Sie haben das Gefühl, dass es eigentlich so sein sollte, und erklären deshalb diese Situation als real existent. Weshalb sollen sie zugeben, nicht absoluter Herr im Haus zu sein?

Als in Kilindi einmal die motorgetriebene Maismühle der Dorfverwaltung defekt war, stand kein Geld für die Reparatur zur Verfügung, und nun hatten die Frauen noch mehr Arbeit als üblich: „Jetzt müssen die Frauen arbeiten!", erklärte Steven, ein Lehrer. Wir saßen in diesem Moment in einer Teestube. Außer der weiblichen Bedienung waren nur Männer anwesend. Es wurde gelacht und über Angelegenheiten des Dorfes gesprochen. Ich fragte die Männer, ob sie gelegentlich auch die Frauen in derartige Gespräche einbeziehen. Allgemeines Erstaunen. Wieder der Lehrer: „Ich rede nicht mit meiner Schwester, weshalb und worüber sollte also meine Schwester *mit mir* reden? Frauen haben andere Probleme als Männer."

Niemand im Dorf war motorisiert, aber es gab zwanzig oder dreißig Fahrräder in Kilindi. Und es gab das Gerücht, dass Frauen nicht Fahrrad fahren können. Einmal soll es eine Frau in Kilindi versucht haben, es hat nicht geklappt, und die Männer des Dorfes zehrten offenbar jahrelang von dieser vermeintlichen Demonstration weiblichen Unvermögens. Ich sprach Ibrahim Athumani darauf an. Er sagte, dass Frauen natürlich auch Fahrrad fahren könnten, genau wie Männer, nur dass es für die Frauen halt ungleich schwieriger sei, weil – aus Gründen der mechanischen Stabilität – alle Fahrräder in Kilindi „Herrenfahrräder" waren. Man gab mir aber auch zu bedenken: „Wohin führt das, wenn die Frauen heute Fahrrad fahren? Morgen wollen sie ein eigenes Fahrrad, übermorgen ein Auto, und irgendwann wollen sie die Kinder."

Bezüglich der geringen Beteiligung von Frauen am politischen Diskurs im Handeni-Distrikt hat Michaela von Freyhold (1972:16) festgestellt, „Women are supposed to be seen not heard", und eine im Jahr 1980 vom Prime Minister's Office durchgeführte Studie in 514 Dörfern Tanganyikas ergab, dass sich unter den 1.028 *village chairmen* und *village secretaries* keine einzige Frau befand (Ministry of Community Development 1988:6). Auch eine GTZ-Studien aus Handeni (1992) konstatiert: *Women are rarely involved in public decision-making processes. They usually do not appear in public meetings and if they do, they rather come as spectators than as participants.* In den Dörfern West-Handeni befand sich, zu Beginn der 90er Jahre, auch unter den jeweils 25 Mitgliedern eines *Village Councils* durchschnittlich weniger als eine einzige Frau.

Nach von Donner-Reichle veröffentlichten Interviewergebnissen aus Dörfern im Raum Singida (Tansania) gaben 75 Prozent der befragten Frauen an, regelmäßig an Dorfversammlungen teilzunehmen. 72 Prozent der Befragten „bejahten, dass auch Frauen in den Dorfversammlungen sprächen, 'Ich sah sie reden, aber selten'. Siebzehn Prozent der Frauen meinten dagegen, dass niemals Frauen öffentlich geredet hätten. Einige Frauen (10) wussten hierzu keine Angaben zu machen." (Donner-Reichle 1988:255) Wenn 72 Prozent der befragten Frauen etwas behaupten, wovon immerhin 17 Prozent der Frauen deutlich sagen, dass es nicht stimme, dann ist sicherlich Skepsis geboten bezüglich der Aussage der Mehrheit. Reden Frauen wirklich nie, und sind tatsächlich erst 17 Prozent der Frauen der Sigua bereit, das zuzugeben?

Mädchen und Jungen werden von den Erwachsenen unterschiedlich behandelt, schon in der frühkindlichen Erziehung wird die entsprechende *gender role* eingeübt, die jeweilige Geschlechterrolle, und in den Kinderspielen spiegelt sich dies wider. Wenngleich manches gemeinsam gespielt wird, gelten doch einige Spiele eher für Mädchen, andere für Knaben geeignet.

Über Kinderspiele bei den Sigua schreibt Martin Mluanda (S.104): *Vom dritten Lebensjahr an verbringt das Kind seine meiste Zeit mit anderen Kindern des Dorfes. Sie spielen außerhalb des Hauses. Knaben und Mädchen haben verschiedene Spiele, oft spielen sie aber auch gemeinsam. Am Abend tun sie sich mit den älteren Kindern zusammen, die dann von der Feldarbeit zurückkommen. Das Dorf wird jetzt lebendig, man hört von allen Seiten Kinder spielen, schreien, singen... Jetzt werden Spiele gespielt, die man nur abends spielen darf: Kwina, Mavulugala, Nyuki. Bei diesen Spielen wird viel herumgelaufen und gesprungen.* Ibrahim Athumani erläutert die verschiedenen Typen der Spiele:

"First, there are games which involve boys alone. These are tough and vigorous games like jumping, pushing and running. Secondly, there are games well adapted for girls only. These are sitting games, like *mavulugala*. If there is any racing, it is for girls to run after girls, like *kadaka*. The third group of games is that of games for boys and girls together. Security must be there to avoid bulling, so the aged boys take a close guard then: for instance *mavulugala* and *buwe* are soft and could combine boys and girls."

220

Im Buch *Utamaduni wa Mzigua* werden einige Spiele und ihre Regeln vorgestellt: *Hopate Sila!, Kadaka, Chinongwe, Buwe, Mavulugala, Idizewe, Kajulae Yoo!, Talaze Sange Mambwana* und *Makulumpu Wanawaila Mdoe.* Bei *Hopate Sila* fassen sich mehrere Kinder an den Händen und bilden einen Kreis. Ein einzelnes Kind muss sich in die Mitte des geschlossenen Kreises stellen und versuchen, mit Gewalt und/oder Geschicklichkeit den Kreis zu durchbrechen. *Kadaka* gleicht dem europäischen Fangen-Spiel, *Buwe* dem Blinde-Kuh-Spiel. Während manche Spiele in Kilindi denen der Kinder in Europa ähneln, entsprechen andere eher den spezifischen soziokulturellen Gegebenheiten Sigualands. Im Spiel *Chinongwe* beispielsweise gruppieren sich mehrere Kinder im Kreis, Mädchen und Jungen spielen gemeinsam. Sie alle halten einen Holzstab in der Kreismitte mit jeweils einer Hand fest, und schauen sich dabei in die Augen. Sie haben Angst, möglicherweise der Verlierer oder die Verliererin im nächsten Spiel zu sein. Ein einzelnes der mitspielenden Kinder, der Verlierer vom letzten Spiel, wendet seinen Blick ab, lässt die anderen gespannt warten, zeigt auf Hütten in der Umgebung und spricht dabei ausdrucksvoll und ganz langsam und deutlich die Worte „*Chinongwe* .. geht .. ins .. Haus .. von...." Das Kind zögert und blickt nacheinander jedem einzelnen Mitspieler „drohend" ins Gesicht. Dann reißt es plötzlich den anderen Kindern den gemeinsam gehaltenen Stab aus den Händen, schmeißt ihn in die Luft, und alle anderen Kinder rennen so schnell sie können in unterschiedlicher Richtung auseinander. Wer in seiner Laufrichtung den hochgeworfenen Stab vor sich herabfallen sieht, hat verloren und hört nun alle anderen Kinder seinen Namen schreien: „Chinongwe geht ins Haus von ... *Dir*!!!" *Chinongwe,* die Hexerei, ist in *Dein* Haus gekommen – Aber nur im Spiel, nur zum Spaß, wie mir meine Kinder immer wieder versicherten, wenn sie mir in Kilindi abends vom Spielen erzählten, im Zelt, unter alten Kapok- und Mangobäumen.

Imkerei und Bettenbau

Im Kapitel „*Sanaa na Ufundi",* Handwerk und Kunst, seines Buches beschreibt Ibrahim unter anderem die Imkerei und den Bettenbau. In beiden Fällen wird das Wissen von Älteren an Jüngere weitergegeben, in der Regel vom Großvater an den Sohn. Imkerei und Bettenbau werden, wie die anderen Handwerke, nicht als Hauptberuf, sondern *neben* der Landwirtschaft ausgeübt. Ibrahim Athumani beschreibt die traditionelle Imkerei:

"An old man called Mpwempwapwa was a famous bee-hive maker (*fundi wa kuchonga mizinga*). His tools were made by my grandfather Tumbwaziko. They were *nkombo* axes and the *chihuju*, a sharp organ for cutting deep into the logs to make a wide veranda for bees to allocate their honey. Mpwempwapwa was one of the best technicians. He was very clever in placing bee-hives onto the tallest trees (*mfune* and *mwale*). Also he could climb the most slippery trees to collect honey. Furthermore he could tell the exact time when the hive was full of honey. He collected the honey and put it into big pots, *mabiga*, manufactured by women. From the honey Mwempwa pwa made a hard sticky substance called *nta*. He cautioned me to be aware of the bee stings, even when the bees were dead.

For his interest he told me that he used a local medicine called *kadili* („bush-baby") which protected him from braking bones when surprisingly falling. He added that he could fall down from the tallest trees like a falling paper with it. One day I was convinced of his medicine's power when I saw his son Msami falling down from a tall tree without braking anything, but I deny strongly that he has been falling like a light sheet of paper. Msami fell from the highest branches of a *mfune* tree. He made it through a great *boom* fall – *tuuuh*! He was very quiet for a while but soon he woke up and undusted his clothes. Msami said that the bees were too busy hushing to let him collect the honey. The biting stings were to great to resist. Now I expected him to swell. Yet his father claimed to have made him cuts to protect him from swelling. And it was true, because in spite of all the bees' bites Msami didn't show any sign of swelling. Later I asked Mpwempwapwa why he did not feel sorry when his son fell... The old man said that he was forbidden by his medicine man to say *sorry* to a falling man. So he was strictly following his guide-lines."

Und über den traditionellen Bettenbau lesen wir, „Nkwilehi was a famous bed maker (*fundi wa vitanda*). He made the four legged local beds. The beds were artistically constructed with round legs and curves. The beds were netted by strings locally made from *ukindu* reeds obtained from the sides of Pangani River. *Ukindu* is still being sold at markets like Missima, Kwamkono and Handeni. Disparaging words are always used by modern people to discourage local handcraft. The local beds are sometimes called *Telemka*

Tukaze![9], that is: „strengthen the strings before use!" This is meant to favour the modern beds. Shame! Modern beds are at a very high cost!!"

Sprichwörter und Politischer Diskurs

Selbstverständlich gab und gibt es auch in der Geschichte der traditionell akephalen Sigua-Gesellschaft immer wieder Stimmen, die eine stärkere Hierarchisierung der Gesellschaft propagieren, und gab und gibt es Individuen, die zu herrschen versuchen. Manche berufen sich dabei auf ein altes Sigua-Sprichwort: „Zu viele Köche verderben den Brei." Andere erwidern, ebenfalls unter Berufung auf ein Sprichwort: „Wenn man eine Baumwurzel aus dem Boden reißen will, dann gibt es viele verschiedene Möglichkeiten, das Seil zu binden." Beide Sprichwörter sind althergebracht, stammen gewissermaßen „von den Ahnen". Die Interpretation und Diskussion von Sprichwörtern (Weisheiten, die von den Ahnen stammen) spielt eine wichtige Rolle sowohl im häuslichen Alltag als auch im öffentlichen Diskurs der Sigua. Sprichwörter, Legenden und Erzählungen der Sigua beinhalten wichtige normative Lehrsätze und spielen eine tragende Rolle im Rahmen traditioneller Erziehung.

Sprichwörter haben in einer kommunikativ von Oralität geprägten Gesellschaft weit mehr Relevanz als in einer Gesellschaft, in der die kommunikative Interaktion sich zunehmend technologisiert. Der Stellenwert, den die Athumani ihnen beimisst, ist beachtlich: Mehr als ein Viertel des Textes von *Utamaduni wa Mzigua* besteht aus Sprichwörtern und ihrer Diskussion. Dazuzuzählen sind noch die zahlreichen in den Text vollständig integrierten, nicht kenntlich gemachten Sprichwörter.

Sprichwörter sind jedoch in hohem Maße interpretierbar, und ob sich die darin enthaltenen Lehren bewährt haben oder nicht, ob sie auf die Herausforderungen von Gegenwart und Zukunft eine angemessene Antwort geben, kann sicherlich nicht durch die Existenz eines entsprechenden Sprichworts als gesichert gelten. Bekanntermaßen widersprechen sich einige Sprichwörter. Vorsicht ist also geboten, wenn Sprichwörter „als solche" als Quelle für das afrikanische Denken herangezogen werden. Nicht der Wortlaut von Sprichwörtern ist entscheidend, sondern deren durchaus kontrovers interpretierbarer Inhalt bildet eine Diskussionsgrundlage (vgl. Sundermeier 1988: 200f.). Und: „Die Erforschung der impliziten Weisheit der Sprichwörter und

---

9   Traditionelles Sprichwort der Sigua

Redewendungen kann bei der Ethnophilosophie anschließen... Die in der Sprache sedimentierte Weisheit kann freilich erst wirklich freigelegt und gewissermaßen abgebaut werden, wenn sich rekonstruieren lässt, welche Problemsituation vorausgesetzt ist, die etwa in einem Sprichwort zur intellektuellen Erfassung gelangt ist" (Kimmerle 1991:45). Das heißt: Ohne Kenntnis des soziokulturellen Kontextes erkennen wir auch die in den Sprichwörtern oszillierten Werte, Normen und Weisheiten nicht.

Weil die Diskussion von Sprichwörtern in Sigualand weit verbreitet ist, haben sich Standardformen der Erörterung und auch Standard-Interpretationen herausgebildet. Diese, und nicht etwa der Wortlaut des jeweiligen Sprichwortes, sind die wirklichen „Lehrsätze, die von Generation zu Generation weitergegeben", dabei aber oft verändert werden, je nach den Präferenzen des Erzählers.

Auch in *Utamaduni wa* Mzigua diskutiert Ibrahim Athumani, wie es in Sigualand üblich ist, Sprichwörter (*misemo*, oder *sayings*). Einleitend schreibt er dazu:

> "*Sayings* are ordinary words, very common in day-to-day conversation. They are used by elders in phrases to help youngsters to use their thinking capacities and to find out the hidden meaning. Usually, sayings have meanings which are different from the used words. For instance, 'a man having a long hand' simply means a thief. In the same way the Zigua people use sayings in different circumstances: in dancing, in calamities, and in other social community mobilisations. Sayings are true in meaning and they are probablythe most common words or deeds expressed to people in their lives."

Zu den Sprichwörtern aus Sigualand, die wir in den Texten von Mluanda und Athumani finden, gehören folgende:

> *Asiyesikia la mkuu huvunjika mguu!*
> Wer nicht tut, was die Alten sagen, wird sich die Beine brechen!

> *Mtoto umleavyo ndivyo akuavyo!*
> Das Benehmen des Kindes stammt von den Eltern!

> *Mwembe hauzai machungwa!*
> Ein Mangobaum trägt keine Orangen!

Chihendo hachikulekwigwa bule!
Es ist nicht richtig, traditionelle Bräuche zu vernachlässigen!

Akutonge la mkala hanachinjize na asangule!
Whoever takes his own values to be the least and who instead
values his neighbours properties and belongings more, is a slave,
liable to approve slavery as the best condition ever to exercise in
life!

Nachize chidye matunda nkadigwa!
Imitation must have its limits!

Fula kunya na ng'ombe kweleka!
As soon as it rains the cow delivers! Do it at the earliest possible
time before the other one gets prepared!

Chisekubela nkoja nuwo umnamulo!
Truth would never hide behind a screen!

Kujenja ni kuvina!
Travelling is like dancing! You never know where you'll wake up
next morning.

Longani chindedi mleke kudanta nkondo ni mizungu!
The best way to win a fight is to win it through cleverness!

Kukata miti mikubwa ni mviko!
Große Bäume darf man nicht fällen!

Mikunile ya sigi ni mingi, wengi wakikuna kamba kufungia!
Too many cooks can spoil the soup, but one can rope a tree stem
from different sides!

Cheleko ni nkondo, ugumba ni nkondo!
To have children is a problem, but to have no children is also a
problem!

Mnemela cheleko ni masi mkulu!
He who refuses child production could be a witch!

Mcheza wembe humkata mwenyewe!
People always die of what they take easy!

Simba yeleka simba!
A lion produces a lion!

Wengi wape watachukua kwa nguvu!
Leave it to the common people; if you deny, they might use force to take it!

Mkua nguvu na kwambizana!
The Tai bird's feathers make high flying speed through organised cooperation! One finger could not work properly without the support of others, one leaf could not give a good shadow!

Segele kulu dina mniyo wakwe!
A big segele (Lendenschurz) has its own size!

Mvimba hakulu atumbulwa hakulu!
He who's got the largest swelling gets the largest medical cut!

Akugwa kwemti adampila katambi!
He who falls from a tree tries to grab the smallest branch!

Wetu (oder: mnyetu) mbalaza kavuta nuulo naulo!
He who drives out a male goat, he goes forever!

Mwana mnyao ni lika mnyao!
(Mtoto wa mwenzako ni rika lako!)
The son of your neighbour will always feel that you have got the same age!

Waseka ngwegwe mna niyoimbalazi!
Even the hardest peanut is nothing but a peanut!

Chila mbuyo na mpepo yakwe!
Every Baobab tree has got his own spirit!

Jendakauze chimkomile kove nkola nahone? (Kama kwenye nguvu
wanaolindwa wanakuta je wanyonge watapona?)
Go and ask the snail who killed it while it was protected in its
shell!

Chamila nkunde niye chidya nkunde!
He who is the guard, he is entitled to theft!

Mgoja chimba agoja akaila!
He who guards a dead body, he may already start to cry!
Pack's an, warte nicht auf die anderen!

Ibrahim Athumani diskutiert in *Utamaduni wa Mzigua* (1994) ein gutes
Dutzend Sprichwörter ausführlicher, darunter auch *usekubela nkoja nuwo
umnamulo!* Ibrahim diskutiert anhand dieses Sprichworts unter anderem
Verhältnis des traditionellen Glaubens der Sigua zu Christentum und Islam.
In einem Papier aus dem Jahr 2000 erläutert er:

"*Usekubela nkoja nuwo umnamulo! Don't disperse nkoja – it is the
only way to trace a disease!* Nkoja are some sort of fruit which re-
semble the big Arab beads. Nkoja were used by traditional medicine
men to trace sources of diseases. They are known as 'mnamulo', a
type of 'ramli' (= 'lamli', a 'fateful organ', PM). Nowadays they are
substituted by Arab ways of tracing diseases. No-one can be sure
which is the better way! What is important to note is that whichever
means they used, the Zigua insist that they should not disperse nkoja
however 'underdeveloped' they were. It is the only way of tracing
diseases and it ensures that the medicine man knows the sick
people's problems before he can cure them.
Do not disperse the poor way of living because that way of living
will be the base for further steps towards good standards of living.
The saying, hence, is to caution elders not to ignore the least hap-
pening in the family from which you can learn so much to better
things. During former times, let's call them 'errordic times', be-
witching was the main conceptual feeling. So if they dispersed
nkoja they could fail to find out what kind of witchcraft they are
dealing with. The saying has got a second meaning. Nkoja were true
objects to reveal the base of family worries. In this case the saying
tells people that: Truth is the best way to solve problems!"

227

Segele kulu dina mnyo wakwe,
Jeder Lendenschurz hat eine bestimmte Größe.
Ibrahim Athumani erläutert: "The dress was prepared according to the size of the child respecting its height, his thickness and his age. A *segele kulu*, a big segele, might fit a big child. So – people dress according to size and age!

The same saying could be used to show differences in responsibilities. A man in the family plays a greater part than any other family member!

Thirdly, the saying can mean that a President is contributing a lot for the development of his country. How shameful would it be if at a disastrous event a top leader contributes less than his cell-leader contributes. So the saying is used to caution people to play their part according to age, responsibility, and official ranks. At a calamity: If an adult whose contribution is not matching with his official rank, then other elders who are not content with his contribution could say, 'Old Man, don't you know that s*egele kulu dina mnyo wakwe, every segele has got a certain size!?* " (Athumani 2000)

Die moderne Schule

Als ich 1988 zum ersten Mal unangekündigt die Dorfschule in Kimbe besuchte, unweit von Kilindi, waren dreiundvierzig Schüler anwesend und ein einziger Lehrer. Seine Kollegen, so sagt er, seien unterwegs in den Bergen, Edelsteine suchen, Amethyst. Amethyst-Suchen, wie es hier in den Ngulubergen betrieben wird, ähnelt dem Lotto-Spielen in Deutschland. Viele suchen hier ihr Glück, die wenigsten nur finden es. Jedenfalls sind die Lehrer nicht anwesend, und ihre potentiellen Schüler ebenfalls. Überall in Afrika treffe ich immer wieder einerseits auf lebendige Klassen mit motivierten Lehrern, andererseits auf oft unbenutzte leere Räume. Nach Angaben der Distrikts-Schulbehörde in Handeni waren hier in Kimbe exakt 151 Schüler hier eingeschrieben, und für die 7 Jahrgangsklassen der Primary School standen offiziell immerhin vier Lehrkräfte zur Verfügung. Sie waren nicht da. Ein Anwesenheitsrate von etwa 20 Prozent gilt in Kimbe auch an normalen Tagen als „normal", an einigen anderen Schulen der Gegend offenbar auch.

In Kilindi sah es ein klein wenig besser aus. Im Zentrum des Dorfes befinden sich, in direkter Nachbarschaft zueinander, auf der einen Seite des

Dorfplatzes die riesige Lagerhalle, in der sich die kleine Duka der Dorf-verwaltung befindet und die ansonsten leer steht, und auf der anderen Seite die überfüllte Schule. Offiziell, das heißt nach Angaben der Distrikt-verwaltung, hatte diese Schule im Jahr 1989 exakt 297 Schüler. Im Dorf versicherte man mir aber: Für exakt 325 Kinder in Kilindi zahlen deren Eltern Schulgeld.

Nach Angabe der Schulbehörde in Handeni nehmen in den Schulen des Distrikts nur etwa die Hälfte der Schüler und auch die Hälfte der Lehrer täglich am Unterricht teil.[10] Als Grund für die hohe Absenzrate wurde „das widrige *environment*" angegeben, konkret: Hunger und Arbeitskräftebedarf auf der Shamba. Viele Jungen müssen während der Schulzeit auf dem Feld mitarbeiten, viele Mädchen im Haus. Nach eigenen Beobachtungen nehmen im Handeni-Distrikt, außerhalb von Handeni-Stadt, nur etwa 20 Prozent der Kinder in schulpflichtigem Alter wirklich regelmäßig am Schulunterricht teil, weitere 50 Prozent unregelmäßig, und die restlichen 30 Prozent praktisch niemals. Im Dorf Kimbe waren an „normalen" Schultagen sogar oft nur 10 Prozent der schulpflichtigen Kinder anwesend, im Dorf Kilindi immerhin meist 20 bis 40 Prozent. Wenn mein Besuch im Dorf angekündigt war, er-reichte die Anwesenheitsquote auch schon mal 60 bis 70 Prozent bei den Schülern und bis zu 100 Prozent bei den Lehrern, selbst in Kimbe.

In den offiziellen Statistiken zum Schulbesuch finden sich Angaben, die sich mit meinen Beobachtungen nicht decken. Darauf angesprochen, weisen die meisten Vertreter der Schulbehörde und der Dorfverwaltungen erst ein-mal darauf hin, dass in Zeiten des erhöhten Arbeitskräftebedarfs in der Land-wirtschaft viele Kinder auf dem Feld arbeiten müssen, und dass besonders die Mädchen oft von ihren Eltern zu Hause gehalten werden, damit sie im Haushalt mithelfen. Tatsächlich müssen Jungen kräftig in der Landwirtschaft mithelfen – unter anderem gehört es zu ihren Aufgaben, die Aussaat und die reifenden Produkte vor wilden Tieren zu schützen. Das heißt dass sie, wenn die Felder der Familie abseits vom Dorf liegen, oft tagelang auf den Feldern sind, ohne Unterbrechung, und dass sie dort in einer Hütte leben. Diese Ar-beit ist sehr unbeliebt bei den Kinder, weil sie dabei oft lange Zeit allein sind, sich einsam fühlen, und in vielen Fällen auch Angst vor wilden Tieren haben. Viele von ihnen würden viel lieber zur Schule gehen. Junge Mädchen müs-sen im Haushalt mitarbeiten, müssen Brennholz sammeln, Wasser holen, auf jüngere Geschwister aufpassen, und können aus diesem Grund oft die Schule nicht besuchen.

---

10 Nach UNICEF-Angaben betrug die Absenzrate in den Jahren 1990–95 im städtischen Tansania 26% und in ländlichen Gebieten 38% (nach Kuleana 1999:15).

Tatsächlich sind die Statistiken zum Schulbesuch oft „frisiert". Von einer „guten" Schule, „guten" Lehrern, einem „guten" Schulinspektor und einer *aufmerksamen* Dorfverwaltung erwarten die Behörden im Distrikt und in der Region, dass in dem betreffenden Dorf möglichst viele Kinder zum regelmäßigen Schulbesuch und möglichst viele Eltern zur Zahlung des Schulgelds animiert werden. Standardzahlen, die fast übereinstimmend in den Berichten aus den unterschiedlichen Dörfern an den zuständigen Distrikt genannt werden, sind folgende:

80 Prozent der Kinder in schulpflichtigem Alter besuchen die Schule,

66 Prozent der dazugehörigen Eltern zahlen Schulgeld.

Werden aus einem Dorf niedrigere Zahlen genannt, dann gilt die betreffende Schule in den Augen der Schulbehörde als schlecht organisiert, und die Verantwortlichen müssen mit einem Verweis, einem Kontrollbesuch und möglicherweise einer Bestrafung rechnen. Werden jedoch höhere Zahlen genannt, dann muss insbesondere der zuständige Schulinspektor damit rechnen, dienstlich versetzt zu werden, denn ein Dorf, in dem mehr Schulgeld gezahlt bzw. eingenommen wird als eigentlich zu erwarten, gilt als „lukrativer Standort". Viele Schulinspektoren befürchten, dass die Verantwortlichen in den übergeordneten Instanzen ein Interesse haben, diese lukrativen Posten mit ihrer unmittelbaren Klientel zu besetzen.

Die Zahlen, die von den Schulinspektoren aus den Dörfern an die Distriktebene weitergegeben werden, unterscheiden sich noch einmal von denjenigen Angaben, die auf der Ebene der nächsthöheren Verwaltungseinheit, der Region, veröffentlicht werden. Einige Prozent der Schulgeldzahlungen versickern dabei offenbar.

Beispiele für gravierende Unstimmigkeiten in den tansanischen Statistiken speziell zum Bildungsbereich hat Joel Samoff vorgestellt und diskutiert. So „belegten" die offiziellen Statistiken zum Anteil des Bereichs Erziehung an den laufenden Staatsausgaben Tansanias z.B. für das Jahr 1975 einerseits einen Anteil von 14 Prozent, andrerseits einen Anteil von 25 Prozent (Samoff 1991:681).[11] Auch tansanische Statistiken, denen zufolge rund 80 Prozent der Kinder schulpflichtigen Alters tatsächlich mehr oder weniger regelmäßig den

---

11 Nach einer 1997 vom Ministerium für Erziehung und Kultur veröffentlichten Studie sank der Anteil des Erziehungsbereichs an den laufenden Staatsausgaben1983/84 auf 11,7%, 1988/89 auf 4,8%, und 1993/94 auf 3,3%. In den Jahren 1995/96 und 96/97 betrug er jeweils 2,5% (nach Kuleana (1999:120).

Unterricht besuchen, halte ich für unglaubwürdig. Zumindest in Sigualand sind es wesentlich weniger Kinder.

Die Schule von Kilindi ist alt und zum Teil baufällig. Die Lehmwände sind zerfallen, die Aussparungen für Türen und Fenster sind heute weit größer als sie es bei der Inbetriebnahme des Gebäudes waren. Eine Tür aus Holz befindet sich nur im Lehrerzimmer. Die Fenster sind einfache Aussparungen in der Wand.

Jeder Jahrgang hat einen eigenen Raum, allerdings hält das Dach keinen Regen ab. Die Wände zwischen den einzelnen Klassenzimmern zerbröckeln, die Schüler können den Unterricht in den jeweils benachbarten Klassenzimmern mitverfolgen. Manche der Wände reichen vom Boden bis in Hüfthöhe. Fast immer werden mehrere Klassen vom selben Lehrer zeitlich parallel unterrichtet.[12] Für die erste Klasse ist im Hinterhof der Schule 1990 eine kleine Strohhütte errichtet worden.[13]

Ibrahim Athumani, bis Anfang 1991 Schulinspektor in Kilindi, hatte damals für die dringendsten Renovierungsarbeiten einen Kostenvoranschlag eingeholt. Die wichtigsten Arbeiten sollten 50.000 Schilling kosten, etwa 500 DM (Schwarzmarktkurs), die von den Eltern der Schüler aufzubringen gewesen wären. Die meisten Eltern sagten jedoch, es interessiere sie nicht, ob die Schule baufällig sei. Sie zahlen jährlich 200 Schilling pro Kind an Schulgeld und erwarten dafür vom Staat, dass er seine Schule in Stand hält.

In einigen der Klassenzimmer in Kilindi gibt es Sitzbänke, in anderen nicht.[14] In den Klassen 1 und 2 drängen sich bis zu 6 Schüler und Schülerinnen auf einer Zweierbank, andere Kinder ziehen es vor, auf dem blanken Lehmboden zu sitzen und von dort aus den Unterricht zu verfolgen. Einige der fehlenden Schulbänke stehen seit Jahren in der Duka der Dorfverwaltung und dienen dort dem Verkaufspersonal und den seltenen Kunden als Sitzgelegenheit. Mehrere Versuche der Schüler, der Lehrer und des Schulinspektors, die Bänke zurückzuholen, blieben erfolglos.

---

12 Aus Dar-es-Salaam berichtete der britische Guardian am 4.3.97, es sei dort *ganz normal*, wenn 100 Schulkinder in einem einzigen Klassenraum sitzen.

13 Aus dem Kisarawe-Distrikt berichtet eine UNICEF-Studie (1998): 15% of classes are conducted under trees (n. Kuleana 1999:5). Und: „Over 70% of school buildings have collapsing or leaking roofs, cracking walls and floors..." (Kuleana 1999:8)

14 „40% of classrooms have no desks, thus forcing children to sit on the floor, logs, stones or even stand up throughout classes" (UNICEF 1998, n. Kuleana 1999:6)

In einigen der Klassenzimmer hängen mit schwarzer Ölfarbe bestrichene Holzplatten an der Wand. Sie dienen, wenn einmal Kreide da ist, als Tafel.[15] Meistens ist aber keine Kreide da, obwohl sie regelmäßig von der Schulbehörde in Handeni bereitgestellt werden sollte. Einer der indischen Händler in Handeni verkauft das Päckchen Kreide für 450 Schilling. Ibrahim hat ein einziges mal Kreide in Handeni gekauft und sie aus eigener Tasche bezahlt. Danach, so sagt er, hätten einige Leute im Dorf und auch in der Schulbehörde erwartet, dass er nun regelmäßig Kreide kaufe und sie aus der eigenen Tasche bezahle.

Lehrer im Grundschulbereich Tansanias erhielten um 1990 etwa 3.ooo Schilling monatlich Grundgehalt. Das Geld wurde, wenn alles klappte, für alle Lehrer im Distrikt an die Bank in Handeni überwiesen. Andere Bankfilialen gibt es im Distrikt nicht. Etwa fünf Tage vor dem Monatsende brechen die ersten Lehrer aus abgelegenen Dörfern des Distrikts auf, um in Handeni den Eingang ihres Geldes zu erwarten. Viele Lehrer müssen für Hin- und Rückreise nach Handeni jeweils ein bis zwei Reisetage einkalkulieren. Dass sie jeden Monat acht oder gar vierzehn Tage fortbleiben, weil die Überweisung sich verspätet, und dass in dieser Zeit der Schulunterricht ausfällt, gilt hier als normal.

In Kilindi, aber auch in Kimbe und in vielen anderen Dörfern, stehen weder den Schülern noch den Lehrern Schulbücher zur Verfügung. Viele Lehrer sind froh, wenn sie überhaupt *irgendein* Buch haben.[16] An der Schule wird meist Kiswahili gesprochen. Die Lehrer sprechen schlecht Englisch und können mit englischsprachigen Büchern wenig anfangen. Papier ist wertvoll, und die Seiten von Büchern, die vor Ort kaum jemand lesen kann, werden schnell zu Verpackungsmaterial umfunktioniert. Von Schulbüchern, die im Rahmen eines GTZ-geförderten Entwicklungsprojektes zur Verbesserung des landwirtschaftlichen Unterrichts in der Region Tanga entwickelt und vervielfältigt worden sind, finde ich in den Dörfern West-Handenis kein einziges Exemplar. Die einzigen Spuren dieses Projektes, auf die ich stoße, sind Plastikeimer im Privatbesitz der Dorf-Honorablen. Die Eimer waren vom Projekt für die Bewässerung der Schulgärten verteilt worden.

Die Zahl der Kinder aus Kilindi, die im Anschluss an die Grundschule zum Besuch einer staatlichen *Secondary School* zugelassen werden, schwankt von

---

15 „280 out of 350 classrooms (in Kisarawe) do not have blackboards" (Kuleana 1999:6)

16 Auch die Lehrpläne sind weitgehend unbekannt. „None of the schools has started to use the new curriculum developed in 1992", heißt es in der UNICEF-Studie aus Kisarawe von 1998.

Jahr zu Jahr (1989–95) zwischen Null und 4. *Secondary Education* hat keinen guten Ruf in Tansania, „it will still continue to produce low quality results and hence loose its status in rural life". In einer Arbeit über „*The Urban Jobless in Eastern Africa*" schreibt Ishumi (1984:99, zit. n. Kaya 1989:54) weiter, die dörfliche Bevölkerung Tansanias habe wenig Interesse an städtischer Sekundarausbildung ihrer Kinder und bringe der Rückkehr der Absolventen starke Vorbehalte entgegen, denn „(they) come back from school with nothing innovative to offer. Instead they depend on the villagers who did not go to school to teach them again the basic skills of life and agricultural practices." Martin Mluanda schrieb 1975 (S.98) über die Situation in Sigualand: Viele Alte beschweren sich heute, dass die in Schulen ausgebildeten Kinder *'hawana adabu'*, das heißt „kein gutes Benehmen haben". Dies sei die Folge ihrer Schulausbildung, die sie stolz mache. Dadurch verachten sie die traditionellen Bräuche und betrachten sie als erniedrigend und als unmodern. Häufig hört man auch: *'Ustaarabu si madarasa ya kuu'*, das heißt 'Gutes Benehmen ist kein Hauptfach in der Schule'.[17]

Eine heftige Kritik am Schulsystem war auch in flüchtig hingeschriebenen Kritzeleien enthalten, die ich 1994 an den Wänden der neuen Schule von Vibaoni bei Handeni, der größten Schule im Distrikt, fand. Einer der Sprüche an der Wand war auf Englisch geschrieben:

> „You teach nothing nothing nothing
> being worthwhile to be learnt!"

Darauf angesprochen, wer so etwas an die Wände schreibe und was sie selber von dem Spruch hielten, antworteten Lehrer: Es sind *hooligans*, die sich nachts dort in der Schule treffen: sie rauchen Marihuana und beschmieren die Wände.

Zum Problem der Primarschule und der Grundbildung in der Dritten Welt erkannte auch der Wissenschaftliche Beirat des Bonner Entwicklungshilfeministeriums (1994: 167f.): „Das Schulsystem der Entwicklungsländer ist am Vorbild des europäischen Bildungssystems ausgerichtet...", es kann „den Bedürfnissen und Bildungsnotwendigkeiten eines großen Teils der Bevölkerung (nicht dienen), ... ja – für sie ist es eher disfunktional." Die Disfunktio-

---

17 Nach einer Studie von Cooksey, Malekela und Lugalla (1993) stimmen 82% der tansanischen Eltern der Aussage zu: „Many parents would send their children to school if they thought their children would benefit" (S.8). Cooksey und Mmuya (1997) bestätigen diese Tendenz („79%").

nalität des modernen Bildungssystems fängt in Uzigua schon beim Lesenlernen an. Gelehrt werden soll in Englisch, Lesestoff ist kaum vorhanden. Die einzigen Bücher, die mir 1990 in Kimbe und Kilindi nach intensiver Suche im privaten und im öffentlichen Bereich in den Blick gekommen sind und die nicht von mir selbst in diese Dörfer gebracht waren, waren der Koran und islamische Gebetsbücher, Gesetzes- und Verwaltungstexte der Regierung, und eine Handvoll Comics für Erwachsene. Eine normale Tageszeitung ist vermutlich weder in Kimbe noch in Kilindi jemals verkauft worden.

In einer Studie für HIAP ist 1992 aus dem Dorf Gombero in West-Handeni berichtet worden, dass dort für 310 Kinder 5 Räume zur Verfügung stehen, und aus dem benachbarten Mafisa, dass dort die Klassenräume mit durchschnittlich 74 Kindern belegt sind: *In both villages not all children of school age can be registered due to insufficiency of classrooms. Since years there are plans in both villages to erect new school premises on a village self-help basis. As the Department of Education formerly provided iron-sheets, people do not start any initiative as long as the Department of Education will not come in.* Meine eigene Vermutung geht eher dahin, dass die Masse der Bevölkerung in Sigualand kein Interesse an der modernen Schule hat. Einwände wie der, dass man auf Wellblech von der Schulbehörde warte, sind wenig stichhaltig, solange die Schüler und Eltern zu Hause auch unter einem Dach aus Stroh leben und nicht unter Wellblech. Auch der traditionelle Unterricht findet im Freien statt, braucht allenfalls Lehmhütten, aber kein Wellblech.

Die Schulpflicht ist in Tansania offiziell im Dezember 1977 eingeführt worden. Jungen und Mädchen sind förmlich verpflichtet, 7 Jahre die Grundschule zu besuchen. Im Handeni-Distrikt gibt es heute rund 130 Grundschulen, an ihnen unterrichten etwas mehr als 500 Lehrer. Die Höhe des Schulgeldes, ebenso wie die Höhe der jährlich zu zahlenden Kopfsteuer, ist von Distrikt zu Distrikt verschieden und richtet sich nach der geschätzten regionalen Kaufkraft. In Kilindi und in anderen Dörfern können oder wollen viele Eltern diesen Betrag nicht aufbringen. Wenn die Eltern kein Schulgeld zahlen, dann dürfen die Kinder in den meisten Dörfern zwar am Unterricht teilnehmen, aber sie erhalten kein Zeugnis. Nicht wenige Eltern in Sigualand lehnen es aber auch ab, ihre Kinder überhaupt zur Schule zu schicken – die moderne Schule sei unnütz.

Am 28. Juni 1984 ist im Dorf Kilindi feierlich der Grundstein zu einem neuen Schulgebäude gelegt worden, und zwar anlässlich der Tournee der

Uhuru Torch. Diese „*Torchi*", die auf dem Kilimanjaro entzündete Freiheitsfackel Tansanias, wird jahraus-jahrein durch das Land gefahren, begleitet von einem riesigen Bürokraten-Tross aus der jeweiligen Distrikt- und Regionalhauptstadt. Dieser Ritus soll die Bevölkerung vor Ort jeweils zu erhöhter Selbsthilfe und zu *self-reliance* anregen. Der Grundstein liegt heute noch so da wie am 28. Juni 1984. Die Hoffnung der Bürokraten, die Bevölkerung von Kilindi werde eine neue staatliche Schule in „Selbsthilfe" bauen, hat sich nicht erfüllt.

Wahre Geschichten

Hin und wieder höre ich im Dorf *Hadithi za Kweli*, „Wahre Geschichten" – ein interessantes Genre der *Oral Literature* der Sigua. Die Erzählungen gelten, jedenfalls von ihrer Grundstruktur her, als „überliefert". Trotzdem ist der Freiraum des jeweiligen Interpreten kaum eingeschränkt. Als strikte Regel gilt allerdings, dass „Alles" in einer *Hadithi za Kweli* „irgendwie wahr" sein muss. Sonst wäre es halt keine „Wahre Geschichte"... Ibrahim Athumani erläutert:

> "The following are true stories in the sense that what is told might be reality. If not now later, and if not here somewhere else."

Allerdings sind die wichtigen Personen in der Erzählung, um die es geht, allesamt Lügner:

> "The people who are involved in this are basically liars, people who could lie simply to gain popularity among their fans. A local medicine man could lie in order to be famous in the area or else to earn a living."

In Utamaduni wa Mzigua erzählt er vier derartige Hadithi: *Maziwa ya Simba* (Milch vom Löwen), *Ujinga* (Dummheit), *Nyoka* (Schlangen) und *Uvundo na Uhondo* (Wohlgerüche und Gestank, oder Das Gute und das Böse).

In *Ujinga* geht der Autor auf Probleme des Schwarzmarks und dessen Verflechtung mit der Staatklasse (Politik und Wissenschaft) ein. Der Ich-

Erzähler Ibrahim Athumani, Experte für *Crossover Communication,* ist diesmal Professor:

"First I had been honoured with a Professor's High Black Market Certificate in a Universal Black Market Trade University. Black market goods flowed into my house like river waters flowing into the ocean (*ulanguzi*). When hashish smoking staff entered through the front doors, hard drugs entered through the back doors, and government hospital drugs could flow into my go-down through a private door. What about the malaria preventive medicines? How lucky to be a Black Market Master Planner...

The ordinary (medium educated people) hated me, and the most highly educated people have been afraid of me simply because of two basic reasons. First, a professor apart from being a very important man in a country, he is a very big person too. Secondly, by being   professor the government offered me a respective position in service as a Minister for Development and Land Planning. I could plan what-so-ever to contend my desires whether good or bad. Nobody could interrupt with me."

7 Die Ahnen und die Zukunft

Die Verschriftlichung endogener Entwicklungsvorstellungen

Zum 1. Januar 1991 verließ Ibrahim Athumani Kilindi. Bei einigen Dorfbewohnern, insbesondere bei der Klientel des Dorfvorstehers, hatte er sich durch die enge Zusammenarbeit mit mir sehr unbeliebt gemacht. Ende 1990 spitzte sich die Situation derart zu, dass seine Kinder im Dorf mit Steinen beworfen wurden – allerdings nur dann, wenn weder Ibrahim zuhause war noch ich selbst mich im Dorf aufhielt. Ibrahim ließ sich von seinem Arbeitgeber, dem Erziehungsministerium, nach Sindeni versetzen. Dieses Dorf liegt etwa 30 km von Handeni entfernt an der Piste nach Korogwe, ganz nah bei Mzeri, dem Heimatdorf seines Clans. Die Steilhänge der Usambara-Berge liegen in Sichtweite und bieten besonders in der Dämmerung einen imposanten Anblick. Irgendwo an diesen Hängen liegt das Dorf Siai. In der Mythologie der Sigua und der Sambara waren es die Frauen eben dieses Dorfes, die Frauen von Siai, die den Rauch des Feuers bemerkten, das Mbegha entfacht hatte. Nach seiner Flucht aus dem Dorf Kilindi lebte er eine Zeit lang im Busch und ernährte sich von „verbotenem Fleisch", das er an offenem Feuer röstete. Im Kapitel zur Geschichte der Sigua haben wir gesehen, das er die gesellschaftlichen Verhältnisse in seiner neuen Heimat Usambara umkrempelte und zum Gründungsvater einer jahrhundertelangen Dynastie wurde.

Ibrahim Athumani lebt, nachdem er das Dorf Kilindi verlassen hat, nun also wieder in seiner engeren Heimat. Er genießt hier großen Respekt, gehört hier zu den Ältesten und kam hierher zurück, weil er von seinem Heimatdorf darum gebeten wurde – hier ist er *founder mzee*.

Durch seine Versetzung hierher musste er – das war ihm vorher klar – karrieremäßig eine weitere Rückstufung in Kauf nehmen. Er arbeitet nun als offiziell als einfacher Dorfschullehrer an derselben Schule, an der er am Anfang seiner Berufslaufbahn als Schuldirektor gearbeitet hat. Die Bewohner des Dorfes wissen, dass Ibrahim vom „modernen Leben" in den Großstädten des Landes mehr weiß als die anderen Menschen hier im Dorf.

In Sindeni hat Ibrahim für sich und seine Familie ein kleines Lehmhaus gebaut, am Ortsrand gelegen aber zugleich nicht weit entfernt von der Schule, an der er arbeitet. Das Wohnhaus hat einen rechteckigen Grundriss, die Eingangsfront verläuft exakt parallel zur Dorfstraße, und der Abstand zu dieser Straße ist exakt der gleiche wie bei den benachbarten Lehmhütten. Die Bauvorschriften sind streng, auch hier in Sindeni, und die Dorfverwaltung achtet streng drauf, dass wenigstens diese Vorschriften eingehalten werden.

Ibrahim schickt seine eigenen Kinder auf eine private Schule, weil sie zum Besuch einer staatlichen *Secondary School* allesamt nicht zugelassen sind. Aus Dörfern wie Kilindi oder Sindeni besteht in den meisten Jahren keiner der Schüler die Aufnahmeprüfung. Es gibt landesweit viele Auseinandersetzungen in diesem Zusammenhang, und immer wieder kommt es in den letzten Jahren zu Schülerunruhen gegen schreiende Ungerechtigkeiten bei Prüfungen. Viele Schüler und auch viele Eltern in Tansania bezweifeln lautstark, dass es mit rechten Dingen zugeht. Sie sagen, Kinder aus Funktionärsfamilien würden vor Aller Augen skrupellos bevorzugt.[1]

Zwei der Kinder von Ibrahim und Amina, zwei Jungen, gehen zur *Kideleko Secondary School*, einer privaten Internatsschule in einem Dorf unweit von Handeni. Eine Tochter besucht die jüngst gegründete *Modern Islamic School* in Handeni. Allein die reinen Internatskosten an der Schule in Kideleko betrugen Ende 1993, nach dem Schwarzmarktkurs gerechnet, etwa 160 DM pro Jahr pro Kind. Das kann Ibrahim Athumani sich als Lehrer nicht leisten. Also wohnen seine Kinder privat im Dorf Kideleko – dadurch zahlt er insgesamt für diese beiden Kinder nur 220 DM pro Jahr. 320 Mark – das wäre mehr als die Hälfte seines Jahresgehalts.

Zusätzlich zu seinem Wohnhaus hat Ibrahim in der Nähe des kleinen Marktes von Sindeni eine einfache, winzige Lehmhütte gebaut. Weil das Straßenbauprojekt eines skandinavischen Finanz-Gebers an der Piste von Sindeni nach Pangani Arbeiter aus dem städtischen Milieu Korogwes und Tangas angeworben hatte, die nun für einige Monate eine Unterkunft in Sindeni benötigten, hat Ibrahim die Hütte eine Zeit lang günstig vermieten können. Er hatte allerdings Schwierigkeiten mit dem Dach der Hütte. Statt teuren Wellblechs hat er die von einem Entwicklungshilfeprojekt im nahegelegenen Korogwe produzierten, „technologisch angepassten" Dachziegel verwandt: Ziegel aus einem Sisal-Zement-Gemisch, die auch leicht lokal herzustellen sind. Ein Großteil der von Ibrahim gekauften Ziegel hat den Transport von Korogwe nach Sindeni (ca. 35 km) nicht überstanden;

---

1 Nach einer Studie von Cooksey und Mmuya (1997) stimmen 72% der tansanischen Eltern der Aussage zu: „Only rich people's children go to Secondary School these days". (Kuleana 1999:6)

andere Ziegel sind auf dem Dach zerbrochen, als sich zum ersten Mal ein Affe draufsetzte. Es ist hier normal, dass sich Affen auf das Dach setzen. Die Herstellung der Ziegel war zwar einfach, es wurden lokal verfügbare Materialien verwandt, aber die Transport- und Funktionsfähigkeit der Ziegel war mangelhaft. Das Projekt, finanziert durch die GTZ mbH, hat Ibrahim Athumani die teuer bezahlten aber beim Transport zerbrochenen Ziegel *nicht* ersetzt.

Als ich zuletzt im Dezember 2000 erneut Sindeni besuchte, fand ich die oben beschriebene Hütte in einem baulich enorm verbesserten Zustand vor. Sie hat jetzt ein Wellblechdach, und Ibrahims Frau Amina betreibt dort eine Teestube, „Hotel Moran" genannt. Zugleich steht über der Eingangstür aber auch die Inschrift: „Love-and-Peace-Hotel". Zu Aminas Gästen zählen die Massai, die sich in immer größerer Zahl im Dorf Sindeni aufhalten, seit das *Area Development Committee* mit Hilfe der internationalen Hilfsorganisation *World Vision* ganz in der Nähe Wasserrückhaltebecken errichten ließ, die nun von den Massai als Viehtränke genutzt werden. Man arrangiere sich, sagt Ibrahim, Massai und Sigua werden Freunde.

Ibrahim nennt sich heute „Madeni". Er hatte sich mir gegenüber schon einmal als „Madeni" bezeichnet, und zwar Ende 1990, als wir uns in Handeni verabschiedeten. Als er mir seine Anschrift gab, die „für alle Zeiten" gelten sollte, bezeichnete er sich dort als „Ibrahim A. Madeni". Als ich nachfragte, was das „Madeni", das ich nie zuvor gehört hatte, bedeute, antwortete er ausweichend, „so etwas wie Schuldner". Auch sein Vater habe sich als „Madeni" bezeichnet, als einer, der „in einer Schuld steht". Die „Schuld" seines Vaters sei durch seine, Ibrahims, Geburt getilgt worden. Nun treffe ich also auf Ibrahim Athumani als „*Madeni*" im Dorf *Sindeni*, bei *Handeni*. Ich bemerke den Wortstamm „deni" (Kiswahili), „die Schuld", das Wort gehört zur „ma-Klasse", der Plural lautet „madeni". „Si-" als Präfix bedeutet etwa „ich nicht", und „ha-" in etwa „er nicht". Und ich ahne weitere Mythen, die es aufzudecken gilt:

> „Ha-n-deni" heißt in etwa „Er-keine-Schuld";
> „Si-n-deni" heißt, „Ich-keine-Schuld";
> und „Ma-deni" nennt sich, wer dennoch meint, eine Schuld abtragen zu müssen.

1993 hat Ibrahim Athumani angefangen, Schulheft um Schulheft mit Texten zur Sigua-Gesellschaft vollzuschreiben: über die traditionellen Lebensformen, über möglichen zukünftigen Wandel, über Entwicklungshilfe, über Sprichwörter der Sigua. Als seine Arbeit immer ernsthafter wurde und als sich mehr und mehr Schüler, Lehrer und Alte des Dorfes für das Buch interessierten und sie mitdiskutieren und mitschreiben wollten, da wurde ihm schließlich für weit mehr als ein Jahr eines der beiden Lehrerzimmer der Schule von Sindeni als „Öffentliche Schreibstube" zur Verfügung gestellt. Seine Kollegen rückten zusammen, um die Arbeit des „Dorfschreibers" Ibrahim Athumani zu unterstützen. Das Buch heißt *Utamaduni wa Mzigua,* zur Kultur und Entwicklung der Sigua-Gesellschaft. Athumani trägt darin Vorstellungen für einen zukünftigen gesellschaftlichen Wandel zusammen und stellt dabei ein alternatives Entwicklungsmodell für seine Gesellschaft vor. Das Modell basiert auf der „natürlichen, althergebrachten Lebensweise" der Sigua, wie er sie bezeichnet. Es ist eine traditionell akephale Kultur.

Obwohl Ibrahim Athumani als Lehrer (Mwalimu), Weiser (Mganga) und Alter (Mzee) zu denjenigen in seiner Gesellschaft gehört, die traditionelles Wissen aktiv überliefern und es dabei aktualisieren, versteht er selbst „Utamaduni wa Mzigua" wenn überhaupt dann nur am Rande als Beitrag zur endogenen Ethnographie der Sigua. Die in seinem Buch enthaltenen Informationen lassen sich nicht additiv zu einem Gesamtbild zusammensetzen, weder zu einem Gesamtbild der traditionellen noch der rezenten Sigua-Gesellschaft. Sein Buch ist, trotz vieler interessanter Details, keine *Beschreibung* der althergebrachten Lebensweise, sondern ist *Ausdruck* der traditionellen Akephalie der Sigua.

Weil Athumani sich in seinem Buch an Leser wendet, die diese Gesellschaft der Sigua kennen, ja die ihr angehören, verzichtet er auf die Erklärung von Dingen und Sachverhalten, die in Sigualand gemeinhin bekannt sind. Er beschreibt in seinem Buch zudem keinen historisch exakt greifbaren Zustand dieser Gesellschaft. Nach unserem Verständnis von Geschichtswissenschaft ist das Buch in diesem Sinn a-historisch. Athumani sieht sein Buch als Beitrag zum Diskurs über zukünftige Entwicklungsoptionen seiner Gesellschaft. Dabei orientiert er sich an ihrer „natürlichen, althergebrachten Lebensweise", und greift auch in der Darstellung auf Elemente traditioneller Kultur zurück, beispielsweise indem er sich auf die Ahnen beruft.

„Utamaduni wa Mzigua": Schon bei der Übersetzung des Titels ins Deutsche ließe sich streiten, wenn man will – „utamaduni" kann mit „Kultur" übersetzt werden, aber auch mit „Zivilisation" oder mit „Lebenswelt", und „wa Mzigua" kann sowohl mit „eines Sigua" (sing.) übersetzt werden als auch mit „des Sigua" (verallg. sing.).

Utamamaduni wa Mzigua ist auf Kiswahili geschrieben, der *lingua franca* und Schriftsprache Ostafrikas. Kiswahili ist die Sprache an den Grundschulen Tansanias und wird auch in Sigualand von den meisten Menschen beherrscht. Die in *Utamaduni wa Mzigua* verwandte Sprache ist allerdings meist kein Standard-Kiswahili, sondern ein *Kiswahili in regionaler Ausprä-*

gung (vgl. Georg Elwert 1985:12f.). Athumani hat dem Manuskript ein ausführliches Glossar beigefügt, *Maneno magumu*, mit zahlreichen Wörtern und Begriffen, die er für regionalspezifisch bzw. für nicht allgemeinverständlich hält. Er hat das Buch deshalb nicht in der Sprache der Sigua geschrieben, weil dieses Kizigua keine Schriftsprache ist. Zwar würde es einem Kenner der Sprache nicht besonders schwerfallen, unter Anwendung der orthographischen Regeln des Kiswahili auch in Kizigua zu schreiben, aber niemand ist es gewohnt, in dieser Sprache zu lesen.

Utamaduni wa Mzigua wurde geschrieben, um in den Schulen Sigualands als Ausgangs- und Bezugspunkt für die Auseinandersetzung der Kinder und ihrer Lehrer mit „Entwicklung" zu dienen oder, anders ausgedrückt, um die *Entwicklung endogener Entwicklungsvorstellungen* zu fördern. Schon das Erstellen des Buches, öffentlich in der Dorfschule von Sindeni unter Beteiligung der Alten und Weisen, der Lehrer und Heiler, hat in Teilen Sigualands eine doch recht offene Diskussion darüber entfacht, wie die Menschen sich die Zukunft vorstellen. Solche Diskussionen unter den Betroffenen sind wichtige *Voraussetzung jeder Selbsthilfe*. Im Vorwort *seines* Buches erläutert Ibrahim Athumani den Sinn und Zweck von *Utamaduni wa Mzigua*:

> „Dies Buch soll in Erinnerung bringen, auf welche Art und Weise die Mitglieder der Sigua-Gesellschaft traditionell ihre Lebenswelt so gestaltet haben, dass ihr Leben ein angenehmes Leben war, und es soll diese Erinnerung wach halten.
>
> Außerdem soll es dazu beitragen, Schluss zu machen mit der Selbsterniedrigung, die in zahlreichen Gesellschaften Afrikas zu konstatieren ist. Viel zu viele Menschen zerstören die natürlichen Grundlagen einer wirklich selbstbewussten, eigenverantwortlichen Lebensgestaltung immer weiter – teils aus eigenem Willen heraus, teils weil sie von Fremden manipuliert wurden und werden. Ein altes Sprichwort sagt: *„Akutonge la mkala hanachinjize na asangule!"* Das heißt: Wer sich und das Seine nicht ehrt und statt dessen nach dem Hab und Gut seiner Nachbarn trachtet, der ist ein Sklave, der die Sklaverei für die höchste Form menschlichen Lebens hält.
>
> Und schließlich soll das Buch auch auf die gefährlichen Folgen hinweisen, die es hat, wenn Menschen alles was sie wollen und alles was sie tun irgendwelchen Fremden nachahmen. Unsere weisen alten Männer und Ahnen sagen seit den alten Zeiten:

> *„Wer seine eigene Kultur und Tradition verrät,*
> *der wird niemals ein bedeutender Mensch sein!"*

Die natürliche, althergebrachte Lebensweise und Sozialorganisation der Sigua war vielen Generationen unserer Gesellschaft von großem Nutzen. Wie könnte sie heute und morgen nutzlos sein?"

Wenn noch vor einigen Jahren die EntwicklungswissenschaftlerInnen im Norden die „Nicht-Existenz eines Alternativmodells sozialer, politischen und wirtschaftlicher Organisation" beklagen und deren „weitreichende Folgen für den Gegenstand und die theoretische Diskussion der Entwicklungssoziologie" konstatieren mussten, festgehalten im Protokoll der Tagung der Entwicklungssoziologen und Sozialanthropologen der Deutschen Gesellschaft für Soziologie von 1993, dann hat sich die Situation inzwischen also geändert. Ibrahim Athumanis Alternativmodell, *ein* Alternativmodell, liegt nun vor, wenn auch nicht mit dem Anspruch flächendeckender Relevanz. Eine der wesentlichen Stärken endogener Entwicklungsvorstellungen liegt ja gerade *darin*, dass sie sich ganz konkret auf die lokal oder regional gegebene Situation beziehen und nicht mit globalem Geltungsbedürfnis daherkommen.

Ibrahim Athumani und ich haben die 170 Seiten des Manuskripts tippen lassen, es gemeinsam korrigiert, und schließlich bei Christian Sigrist und Hanns Wienold am Institut für Soziologie in Münster veröffentlicht: *Selbsthilfe und Selbsthilfeförderung im ländlichen Afrika.*
Ich halte für außerordentlich bedenkenswert, was Wolf Lepenies einmal (in einem taz-Interview, 7.2.1995) folgendermaßen ausdrückte: „Die europäischen Intellektuellen haben bis jetzt vor allem gesprochen und gelehrt, auch belehrt. Ich finde den Eurozentrismus vieler Diskussionen, die wir miteinander führen, geradezu atemberaubend. Mir scheint es wichtig, dass die europäischen Intellektuellen stärker in die Rolle derer rücken, die zuhören und lernen...". Ob wir von Ibrahim Athumani und von der *„natürlichen, althergebrachten Lebensweise"* der Sigua und ihrer Geschichte lernen, lernen können? Vielleicht. Hoffentlich.
Die Veröffentlichung der Texte von Athumani und die Beleuchtung des Zusammenhangs ihrer Entstehung soll jedenfalls *ein erster Schritt* sein, die kritische Auseinandersetzung mit den darin enthaltenen Entwicklungsvorstellungen *von Gleich zu Gleich* zu ermöglichen. Die beiden Schriften, eine von Ibrahim Athumani (et al.) und eine von mir (et al.), sind eine *Einheit*, sie *sind* (Teil des Feldes) „Selbsthilfe und Selbsthilfeförderung in einer ländlichen Region Afrikas", und sind somit ein kleiner Essay, Versuch, zum Thema *Theorie und Praxis.*

Utamaduni wa Mzigua liegt im Original vor, so dass es interessierten Soziologen und speziell Ethnologen möglich ist, ihren inneren Sinnzusammenhang nachzuvollziehen, auch ohne dass die Schwächen einer interkulturellen Übersetzung und meiner Interpretation möglicherweise das Verständnis erschweren. So wie einerseits meine Habilitationsschrift *Zur Kultur und Entwicklung der Sigua – Selbsthilfe und Selbsthilfeförderung in einer ländlichen Region Afrikas*, die mit diesem Buch beinahe identisch ist, ohne *Utamaduni wa Mzigua* von Ibrahim Athumani unvollständig wäre, so wäre andrerseits auch Athumanis Buch ohne meine Erläuterungen wissenschaftlich kaum verwertbar (vgl. Vansina 1967:58).

Mir persönlich fiel es nicht leicht, mit dem Originaltext von *Utamaduni wa Mzigua* zu arbeiten. Für mich war nicht nur Kisigua, sondern auch Kiswahili lange Zeit keine Schriftsprache gewesen – bis zum Erhalt der Texte hatte ich in Kiswahili fast ausschließlich verbal kommuniziert und zwar, wie ich inzwischen erkannt habe, in einer Art *Broken Kiswahili*. Nun, wo ich den Text *Utamaduni wa Mzigua* vor mir hatte, wurde mir klar, wie sehr meine Gesprächspartner in Ostafrika ihr Kiswahili simplifizieren, damit ich es verstehe. Es hat schließlich bis April 1997 gedauert und der Hilfe zahlreicher Beteiligter bedurft, das mir 1994 übergebene Roh-Manuskript von Ibrahim so weit zu bearbeiten und diese Bearbeitungen dann jeweils so weit von Tippfehlern zu befreien, dass der Text nun von denen, an die er sich richtet, flüssig gelesen werden kann.

1996/97 hat Ibrahim Athumani, sicherlich auch auf meine Anregung hin, eine englischsprachige Version von *Utamaduni wa Mzigua* erstellt und ihr den Titel „Tradition and Culture of the Zigua" gegeben. Es ist keine wörtliche Übersetzung, sondern er hat zahlreiche Passagen des Textes so umgestaltet, dass sie aus seiner Sicht auch einem europäischen Leser verständlich werden können. Allerdings: Ibrahim Athumani war Zeit seines Lebens noch nie im Ausland (außerhalb Tanganyikas), und Englisch ist seine Drittsprache. So verwundert es nicht: Am englischen Text von Ibrahim Athumani fallen sprachliche Disparitäten auf. Wo er sich eng an den Originaltext hält, entspricht seine Sprache dem regionaltypischen Englisch, vor Ort „Kizungu" genannt, also „Sprache der Weißen". In anderen Passagen, insbesondere wo er sich nicht direkt auf das Original bezieht sondern sich an englischsprachige Leser wendet, benutzt er, so gut er kann, ein europäisches Englisch. In seinem Begleitbrief zu einer der „Textlieferungen" schreibt er dazu:

"Peter, I have the poorest English in expressing views and ideas. I never studied English literature at school. So the reader might fail to catch the exact conceptual feelings behind my writings. Therefore, you are entitled to clarify some of my ideas to make them under standable for the European readers.

Secondly, I have to confess that whenever an author attempts to translate his own book he might add more and more information. You can leave them out if you feel that it will make a false report which would contradict with the Kiswahili version of the text."

Die in diesem Buch wiedergegebenen Zitate von Athumani stammen fast ausschließlich aus dieser englischsprachigen Fassung des Originaltextes.[2] Einige der sprachlichen Unklarheiten habe ich behutsam so weit zu glätten versucht, dass der von Ibrahim gemeinte Inhalt deutlicher wird.

Utamaduni wa Mzigua ist das erste Buch, das aus der Sigua-Gesellschaft heraus entstanden ist, und ist von daher auch unter dem Aspekt der schriftlichen Fixierung oraler Tradition in einer traditionell schriftlosen Gesellschaft interessant. Ibrahim Athumani hat darin Informationen verschriftlicht, die den Entwicklungswissenschaften und der Ethnologie bis jetzt nicht bekannt waren. Auffällig ist das weite Spektrum der Informationen. Es umfasst Bereiche, in denen traditionelles Wissen normalerweise von unterschiedlichen Spezialisten weitergegeben wird. Das Prestige, das Ibrahim Athumani in seiner Heimat genießt, entspricht unseren Erwartungen, wie Georg Elwert sie formuliert hat: „In einer oralen Kultur tradiert nicht jeder. Für bestimmte Wissensgebiete gibt es bestimmte autorisierte Tradierer. Diese Positionen sind einerseits einer starken sozialen Kontrolle ausgesetzt – es muss doch gewährleistet sein, dass die Traditionsketten nicht reißen. Andrerseits sind sie auch mit hohem Sozialprestige besetzt." (Elwert 1985:6)

Viele der in *Utamaduni wa Mzigua* nun schriftlich festgehaltenen „Sitten und Gebräuche" gelten manchem Hüter der Sigua-Tradition als „geheim". Auf dieses Problem hat schon Martin Mluanda 1975 in seiner Arbeit über die Sigua hingewiesen. Er schrieb (S.8ff.): *Die Alten haben mir ausdrücklich verboten, diese Bräuche zu veröffentlichen.., und: Manche Bräuche dürfen nur zu bestimmten Zeiten und nur bestimmten Personen erzählt werden, und diese sollen die Lehre als Geheimnis hüten.*

Einer der Haupteinwände gegen die Veröffentlichung traditionellen Wissens, die Mluanda seinerzeit von den Alten der Sigua-Gesellschaft hörte, war: „*Usekuwagambila wageni siri zetu, nawachiseke!*" Das heißt: „Erzähle den Fremden nicht von unseren Geheimnissen, denn sie werden uns verspotten und auslachen!" Mluanda erläutert:

---

2 Einige weitere englischsprachige Texte übergab Ibrahim mir im Dezember 2000. Ich habe sie zum Teil nachträglich in den hier vorliegenden Text eingearbeitet.

„Über die Gemeinschaften, die keine Häuptlinge hatten und das waren, was man kleine und unbedeutende Stammesgruppen nennt, wurde geringschätzig berichtet. Solche Berichte übersahen aber, was diese Gesellschaften dadurch erreicht hatten, dass sie sich nämlich ohne Zentralgewalt selbst zu regieren verstanden."

„So entstand die Vorstellung, dass der Stamm ein primitiver, abergläubischer und schwacher Haufen sei, den man in eine größere Einheit, in ein zivilisatorisch wirkendes Kolonialreich integrieren müsse."

(S.175f. Fn.36 bzw. S.176)

Trotz der vorgetragenen Bedenken hat Mluanda in seiner Arbeit einige „Geheimnisse" der Sigua-Gesellschaft „preisgegeben". Dabei hat er großen Wert darauf gelegt, die traditionelle Kultur der Sigua und generell auch das, was gelegentlich als „African Weltanschauung" beschrieben wurde (vgl. z.B. Martin Büscher 1988), vehement zu verteidigen. Mluanda rechtfertigt seine Veröffentlichung von als „geheim" geltenden Informationen über Tradition und Kultur der Sigua mit dem Hinweis darauf, dass erst so die Jugendlichen ihre eigene Geschichte kennenlernen könnten: *Schließlich möchte ich mich bei meinen lieben Alten entschuldigen, dass ich diese Bräuche gegen deren Willen veröffentlicht habe. Wenn sie aber wollen, dass unsere Jugendlichen die einheimische Geschichte kennenlernen, dann gibt es nur eine Möglichkeit: Veröffentlichung.* (S.200)

Bei näherer Betrachtung ist Mluandas Argumentation allerdings insofern nicht recht stichhaltig, als seine Wiener Dissertation in deutscher Sprache verfasst und nicht ins Kiswahili übersetzt wurde. Den Jugendlichen in Sigualand steht die Arbeit von Mluanda, im Gegensatz zur Arbeit von Athumani, gar nicht zur Verfügung.

Auch Ibrahim Athumani kennt selbstverständlich die „konservative" Auffassung einiger Traditionalisten, die besagt, dass die Traditionen der Sigua gewahrt statt diskutiert werden sollten. Er und seine Freunde widersprechen dieser Auffassung energisch: wenn über Tradition und Kultur nicht öffentlich diskutiert wird, verkümmern sie. Tradition und Kultur der Sigua sollen diskutiert werden, möglichst an jeder Schule in Sigualand. Von der zuständigen Schulbehörde, dem District Education Office (DEO) in Handeni, wurde dieses Vorhaben unterstützt. Einige Mitarbeiterinnen und Mitarbeiter des DEO Handeni haben 1996 gemeinsam mit Lehrerinnen und Lehrern der *Sindeni Primary School* eine Organisation namens *Utamaduni na Maendeleo* gegründet, „Kultur und Entwicklung". *Utamaduni na Maendeleo* hat sich bemüht sich, für außerschulische Bildungsarbeit in Sigualand und für andere Ideen externe Unterstützung zu finden. Zu diesen „anderen Ideen" gehörte, dass die Frauen in Sindeni fast einhellig eine eigene Moschee für sich forderten. Die männlichen islamischen Führer in Sindeni akzeptierten den Wunsch der Frauen, aber für eine zweite Moschee im Dorf sei kein Geld da, sagten sie.

In der wissenschaftlichen Literatur ist die Auffassung vertreten worden, schriftliche Fixierung oraler Tradition könne, wenn wir mündliche Überlieferung als Prozess auffassen, jeweils nur eine subjektive Momentaufnahme sein. Selbstverständlich ist auch orale Tradition jeweils eine subjektive Momentaufnahme. Gelegentlich ist argumentiert worden, die Verschriftlichung oraler Tradition beinhalte die Gefahr, eine bestimmte Version der erzählten, von Generation zu Generation weitergegebenen aber fortwährend neu bewerteten und damit anders interpretierten Geschichte der betreffenden Gesellschaft „festzuschreiben" bzw. „einzufrieren" (vgl. Goody/Watt 1975 bzw.1981:50). Damit laufe die betreffende Gesellschaft Gefahr, zu einem statischen Geschichtsbild zu gelangen. Und auch Asenath Bole Odaga gibt zu bedenken: „Oral literature has been kept alive perpetuated and preserved by mouth and dramatisation from generation to generation. Now it is being preserved through the written word, while still continuing as an oral art. Oral literature acts as a vehicle of communication conveying cultural values, passing on wisdom, morality, philosophy, history, knowledge, skills and so forth. (...) Oral literature is not 'frozen' in the way the printed word becomes fixed on a page. It allows for self expression, renewal, innovation and creativity." (Odaga 1984:10)
Auch Kimmerle schließt sich dieser Auffassung an (1991:45): „Was passiert überhaupt", fragt er, „wenn eine jahrhundertelang mündlich überlieferte Weisheit nun aufgeschrieben und vom Aufschreiber als philosophische Weisheit oder auch als Nicht-Weisheit bzw. Volksweisheit qualifiziert wird? Jedenfalls wird sie nicht weiter mündlich überliefert. Das würde sie aber aus anderen Gründen höchstwahrscheinlich auch nicht, denn der Lebenszusammenhang dieser Art von Überlieferung stirbt ab. Also ist es besser, durch das Aufschreiben den Untergang der traditionellen Weisheitslehren zu beschleunigen und definitiv zu machen. Dann bleibt wenigstens etwas davon im Medium der schriftlichen Überlieferung erhalten. Es ist gewissermaßen ein tragischer Konflikt." (Kimmerle 1991:45)
Gegen all diese Argumentationen kann allerlei eingewendet werden. Für Georg Elwert etwa erscheint unzweifelhaft, dass Verschriftlichung die Diffusion von Wissen erheblich beschleunigt statt ihn zu verlangsamen.

Zudem kann die Verschriftlichung den oralen Dialog fördern: bisher gehütete Geheimnisse, Inhalte der traditionellen Bildung und Erziehung, werden öffentlich zugänglich und stehen damit auch öffentlich zur Diskussion. So ist es womöglich gerade die Verschriftlichung, die zu einer wesentlichen Verbreiterung der Öffentlichkeit des Aktualisierungsprozesses des Geschichtsbildes und zur Diskussion des traditionellen Wissens beiträgt. Dort, wo orale Tradition wenn überhaupt nur von den „Hütern der Tradition" weiterentwickelt wird, von den Ältesten der Alten, mündlich, anstatt zum Beispiel in Schulen, von Lehrern und Schülern, auch mit Hilfe von schriftlichen Texten, dort ist die Gefahr soziokultureller Statik und Stagnation doch wohl mindestens ebenso groß wie in einer Schriftgesellschaft. Inwieweit das Problem der „Statik" geschriebener Texte im Zeitalter von Datenautobahnen, Internet und dergleichen überhaupt noch relevant ist, wird sich zeigen. Aber ich bin sicher, dass die Verschriftlichung der oralen Tradition der Sigua durch Ibrahim Athumani deutlicher zu ihrer Aktualisierung und Weiterentwicklung beitragen wird als zu ihrer Stagnation.

Wenn sich in Kilindi oder in einem anderen Sigua-Dorf Kritik an den sozialen, ökonomischen, politischen Verhältnissen artikuliert, dann geschieht dies bisher mündlich und nicht schriftlich, und ist für den schriftgewohnten Entwicklungsforscher schwer greifbar und fixierbar. Vieles konkretisiert sich in den Lehrinhalten traditioneller Bildung und Erziehung, in erfundenen „Wahren Geschichten", in aktuellen Sprichwort-Interpretationen, aber auch in Texten des Bänkelgesangs. Auch die Texte der traditionellen Lieder zur Ngoma sind nicht festgelegt, sondern werden immer wieder neu erfunden und kommentiert. Man singt in Sigualand das, wozu man Lust hat, und die Obrigkeit erfährt meist gar nicht, was bei den traditionellen Festen mit Ngoma und Gesang und mit Diskussion bis in den späten Morgen alles gesagt und gesungen wird. Jedenfalls nicht nur das, was von den Ahnen überliefert wurde. Es ist vielmehr geradezu charakteristisch für die orale Tradition der Sigua, dass sie der Interpretation und Aktualisierung allergrößten Freiraum lässt.

Die schriftlichen Medien des Landes, von denen nur wenige Exemplare der wenigsten Ausgaben in die Dörfer gelangen, gelten als Sprachrohre derer „da oben" und finden nur als Verpackungsmaterial großes Interesse. In vielen Teilen Tansanias werden sie auch entsprechend verkauft. 1989 wurden noch alte Tageszeitungen aus Indonesien containerweise eingeführt, 1998 werden tansanische Zeitungen zum Preis von etwa zwei DM pro Kilo verkauft (nach einer mir von Elke Grawert mitgeteilten Beobachtung). Bücher sind praktisch nicht erhältlich in Sigualand, sie wären für „normale Menschen" auch viel zu teuer.

Ibrahim Athumani hat die Gelegenheit genutzt und auch in seinem Buch *Utamaduni wa Mzigua* einige aktuelle Themen angeschnitten, von denen er meint, dass sie öffentlich besprochen werden sollten. Sein Buch ist teils erzählend, teils analytisch angelegt, und es enthält neben „Fakten" unter anderem auch Legenden, Sprichwörter und Erzählungen. In viele Passagen hat Ibrahim offene Fragen, Überlegungen und kritische Kommentare eingeflochten, die sich dem kulturfremden Leser in ihrer Gänze kaum eröffnen. Es wird viel mit Wortspielereien und mit Andeutungen gearbeitet. Dorothy Bikurakule, eine soziologische Assistentin an der Uni Dar-es-Salaam, die ich um Hilfe bei der Übersetzung gebeten habe, gab mir die Texte, nachdem sie sich die ganze Nacht über interessiert mit einer Sprichwort-Diskussion beschäftigt hatte, am nächsten Morgen als „unübersetzbar" zurück. Das Buch enthält einige Passagen in *Tambo*, einer Art „Geheimsprache" der Sigua.

Viele der wichtigsten Aussage des Buches erscheinen als in den Text „eingestreut". So beklagt Ibrahim Athumani beispielsweise in der Erzählung von Pendo, einem Mädchen namens „Liebe", dass zumindest ein Teil des wesentlichen Wissens über die Organisation der traditionellen Sigua-Gesellschaft verloren gegangen sei. Auch eine herrschaftsfreie Gesellschaft bedarf *bewusster* Selbstorganisation, bedarf der planenden *Organisatoren* und der aktiven *Performer*. Er merkt in dieser Erzählung an:

> "It is very painful to note that so many of the prospective activities of the Zigua are disappearing. Peaceful communication, cheap labour organisations and cooperative natural ways of implications have disappeared. Everything is now counted for money. I also fear that the previous local benefitial institutions will never be implemented completely again. The performers who knew clan organisations day to day left us, they are resting in peace. Hence, due to the fact that there were no writings, who could trace our clans' social organisations under imaginations in future? The most important fact is to rehearse and to put things into use. If not matching with time completely, but at least they are worthwhile to be remembered by future generations. Let us therefore put in writing all that we can remember."

Das Buch befasst sich mit weiten Bereichen der Lebenswelt und Kultur der Sigua-Gesellschaft. Es richtet sich an Leser aus der eigenen Gesellschaft – an Menschen, die diese Gesellschaft kennen und die bereit sind zu überlegen, wie sie sie verändern können: Lehrer und Schüler.

Utamaduni wa Mzigua bezieht sich auf Vergangenheit, Gegenwart und Zukunft der Sigua-Gesellschaft: Diskutiert werden die traditionellen und die moderne Lebensformen der Sigua, die Überheblichkeit der Fremden mit ihrem Geld, ihrer Mission und ihrer Hilfe, und die Möglichkeiten der Menschen in Sigualand, die Entwicklung der eigenen Gesellschaft in eigene Hände zu nehmen. So erscheint das Buch teils als historisches, teils als zeitloses, teils als überaus aktuelles, sozialkritisches und sozialphilosophisches Werk – je nach Perspektive.

Das Manuskript von *Utamaduni wa Mzigua* gliedert sich, in seiner Originalfassung, in folgende Teile:

Die Lebenswelt der Sigua (Kapitel 1–10, Seite 2–65)

Die Geschichte von *Pendo* (Kapitel 11, Seite 66–84)

Wahre Geschichten (Kapitel 12, Seite 85–106)

Sprichwörter (Kapitel 13, Seite 107–147)

Die englischsprachige Fassung (*Tradition and Culture of the Zigua*) entspricht weitgehend den ersten drei Teilen des Kiswahili-Originals.
Den Anhang zu *Utamaduni wa Mzigua* bildet eine Liste der „hard words which will not be found probably in any dictionary" (Athumani), eine Liste der in *Utamaduni wa Mzigua* benutzten aber nicht allgemein bekannten Vokabeln. Die Liste umfasst knapp dreihundert Wörter, enthält interessante Besonderheiten wie *mazingira* gleich *environment,* und ist die erste zur regionalspezifischen Ausprägung des Kiswahili in Sigualand.

Der erste Teil von *Utamaduni wa Mzigua,* zur Lebenswelt der Sigua, ist in zehn Kapitel gegliedert, deren Überschriften das jeweilige Rahmenthema bezeichnen:

1.	*Salaamu ya asili*	Local Greetings
2.	*Kalenda ya Kizigua*	The Zigua Calendar
3.	*Michezo*	Games
4.	*Historia ya kilimo Mzeri*	History of Mzeri[3] Farming
5.	*Sanaa na ufundi*	Arts and Crafts
6.	*Utamaduni ngoma*	Traditional Drum and Dances

---

3   Mziha ist ein Dorf in Sigualand, Heimat der Familie von Ibrahim Athumani.

7.	*Mapokezi kwa wageni*	Receiving Guests
8.	*Ujamaa katika huzuni*	Socialism in Sorrows
9.	*Tambalisa*	Detailed Information
10.	*Tambiko*	Tambiko

Abgesehen von einigen Ergänzungen in seiner englischsprachigen Version macht Athumani im Text keinerlei Versuch, eine Einführung in die Lebenswelt der Sigua zu geben, da er sich an Leser richtet, die an dieser Lebenswelt teilhaben und sie kennen. Auch wird kein Versuch gemacht, sich starr an die Gliederung zu halten, oder die Kultur und Tradition der Sigua möglichst umfassend darzustellen. Vielmehr werden bestimmte Ideen, Fragen, Überlegungen, die ihm wichtig erscheinen, immer wieder aufgegriffen, ohne dass Athumani dabei versucht, seine Ausführungen an irgendeiner Stelle zu einem Abschluss zu bringen. *Tradition and Culture of the Zigua,* die englischsprachige Fassung des Buches, ist keine Übersetzung von *Utamaduni wa Mzigua,* sondern enthält Passagen in denen Ibrahim Athumani sich direkt an internationale Leser wendet. Sie ist um eine *Introduction* erweitert. Möglicherweise ist dies bereits eine Reaktion auf meine ersten Kommentare und Fragen. Die (neu hinzugefügte) *Introduction* konzentriert sich auf Hinweise zur traditionellen Bildung und Erziehung der Sigua.

Athumani eröffnet das Buch mit einigen Kommentaren zur Form und Funktion der Begrüßung in der Sigua-Gesellschaft. Er begründet hierbei, wieso er zu dieser Gesellschaft neben den Sigua im engeren Sinn auch die Ngulu und Luvu zählt. Daneben diskutiert er hier das weit verbreitete Unterlegenheitsgefühl vieler Sigua Fremden gegenüber, den Verfall traditioneller Umgangsformen und die Frage, wieso viele Jugendliche heutzutage nicht mehr in ihrer eigenen Sprache grüßen, sondern in einer Fremdsprache. *„Hallo father",* heiße es oft, oder *„shikamoo",* – in Fremdsprachen, die nur von einer verschwindenden Minderheit der Sigua beherrscht werden. „Hallo" heißt in Kizigua, der Sprache der Sigua: *„Ahoni!"* Den Abschluss des Kapitels über die Begrüßung bildet ein kurzer Ausblick auf die entsprechenden Gepflogenheiten der Sambara und Bondei, mit denen sich die Sigua in enger Verwandtschaft sehen. Ibrahim Athumani erläutert die überlieferte Sichtweise: „We have once been in the same hot-pan".

Es folgt ein Kapitel über den *„stars and trees calendar",* wie Ibrahim den Jahreskalender der Sigua bezeichnet. Traditionell beginnt das Jahr bei den Sigua nicht in der Nacht auf den 1. Januar, sondern mit dem Erscheinen einer des Gregorianischen Kalenders. Athumani kommentiert spöttisch: „Therefore: He who uses the European calendar in Zigualand could be one month late every year."

In Kapitel 3, *Michezo*[17], beschreibt Ibrahim Athumani beliebte Spiele und Wettkämpfe der Kinder und der Jugendlichen in Sigualand. Eingeleitet wird das Kapitel mit einigen Überlegungen zur Entstehung und zur Rolle menschlicher Emotionen (pleasure, anger, sorrow, love, cruelty and feeling pitty) und zum Spiel von Kindern im Beisein Erwachsener. Seine Beschreibung vom Kinderspiel in mondklaren Nächten erinnert in manchen Passagen an Balletttheater oder Eurhythmie. Bei der Beobachtung des gemeinsamen Spieles der Knaben und der Mädchen, so Ibrahim, verhandelten die Eltern gelegentlich über geeignete Partnerschaften fürs Leben. In Wettkämpfen, verbunden mit Preisverleihungen, wird das verwandtschaftliche bzw. örtliche Zusammengehörigkeitsgefühl gestärkt. Besonders ausführlich geht Ibrahim im Schluss des Kapitels auf den traditionellen Ringkampf ein. Hierbei geht es, in hartem Wettbewerb, um Prestige, um Ehre der beteiligten Familien bzw. Lukolo: „The most common game for adults in Zigualand is the traditional wrestling. It is usually done by middle aged people under the observation of old people. There are so many fan cheers when two famous fighters compete..." Auffallend detailliert beschreibt Athumani Erfahrungen, die er selbst als Jugendlicher beim traditionellen Ringkampf gemacht hat.

Die Familie Ibrahim Athumanis stammt aus Mzeri, einem kleinen Dorf ganz in der Nähe von Sindeni. Im Kapitel 4 von *Utamaduni wa Mzigua*, das im ersten Vorentwurf des Manuskripts von 1994 noch nicht enthalten war, skizziert Athumani die landwirtschaftlichen Produktionsmethoden am Beispiel seines eigenen Heimatdorfes und seiner Ahnen. Er berichtet hier auch davon, dass sein Urgroßvater Tumbwaziko als Schmied gearbeitet und dabei unter anderem Pfeilspitzen, Schmuck für Massai, Buschmesser und 'Gobore'-Gewehre hergestellt hat; und er erwähnt an dieser Stelle seinen verstorbenen Vater, den er einfach „Mganga" nennt. Ibrahim selbst wird, sowohl in Kilindi als auch in Sindeni, zumeist „Mwalimu" genannt, „Lehrer".

Im fünften Kapitel seiner Arbeit schreibt Ibrahim Athumani über die traditionellen handwerklichen und künstlerischen Fertigkeiten der Sigua. Wie es typisch für segmentäre Gesellschaften ist, ist auch im Handwerk die Spezialisierung nur wenig ausgeprägt. Auch jeder Handwerker ist zunächst einmal Landwirt. Den Schwerpunkt dieses Kapitels bilden die Beschreibungen der Imkerei und des Bettenbaus. Hierbei fällt auf, dass Athumani in seinen

---

5   Michezo (pl.), mchezo (sing.): Spiele. Umgangssprachlich bezeichnet *mchezo-mchezo* in Sigualand auch das Miteinander-Schlafen von Mann und Frau.

Beschreibung immer wieder personifiziert und sich auf Einzelfälle bezieht, wie übrigens auch in anderen Kapiteln seines Buches. Als berühmte Imker und Honigsammler stellt Ibrahim hier einen Mann namens Mwempwapwa und dessen Sohn Msami vor, als berühmten Hersteller traditioneller Betten einen Mann namens Nkiweli. Den Abschluss des fünften Kapitels bildet die Beschreibung der Schaustellerei. Bei großen Festen der Sigua treten, gegen Entgelt, oft spezialisierte Gesangs- und Tanzgruppen der Okiek auf, die von den meisten der benachbarten Bantu als „Wandorobo", von den Sigua aber „Wasi" genannt werden.

Kapitel 6 handelt von der traditionellen Ngoma: Trommel, Tanz und Gesang. Die Ngoma spielt eine wichtige Rolle bei vielerlei Ereignissen im Leben jedes Sigua: bei der Unterstützung des Gesundungsprozesses im Krankheitsfall, bei Gedenkfeiern und Trauerzeremonien, bei Volksfesten mit Jux und Tollerei, beim Dialog mit Geist und Seele der Ahnen.

Im siebten Kapitel diskutiert Athumani einerseits die Aufnahme von Fremden, andrerseits die Zusammenarbeit in Nachbarschaft und Verwandtschaft bei traditionellen Gemeinschaftsaktivitäten. Chiwili, die traditionelle Form gemeinschaftlicher Arbeit, und Ndala, die traditionelle Form des gemeinsamen Abendmahles, gehören zu den Grundpfeilern des traditionellen Wirtschafts- und Sozialsystems der Sigua-Gesellschaft. Ibrahim Athumani: „Our previous system was not expensive. It meant simply to agree to share yours with them and theirs with you."

Kapitel 8 und 9 von *Utamaduni wa Mzigua* fließen weitgehend ineinander über. Im wesentlichen geht es hier um Tambalisa[18], das heißt um den 'Austausch detaillierter Informationen' zur Eröffnung eines Gesprächs, ausführlich dargestellt am Beispiel des Besuchs zweier Familien bei einem Trauerfall. Kutambalisa, so Ibrahim, sei zeitaufwendig – aber dieses Sich-füreinander-Zeit-nehmen sei wohl der „Preis" für funktionierende Solidarität und Kooperation.

Athumanis Kapitel über das Tambiko ist das erste schriftlich niedergelegte Glaubensbekenntnis eines Sigua. Er beschreibt ausführlich das Tambiko und die Kommunikation der Lebenden mit Geist und Seele der Verstorbenen. Besonders ausführlich beschreibt er das *Tambiko la Ngano*, seinen eigenen Auftritt als jugendlicher, reisender Bänkelsänger, und das *Tambiko Ukaa*, die Jahresfeier zu Ehren der großen Jäger unter den Ahnen (mit *Chisasa* und mit *Mawangala*, das in der Literatur bisher nicht beschrieben war). Im Manuskript seiner englischsprachigen Version bezeichnet er das Tambiko als 'taboo'. Um Verwechslungen mit dem Begriff „Tabu" zu vermeiden, wie er

---

6   *Tambalisa* bezeichnet den Austausch detaillierter Information als Substantiv, *kutambalisa* als Verb.

in der Literatur benutzt wird, z.B. von Freud, bleibe ich bei der Sigua-Originalbezeichnung „Tambiko".

Der zweite Teil von *Utamaduni wa Mzigua* ist eine längere Erzählung über Pendo, ein Sigua-Mädchen. Das Mädchen heißt Pendo, „pendo" heißt zugleich „Liebe". Als Ich-Erzähler verliebt Ibrahim sich in sie, und er beschreibt Brautwerbung und Verlobung, Hochzeit und Ehelebens eines Sigua. Die Geschichte gliedert sich in folgende Teile:

Pendo	(Pendo / Love)
Kumuoa Pendo	(Getting married to Pendo)
Kutenkula chiza	(From childhood to manhood)
Nkantamiti	(Traditional training)

Hadithi za Kweli werden in Sigualand sehr oft erzählt; in der traditionellen Erziehung spielen sie eine wichtige Rolle. Die einzelnen Geschichten sind von ihrem Grundmuster her in Sigualand und auch anderen Gebieten Tansanias allgemein bekannt, vom jeweiligen Erzähler werden sie aber situationsgerecht ausgeschmückt. Jede Geschichte „könnte wahr sein, ist es aber nicht", und in jeder Geschichte geht es um Lügner. Athumani erläutert das Genre und hat vier derartige Geschichten in seiner eigenen Version geschrieben – die erste Verschriftlichung der *Hadithi za Kweli* aus Sigualand:

Maziwa ya simba	(Milch vom Löwen)
Ujinga	(Dummheit bzw. Ignoranz)
Nyoka	(Die Schlange)
Uvundo na uhondo	(Das Gute und das Böse)

Jede der Geschichte ist so vollgestopft mit Kommentaren, Überlegungen, Vergleichen, dass manchmal die „Gefahr" besteht, beim Zuhören den Faden zu verlieren. In der Erzähung *Ujinga* kommen wir mit der *Oral Philosophy* der Sigua in Berührung. Wichtigstes Thema in *Ujinga* ist, wie der Titel der Geschichte es ausdrückt: Dummheit bzw. Unwissenheit. Ibrahim Athumani:

"I might be genuine to comment that there has never been and will never be any nation or tribe or clan that could claim to be out of ignorance. In other words, in order to get out of ignorance, a person must realise that he/she is really ignorant..."

Da geht es zunächst einmal um Analphabetismus, eine Art von Dummheit bzw. Unwissenheit gegen die jeder, wie Ibrahim sagt, selbst ankämpfen kann. Eine andere Art von Dummheit verkörpern arroganten „Klassen" der Intellektuelle und der Geschäftsleute. Und schließlich:

"The last class of ignorant people are the leaders. Any leader, whether he is appointed or elected by a majority of votes, could have different feelings. A person may feel that he has been appointed or elected due to special qualifications and qualities superior to other members. He is either famous or a very important person (VIP). The second feeling could be that he is very much loved by the one who appointed him, or by the voters. So he is the only one very important person, chosen by the majority. Imagine, if a person is very important to that self-contention, he would never ever accept anyone's suggestions except from those who are above him. His self-centred contention would never encourage him to make any change voluntarily, without somebody's suggestion. What if he accepted any suggestion – people under him might look down on him. There is the worst conceptual feeling which could hinder people's progress.

Many earth government top leaders belong to this class of ignorant people. Even if they caused wonderful destruction to their people, who could suggest or stop them through warning? They could be disastrous to properties, youngest children and innocent old people. Such people are equal to those who do not know that they are ignorant. They could proud on those who do not know that they are ignorant. They could proud on the ignorance to be the best condition to give them appreciation among the dwellers. When you keep together ignorance and poverty, then you could get the non-suggested property confiscating people, to squander under no-one's pressure to stop from doing it. Secondly you could meet the self-content high post holders without actual abilities to lead. The end of which is poor economical strategies and achievements.

How surprising to note that such ruiners of progress are supported and guarded by other people of their ranks all over the world. They guard such persons by words and by the most powerful weapons. Let one stand in protest against the leaders, he can be put into a river full of crocodiles, to be forgotten. The leader could be a subject to converse with in public meetings and international parties and celebrations. Armed forces could be used to guard the ignorant and his ignorance. Soldiers could die on the leader's behalf, and broadcasts would spread the news that death is accompanying brave measures and honesty. My Lord even wise people tend to protect the wrong-doers leaving the innocent people die like father- and motherless birds in a jungle. How could they prevent the giant's ammunition?

The best way to exhaust ignorance is to realise it and to agree that one is ignorant. This would even lead to a future rid of ignorance. Without realisation and readiness to accept ignorance consciously as a bad qualification to be with, it can never be excluded amongst existing members of world societies."

In *Uvundo na Uhondo* schreibt er weiter: „Große und starke Mächte bekämpfen die schwachen und kleinen Mächte, schon um zu zeigen, dass sie stärker sind als die *common people*. Und die Großen bekämpfen sich untereinander, oft einfach um zu zeigen: „Who is Who" unter den Größten der Welt, wer ist der Stärkste? „Weshalb bekämpft ein Präsident sein Volk?", fragt Ibrahim Athumani, und: „Kann ein Präsident gegen seine ärgsten Feind überhaupt gewinnen? Nein. Eher werden Viren und Bakterien ihn besiegen, als dass sie von ihm besiegt werden. Kleine Tiere sind gefährlicher als große: Der Tiger ist gefährlicher als der Elefant, der Hai ist gefährlicher als der Wal. Keine Fliege fürchtet sich vor dem Präsidenten und seiner Armee. Am gefährlichsten seien aber Viren und Bakterien, denn: *„Laying in ambush is more dangerous than confrontation!"* Und schon stoßen wir erneut auf ein eingestreutes Sprichwort, wie so oft im wirklichen Leben der Sigua, in dem einen die Sprichwörter auf Schritt und Tritt begleiten.

Im letzten Teil von *Utamaduni wa Mzigua* diskutiert Athumani einige der in Sigualand weit verbreitetet Sprichwörter, mittels derer den Jugendlichen in der traditionellen Erziehung Lebensweisheiten und Werte vermittelt werden. Die Interpretation des Sprichworts *„Usekubela nkoja nuwo umnamulo!"* – nur dieses hat er in die englische Version aufgenommen –, schließt mit folgender Passage, die ich hier in Gänze zitiere, um einen Eindruck vom Charakter der „Sprichwort-Diskussion" zu vermitteln:

"God is the responsible for all last judgments. People who pretend to do things on his behalf are doing sins. They are simply making interruptions to his rights. Interruptions are very common among human beings. They do these activities to gain popularity among the community members with whom they live together.

Young men's bad behaviour is now taking the lead. They take it for granted that all what has been done by their elders is out of time. To match with modern times they try to do all that can be done by „developed" countrymen, no matter whether good or bad."

Relevant sind in *Utamaduni wa Mzigua* nicht nur die thematisch gegliederten Sachaussagen, sondern in ganz besonderem Maße die an vielen Stellen eingestreuten „Randbemerkungen". So schreibt er beispielsweise im Kapitel über Handwerk und Kunst:

„The modern world people tend to imitate and copy everything from one nation to the other. Tanzanians copy things from Europe, Asia and America. The Makonde and Zigua arts and crafts are continuously losing fame and are slowly disappearing totally in a grave. Africans are convinced that a blind man cannot lead another blind man, as an old saying tries to explain. But I wonder whether that is correct. What if a mob of a hundred collected blind people was left near a village where they heard the villagers' voices, but nobody among them took the trouble to lead the rest? People should be aware that even millions of red and white ants move here and there to meet their lives' demands, guided by their blind leaders. Should Africans get their demands through foreign non-blind leaders? The ants' blind soldiers (*gegenu*) are always loyal soldiers to guard the other blind ants' life and death...

Governed people loose self-confidence. They start to praise the foreign governors. They lean against their own peoples' abilities. They value foreign goods more than their own. They think that dates are much better fruits than *maviru* fruits, simply because dates are imported from Arabia. The Arabian desert is great but the forest of Mzeri not?? Continuing this way we are loosing our best properties and inheritances, the symbols of our tradition and cultures."

Selbsthilfeförderung

Im vorliegenden Buch geht es um „Selbsthilfe und Selbsthilfeförderung im ländlichen Afrika". Es geht also um gesellschaftliche Entwicklungen. Unter (gesellschaftlichen) *Entwicklungen* verstehe ich vom Ergebnis her offene, folglich nicht planbare und definitiv nicht prognostizierbare Prozesse. Die Zukunft ist, was auch Popper und Lorenz klargestellt haben, offen. Verschiedene gesellschaftliche Entwicklungen, Veränderungen sozialer Logiken und sozialer Netze und Systeme, überschneiden sich, beeinflussen sich dort an den Schnittstellen wechselseitig, verändern sich, und jede der zwei oder mehr Strukturenveränderungen hat ihr eigenes Ergebnis, die Weiterentwicklung des jeweiligen Systems, falls nicht eines der Systeme im Prozess der Globalisierung das andere schluckt.

Bei gesellschaftlichen Entwicklungen wirken, jeweils in doppeltem Bezugs-Sinn der beiden Wörter, *endogene* und *exogene* Kräfte zusammen. Ich rede vom „doppelten Bezugs-Sinn", weil sich bei Entwicklungsprozessen, wenn wir sie aus zwei verschiedenen Perspektiven heraus betrachten, ganz unterschiedliche Dinge als jeweils *endogen* bzw. *exogen* darstellen:

Erstens: Mit dem Blick auf eine bestimmte Gesellschaft sehen wir, wie Georg Elwert (1998) es ausdrückt, „*endogen* generierte Innovationen, partnerschaftlichen Austausch mit der sozialen Umwelt, Nostrifizierung fremder Innovationen und Abstoßen von Traditionen". Eventuell, das darf dabei nicht vergessen werden, sehen wir aber auch platte Imitation alles Modernen (freiwillig) oder, ganz im Gegensatz dazu, offensive Implementierung exogener, fremdgenerierter „Innovationen" und Systeme (aufgezwungen).

Zweitens: Aus einer ganz anderen Perspektive heraus sehen wir in gesellschaftlichen Entwicklungsprozessen einerseits das Wirken von Kräften, die historischen Prozessen *endogen* sind, dem Menschen aber *exogen* sind (systemische Kräfte, *eigene* Kräfte des Marktes usw.). Dass nicht nur „Gesellschaften", sondern auch „Systeme" und „Prozesse" über endogene Kräfte verfügen, wird überall dort deutlich, wo systemische „Eigendynamik" wirkt. Das muss jeder berücksichtigen, der gesellschaftliche Entwicklungen nicht nur analysieren und interpretieren, sondern Einfluss auf sie nehmen will. Mit diesen eigenen, *endogenen* Kräften kann man sich – *das ist Selbsthilfe* – gegen diese fremden, *exogenen* Kräfte wehren, und aus einer „Gesellschaft systemkonformer Individuen" würde eine „Gesellschaft freier Individuen", die nicht den Weg geht den das Capital aufzeigt, sondern die ihre eigenen Wege geht. Die Frage ist ja nicht nur, „Wie wird die Entwicklung verlaufen?" bzw. „Wie entwickelt es sich, falls niemand eingreift?", sondern auch: „Wie *soll* die Entwicklung verlaufen, welche Zielrichtung könnten *wir* ihr geben?" Geschichte „geschieht" nicht nur, sie wird auch gemacht. Dieses „Machen", dieser bewusste Eingriff von Menschen in den ansonsten von systemischen und von stärkeren Kräften bestimmten Verlauf der Geschichte, ist „Selbsthilfe", ist Entwicklung.

Selbsthilfe setzt Unzufriedenheit voraus und Ziele: eigene Ziele der Akteure. Die für eine selbstbestimmte Entwicklung (Selbsthilfe) also unabdingbar *jeweils endogenen* Entwicklungsvorstellungen müssen von den Betroffenen selbst entwickelt werden, sonst wären sie ja nicht „endogen". Auch viele Sigua sind mit ihrer gesellschaftlichen Entwicklung unzufrieden. Ibrahim Athumani versucht in *Utamaduni wa Mzigua,* zu alternativen, eigenen Entwicklungsvorstellungen anzuregen. Und er beruft sich dabei auf den Geist und die Seele der Ahnen und die Traditionelle Akephalie der Sigua-Gesellschaft. Warum nicht? Ohne Utopien, d.h. Ziele, die vielleicht nie erreicht werden, die aber eine solche Ausstrahlung haben, dass es den beteiligten Menschen Freude macht, sich ihnen zu nähern, bekommt Selbsthilfe wohl niemals Kräfte gesellschaftlich relevanten Ausmaßes. Selbsthilfe basiert auf eigenen Zielen der Akteure, auch wenn diese eigenen Ziele sich erst entwickeln müssen. Selbsthilfe-Förderung setzt Solidarität voraus. Auch die kann sich entwickeln.

In Sigualand stehen Moderne auf der einen Seite, mit Kapitalismus und Nationalstaat, und Tradition auf der anderen Seite, mit traditioneller Wirt-schafts- und Sozialordnung, widersprüchlich nebeneinander, überlagern sich; und eine ähnliche strukturelle Heterogenität wie im Bereich der Ökonomie und der Sozialorganisation existiert in Sigualand auch im Bereich der Ziele, Werte und Normen. Obwohl die traditionellen soziokulturellen Strukturen in der Sigua-Gesellschaft noch weit tragkräftiger sind als in den meisten Nach-bargesellschaften, ist die eigene Kultur auch hier inzwischen derart brüchig, dass viele Menschen die Orientierung verloren haben. Es herrscht *Anomie,* nach Peter Waldmann (1998) ein Zustand, „der sich durch einen Mangel an konsistenten, unzweideutigen, durchsetzungsfähigen und sozial akzeptierten sozialen Regeln" auszeichnet und der sich in Sigualand – wie in vielen Regionen industriell unterentwickelter Länder – „in einem Übereinander bzw. widersprüchlichen Nebeneinander sehr unterschiedlicher Normen" ausdrückt: Ein modernes Normen-, Werte- und Zielsystem auf der einen Seite, am Norden orientiert, und ein traditionelles System auf der anderen Seite, an der „natürlichen, althergebrachten Lebensweise" der Sigua orientiert, stehen widersprüchlich nebeneinander, überlagern sich. Nach Waldmanns Typologisierungsvorschlag stellt die spezifische Anomie in Sigualand heute eine (relative) „Autonomie im Schatten des Leviathan" dar, im Konflikt mit der Moderne.

Der modernistische, von den Staatsklassen propagierte Weg der am Norden orientierten nachholenden Entwicklung erscheint vielen Menschen in Afrika als völlig *unrealistisch* und somit als ziellos, und oft nehmen sie auch den tatsächlichen Ablauf der gesellschaftlichen Entwicklung als mehr oder weniger „beliebig" wahr. Entwicklung ohne Ziel führt die Menschen ins Leere. Wie viele andere Afrikaner und Afrikanerinnen (vgl. Axelle Kabou 1991, die das bedauert,) *verweigern* große Teile der Sigua-Gesellschaft diese Entwicklung und, wie es das deutsche Entwicklungshilfeministerium in Bezug auf Afrika feststellte, die „für längerfristige Bildung von Produktivkapital nötige Arbeitsethik" (BMZ 1992:2). Auch in Sigualand haben weder die Ziele- und Wertesysteme „des Westens" und „des Ostens" gegriffen noch die „des Nordens". Sklaverei, einst von Fremden (von Massai, Arabern usw.) eingeführt, wurde Anfang des Jahrhunderts offiziell abgeschafft. *Self-reliance* und Ujamaa sind ebenfalls wieder aus der Mode, und auch die „Moderne" mit National-Staat und Integration in den Welt-Markt locken nicht, verführen nicht zum Massen-Konsumrausch. Jede verstärkte Integration in globale Zusammenhänge wäre, da sind sich viele *common people* in Sigualand sicher, bloß eine weitere Zementierung der eigenen Position auf einer der untersten Stufe nationaler und globaler Hierarchien. Viele Menschen sind zwischen diesen beiden konkurrierenden Systemen „hin- und hergerissen", sind verwirrt und wissen gar nicht, was sie eigentlich wollen. Dieser Zustand weit verbreiteter Ziellosigkeit und damit konsequenterweise einhergehender strategischer Positionslosigkeit vieler Menschen ergibt sich aus dem konkreten sozialen Kontext, ergibt sich aus der von Waldmann trefflich beschriebenen „Anomie": *Wer nicht weiß, was er will, entwickelt sich nicht sondern er wird entwickelt.*

Was hat die „Moderne" zu bieten? Im Sozialbereich: Das traditionelle Solidarsystem der Sigua-Gesellschaft ist nicht mehr (und noch nicht wieder) tragfähig, aber der moderne tansanische Staat hat kein alternatives Netz sozialer Sicherheit schaffen können.[19] Das trifft insbesondere die Schwächsten, unter ihnen die Alten: „The situation of the elderly among the poor groups of the population is very dramatic as some have no means of living, no social security, no means of housing or food. Worse still there are no social securities to cover them from poor health, poor nutrition, poor environmental

---

7 Die Situation ist in anderen Ländern ganz ähnlich. In Sambia etwa geht aus den nationalen Statistiken hervor, dass nur knappe 2 Prozent der Bevölkerung jemals Kontakt mit dem offiziellen System der „Social Security" hatte (1999). Ich vermute, dass es sich auch bei diesen 2 Prozent vornehmlich um Angehörige der Staatsklasse handelt.

hygiene or diseases. No social security even if they are to die poorly"
(Mshana 1994:277).

Die bewusste Abwendung vieler Menschen von staatlicher Entwicklungspolitik und von staatlichen Partizipations-Angeboten ist nicht auf Tansania
beschränkt, sondern ist schon lange in vielen Regionen Afrikas bemerkbar:
„The state-centred approach has left people in many countries helpless
between a stifling public sector and the economy of affection for which no
official recognition is given. The end result has been dependency, withdrawal
from active participation in formal sector activities and the conversion of the
economy of affection into a black market instrument." (Hydén schon 1983:
129) Das flächendeckende Scheitern staatlicher Modernisierungsstrategien
im ländlichen Afrika hat vielerorts zu einer erheblichen Schwächung des
jeweiligen Nationalstaates beigetragen. In der GTZ wurde dies bereits Ende
der 80er Jahre festgestellt: „In vielen Ländern der Dritten Welt, insbesondere
in Afrika, hat der Staat in den letzten Jahren so sehr an Einfluss verloren,
dass er teilweise im Hinterland aufgehört hat zu existieren. Vor diesem
Hintergrund ist es einsichtig, dass der Staat sich beschränken muss, um in
den für ihn wichtigen Bereichen handlungsfähig zu bleiben oder wieder zu
werden" (GTZ 1988:2). Mit einem „geordneten Rückzug" auf ihre vermeintlichen Kernaufgaben versuchen viele Staaten Afrikas einer ungeordneten und
von ihnen selbst unkontrollierten Erosion (oder „Aushöhlung") staatlicher
Macht zuvorzukommen. In krassen Fällen kann ungeordnete Erosion staatlicher Macht zum Zerfall des Staatsgebildes führen. In Tansania beginnt der
Staat insbesondere an der Peripherie zu erodieren, in vielen ländlichen
Gebieten ist seine Existenz nur mehr wenig spürbar. Erste bedeutende
Schritte auch kontrollierten staatlichen Rückzugs in Tansania sind spätestens
seit Anfang der 90er Jahre zu beobachten. Sie bestehen in der „Übergabe"
wichtiger Teile dörflicher Infrastrukturen wie Grundschulen, Wegewartung
und Basisgesundheitssystem in kommunale Selbstverwaltung, wenngleich
das Ausmaß kommunaler Selbstverwaltungsrechte weiterhin sehr beschränkt
bleibt.

Aus der Sicht großer Teile der Bevölkerung hat der afrikanische Staat aus
vielerlei Gründen seine Legitimation verloren. Einerseits versucht die moderne staatliche Elite, die Staatsklasse, fast überall, die in ihrem Einflussbereich
existierenden traditionellen Gesellschaftsstrukturen insbesondere minoritärer,
einflussarmer Ethnien zu negieren bzw. zu schwächen, während sie selber
sich zugleich der traditionellen Strukturen der Ethnien, denen ihre Mitglieder
selber angehören, durchaus bedienen. „The assumption is", so Hydén schon
1986 (S.73), „that each politician is primarily a clan leader..." Basil Davidson
(1992:290f) führt weiter aus: „If the postcolonial nation-state had become a

shackle on progress, as more and more critics in Africa seemed to agree by the end of the 1980s, the prime reason could appear in little doubt. The state was not liberating and protective of its citizens, no matter what its propaganda claimed: on the contrary, its gross effect was constricting and exploitative, or else it simply failed to operate in any social sense at all. The cause ... was the failure of postcolonial communities to find and insist upon means of living together by strategies less primitive and destructive than rival kinship net-works, whether of 'ethnic' clientelism or its camouflage in no less clientelistic 'multiparty systems'."

Sind in dieser Situation die Konzepte der „Zivilgesellschaft" europäischer Tradition oder der „Demokratisierung durch Parteien" eine mögliche Alternative? Ist der ganze Ansatz der „Förderung von Zivilgesellschaft in Afrika" nicht, so wie er gegenwärtig vorgetragen wird, absolut eurozentristisch? In einem unlängst veröffentlichten Artikel resumiert John Mw Makumbe (1998: 307): „It would appear to this author .. that some Western social scientists expect African civil society to develop along the same lines that civil societies in Western liberal democracies have developed." Bisher haben die an der europäischen (oder „westlichen") Tradition orientierten Konzepte in Sigualand in der Tat keinen großen Anklang gefunden. Sie sind dort wenig bekannt, sind den meisten Menschen fremd. Sie stammen nun einmal „offenkundig aus der europäischen Tradition" (Kößler/Melber 1993:13). Die traditionelle Gesellschaft der Sigua ist aber ebenso offenkundig eine Gesellschaft *ohne* Staat, eine *Zivilgesellschaft*, die auf endogenen afrikanischen Konzepten basiert statt auf der europäischen Tradition. Und nicht nur das. Im Gegensatz zu manchen anderen, traditionell hierarchischen Zivilgesellschaften Afrikas ist es eine mit demokratischer Tradition, die interessanterweise einen anderen Ursprung hat als das alte Griechenland. Ansätze einer Zivilgesellschaft mit anderen Strukturen als denen der traditionellen Gesellschaft sind auch in Sigualand sichtbar. Auf Anregung einer international operierenden, christlich orientierten Hilfsorganisation hat sich beispielsweise im Raum Sindeni in den 90er Jahren eine lokale Nichtregierungsorganisation gebildet, die zum ausführenden lokalen Partnern dieser internationalen Organisation geworden ist, die „Selbsthilfeförderung" im klassischen Sinn betreibt – Entwicklungs-Visionen werden vorformuliert. Ibrahim Athumani beschreibt den Ansatz von „World Vision" in seiner Heimat folgendermaßen[20]:

---

8 Ibrahim Athumani übergab mir dieses Papier, als er mich am 1.12.2000 in Dar-es-Salaam besuchte, wo ich zu dieser Zeit im Auftrag der Deutschen Welthungerhilfe das DogoDogo Street Children Project begutachtete.

"The World Vision *parastatal leaders* began their baseline study in Uzigua in 1995 when they sensibilised people to react towards their own development schemes by proposing what might be done and evaluating if progress was made toward their intended goals. At the same time a committee was allocated, whose service has to last three years. The committee works very close with the sponsors and the sponsored. It links both sides by passing needs from the sponsored to the sponsors and also by passing orders, directives and pro-grammes from the sponsors to the sponsored.

Sindeni children's photos are taken and sent to either Sweden, Norway or Germany, where those children would have foreign „mothers" and „fathers", sponsors, who volunteer to contribute money for the development of the child and its family. The spon-sored people are children who are under five years until the age of school. Those who complete their Primary School education will usually fall out of the sponsorship programme.

Through such donations World Vision headquarter in Dar-es-Salaam and the functional headquarter in Arusha receive the funds in US-Dollars. Through their project co-ordinator in the Area Development Programme (ADP), the committee proposes activities to be operated in the villages. After the World Vision headquarter in Arusha either accepts the proposal or modifies it to some extent, the funding is forewarded to the respective ADP.

The chairman of the ADP is the representative of the sponsored people and has to make sure that all the funds which are given are properly used. He also convinces the people in his area to volun-tarily contribute, because World Vision is applying the method of „work sharing". The local people have got to play their role volun-tarily.

Thus if a sponsor contributes money for instance for school con-struction, school materials and equipment, then the local people should take part by sharing the expenses. For example, local people must collect stones and sand, make bricks, bring water, and contri-bute to local labour charges.

Since the beginning of the programme, a lot has been achieved at a joint effort in our area:

Bongi Primary School	7 classes, a duplex-house, a children's latrine and an earth dam[21];
Sindeni Primary School	8 rooms renovated, a duplex-house and a teacher's house renovated, a school latrine constructed[22];
Kweisasu Primary School	7 classes, a duplex-house, a teacher's latrine and a children's latrine;
Sindeni Village	a modern dispensary[23] was constructed; and an earth dam was constructed, at Kolongwelo;
Kweisasu Village	an ADP office is beeing constructed;
Komfungo School	3 class-rooms, two teachers' offices, and a store constructed;
Kweditilibe School	7 classes and 1 kindergarten constructed;
Mbagwi Primary School	3 classes, a store and two offices are being constructed; an earth dam has been constructed too;
Komsala Primary School	3 class-rooms, two offices and a store;
Kweingoma School	3 class-rooms are being constructed."

Bei dieser Auflistung der Aktivitäten der letzten Jahre wird deutlich, dass Ibrahim Athumani und seine Freunde neben der Wasserversorgung insbesondere Verbesserungen im Bildungsbereich für besonders dringend erachten und dass sie diesbezüglich bereits viel erreicht haben, mit eigener Arbeit, allerdings ausschließlich im Bereich der Primarbildung.

---

9 Wasserrückhaltebecken
10 „The Minister of Education and Culture Juma Kapuya is quoted by saying that only 40% of Primary Schools in Tanzania have toilets, with the rest 'doing it in the bush' (The African 23.2.1998)." (Kuleana 1999:9)
11 Dorfapotheke

Eine private „Volkshochschule" für Sigualand?

In seinem Bericht vom Dezember 2000 beschreibt Ibrahim Athumani auch einige Pläne des Entwicklungskomitees von Sindeni für die nahe Zukunft: Zunächst einmal müssen die Bauarbeiten in den Dörfern Kweingoma, Komsala und Mbagwi abgeschlossen werden; dann sollen die Dörfler in Missima, Mzeri, Bangola und Mandera bei konkreten Kleinvorhaben unterstützt werden. Wichtigste Aufgaben, "apart from school building and earth dams", aber sei die folgende:

> – to promote education through seminars on agriculture, water use, health, and economy.

Ibrahim Athumani erläutert:

> "What is all this about? All what has been done so far is for small children and their parents. Nothing has been done concerning for example nursery schools[24], and nothing has been done for pupils who go as far as standard VII[25]. The majority of children gets no chance to achieve high school knowledge. But now for this „Technical Millenium" standard VII education for the majority is equivalent to illiteracy for the majority.
> The people of Sindeni would accept the idea of constructing a Secondary School in the area, and to organise it, so that their children might get Secondary School knowledge. We need a Secondary School in Sindeni, our own Secondary School. Can't Germany work together with the people of Sindeni to construct a Secondary School? And what about nursery schools for every village in the Sindeni area?"

Maßgeblich beteiligt an der programmatischen Schwerpunktsetzung im Bildungsbereich waren dabei die Mitglieder der von Ibrahim Athumani einst initiierten, inzwischen offenbar formell aufgelösten Gruppe "Utamaduni na Maendeleo" ("Kultur und Entwicklung"). Heute ist Ibrahim Athumani Vorsitzender des *Sindeni Area Development Committee*. Ein Spendenkonto ist auch in Deutschland eingerichtet: „Projekt Leben", Konto 80589294 bei der Sparkasse Coesfeld (401 545 30).

---

12 Baumschule, Gärtnerei
13 Standard VII = 7. Schuljahr, Abschluss der Primarschule

Das Feuer von Siai

Ibrahim Athumani, der Eigenes, eigene Traditionen wiederentdeckt und in seinem Buch „Utamaduni wa Mzigua" vorgestellt hat, propagiert die Abwendung von den Versuchen, modernistische Entwicklung mit Wachstum bis an die Grenzen des Machbaren auch in seiner Heimat zu implementieren. Diesen Versuchen des Nordens stellt er in *Utamaduni wa Mzigua* ein eigenes, *endogenes* Entwicklungsmodell entgegen – nicht „im stillen Kämmerlein" konzipiert, sondern öffentlich in der Dorfschule von Sindeni und ganz offenbar auch im Austausch mit seiner weiteren sozialen Umwelt, zu der auch wir gehören.

Im krassen Gegensatz zu Axelle Kabou (1991/93), die mit der Behauptung, dass nur Industrialisierung Wohlstand bringe, dass man Kultur „nicht essen" könne und dass das Recht der Afrikaner auf Andersartigkeit eine „philosophische Illusion" sei, eine verstärkte Orientierung der Afrikaner am Norden fordert um „nicht den Anschluss an die globale Entwicklung zu verlieren", propagiert Ibrahim Athumani ganz konkret eben diese Eigenständigkeit, das Vertrauen auf die eigenen Kräfte und auch andere Werte und Ziele als die der *mainstream*-Globalisierung.

Dass Athumani damit im afrikanischen Kontext nicht alleine stehen, zeigt die Forderung des westafrikanischen Philosophen Houtondji: „Was man heute fürchten muss, ist, dass wir als Afrikaner jedes Streben nach Eigenem, jeden kollektiven Anspruch aufgeben; dass wir schlichtweg zu existieren aufhören, um der Welt den Vorrang zu geben. Wenn wir nicht in diesem Zustand enden wollen, dann müssen wir eine andere Form der Globalisierung durchsetzen als die gegenwärtig dominierende, eine Globalisierung, die sich nicht reduziert auf ein einziges Zentrum, das sein Gesetz den vielfältigen Peripherien diktiert, sondern die eine Vielzahl von Entscheidungszentren in sich hält, die untereinander, von gleich zu gleich, darüber verhandeln, was getan werden muss, um eine humanere Welt zu errichten" (Houtondji 1997: 173). Diese „humanere Welt", die Ibrahim Athumani erst einmal im Kleinen angestrebt, für seine eigene Heimat, ist unter anderem charakterisiert durch einen anderen Umgang mit Eigenem, mit eigenen Traditionen, eigenen Werten, eigenem Wollen, durch intertemporales Verantwortungsbewusstseins (zukünftigen Generationen und damit auch der Umwelt gegenüber), und nicht zuletzt durch eine alternative Art gesellschaftlicher Solidarität (den Alten, Kranken, Schwachen und generell Armen gegenüber). Sie basiert auf der traditionellen Akephalie der Sigua und harmoniert mit dem Geist und der Seele der Ahnen.

Ibrahim Athumani ist alles andere als ein „Ewig-Gestriger", der sinnvolle Innovationen ablehnt nur weil sie fremden Ursprungs sind, oder der die Traditionen der Sigua-Gesellschaft unkritisch verklärt. Ich habe ihn als Neuem und Fremdem gegenüber immer aufgeschlossen erlebt. Ich kenne kaum einen anderen Menschen, der so wissbegierig ist wie er. Als Familienvater mit eigener Shamba, als Lehrer und Mganga und vor allem als Kollege hat er sich in meine 1988–90 im Auftrag der GTZ durchgeführten und 1993–96 von der DFG finanzierten Forschungsprogramme in seiner Heimat eingebracht. Von den dabei verdienten Honoraren hat er die Schulausbildung seiner Kinder bezahlt, sich von mir Bücher aus Kenia mitbringen lassen und sich, auf meinen Vorschlag hin, eine manuelle Sonnenblumenölpresse angeschafft – die erste in Sigualand. Und er warnt ausdrücklich vor einer Glorifizierung alles Althergebrachten: „We definitely should not pardon past evils to be well remembered, just because they might have become 'customary'". Sein Anliegen wird vielleicht in folgender Textpassage besonders deutlich:

"I feel to ask the Zigua people for a pause to recall and rehearse all traditional better ways of living on a voluntary basis. Of course it won't be easy to change every item. Furthermore, it will be very hard to convince modern people from their money-based life to a voluntary one. But truth shall always remain truth forever. The natural customary way of living bases on traditional voluntary organisations and was useful for generations of Zigua people. How could it change to be useless now and tomorrow?

Some years ago our traditional beliefs were replaced by foreign beliefs and by foreign cultural ways of living. The change had come out of colonialists' disqualification of all local ways of being. To my point of view the local people should have modified their previous ways of living rather than to ban them for good. Of course Zigua people have failed to meet the highly expensive technological challenge – no-one on earth could meet any challenge by mere imitation of everything foreign.
Traditionally, our men of wisdom said, „truth would never hide behind a screen". Our modern people copy things right from Americaand Europe, Japan and Arabia, in order to be like the imitated people who are believed to be, technologically, the most advanced people.But I wonder whether a man who makes a tour through Japan could come back to Zigualand as a real Japanese... In other words, can a man become a father just because he lives very

close to a father? But why had those among us who served under the Germans or under the British wished to become real Germans respectively real Britons?

Let us now resist and protest being copied Europeans, just because we trade with them and learn their languages in their High Schools and Colleges. There were famous people in Africa who felt the danger of mere following what foreigners said. Foreign influences were deadly protested by Mkwawa, Isike, Bushiri and Bwana Heri.

Are there any Europeans who imitate the degraded African people? No! Simply because the degraded have lost all that might have been copied by Europeans in their cultures: the natural customary way of living."

Ermutigend ist in dieser Hinsicht, dass in Sigualand Anfang der 90er Jahre „the men of wisdom", die traditionellen Heiler, damit begonnen haben, sich zu vernetzen. Ihr Zusammenschluss ist unter dem Namen *Mangube, Wazimu na Mnungu* bekannt. *'Mangube'* ist der 'eigentliche' Name der Vereinigung, *'Wazimu na Mnungu'* bedeutet „die Ahnen und Gott". Ibrahim Athumani (1997): „In my tribe there is a unique local medicine men organisation well known as *Mangube* followers. They have the best medicines to treat many diseases. They all feel one."

Inzwischen ist aus *Mangube, Wazimu na Mnungu* ein Zusammenschluss von Wang'anga aus ganz Tansania geworden. Er macht (noch) keine Schlagzeilen, und er ist auch (noch) nicht offiziell als Nichtregierungsorganisation registriert. Das Jahrestreffen 1999 fand in Musoma statt, am Viktoria-See gelegen, in der Nähe der Ukerewe-Inseln[26], und zum Jahrestreffen 2000 trafen sich die etwa 50 Delegierten aus verschiedenen Teilen Tansanias in Sigualand, im Dorf Sindeni. Es wurde diskutiert, ob Mangube eine „Politische Partei" werden solle, aber die Mehrzahl der *Delegierten* ist offenbar dafür, dass die „Treffen von Siai" ein eher „unpolitischer" Zusammenschluss bleiben.

Das *Besondere* an diesen Jahrestreffen der Wang'anga ist das „Siai". Siai bezeichnet zunächst einmal den Rauch des Feuers, das bei diesem Treffen entzündet wird, um den Inhalt eines bestimmten Topfes zu erhitzen. Es ist eigentlich kein echter „Topf" sondern ein Tonkrug mit Hals, verziert, aber zerbrochen. Er wird als „Scherbe" bezeichnet, aber einige Liter Inhalt fasst

---

14 Auf die traditionelle Kultur jener Ukerewe-Inseln bezieht sich Anicetti Kitereza in seiner Familiensaga „Die Kinder der Regenmacher" und „Schlangentöter".

diese „Scherbe" doch noch. Jeder der teilnehmenden Wang'anga gibt ein wenig von seiner allerbesten Medizin in den Topf. Alles wird vermischt, und jeder der Teilnehmer erhält einen Teil des so gewonnenen Tranks zurück: „Trank von Siai" genannt.

„Siai" spiel im Mbegha-Mythos eine wichtige Rolle. Der aus dem Dorf Kilindi vertriebene und nun im Norden Sigualands versteckt lebende Mbegha wurde entdeckt, als die Frauen aus einem Dorf namens „Siai" beim Brennholzsammeln den Rauch eines Feuers bemerkten. Es war das Feuer, das Mbegha entzündet hatte, um „verbotenes Fleisch" zu rösten. Es entfachte in der Folge breitenwirksame und nachhaltige gesellschaftliche Umwälzungen von einer Art, die Ibrahim und seine Freunde sehr negativ bewerten. Wenn heute das Feuer von Siai erneut entzündet wird, dann nicht um „verbotenes Fleisch" zu rösten, sondern um einen Zaubertrank zu brauen. Die weisen alten Männer und Ahnen der Sigua sagen seit den alten Zeiten:

Wer seine eigene Kultur und Tradition verrät,
der wird niemals ein bedeutender Ahne sein!

„Die natürliche, althergebrachte Lebensweise und
Sozialorganisation der Sigua war vielen Generationen
unserer Gesellschaft von großem Nutzen. Wie könnte sie
heute und morgen nutzlos sein?" (Ibrahim Athumani)

268

Literatur

AGEE   Arbeitsgemeinschaft Entwicklungsethnologie
BMZ   Bundesministerium für wirtschaftliche Zusammenarbeit und Entwicklung
D&C   Development and Change
ESSA   Sektion Entwicklungssoziologie und Sozialanthropologie der DGS
E+Z   Entwicklung und Zusammenarbeit
eze   Evangelische Zentralstelle für Entwicklungshilfe
GTZ   Deutsche Gesellschaft für Technische Zusammenarbeit
JRA   Journal of Religion in Africa
JRAI   Journal of the Royal Anthropological Institute
PM   Primitive Man
TADREG   Tanzania Development Research Group
TNR   Tanganyika Notes and Records

Abdallah bin Hemedi l'Ajjemi (1962), Habari za Wakilindi, Nairobi
Athumani, Ibrahim (1997), Utamaduni wa Mzigua, hrsg. von Peter Merten bei
     Christian Sigrist und Hanns Wienold an der *Arbeitsstelle Entwicklungssozi-*
     ologie / Sozialökologie der ländlichen Entwicklung am Institut für Sozio-
     logie der Uni Münster
Athumani, Ibrahim (1999), Tradition and Culture of The Zigua, Annex zu Merten
     (1999)
Athumani, Ibrahim (2000), Notes on sayings and Notes on Area Development, Ms.

Baker, E. C. (1949), History of the WaSeguja, in TNR 27
Barkan, Joel D./ John J. Okumu (Hg.) (1979), Politics and Public Policy in Kenya
     and Tanzania, New York/London/Sydney/Toronto
Baumann, Oscar (1891), Usambara und seine Nachbargebiete, Berlin
Baxter, H. C. (1943), Religious Practices of the Pagan Wazigua, in TNR 15:40–47
Bayard, Jean-François (1989), L'Etat en Afrique – La Politique du Ventre, Paris
Beidelman, T. O. (1967), The Matrilineal Peoples of Eastern Tanzania (Zaramo,
     Luguru, Kaguru, Ngulu, etc.), London
Benzig, Brigitta / Thilo C. Schadeberg (1970), Zur politischen Terminologie der
     Erklärung von Arusha, in Grohs:120–154
Besnard, Philippe (1987), L'Anomie, ses Usages et ses Fonctions dans la Discipline
     Sociologie depuis Durkheim, Paris
Bierschenk, Thomas, und Georg Elwert (1993) (Hg.), Entwicklungshilfe und ihre
     Folgen: Ergebnisse empirischer Untersuchungen in Afrika, Frankfurt/New
     York

Bierschenk, Thomas, und Jean-Pierre Olivier de Sardan (1995), ECRIS – Enqête Collective Rapide d'Identification des Conflits et des Groupes Stratégiques, in *Bulletin de l'APAD*, Nr.6, S.35–43

Bliss, Frank / Schlichting, Florian (1999), Julis Nyerere (1922–1999): Ideale eines dörflichen Sozialismus, in E+Z 12:345–347.

Bloch, Ernst (1959), Das Prinzip Hoffnung, Frankfurt

Bloch, Jan Robert (1997), Utopie: Ortsbestimmung im Nirgendwo – Begriff und Funktion von Gesellschaftsentwürfen, Opladen

BMZ (1992a), Entwicklungszusammenarbeit mit den Ländern Afrikas südlich der Sahara

BMZ (1992b), Evaluation of the Technical Cooperation Project Rural Development Tanga, Tanzania (unveröff.)

BMZ (1998), Konzept für die wirtschaftliche Zusammenarbeit mit den Ländern Afrikas südlich der Sahara

Boesen, Jannik / K.J. Havnevik / J. Koponen / R. Odgaard (Hg.) (1986), Tanzania – Crisis And Struggle For Survival, Uppsala

Boesen, Jannik / Birgit Storgård Madsen / Tony Moody (1977), Ujamaa – Socialism From Above, Uppsala

Bourdieu, Pierre / Loic J.D. Wacquant (1996), Reflexive Anthropologie, Frankfurt (Paris 1992)

Bourdillon, M.C.F. (1990), Religion and Society: A Text for Africa, Gweru

Bourdillon, M.C.F. (1997), Where are the Ancestors?, Harare

Büscher, Martin E.H. (1988), Afrikanische Weltanschauung und ökonomische Realität – Geistesgeschichtliche Hintergründe des Spannungsverhältnisses zwischen Kultur und wirtschaftlicher Entwicklung, Freiburg i.Br.

Büscher, Martin E.H. (1993), Is Economics Culture Bound?, Economic Growth, Social Development and Socio-Cultural Conditions in Sub-Saharan Africa, in: Sabine Dittrich und Jens Petersen-Thumser, Social Security in Africa, Berlin

Chambers, Robert (1974), Managing Rural Development – Ideas and Experiences from East Africa, Uppsala

Chavunduka, Gordon L. (1994), The Traditional Medicine in Modern Zimbabwe, Harare

Cernea, Michael M. (Hg.) (1991), Putting People First: Sociological Variables in Rural Development, Oxford

Cliffe, Lionel (1987), The Debate on African Peasantries, in D&C 18 (1987:4) 625–635

Colson, Elizabeth (1997), Places of Power and Shrines in the Land, in Luig et al. (Hg.): 47–57

Cooksey, B., Malekela, G., and Lugalla, Joe (1993), Parents' Attitudes Towards Education in Rural Tanzania, TADREG Research Report no. 5

Cooksey, B. and Mmuya, M. (1997), Education, Health and Water: A Baseline Service Delivery Survey for Rural Tanzania, TADREG occasional paper

Cory, Hans (1947), Jando, part I, in JRAI 77:159–168

Coulson, A. (1982), Tanzania – A Political Economy, Claredon Press

Dammann, Ernst (1938), Die Religionen Afrikas, Stuttgart
Davidson, Basil (1992), The Black Man's Burden – Africa and the Course of the Nation-State, Nairobi
Deutsch, Jan-Georg / Albert Wirz (Hg.) (1997), Geschichte in Afrika – Einführung in Probleme und Debatten, Berlin
Donner-Reichle, Carola (1988), Ujamaadörfer in Tanzania – Politik und Reaktionen der Bäuerinnen, Hamburg
Donner-Reichle, Carola (1990), Selbsthilfe zwischen Staat und Gesellschaft – Beispiele aus Ostafrika, Bonn (eze working paper)
Dundas, C.C.F. (1921), Native Laws of Some Bantu Tribes in East Africa, in JRAI 51:217ff.
Durkheim, Emile (1977/88), Über soziale Arbeitsteilung – Studie über die Organisation höherer Gesellschaften, mit einem Vorwort von N. Luhmann, Frankfurt (Paris 1926)

Elsenhans, Hartmut (1997), Gegen den Theoriepessimismus in der Entwicklungspolitik, in Zapotoczyk und Gruber (Hg.), Entwicklungstheorien im Widerspruch: Plädoyer für eine Streitkultur in der Entwicklungsplitik, Frankfurt/Wien, 73–97
Elshorst, Hansjörg (1992), Vorwort, in Kohnert/Preuß/Sauer (Hg.): VIIf.
Elwert, Georg (1983), Bauern und Staat in Westafrika – Die Verflechtung sozioökonomischer Sektoren am Beispiel Bénin, Frankfurt
Elwert, Georg (1985), Die Verschriftlichung von Kulturen, Bielefeld (Forschungsschwerpunkt Entwicklungssoziologie)
Elwert, Georg (1988), The Social and Institutional Context of Literacy, in Adult Education And Development 31 (1988:September) 355–402
Elwert, Georg (1997), Gewaltmärkte: Beobachtungen zur Zweckrationalität der Gewalt, in Trutz von Trotha, Soziologie der Gewalt, Kölner Zeitschrift für Soziologie und Sozialpsychologie, Sonderheft 37, 86–101
Elwert, Georg (1998), Innovation und Transformation als endogene Prozesse, Vortrag, ESSA-Tagung in Münster
Esteva, Gustavo (1992), Fiesta – Jenseits von Entwicklung, Hilfe und Politik, Frankfurt
Evans-Pritchard et al. (1959), The Institutions of Primitive Society, Oxford
Evers, Hans-Dieter (1973), Modernization in South-East Asia, Singapore
Evers, Hans-Dieter (1999), Globalisierung und Wissensgesellschaft – Ansätze einer neuen Entwicklungstheorie, Bielefeld, Arbeitspapier 310
Evers, Hans-Dieter (1999), Globale Macht: Zur Theorie Strategischer Gruppen, Vortrag, ESSA-Tagung in Marburg
Evers, Hans Dieter, und Tilman Schiel (1988), Strategische Gruppen – Vergleichende Untersuchungen zu Staat, Bürokratie und Klassenbildung in der Dritten Welt, Berlin

Evers, Hans-Dieter, und Heiko Schrader (1999), Vom Dilemma der Händler zum Dilemma der Bürokraten: Eine Theorie des sozialen Wandels von der Moralgesellschaft zur Marktgesellschaft, FSP Entwicklungssoziologie, Working Paper 318, Bielefeld

Fanon, Frantz (1977), Mafukara wa Ulimwengu, London (Paris 1961, Frankfurt 1966) Feierman, Steven (1968), The Sambaa, in Roberts (Hg.)

Feierman, Steven (1974), The Shamba Kingdom – A History, Madison U.S.A.

Feierman, Steven (1990), Peasant Intellectuals – Anthropology and History in Tanzania, Madison U.S.A.

Fortes, Meyer / Edward E. Evans-Pritchard (Hg.) (1940), African Political Systems, London

Fortman, L. (1982), Peasants, Officials and Politicians in Rural Tanzania – Experience with Villagization and Democratization, Ithaca U.S.A.

Freire, Paulo (1973), Pädagogik der Unterdrückten – Bildung als Praxis der Freiheit, Reinbek

Freyhold, Michaela v. (1979), Ujamaa-Villages in Tanzania – Analysis of a Social Experiment, London etc.

Gelfand, Michael et al. (1985), The Traditional Medical Practitioner in Zimbabwe, Gweru

Geschiere, Peter (1984), La Paysannerie Africaine est-elle Captive?, Sur la Thèse de Göran Hydén, et pour une Réponse Plus Nuancé, in *Politique A*fricain 14 (1984:Juni) 13–33

Geschiere, Peter (1993), Der Diskurs der Hexerei und ,Popular Social Mouvements', Vortrag, ESSA-Tagung in Konstanz

Glinga, Werner (1989), Mündlichkeit in Afrika und Schriftlichkeit in Europa, in ZfS 18 (1989:2) 89–99

Goetze, Dieter (1983), Entwicklungspolitik (1) Soziokulturelle Grundfragen, Paderborn

Goetze, Dieter (1998), Kann die Entwicklungssoziologie von der Postmodernismus-debatte profitieren?, Vortrag, ESSA-Tagung in Münster

Goody, Jack / Ian Watt (1981), Konsequenzen der Literalität, in Goody (Hg.), Literalität in traditionellen Gesellschaften (Original: Cambridge 1975)

Grawert, Elke (1997), Der Wandel der Beziehungen zwischen Bevölkerung und Regierungsvertretern auf lokaler Ebene in Tansania seit der Unabhängigkeit – Die Phasen des Wandels aus der Sicht der Tansania-Forschung, Vortrag, ESSA-Tagung in Siegen

Gray, J. (1950), Portuguese Records Relating to the Waseguja, in TNR 29

Grohs, Elisabeth (1980), Kisazi-Reiferiten der Mädchen bei den Zigua und Ngulu Ost-Tanzanias, Berlin

Grohs, Elisabeth (1992), The Role of Women in Utilization of Natural Resources, Handeni/Eschborn, unveröff. GTZ-Studie

Grohs, Gerhard (Hg.) (1970), Theoretische Probleme des Sozialismus in Afrika – Négritude und Arusha-Deklaration, Hamburg

Grohs, Gerhard (1990), Ausdrucksformen kulturellen Protests in Afrika südlich der Sahara, in Kohl et al. (Hg.) 501–516

GTZ (Hg.) (1986), Vertrauen in die eigene Kraft – Ländliche Entwicklung am ostafrikanischen Beispiel der Tanga-Region in Tanzania, Frankfurt

GTZ (1988), Endbericht der AG Afrikanische LLDC, Eschborn, unveröff.

GTZ (1990), Handeni Integrated Agro-Forestry Project – Summary of the Results of the Planning Workshop ZOPP, Tanga (Tanzania), unveröff.

Hein, Wolfgang (1982), Unterentwicklung, Abhängigkeit und Lösungsperspektiven, in ssz (Peter Merten u.a.) (Hg.), Materialien zum Kongress gegen die Intervention in Zentralamerika, Münster, 70–80

Helmig, Stefan, und Dirk Steinwand (1998), Die Entwicklung in die eigene Hand nehmen – Die Theorie der Praxis und die Praxis der Theorie, E+Z (1998:11) 292–295

Hemingway, Ernest, Die grünen Hügel Afrikas

Herzog, Jürgen (1975), Traditionelle Institutionen und nationale Befreiungsrevolution in Tansania, Berlin (Ost)

Hobsbawm, Eric (2000), Das Gesicht des 21. Jahrhunderts: Ein Gespräch mit Antonio Polito, München/Wien

Hobsbawm, Eric / Terence Ranger (Hg.) (1983), The Invention of Tradition, Cambridge

Holmquist, Frank (1979), Class Structure, Peasant Participation, and Rural Self-Help, in Barkan et al. (Hg.) 129–153

Houtondji, Paulin J. (1993), Afrikanische Philosophie – Mythos und Realität, hg. von Gerd-Rüdiger Hoffmann, Berlin

Houtondji, Paulin J. (1997), Afrikanische Kulturen und Globalisierung: Ein Aufruf zum Widerstand", in E+Z (1997:7) 170–173

Hydén, Göran (1980), Beyond Ujamaa in Tanzania – Underdevelopment and Uncaptured Peasantry, London und Berkeley U.S.A.

Hydén, Göran (1983), No Shortcuts to Progress – African Development Management in Perspective, Berkeley U.S.A.

Hydén, Göran (1987), Discussion – Final Rejoinder, in D&C (1987:4) 661–667

Hydén, Göran / Bo Karlstrom (1993), Structural Adjustment as a Policy Process – The Case of Tanzania, in World Development 21 (1993:9) 1395–1404

Ingle, Clyde R. (1972), From Village to State in Tanzania – The Politics of Rural Development, Ithaca/London

Ishumi, A. (1984), The Urban Jobless in Eastern Africa, Uppsala

Johanssen, Ernst / Paul Döring (1914/15), Das Leben der Schambala beleuchtet durch ihre Sprichwörter – Ein Beitrag zum Verständnis der Eingeborenen Deutsch Ost-Afrikas, in Zeitschrift für Kolonialsprachen Bd. V: 136–150, 190–226, 306–318

Kabou, Axelle (1991), Et si l'Afrique refusait le développement?, Paris (dt. Basel 1993)

Karasek, A. (1911), Beiträge zur Kenntnis der Waschambaa, in *Baessler-Archiv* 1:155–222

Kasfir, Nelson (1986), Are African Peasants Self-Sufficient?, a Review of Göran Hydén, in D&C 17:335–357

Kaya, Hassan Omari (1989), People's Participation Programmes and the Dilemma of Rural Leadership in Tanzania, Berlin

Khan, Khushi M./ Volker Matthies (Hg.) (1979), Collective Self-Reliance – Programme und Perspektiven der Dritten Welt: Einführung und Dokumente, München

Kielland, Jan (1990), The Butterflies of Tanzania, Melbourne und London

Kievelitz, Uwe (1988), Kultur, Entwicklung und die Rolle der Ethnologie: Zur Konzeption einer Entwicklungsethnologie, Bonn

Kimmerle, Heinz (1991), Philosophie in Afrika – afrikanische Philosophie, Frankfurt

Kirkman, James (1961), Editorial Notes, in Justus Strandes

Ki-Zerbo, Joseph (1978), Histoire de l'Afrique Noire, Paris (dt. Wuppertal 1979)

Kößler, Reinhart (1997), Stammesgesellschaften jenseits des Staates?, *University of Leipzig Papers on Africa*

Kößler, Reinhart / Henning Melber (1993), Chancen internationaler Zivilgesellschaft, Frankfurt

Koffi, Bruno Ehui (1993), Le Pouvoir de la Brousse – Ni Démocratie ni Développement en Afrique Noire Sans les Paysans Organisés, Paris

Kohnert, Dirk (1983), Indicators of Social and Political Conflict in African Societies: On the articulation of Witchcraft among the Nupe, Northern Nigeria, Bielefeld, Entwicklungssoziologie, Working Paper no. 32

Kohnert, Dirk / Peter Merten (1992), Partnerschaft und Projektplanung bei DÜ, in Kohnert/Preuß/Sauer (Hg.) 57–64

Kohnert, Dirk / H.-U. Preuß / Peter Sauer (Hg.) (1992), Perspektiven zielorientierter Projektplanung in der Entwicklungszusammenarbeit, München usw.

Kohl, Karl-Heinz / Heinzarnold Muszinski / Ivo Strecker (Hg.) (1990), Die Vielfalt der Kultur – Ethnologische Aspekte von Verwandtschaft, Kunst und Weltauffassung, Berlin

Krapf, Johann Ludwig (1852), Meine zweite Reise nach Usambara vom 10. Februar bis 14. April 1852, in Herbert Seurla (Hg.) (1973), *Zwischen Kap und Kilimandscharo – Reisen deutscher Forscher des 19. Jahrhunderts durch Südostafrika*, Berlin (DDR)

Krapf, Johann Ludwig (1858), Reisen in Ostafrika, ausgeführt in den Jahren 1837–1855, Kornthal und Stuttgart (auch: Münster 1994)

Kuleana (1999), The State of Education in Tanzania: A Handbook with Facts and Figures, Mwanza

Kummels, Ingrid (1988), Mittler-Rarámuri und Erziehungsstrategien in Kabórachi (Nordmexico) – Alternativen zur Schulpolitik der mexikanischen Regierung, in: *Mitteilungen der Berliner Gesellschaft für Anthropologie, Ethnologie und Vorgeschichte*, 27–36

Lachenmann, Gudrun (2001), Globalisierung der Entwicklungspolitik: sozial-wissenschaftliche Konzepte geschlechtsspezifisch betrachtet, in Schrader/ Kaiser/Korff, Markt, Kultur und Gesellschaft, Hamburg

Laurien, Ingrid (1994), Nach der Desillusionierung – Suche nach neuer Identität, Vortrag, Literaturtagung Tansania in Hildesheim

Lentz, Carola (199), Tribalismus und Ethnizität in Afrika - ein Forschungsüberblick, in *Leviathan* 23, 115-15

Lentz, Carola (1997), Ethnizität und die Interpretation der Vergangenheit, in Deutsch/ Wirz (Hg.) 149–174

Lentz, Carola (1998), Die Konstruktion von Ethnizität: Eine politische Geschichte Nord-West-Ghanas 1870–1990, Köln

Lepenies, Wolf (1997), Benimm und Erkenntnis, Frankfurt

Lugalla, Joe (1993), Development through Self-Organization and Self-Help – A Study of the Role of NGOs in Tanzania, Dar-es-Salaam, Manuskript

Luig, Ute (1990), Konfliktlösung als Wiederherstellung von Gleichheit: Die !Kung San, in Kohl/Muszinski/Strecker (Hg.) 202–221

Luig, Ute / Achim von Oppen (Hg.) (1997), The Making of African Landscapes, in *Paideuma* 43:7–254, darin: Process and Vision – An Introductory Essay, 7–46

Makumbe, John Mw. (1998), Is There a Civil Society in Africa?, in *International Affairs* (1998:2) 305–317

Malinowski, Bronislaw (1973), Magie, Wissenschaft und Religion und andere Schriften, Frankfurt (New York 1948)

Mbiti, John S. (1990), African Religions and Philosophy, 2nd edition (1st ed. 1969)

McVicar, T. (1934a), The Relations Between Religion and Morality among the Wanguru, in PM 1:1–5

McVicar, T. (1934b), The Position of Women Among the Wanguru, in PM 7:17–22

McVicar, T. (1939), Wanguru Sibs and Names, in PM 12:103–109

McVicar, T. (1941), Wanguru Religion, in PM 14:13–30

McVicar, T. (1945), Death Rites Among the Waluguru and Wanguru, in PM 18:26–35

Merten, Peter (1981), Anarchismus und Arbeiterkampf in Portugal, Hamburg (Diss. bei Arno Klönne in Münster 1980)

Merten, Peter (1991), Anspruch und Wirklichkeit zielgruppenorientierter Entwick-lungsplanung: Das Beispiel integrierter Ländlicher Regionalentwicklung im Handeni-Distrikt im Nordosten Tanzanias, in *AfrikaSpectrum* (1991:2) 199–220

Merten, Peter (1992), Selbsthilfeförderung, Zielgruppenpartizipation und Aktions-forschung in Tansania, in Kohnert/Preuß/Sauer (Hg.) 93–108

Merten, Peter (1995), Selbsthilfe und Selbsthilfeförderung im ländlichen Afrika (am Beispieler Zigua-Gesellschaft), in Sahner/Schwendtner (Hg.), *Gesell-schaften im Umbruch*, Kongressband II, 199–203

Merten, Peter (1997), Die traditionell akephale Zigua-Gesellschaft (Tansania) und ihre Mittler und Mittelsmänner im Verhältnis zu Nationalstaat und Dezentralisierung, Vortrag, ESSA-Tagung in Siegen

Merten, Peter (1999), The Implementation of Community Mine Awareness for Development: Practical Experiences in Mozambique, in *Journal of Mine Action*, spring 1999 (www.hdic.jmu.edu/journal 3/1)

Merten, Peter (2001), *Uganga* und die Magie des Wortes – Über Wissenschaft, Medizin und Magie in Ostafrika, in A. Fiedermutz und F. Pera (Hg.), Zur Akzeptanz von Wissenschaft, Magie und Religion – ein medizinethnologisches Symposium, Institut für Anatomie / Institut für Ethnologie, Münster (Lit)

Merton, Robert K. (1949), Social Theory and Social Structure, New York

Ministry of Community Development (Hg.) (1988), Situation of Women in Tanzania

Mitzlaff, Ulrike v. (1988), Maasai-Frauen – Leben in einer patriarchischen Gesellschaft, Feldforschung bei den Parakuyo, Tanzania, München (Diss. Göttingen 1987)

Mluanda, Martin (1975), Lebensbrauchtum bei den Ziguas Ostafrikas, Wien (Diss., unveröff.)

Mntambo, P.S. for S. Kiro, The History of the Zigua Tribe, in TNR 34: 70–74

Mochiwa, Anthony (1954), Habari wa Wazigua, London

Monclaro, Padre (1571), Relação da Viagem que Fizeram os Padres da Companhia de Jesus com Francisco Barreto na Conquista de Monopotapa no Anno de 1569 Feita Pelo Padre Monclaro da Mesma Companhia, in Boletim da Sociedade de Geographia de Lisboa, Lissabon, 1883, 498ff.

Mshana, Margareth (1994), Report from Tanzania, in Dittrich et al. (Hg.), Social Security in Africa.., 277–280

Mutungi, O.K. (1977), The Legal Aspects of Witchcraft in East Africa, Nairobi

Muya, A. (1986), Zigua Customary Practices, Uni Dar-es-Salaam, unveröff.

Neubert, Dieter (1994), Entwicklungspolitische Hoffnungen und gesellschaftliche Wirklichkeit: Eine vergleichende Länderfallstudie von afrikanischen Nicht-Regierungsorganisationen in Kenia und Ruanda, Habilitation FU Berlin

Neubert, Dieter (2001), Entwicklungssoziologie: empirische Wende und Ansätze zur neuen Theoriebildung, in *Soziologie - Forum der DGS* (2001:3) 48-63*

Neubert, Dieter (2001), Entwicklung unter dem Mikroskop, Der akteursorientierte Ansatz, in *E+Z* (2001:7/8) 216-219*

Ntemo, F.D. (1956), Some Notes on Ngulu, in TNR 45:15–19

Nuscheler, Franz (1998), Warum brauchen wir Entwicklungstheorien?, in E+Z 11:284–287

Nyerere, Julius (1968), Freiheit und Entwicklung, in Dienste in Übersee (Hg.) (1981), Freiheit und Entwicklung – Aus neuen Reden von Julius K. Nyerere, mit einer Einleitung von Gerhard Grohs und Volker Hundsdörfer, Frankfurt, 15–25

Odaga, Asenath Bole (1984), Yesterday's Today – The Study of Oral Literature, Kisumu

Olivier de Sardan, Jean-Pierre (1995), Anthropologie et Développement: Essai en Socio-Anthropologie du Changement Social, Paris

Oppen, Achim v. (1992), Land Rights and Their Impact on Individual and Communal Forms of Land Use in the Project Area of the Handeni Integrated Agroforestry Project, Tanzania, Handeni/Eschborn, unveröff.

Oppen, Achim v. (1996), Village Studies: Zur Geschichte eines Genre der Sozialforschung im südlichen und östlichen Afrika, Paideuma 42:17–36

Oppen, Achim v. (1997), Dorf, Siedlung und Gemeinschaft, in Deutsch/Wirz (Hg.) 231–260

Pels, Peter (1996), Kizungu Rhythms – Luguru Christianity as Ngoma, in JRA XXVI (1996:2) 163–201

Peter, Lothar (1997), Emile Durkheim – ein früher Kommunitarist", in *Sociologia Internationalis* 35 (1997:1) 39–60

Raikes, Phil (1986), Eating the Carrot and Wielding the Stick – The Agricultural Sector in Tanzania, in Boesen/Havnevik/Koponen/Odgaard (Hg.), Tanzania: *Crisis and Struggle for Survival*, Uppsala, 105–141

Ritsert, Jürgen (1998), Was ist wissenschaftliche Objektivität?, in *Leviathan* 26 (1998:2) 184–198

Roberts, Andrew (Hg.) (1968), Tanzania Before 1900, Nairobi

Siege, Nasrin (1998), Juma – Ein Straßenkind aus Tansania, Weinheim und Basel

Sigrist, Christian (1967), Regulierte Anarchie – Untersuchungen zum Fehlen und zur Entstehung politischer Herrschaft in den segmentären Gesellschaften Afrikas, Olten. Neuauflage mit aktualisiertem Vorwort, Hamburg (1994a)

Solf, W.H. (1919), Kolonialpolitik – Mein politisches Vermächtnis, Berlin

Stieglitz, Klaus v. (1965), Asante – So war es in Tanganyika, Gladbeck

Strandes, Justus (1899), Die Portugiesenzeit von Deutsch- und Englisch Ostafrika, Berlin (The Portuguese Period in East Africa, hg. von James Kirkman, Nairobi 1961)

Sundermeier, Theo (1988), Nur gemeinsam können wir leben – Das Menschenbild schwarzafrikanischer Religionen, Gütersloh

Swantz, Marija-Liisa (1970), Ritual and Symbol in Transitional Zaramo Society, Uppsala

Trotha, Trutz von (2000), Die Zukunft liegt in Afrika: Vom Zerfall des Staates, von der Vorherrschaft der konzentrischen Ordnung und vom Aufstieg der Parastaatlichkeit, Leviathan (2000:2) 253–279

UNICEF (1998), Complementary Basic Education in Tanzania, UNICEF Dar-es-Salaam

Vansina, Jan (1961), De la Tradition Orale – Essai de la Methode Historique, Tervuren

Vansina, Jan (1967), The Use of Oral Tradition in African Culture History, in Gabel/Bennet (Hg.), Reconstructing African Culture History, 55–82

Waldmann, Peter (1989), Ethnischer Konflikt und Klassenkonflikt – ein Diskussionsbeitrag zu widersprüchlichen Theorieansätzen, in ders. und Georg Elwert (Hg.) Ethnizität im Wandel, Saarbrücken, 259–274

Waldmann, Peter (1998), Soziale Anomie – Zur Fruchtbarkeit eines klassischen soziologischen Konzepts in Bezug auf die Entwicklungsländer, in *Associations* 2 (1998:1) 5–37

Warioba, Joseph S. (1987), Eröffnungsrede zum SID-Workshop ‚Participatory Grassroots Development in Africa' 1986, in *Development:Seeds* (1987:2) 388–393

Waters, Tony (1992), A Cultural Analysis of the Economy of Affection and the Uncaptured Peasantry in Tanzania – Review Article (Göran Hydén), in: *Journal of Modern African Studies* 30 (1992:1) 163–175

Wienold, Hanns (2000): Empirische Sozialforschung: Praxis und Methode, Münster

Wimmer, A. (1995): Interethnische Konflikte. Ein Beitrag zur Integration aktueller Forschungsansätze KZfSS 47, 464-493*

Zdunnek, Gaby (1997), Mainstream Gender – Entwicklungsprozesse und Geschlechter-Verhältnisse, in M. Schulz, Entwicklung: Die Perspektive der Entwicklungssoziologie, Opladen

Dank

Arno Klönne, Christian Sigrist und Hanns Wienold haben mich zur Habilitation ermutigt und haben sie begleitet. Die Deutsche Forschungsgemeinschaft hat durch ein Habilitationsstipendium das Projekt „Selbsthilfe und Selbsthilfeförderung im ländlichen Afrika" finanziert, hat dabei umfangreiche Feldarbeit ermöglicht, und hat schließlich auch die Veröffentlichung dieses Buch bei Reimer finanziert.

Ninawashuruku wote walioshiri ki kufanya kitabu hiki kitoke kwa wasomaji husunani ndugu Ibrahim Athumani na mkewe Amina. Ich danke Ibrahim Athumani und seiner Companheira Amina, ohne die es dieses Buch nicht gäbe. Ibrahim Athumani war so etwas wie ein Primary Teacher of Uganga für mich. Es reichte zur Habilitation. Die Sigua und ihre Ahnen sagen seit alten Zeiten: „Akutongelea mkala hana chinjize na asungule!" Also *Wer bei einem Fachmann lernte, der weiß vielleicht nicht Alles – aber: er weiß Vieles.*

An: Amina und Ike: „Asante kwa chakula!", vielen Dank für Speis und Trank, und „mizimu naagone!", möge es nie einen Anlass für Eure Ahnen geben, sich um Euch zu sorgen!

Jörg Heinrich (heute bei der Deutschen Welthungerhilfe), der wie ich am 1.7.1988 in die Dienste der GTZ getreten ist und mit dem ich in Tansania zusammengearbeitet habe, hat mich für eine Beratung zu den Straßenkindern in Dar-es-Salaam geschickt, und zwar just in dem Moment, als das Manuskript dieses Buches Anfang November 2000 erstmals druckreif schien. Dadurch konnte ich dieses Buch aktualisieren. Übrigens: Bei den paartausend Kindern, die gegenwärtig in den Straßen von Dar-es-Salaam „leben", fiel mir auf, dass sich unter ihnen offenbar (bis jetzt) keine Kinder aus Sigualand befinden.

Zum Titelbild des Buches

Die KLM-Machine, mit der ich im Dezember 2000 nach dem Einsatz bei den Straßenkindern von Dar-es-Salaam aus zurück nach Amsterdam starten sollte, hatte technische Probleme und flog erst mit erheblicher Verspätung ab. So durfte ich im Sheraton übernachten, 200m von den *tikes*, den Kindern auf der Straße, entfernt. Das Hotel beschäftigt einige ehemalige Straßenkinder. Sie bedienten mich nun. Neben dem Eingang des Hotels liegt der Verkaufspavillon von *Nyumba ya Sanaa*, einer von Schwester Jean Pruitt initiierten Handwerker-und-Künstler-Kooperative in Dar-es-Salaam, ein „Selbsthilfeprojekt". Im *Nyumba ya Sanaa*, dem „Haus der Kunst", habe ich das Bild gekauft, das den Titel des vorliegenden Buches ziert: eine Zeichnung von Kambi (1996). Das Bild heißt *Crossover Communication* und ist eine Umsetzung der in vielen Regionen industriell unterentwickelter Länder spürbaren gesellschaftlichen Anomie heute.

Christian P. Scherrer
Tourismus und selbstbestimmte
Entwicklung – ein Widerspruch
Das Fallbeispiel Tansania
270 Seiten mit 11 Seiten Materialien,
zahlreichen Grafiken und Tabellen
Broschiert / ISBN 3-496-00955-1

Jürgen Hopp / Peter Schwiebert (Hg.)
Wüstenwind und Tropenregen ...
Erfahrungen von Entwicklungshelfern des ded
aus ihrer Mitarbeit im Ressourcen- und
Umweltschutz in Ländern der Dritten Welt
332 Seiten mit 30 s/w-Abbildungen sowie
12 grafischen Darstellungen und Karten
Broschiert / ISBN 3-496-00406-1

Karl-Martin Seeberg
Der Maji-Maji-Krieg
gegen die deutsche Kolonialherrschaft
Historische Ursprünge nationaler Identität
in Tansania
120 Seiten mit 3 Karten
Broschiert / ISBN 3-496-00481-9

Elisabeth Grohs
Kisazi
Reiferiten der Mädchen bei den Zigua
und Ngulu Ost-Tanzanias
230 Seiten mit 20 Abbildungen
Broschiert / ISBN 3-496-00122-4